万绳楠全集

莊華峰 敬題

中国古代史论集（一）

『十四五』安徽省重点出版物规划项目

万绳楠◎著

安徽师范大学出版社
ANHUI NORMAL UNIVERSITY PRESS
·芜湖·

图书在版编目（CIP）数据

中国古代史论集. 一 / 万绳楠著. —芜湖：安徽师范大学出版社，2023.10（2024.7重印）
（万绳楠全集）
ISBN 978-7-5676-6257-5

Ⅰ.①中… Ⅱ.①万… Ⅲ.①中国历史—古代史—文集 Ⅳ.①K220.7-53

中国国家版本馆CIP数据核字（2023）第178393号

安徽省高峰学科安徽师范大学中国史建设项目

中国古代史论集（一）

万绳楠◎著

ZHONGGUO GUDAISHI LUNJI YI

封面题字：庄华峰　　　　　　策划编辑：孙新文
责任编辑：何章艳　　　　　　责任校对：辛新新　庞格格
装帧设计：王晴晴　冯君君　　责任印制：桑国磊
出版发行：安徽师范大学出版社
　　　　　芜湖市北京中路2号安徽师范大学赭山校区　　邮政编码：241000
网　　址：http://www.ahnupress.com/
发 行 部：0553-3883578　　5910327　　5910310（传真）
印　　刷：江苏凤凰数码印务有限公司
版　　次：2023年10月第1版
印　　次：2024年7月第2次印刷
规　　格：700 mm×1000 mm　　1/16
印　　张：25.5　　　插页：4
字　　数：400千字
书　　号：ISBN 978-7-5676-6257-5
定　　价：208.00元

凡发现图书有质量问题，请与我社联系（联系电话：0553-5910315）

万绳楠先生

（1923—1996）

序　言

曹操诗，古往今来，没有人为之编年。说实在的话，难度较大。然而，如果不知道曹操写的二十首诗的写作年代，就会对曹操的思想看不清楚。人们常说曹操"性不信天命之事"，在济南禁断淫祀，是一个唯物主义的思想家，可是却为他的游仙诗与诗中所表现追求仙道与神药的思想所困惑。人们常说曹操的游仙诗，是我国古典诗歌中游仙诗之祖，可是却为他不信天命的思想与禁断淫祀的行为所困惑。人们常说曹操的诗歌是现实主义的，但是注释起来，又变成理想主义的了。因此亟待为曹操诗作出笺证，进行编年。

万绳楠先生手迹之一

　　大家都承认建安文学所表现出来的"建安风力"或风骨，标志着我国"文艺复兴"时代的到临。而曹操是建安风力的开创者，或如鲁迅先生所说，是"改造文章的祖师"。但是如果分开来，认为曹操诗是：理想的诗写理想，现实的诗写现实，游仙的诗写游仙，那就大大地降低了曹操诗的价值，这样的诗，无论如何也不能开创建安一代文学的风力；这样的诗人，无论如何也不能成为改造文章的祖师。

　　曹操诗的价值之高，就在于能把理想主义、浪漫主义与现实主义作高度的结合。有些诗，看起来是理想主义的，其实那种理想完全建立在现实的基础之上。如《对酒》写的，看来是纯理想主义的东西，其实却是当时的政局在陈蕃、窦武上台后，突现清明的反映。他心目中

万绳楠先生手迹之二

的"太平时"，是当时千家万姓心目中的太平时。非他一人闭门造车，突发奇想。有些诗看来神仙思想很浓，其实是浪漫主义的，而这种浪漫主义往往又与现实主义结合在一起。他一道都没有被仙道思想所俘虏，且叹惜过"痛哉世人"，见欺神仙。他的游仙诗都不是坐在家里想出，而是到过、看过被称为有仙迹之地，生出连想，才捻笔赋诗，诗中必有他当时的感情与志趣。如《陟君山》、《华阴山》以及"歌以言志"的《愿登泰华山》、《晨上散关山》，都是这样的作品。还有一些诗，在历史上便是一个谜，没有人解释清楚，如《短歌行·对酒当歌》。

陈寅恪先生常说文与史应当结合起来考察，才能把文章的内容、历史的事实弄清楚。本稿即是采用以史证文和以文证史的方法，阐述曹

万绳楠先生手迹之三

《万绳楠全集》整理工作委员会

治学贵在求真创新

——写在《万绳楠全集》出版之际

卜宪群

2023年是我的老师万绳楠先生诞辰一百周年，母校安徽师范大学历史学院组织整理的《万绳楠全集》（简称《全集》）也即将由安徽师范大学出版社出版。《全集》十卷，近300万字，比较系统地收录了万绳楠先生一生的学术论著。2023年初，负责这项工作的刘道胜院长给我打电话，约我给《全集》写个序。论在先生门下的资历、年龄和学问，我都深感不足以承担这个重任。后与同届师姐陈力通电话，她也认为我应该来写写万先生，因为师兄师姐们大都已经退休，寻找资料不方便，有的则联系不上，而我尚在科研岗位上，对各方面的情况熟悉一些。鉴于此，我也不再推脱了。当然也有另外一层因素，我从安徽师范大学硕士毕业后，学术研究的范围大体不出秦汉魏晋南北朝，随着年龄和阅历的增长，我对先生学问的敬仰之情益发浓厚，对先生在人生理想信念上的追求、在学术上的追求也理解得更通透一些。因此，我便不揣浅陋，以"治学贵在求真创新"为题，谈一点对先生史学研究思想与成就的粗浅看法。

一、治学信奉马克思主义

万绳楠先生是当代著名的魏晋南北朝史学家，在20世纪后半期的魏晋南北朝史学界和中国古代史学界有较大影响。但由于种种原因，关于他的生平事迹、学术经历，大家知道的很有限，对他的学术思想研究得也很不够。我认为，他是一位信奉马克思主义的史学家，这里谈几点看法。

万绳楠先生是一位坚定不移跟党走的史学家。先生1923年11月22日出生于江西南昌县。1929年9月至1935年7月在南昌市滕王阁小学学习，1935年9月至1939年在南昌第二中学学习，1940年至1942年7月在吉安市第十三中学学习，1942年9月至1946年7月在昆明西南联合大学历史系学习，1946年9月至1949年3月在北平清华大学历史研究所学习。在那个风雨如晦的时代，先生不仅饱受社会动荡、外族入侵的苦难，也历经了从小丧失双亲的痛苦。艰苦岁月培育了先生坚强的品格，也培养了他勤奋刻苦、依靠自己努力改变命运的顽强毅力，这是他能够考取西南联大历史系（同时还考取了交通大学电机系和浙江大学土木工程系），后又考取清华大学历史研究所的原因所在。随着解放战争的节节胜利，先生投笔从戎，加入解放军，先是在位于河北正定的华北大学学习（1949年3月至1949年6月），后在解放军南下工作团二分团十四中队（1949年6月至1949年8月）、第十五兵团政治部民运工作队（1949年8月至1950年）、第四十一军政治部宣传部（1950年至1953年）、中南军区文化速成学校与文化师范学校（1953年至1956年）、解放军军委文化师范学校（1956年至1958年）、北京市第五中学（1958年至1960年）工作。1960年，先生从北京来到安徽，先后在安徽大学历史系（1960年至1964年）、合肥师范学院历史系（1964年至1973年）、安徽师范大学历史系（1973年至1996年）工作。①从20世纪40年代末到60年代，先生转换这么多的工作岗位，在当时的环境下，岗位转换显然不完全是出自他自己的挑选，而是服从组织需要的结果。作为一名知识分子，万先生的一生是比较坎坷的，特别是"文革"期间，几乎九死一生。由于他在西南联大时是吴晗教过的学生，后又参加过吴晗主编的《中国历史小丛书》的写作，"文革"初期被作为"三家村"在安徽的代表进行批判，下放基层接受教育改造，直到"文革"结束后，先生才彻底平反回到教学科研岗位。虽然经历了常人难以忍受的痛苦，但丝毫没

①以上先生的学习工作经历均根据安徽师范大学档案馆提供的1988年由其本人填写的"干部履历表"编写。

有动摇先生对党的信念、对教育工作的热爱。在1988年保存的"干部履历表"中，有一份先生亲笔书写的"本人总结"，其中写道："自党的十一届三中全会以来，国家生机蓬勃，四化速度加快，人的精神振奋。我决心把'文革'中失去的时间补上来，为四化多做一些工作，因此不辞教学任务重，科研项目多。当党要我同时担任低年级基础课、高年级选修课并招收指导研究生的时候，我愉快地接受下来。在教学和科研上，我永远是年轻的。任务多且重，是党对我的信任，是我有生之年价值之所在。"文中满满的正能量，哪能看得出这是出自一位曾经饱受文革之苦的人之手呢！对党的热爱是万先生的真诚信念，加入党组织是他一生的追求。1984年12月，万先生被接受为中国共产党党员，实现了他多年来的梦想。在"本人总结"中他写道："1984.12，我实现了自己多年来的梦想，被接受为光荣的中国共产党党员。当此改革之年、充满希望之年，我愿本着共产党员奋斗不息的精神，为教育改革更好地培养青年一代，为发展马克思主义的史学，分秒必争。"那时我在系里读研究生，也幸运地参加了先生入党的支部大会，我清楚记得会上先生是含着热泪说出这段话的。政治上的执着追求是万先生工作上异常勤奋的重要原因，体现了一位知识分子对党的真诚热爱。1996年10月3日，安徽师范大学在先生逝世的"讣告"中写道："万绳楠同志早年投身革命，拥护中国共产党的领导，热爱社会主义祖国，为革命和党的教育事业献出了毕生精力。"这个评价完全符合先生一生的实际。

万先生是一位善于运用唯物史观观察分析历史的史学家。新中国成立前，先生分别求学于西南联大历史系和清华大学历史研究所，那时的大学，马克思主义理论是进不了课堂的。我猜想，他系统学习并接受马克思主义理论应当是他进入革命队伍以后的事。从那时开始，先生的研究就彰显出以马克思主义唯物史观为指导的鲜明色彩。

一是坚持人民是推动历史前进的群众史观。人民群众是历史的创造者，是推动历史前进的动力，这是唯物史观的一条基本原理。评价历代统治阶级的统治政策是否具有进步意义，主要是看这些政策是否能够顺应时代和人民的要求，先生的研究贯穿着这一指导思想。根据"干部履历表"中的《万绳楠著述编年》（据字迹判断应当是先生自己所写），新中国成立后先生发表的第一篇论文是1956年的《关于曹操在历史上的地位问题》。这篇文章否定了历来将曹操作为"一个反面典型"的历史观，从曹操对中国古代经济文化发展所起的积极作用上，得出了"他对社会发展所起的促进作用比他所起的破坏作用是要大的，他在历史上的地位是应该肯定的"①观点。这篇短短五千多字的文章，有8处提到"人民"二字（不计算注释），强调曹操的政策符合人民的愿望、解放了人民的思想。这是非常有说服力的看法。关于曹操，先生还写了一系列文章，秉持的都是曹操顺应了历史发展潮流的观点。在《论诸葛亮的"治实"精神》一文中，先生充分肯定了诸葛亮治蜀的政策"符合黄巾起义以来客观存在的要求"②，这个"客观存在的要求"当然就是人民的希望与时代的要求，诸葛亮死后"黎庶追思"，就是人民对他的怀念。在《魏晋南北朝史论稿》中，先生认为淝水之战前东晋"镇之以静"的政策"为宽众息役，发展生产，稳定江东社会经济形势，开拓了一条道路"③，这个看法一反过去认为东晋政府只是门阀士族利益代表的观点。需要看到的是，虽然先生充分肯定曹操、诸葛亮、王导等人的历史作用，但他认为他们只是统治阶级的代表，真正发展生产、推动历史前进的还是广大劳动人民群众。这种从历史进步的群众史观出发分析历史的立场，在先生的论著中随处可以看到。

　　二是坚持阶级分析方法。阶级分析是观察历史非常重要的一种方法，唯物史观与阶级分析相结合，是把握一定时期社会经济关系和政治关系变动的钥匙。万先生的论著中，始终秉持这一原则，《曹魏政治派别的分野及其升降》就是一篇具有代表性的作品。此文不仅首次揭示了曹操手下存在着汝颍、谯沛两大政治集团的事实，而且揭示了这两大集团的历史渊源

---

　　① 万绳楠：《关于曹操在历史上的地位问题》，《新史学通讯》1956年第6期。

　　② 万绳楠：《论诸葛亮的"治实"精神》，《安徽师大学报（哲学社会科学版）》1978年第3期。

　　③ 万绳楠：《魏晋南北朝史论稿》，安徽教育出版社，1983年，第162页。

和经济基础的不同，指出汝颖集团可溯源于后汉的党锢之祸，而"党锢人物都是后汉形成起来的大田庄主或田庄主的子弟"[①]，他们是世族地主势力的代表，谯沛集团则代表了庶族地主的利益，他们在镇压黄巾起义的过程中联合起来，但政治集团上的分野又使他们最终分道扬镳。经济关系是阶级关系的基础，汝颖集团在斗争中战胜谯沛集团，是"封建大土地所有制的胜利，屯田制的失败。这是当时历史发展的必然结果"[②]，先生将两大集团的政治升降和汉魏政治权力的转移最终归结为经济关系的变动，并视为历史发展的必然，是阶级阶层分析方法的科学运用，有很强的说服力。阶级往往是由等级构成的，等级研究是阶级研究的重要内容。在《南朝的阶级分化问题》一文中，先生对南朝士族和寒门中出现的等级分化做了精辟的分析，认为士族的衰落与寒门的兴起体现的是历史进步[③]，这使我们对南朝出现的诸多关于士族贫富升降的历史现象有了科学认识。经济基础决定上层建筑是唯物史观的基本观点，也是阶级分析方法的基本出发点。在《从南北朝社会经济与政治的差异看南北门阀》一文中，先生提出北方重农、南方重商，经济基础不同，政治形态也不同。"南方士族既然立脚于家庭与商业之上，聚居于都邑，其社会经济基础自然不及北方士族雄厚。这种士族及由此而形成的士族制度，容易腐朽，经不起风浪。"[④]这就使我们对为什么南朝士族较北朝士族分化衰落得要快找到了一个答案。阶级分析方法是一把利器，但万先生并不盲目运用阶级分析，即使在十分重视阶级斗争的年代，也能够坚持实事求是的精神。在《魏末北镇暴动是阶级斗争还是统治阶级内部的斗争》一文中，先生对北镇暴动即六镇起兵的性质提出了不同看法。先生坚持阶级观点与历史主义相统一的原则，认为暴动由豪强这一阶级发动并左右，不是人民起义，只能是统治阶级内部

---

① 万绳楠：《曹魏政治派别的分野及其升降》，《历史教学》1964年第1期。

② 万绳楠：《曹魏政治派别的分野及其升降》，《历史教学》1964年第1期。

③ 万绳楠：《南朝的阶级分化问题》，《安徽师大学报（哲学社会科学版）》1983年第2期。

④ 万绳楠：《从南北朝社会经济与政治的差异看南北门阀》，《安徽大学学报》1963年第1期。

的斗争。①在《五斗米道与孙恩起兵》一文中，先生本着这一原则，同样否定其起兵是农民起义的性质。先生还专门写了《什么是农民起义？什么人才可以称为农民起义军的领袖？——评〈简明中国通史〉关于农民起义问题的论述》，借对吕振羽《简明中国通史》中关于农民起义问题的评价，系统阐释了他对历史上农民起义问题的看法。

三是坚持辩证唯物主义的联系观。辩证唯物主义重视事物之间的普遍联系，用辩证的、联系的观点把握事物的前后关系、局部与整体的关系，把一定的历史现象放到一定的历史环境之中去考察。万先生在《研究问题要注意事物之间的联系》一文中指出："对于历史上的任何一个问题，都不能作孤立、静止的研究，必须充分掌握资料，注意事物之间的联系。"②先生例举了陈寅恪将华佗的记载与佛经故事联系起来看的事例，指出"他（指陈寅恪）不只是根据我国的史籍，孤立地研究华佗，而是比较中印记载、语音影响，在一个大系统中进行全面研究"③，先生用此来强调联系的方法在史学研究中的重要性。他又例举了自己用联系的方法对曹操《短歌行·对酒》一诗解读的事例，指出"曹操的《短歌行·对酒》是建安元年在许都接待宾客时，主人与宾客在宴会上的酬唱之辞，并非曹操一人所写"④。纵览先生的研究，辩证联系的方法始终贯穿其中，正是这种辩证联系观，使先生能够在同一事物之间、众多事物之间或不同事物之间找出其中的联系，每每使他的文章能够发前人之所未发，给人耳目一新之感。

除了上述之外，唯物史观的社会形态学说在先生的论著中也十分突出。他注重奴隶社会和封建社会不同社会形态下的政治经济文化制度特点研究，秉持封建地主土地所有制说，肯定魏晋南北朝时期各民族政权封建化的历史进步意义，强调政治集团与阶级关系演变背后的经济因素，都是坚持社会形态学说的典型表现。从以上这些可以看到，先生虽然毕业于新

---

① 万绳楠：《魏末北镇暴动是阶级斗争还是统治阶级内部的斗争》，《史学月刊》1964年第9期。

② 万绳楠：《研究问题要注意事物之间的联系》，《文史哲》1987年第1期。

③ 万绳楠：《研究问题要注意事物之间的联系》，《文史哲》1987年第1期。

④ 万绳楠：《研究问题要注意事物之间的联系》，《文史哲》1987年第1期。

中国成立前的大学，但新中国成立后他学习马克思主义，坚持马克思主义，运用马克思主义，完全可以说他毕生追求马克思主义，是一位新中国培养起来的马克思主义史学家。

二、广博的治学领域与突出成就

万绳楠先生的治学领域很广博，涉及魏晋南北朝史研究、宋史研究和区域经济史研究等，尤以魏晋南北朝史研究见长。

（一）魏晋南北朝史多领域的突出成就

20世纪中国古代史在通史、断代史、专门史等各研究领域都取得了很大成绩，其中在断代史研究上，魏晋南北朝史所取得的成绩尤为突出。从20世纪初开始，人们逐步改变了对中国历史上分裂时期的历史或所谓"乱世"历史的一些不全面认识，运用新的历史理论与方法，开启了魏晋南北朝历史的新探索。曹文柱、李传军在《二十世纪魏晋南北朝史研究》一文中，将20世纪中国魏晋南北朝史研究以1949年为限划分为前后两个时期。前一个时期可分为1901—1929年和1930—1949年两个阶段。后一个时期可分为1949—1966年、1966—1978年和1978—2000年三个阶段。[①]万先生在魏晋南北朝史研究上，基本上完整经历了后一个时期的"三个阶段"。厚实的史学功底，敏锐的洞察力，勤奋的治学精神，长期的不懈探索，使他在魏晋南北朝史多个领域取得了十分突出的成就，他所思考的许多问题，在当时也明显具有学术前沿的性质。这里我选取若干领域做一简要介绍。

政治史领域深耕细耘。万先生继承了中国史学向来重视政治史研究的传统特点，又得20世纪上半叶以来中国实证史学派的方法精华，以唯物史观为指导，在魏晋南北朝政治史研究领域取得了突出成就，这是他一生学

---

① 曹文柱、李传军：《二十世纪魏晋南北朝史研究》，《历史研究》2002年第5期。

术成就的主要代表。首先，关于曹操和曹魏政治派别的研究。历史上对曹操的评判大体不离正统史观，史家、政治家根据各自的需要取舍，毁誉参半，缺乏科学的指导。受宋元以后戏曲小说的影响，在普通民众中曹操更成为一个反面典型。先生在《关于曹操在历史上的地位问题》一文中，从汉末黄河流域经济衰败的客观历史出发，认为曹操的屯田、抑制豪强兼并、减轻田租、提倡节俭等经济措施具有积极进步的意义。①先生又从曹操在思想文化上的贡献，肯定了他破除汉代以来儒家思想束缚的作用和倡导现实主义文风的意义。因此，先生认为"从曹操总的方面来衡量，曹操在历史上的地位是应该肯定的"②。这是新中国成立后率先对曹操历史地位提出肯定的史学家。先生对曹操的研究深入细致，《廓清曹操少年时代的迷雾》一文十分精彩，将曹操少年时代的事迹考证揭示出来，有力说明了曹操少年时品行不好却又能举孝廉入仕的原因，也说明了后来曹操政治思想与政治行为与他少年时的经历有十分紧密的关系。③在《曹魏政治派别的分野及其升降》一文中，先生对曹魏内部政治集团的精湛划分及其阶级基础的深刻揭示，可以说是为解剖曹魏政治演变和门阀政治的形成提供了一把崭新的钥匙。④其次，关于蜀、吴政治和两晋南北朝政治的研究。在《论诸葛亮的"治实"精神》一文中，先生将诸葛亮治蜀的精神归纳为"治实"，并从哲学、政治军事、自然科学三个方面对诸葛亮的治实精神进行了深入阐释。⑤这篇文章发表在"文革"结束后不久，澄清了在诸葛亮问题上被"四人帮"搞乱了的是非，并对诸葛亮这个历史人物，力求作出合乎科学的解释。在《魏晋南北朝史论稿》一书中，先生对孙吴立国江东问题做出了深入考察。先生指出，孙吴政权是靠江东名宗大族的支持建立

---

① 万绳楠:《关于曹操在历史上的地位问题》,《新史学通讯》1956年第6期。

② 万绳楠:《关于曹操在历史上的地位问题》,《新史学通讯》1956年第6期。

③ 万绳楠:《廓清曹操少年时代的迷雾》,《安徽师大学报(哲学社会科学版)》1988年第2期。

④ 万绳楠:《曹魏政治派别的分野及其升降》,《历史教学》1964年第1期。

⑤ 万绳楠:《论诸葛亮的"治实"精神》,《安徽师大学报(哲学社会科学版)》1978年第3期。

起来的，论孙吴的治国之道，必须先明江东经济的发展与大族的产生。孙吴的"限江自保""施德缓刑"以及"外仗顾、陆、朱、张，内近胡综、薛综"等治国方针与政策，是孙吴复客制、世袭领兵制、屯田制等重大政策形成的阶级基础和社会基础。①这是史学界较早全面对孙吴政权立国基础的政治考察，对我们理解孙吴政治与魏、蜀政治的区别有重要启示。在《东晋的镇之以静政策和淝水之战的胜利》一文中，先生将东晋前期的政治总结为"镇之以静"，并在王导、桓温、谢安时期一以贯之，认为这是东晋之所以取得淝水之战胜利的原因。②这个观点一改东晋政权只是偏安江南的旧识，推进了东晋政治史研究的深化。历史的必然性与人的主观能动性是相辅相成的。在《从陈、齐、周三方关系的演变看隋的统一》一文中，先生对为什么由继承北周的隋朝来统一，而不由北齐或者陈朝来统一做了细密周到的分析，指出"可知统一之所以由北不由南，而北又不由北齐而由北周及其继承者隋朝，是因为本来要与北齐结好的南朝，却偏偏走上了联周反齐之路"③。这一观点较以往只重视隋文帝在统一中的作用的观点更加全面。先生的政治史研究不限于魏晋南北朝，如《论隋炀帝》《武则天与进士新阶层》等文章，在隋唐政治史研究上都有新见解。

经济史领域开拓创新。20世纪魏晋南北朝经济史研究主要集中在社会性质问题、土地制度问题、赋税制度问题、户籍制度问题、部门经济与区域经济等问题上。万先生在上述领域中大都有创新性的研究。关于土地制度问题，先生在《魏晋南北朝史论稿》中对曹魏小块土地所有制、屯田制、田庄制三种土地所有制形式进行了比较，认为曹魏以保护自由农为主体的小块土地所有制为主体，但又能使三种土地所有制在一定时期内并存，发挥各自的作用，使汉末受到严重破坏的生产力，得以复苏。④这是曹操在经济政策上强于其他军阀之处所在。田庄经济是魏晋南北朝经济的

---

① 万绳楠：《魏晋南北朝史论稿》，安徽教育出版社，1983年，第62—71页。

② 万绳楠：《东晋的镇之以静政策和淝水之战的胜利》，《江淮论坛》1980年第4期。

③ 万绳楠：《从陈、齐、周三方关系的演变看隋的统一》，《安徽师大学报（哲学社会科学版）》1985年第4期。

④ 万绳楠：《魏晋南北朝史论稿》，安徽教育出版社，1983年，第26—35页。

重要组成部分,先生在很多论著中都谈到这个问题,比如上述曹魏三种土地所有制比较中,就谈到了曹魏时期的田庄"无疑起着组织生产的作用,有一定的活力,不失为当时一支重要的、仍占主导地位的生产力量"①。田庄经济不是一成不变的,随着时代变化,田庄经济也在发生变化,先生正是用这种发展变化的观点看待田庄经济,并分别写出了《南朝时代江南的田庄制度》和《南朝田庄制度的变革》二文。在前文中,先生对南朝江南田庄兴起的历史背景和南朝江南田庄的特点进行了仔细分析,得出了南朝时代江南的田庄制度,是随着江南的开发与庶族地主、商人的兴起而发展起来的,是建立在家族而非宗族地主对佃客、奴隶的剥削与压迫的基础之上的重要结论。②在后文中,先生指出,南朝的田庄主土地占有形态,和唐朝是一个类型,和汉、魏已自不同。唐朝的庄园制度源自南朝。南朝田庄制度的变革,是中古土地制度的一个重大变化。先生在文中还对南朝大家族(宗族组织)的破坏、田庄中部曲组织的消亡、剥削方式的变化进行了详细论证。③先生的系列研究将南朝江南田庄与之前及同时代其他政权下的田庄制度清楚地区分开来,使我们看到了田庄经济在不同时期的发展变化和历史影响。魏晋南北朝是一个人口大流动大迁徙的时期,人口流动所带来的行政区划变化以及户籍制度的新形态,是影响魏晋南北朝社会经济发展的重要问题。侨郡县是东晋南朝时期安置迁徙流动人口的一项行政措施,它是一个政治问题,更是一个经济问题。在《晋、宋时期安徽侨郡县考》和《江东侨郡县的建立与经济的开发》二文中,先生分别对安徽境内和江东地区的侨郡县进行了详细考证,前文首次对晋、宋时期安徽境内的侨郡县状况,以及北方流民进入安徽和安徽本部人向南流动的大致情况进行了系统梳理④,后文则对江东侨郡县的分布特点以及江东政权对侨

---

① 万绳楠:《魏晋南北朝史论稿》,安徽教育出版社,1983年,第35页。

② 万绳楠:《南朝时代江南的田庄制度》,《历史教学》1965年第11期。

③ 万绳楠:《南朝田庄制度的变革》,《安徽师大学报(哲学社会科学版)》1980年第2期。

④ 万绳楠:《晋、宋时期安徽侨郡县考》,《安徽师大学报(哲学社会科学版)》1982年第2期。

民的政策进行了全面分析①。侨郡县的设置不仅在政治上稳定了因战乱而造成的流动人口，更重要的是推动了安徽特别是皖南和江东地区的经济开发与文化发展。江东地区尤其是沿江地区经济的开发，与江东政权对待流人的政策不可分。正如先生所指出的那样："论江南经济开发的文章，我所见到的颇为不少，惜乎语焉不详，且不中肯綮，故立论如上。"②从侨郡县的设置及其政策看安徽和江东地区经济开发是一个新的视角，先生的研究走在了当时经济史研究的前列。户籍向来是经济史研究的重要内容，魏晋南北朝的户籍问题因人口迁徙和侨郡县的设置尤其显得复杂化，文献上出现的"白籍""黄籍"究竟何指，"土断"与黄、白籍究竟什么关系，古今史家莫衷一是。先生在《论黄白籍、土断及其有关问题》《江东侨郡县的建立与经济的开发》等文中，对这些问题做了细密考证。先生指出："黄籍是两晋南朝包括士族和庶民在内的编户齐家的统一的户籍。士族的黄籍，注有位宦高卑，庶民无之。士族可凭黄籍上的爵位证明为士族，免去徭役。庶民已在官役的，可以在黄籍上注明何人。白籍则是在特定时期产生的、有特定含义的户籍。它出现在东晋初，为自拔南奔的侨人所持有。他们大都住在侨郡县中。之所以谓之为白籍，是因为夹注有北方原地的籍贯，好作将来回到北方入籍的凭证。持白籍的不交税，不服役。"③由于人口不断南迁给东晋政府带来严重的社会经济问题，因而有了咸和二年（327）土断。这次土断中整理出来的黄籍，称为《晋籍》。它是南方土著人民和以土著为断的北方侨人的统一的户籍，此籍一直沿用到宋元嘉二十七年（450）。咸康、兴宁、义熙年间的阅实编户与依界土断，是咸和二年（327）土断的整顿与补充。侨人一经土断，白籍即换成黄籍。南齐大力进行土断，罢除侨邦，是白籍行将消亡的反映。其最后消亡，可以梁天监元年（502）罢除最后一个侨邦南徐州为标志。此后所谓土断，是土断杂居

---

① 万绳楠：《江东侨郡县的建立与经济的开发》，《中国史研究》1992年第3期。

② 万绳楠：《江东侨郡县的建立与经济的开发》，《中国史研究》1992年第3期。

③ 万绳楠：《论黄白籍、土断及其有关问题》，载《魏晋南北朝史研究》，四川社会科学院出版社，1986年，第286页。

流寓的人户。①先生的这些观点，厘清了复杂多变的东晋南朝政权下户籍变化的线索，辨清了史书上模糊不清的土断、白籍、黄籍等概念，为经济史研究提供了基本的史实基础，可以说是一个重大贡献。先生在经济史上的研究还有西晋的经济制度、北魏的均田制和地主土地所有制以及江南经济开发等诸多问题，彰显出他在经济史研究上的深厚功力。需要指出的是，先生的经济史研究坚持以唯物史观为指导，将地主土地所有制作为观察分析魏晋南北朝经济史的基本出发点，并将经济变化与政治变化相联系，使他的经济史研究充满了时代感。

思想文化史领域视野宽阔。与两汉相比，魏晋南北朝思想文化突破了经学独尊的束缚，呈现出多元化的趋势，域外文化与华夏文明交往交流，开启了文化交融的新时期。20世纪后半期，特别是改革开放以后，魏晋南北朝思想文化史研究呈现出繁盛局面。其中，万先生以其宽阔的学术视野，在魏晋南北朝思想文化史领域独树一帜，取得了突出成就，其研究涉及政治文化、哲学思想、宗教思想、史学思想、艺术与科技、少数民族文化等诸多领域，特别是《魏晋南北朝文化史》一书，是他关于魏晋南北朝思想文化史研究的系统思考。这里我选取若干角度做一介绍。首先，关于文化史研究的理论思考和魏晋南北朝思想文化的整体史观。早在20世纪90年代初，先生在《对文化史研究的思考》一文中就对文化史的概念与研究对象做过界定，指出："现在文化与文明两个概念常被混淆。按照摩尔根所说人类自野蛮时代进入文明时代，以文字的发明为标志，而文字的发明又是文化的开端。可知文化者，乃用文字写下来的各科知识也。"②但是先生认为，文化史又不仅只是各科知识史、有关制度史，而且要把各科知识所达到的深度及所反映的文明程度揭示出来。易言之，即要揭示出黑格尔所说的"时代精神"。③后来他又指出："因此，凡属文化知识领域中的问

① 万绳楠：《论黄白籍、土断及其有关问题》，载《魏晋南北朝史研究》，四川社会科学院出版社，1986年。

② 万绳楠：《对文化史研究的思考》，《文史哲》1993年第3期。

③ 万绳楠：《对文化史研究的思考》，《文史哲》1993年第3期。

题，都应当是文化史所应讨论的问题。如果缺了一个部门或项目，那就不是一部全面的文化史，就无从窥探某个时期或时代文化的全貌、相互作用、发展停滞或萎缩的总原因与具体原因。"①文化史绝不是儒术史，也绝不是哲学史。文学、史学、艺术、自然科学、各派经济思想、政治思想、社会思想、各族文化状况、文化交流……无一不在文化史探讨的范围中。从这个角度出发，先生把职官制度、选举制度、学校制度、哲学思想、政治思想、经济思想、社会组织与社会风俗、文学、艺术、史学、自然科学、道教、佛教以及各族文化状况、中外文化交流等内容，都纳入了他考察的范围，形成了他以制度文化和精神文化为主体的文化史观。关于魏晋南北朝思想文化的历史地位，先生认为，魏晋南北朝时代是各科文化蓬勃发展的时代，把汉朝远远抛在后头。现在已经没有人相信甚么"黑暗时代"的陈旧说法。先生还具体指出了这个时期文化长足发展的原因是专制主义的削弱、儒术独尊地位的跌落、官营王有制度的失败、大家族的解体和个性的解放。其次，深入挖掘时代的思想文化精华。在立足魏晋南北朝思想文化整体史观的基础上，先生对这一时期思想文化及其流派和代表人物等很多问题都有自己深刻独到的见解，是他史学思想极具闪光的一面。在《嵇康新论》一文中，先生将嵇康的思想从所谓"竹林七贤"中其他人的思想分离开来，高度赞扬了嵇康反对封建儒学，富有民主精华的进步思想。②在《略谈玄学的产生、派别与影响》一文和《魏晋南北朝史论稿》第五章第二节，以及《魏晋南北朝文化史》第三章中，先生对魏正始年间何晏、王弼创立的玄学及其意义和派别分野进行了开创性研究。他指出："玄学并非消极的东西。它好比一颗灿烂的明星，进入魏晋时代的思想界天空，放出了奇光异彩。"③但是正始之音并不是只有一种声音，何晏标榜无为，把无和有对立起来，是二元的；王弼标榜无为，把无当本体，把有当派生的东西，是一元的，因此何晏与王弼是玄学内部两种不同的声音。究其原因，

---

① 万绳楠：《魏晋南北朝文化史·序言》，黄山书社，1989年，第1页。

② 万绳楠：《嵇康新论》，《江淮论坛》1979年第1期。

③ 万绳楠：《略谈玄学的产生、派别与影响》，《孔子研究》1994年第3期。

是他们各自代表了不同政治集团的思想，是当时曹魏政治上两大派别斗争的反映。先生将玄学研究与政治派别分野结合起来分析，是一卓识。尽管玄学在这一时期高调登场，但先生认为魏晋南北朝时期的主流思想仍然是儒学而不是玄学①，先生在20世纪50年代得出的这个结论，在后来的魏晋南北朝思想史研究中应该是得到了大多数人的认同。在思想文化史研究中，先生始终高举唯物史观大旗，高扬唯物论思想的积极意义，批判唯心论的消极作用，特别是在对君主专制的批判上毫不留情，是他思想文化史研究上极富战斗性的一面。在宗教思想研究上，先生多有发明。在《"太平道"与"五斗米道"》一文中，先生对《太平经》的性质及其与黄巾起义的关系做了细致辨析，认为它们之间既有联系更有本质区别，不能把《太平经》与作为"异教"的"太平道"混为一谈，而五斗米道从一开始，就是地主阶级的宗教，是地主阶级用来剥削、压迫与愚弄农民的宗教组织，教义上没有任何积极的东西，只有消极的影响。②先生的这个思想产生在20世纪60年代初，那个时期对阶级斗争和农民起义高度重视，能够用这样冷静客观的态度对待太平道和五斗米道，是十分可贵的求真精神。先生对道教的研究并不限于这些局部，而是从整体上对魏晋南北朝时期道教的产生与发展做了系统梳理，新意迭出。③在佛教研究上，先生不仅对佛教传入中国的过程及其地位的确立有细致考证，而且提出了佛教"异端"思想产生的背景与斗争这一重要问题，明确指出"中国的佛教异端，是在南北朝时代，在北方形成的"，其原因乃是北朝佛教的僵化所致。④从思想文化史的视角出发，先生还对魏晋南北朝时期的史学、艺术、文学、风俗、科技以及社会生活与文化交流等诸多内容也有精湛研究，这里不再一一介绍。

---

① 万绳楠:《魏晋南北朝时代的思想主流是什么》,《史学月刊》1957年第8期。

② 万绳楠:《"太平道"与"五斗米道"》,《历史教学》1964年第6期。

③ 参见万绳楠:《魏晋南北朝文化史》第十二章"我国道教的产生与发展",黄山书社,1989年,第298—325页。

④ 参见万绳楠:《魏晋南北朝史论稿》第十五章"论佛教在南北朝时期的传播",安徽教育出版社,1983年,第330—350页;万绳楠:《魏晋南北朝文化史》第十三章"佛教的勃兴与弥勒异端的产生",黄山书社,1989年,第326—348页。

（二）宋史研究的倾力奉献

万先生是一个学术旨趣十分广泛的学者，他不仅在魏晋南北朝史领域取得了突出成就，在宋史领域也收获不菲，为宋史研究做出了一定的贡献。先生在宋史领域的贡献主要体现在《文天祥传》和《关于南宋初年的抗金斗争》《关于王安石变法的几点商榷》《宋江打方腊是难以否定的》《诗史奇观——文天祥〈集杜诗〉》等系列文章上，这里重点介绍《文天祥传》。文天祥是南宋后期民族矛盾尖锐时期产生的一位民族英雄，他去世后，事迹广为流传，自古就有不少人为他立传。但如同先生所说的那样，所有的文天祥传都有两个基本缺陷，一是从忠君立论，二是但述事实经过，而又偏重起兵勤王以后的经历。新中国成立以后关于宋代民族英雄的研究明显又偏重于岳飞，对文天祥的研究稍显不足。先生的《文天祥传》就是在这样的背景下从史学传记的角度写作而成的。该传用近30万字、十章（另附事迹编年）的篇幅，详述了文天祥的生平事迹、爱国思想、文学成就、事迹流传等重大问题，首次全面揭示了文天祥的一生经历，考证了很多模糊不清的史事，并对与之有关的宋元历史进行了评论，是传、论、考相结合的典范。《文天祥传》发明甚多。首先，廓清了文天祥籍贯和生平事迹问题。通过详细辩证，先生认为文天祥的籍贯应该是吉州庐陵县富川镇，而不是以往所认为的富田，宋时只有富川而无富田，富田替代富川是元朝以后的事。宋代富川是镇，地位与乡相等，不属于淳化乡，亦不属于顺化乡，将富田归属于淳化乡，是清朝以后的事。①籍贯问题虽然很具体，但是研究文天祥必不可少的基本问题。先生还对文天祥中状元时的年龄、某些重要作品的写作年代等问题进行了考证，为进一步研究文天祥奠定了扎实基础。其次，深入挖掘了文天祥的爱国思想。先生认为，文天祥不仅是一个爱国者，而且是一个政治家、思想家，他的爱国思想不是古已有之，而有他的特殊点，这个特殊点就是他的哲学思想和政治

---

① 万绳楠：《文天祥传》，河南人民出版社，1985年，第1—7页。

表现。先生指出："七百年来，都以为文天祥爱国是受儒家思想乃至理学熏陶的结果。殊不知他的爱国思想扎根于他的生气勃勃的唯物思想中，具有强烈的反理学意义。"①与宋代死守祖宗之法不同，文天祥的哲学思想根植于《易》学的唯物辩证思想，特别是他强调自强不息精神对个人和国家的重要意义，正是他一生爱国不息、斗争不息、改革不息的哲学基础。②这个看法虽不无可商榷之处，但却在一定程度上揭示了文天祥为什么能够在社会危机和民族危机深重的南宋后期，坚决为国奋斗不息直至献出生命的根源所在。先生认为，文天祥爱国思想在政治上的表现不只是抗元，更重要的方面"是他不仅要求改革，而且要求改革不息；不仅要求改革宋太祖、太宗制定下来的祖宗之法，而且要求一直改下去，直到实现天下为公"③。先生还具体指出了文天祥主张改革不息"三个具体的、带根本性的问题"④，即地方问题、三省六部问题和用人问题。文天祥的改革思想虽然"近于空想"，不可能在当时的南宋实现，但"应当承认它在我国政治思想发展史上所具有的划时代的意义和里程碑的地位"⑤。改革不息论是文天祥政治思想中也是爱国思想中最本质的东西，也是最重要的内容。不改革便不能抗元，爱国首先就应要求改革。这是我们研究他在抗元中所表现出来的爱国思想时，必须理解的东西。文天祥的抗元是与他"法天不息"的唯物主义思想联系在一起，而非与儒家的忠孝仁义相联系，是为了"生民"的利益，而非与地主阶级、赵家王朝的利益相联系。⑥这些看法都极大丰富了我们对文天祥爱国思想内涵的认识。第三，对宋元之际历史变化的深刻洞察。既往研究文天祥较少考虑宋元之际历史变化的必然性和偶

---

① 万绳楠：《文天祥传》，河南人民出版社，1985年，第266页。

② 参见万绳楠：《文天祥传》第八章第一节"文天祥爱国思想的哲学基础"，河南人民出版社，1985年，第266—275页。

③ 万绳楠：《文天祥传》，河南人民出版社，1985年，第275页。

④ 万绳楠：《文天祥传》，河南人民出版社，1985年，第277页。

⑤ 万绳楠：《文天祥传》，河南人民出版社，1985年，第282页。

⑥ 参见万绳楠：《文天祥传》第八章第三节"文天祥爱国思想在抗元方面的表现"，河南人民出版社，1985年，第282—289页。

然性问题。先生指出，文天祥生活在南宋内忧外患十分深重的年代，"但这个时代并非南宋注定要灭亡、元朝必定要统治全中国的时代，而是黑暗中有光明。这光明就是：只要南宋改革导致社会危机和民族危机的守内虚外之法，就不会是元兵南进，而是宋旗北指"①。但南宋政权并不采纳文天祥的主张，一再错过历史给予的机遇，抱住祖宗之法不放，致使拥有军队七十多万，经济力量远胜于蒙古，且有文天祥这样贤才的南宋，不断屈膝投降，根本原因就是以皇帝为首的最高统治集团的守内虚外的国策，"这个国策培育出来的最高统治集团，对外以妥协投降，对内以镇压人民、削弱地方、排斥贤才、反对任何改革为特征。这个国策不变，统治集团也就不会倒；统治集团不倒，这个国策也就不会变"②。南宋不是必然灭亡，元朝不是必然胜利，文天祥不是愚忠献身。先生对宋元之际历史的深刻洞察，使我们对文天祥抗元斗争直至献出生命的历史意义有了比以往更加深入的认识。第四，确立了文天祥在中国文学史上的地位。先生在传中用一章四节的篇幅论述了文天祥在文学上的成就，指出"文天祥在文学上的成就，比之唐、宋各大名家，毫无逊色"③。文天祥一改南宋文体、诗体破碎、卑弱，朱熹以后鬼头神面之论，"不赞成有意为诗""主张动乎情性"，提出了"自鸣与共鸣之说"，先生认为与自鸣相结合的共鸣论，"是文天祥对文学理论尤其是现实主义文学理论的一大贡献"④。先生还对文天祥的诗歌进行了分期，对其不同时期诗歌的内容与特点进行了细致分析，深刻揭示了文天祥作为"现实主义文学巨匠"，其诗歌具有"振起过一代文风""是我国文学宝库中的无上珍品"的历史地位。⑤先生一生的学术重点不是宋史，但从《文天祥传》中可以看到他不仅对文天祥有深入研究，也对宋代政治史、思想史和文化史有独到的见解。

---

① 万绳楠:《文天祥传》,河南人民出版社,1985年,第18页。
② 万绳楠:《文天祥传》,河南人民出版社,1985年,第97页。
③ 万绳楠:《文天祥传》,河南人民出版社,1985年,第290页。
④ 万绳楠:《文天祥传》,河南人民出版社,1985年,第291—293页。
⑤ 参见万绳楠:《文天祥传》第九章"文天祥在文学上的成就",河南人民出版社,1985年,第290—336页。

（三）区域经济史研究的开辟

有学者指出："区域经济的研究是80年代以来学者们着意很多的课题，取得的成就相当可观。"[1]但万先生从20世纪60年代开始就十分关注魏晋南北朝区域经济史的研究，从60年代到90年代，他撰写了《六朝时代江南的开发问题》《南朝时代江南的田庄制度》《南朝田庄制度的变革》《江东侨郡县的建立与经济开发》等一系列论文，对长江中下游区域经济史就有了深入研究。在此基础上，1997年，万先生等著的《中国长江流域开发史》一书出版，该书是原国家教委"八五"社会科学重点科研项目的结项成果，也是国家"九五"重点规划图书。全书用八章50万字的篇幅，从历史纵向角度，全面考察了从石器时代到明清时期长江流域开发的整体历程，是我国第一部全面论述长江流域社会经济与文明发展进程的著作。该书首次对长江流域各历史时期的经济开发与文明发展历程做了系统总结。例如关于石器时代的长江流域，该书指出，与黄河流域一样，长江流域也有它自己的石器时代与人类。论文化并不比黄河流域有任何逊色。该书用丰富的考古资料论证了旧石器时代的长江流域是人类起源的重要地区、新石器时代晚期的良渚文化是长江流域跨入文明门槛的前夜。从青铜器的制作和江西清江吴城出土的刻划文字符号看，"炎帝神农氏时期，南方长江流域当已进入文明时代。其文明程度不会下于轩辕氏所代表的北方文明"[2]，甚至"南方长江流域当比北方更早地进入文明时代"[3]。关于列国时期的长江流域，该书认为这是一个经济、文化突飞猛进的发展时期，楚、吴、越、巴、蜀等国农、工、商业综合发展，但秦的征服，则使整个长江流域的开发，遇到了一次大顿挫。关于秦汉时期的长江流域，该书使用了"曲折性"三个字来概括。秦的落后政策，将长江流域的开发拉向后退，开发无闻。汉初政策调整，长江流域的开发也在继续抬头。两汉长江

---

① 曹文柱、李传军：《二十世纪魏晋南北朝史研究》，《历史研究》2002年第5期。

② 万绳楠、庄华峰、陈梁舟：《中国长江流域开发史》，黄山书社，1997年，第25页。

③ 万绳楠、庄华峰、陈梁舟：《中国长江流域开发史》，黄山书社，1997年，第23页。

流域开发虽在继续，但又不断受到"虎狼之政"的破坏，是"曲折性"的反映。关于魏晋南北朝时期的长江流域，该书用"迅速发展与几度猝然跌落"来概括。吴、魏、蜀时期长江流域的交通运输业、城市与商业、农业发展迅速，西晋由于政治原因，长江流域开发陷于停滞状态。东晋"镇之以静"的政策，以及侨郡县的设置与对待流人的政策，促进了江东社会经济的发展，江南腹地及沿海地区得到开发。南北朝末年至隋，由于侯景之乱和隋的政策原因，长江流域开发又陷于停顿。关于唐五代时期的长江流域，该书用"继续发展与经济中心的逐渐南移"来概括。唐继承了南北朝以来的重要经济制度和隋朝留下的大运河，长江流域整体经济结构与发展水平上了新台阶，天宝以后，经济重心南移。五代十国，长江流域有八国，仍可见到长江流域农、工、商业在唐朝开发的基础上进一步深入发展。关于宋元时期的长江流域，该书认为两宋长江流域又获得了进一步的开发，农业、手工业、交通运输业、商业与城市都有了新的发展，经济形态呈现出新变化，四大发明是在长江流域完成的。但由于两宋在政治上都执行"守内虚外"的政策，这种开发仍旧受到限制。到蒙古入主中原，甚至一度逆转。关于明清时期的长江流域，该书用"经济开发的新发展"和"艰难曲折性"来概括。由于统治政策的调整，明清时期长江流域社会经济有了长足发展，生产力水平的提高，资本主义生产关系的萌芽已在明中后期，出现于长江中下游地区商品经济极为发达的苏、杭一带，并逐渐扩展至其他地区。这是一个新现象。清前期，我国资本主义萌芽继续缓慢发展，在整个长江流域显现得更为突出。然而，由于种种历史条件未能具备，中国资本主义的胎儿始终没有冲出孕育了它的封建社会的母体，滋长壮大，这不能不是中国历史发展进程中的一个极大的令人深以为憾的曲折和不幸。纵览该书，其特点非常鲜明：一是十分重视我国历史上统治阶级的政策与经济发展的关系，将经济发展与政治环境相联系，深刻阐明了上层建筑对经济基础的反作用；二是十分重视经济发展与科技文化发展的关系，该书几乎在论述每个时代经济开发之后，都要论述该时期科技文化发展的状况，可以说该书也是一部长江流域科技文化发展史。总之，通过该书，我们不仅可以认识到长江流域文明发展史在中华文明发展史上的重要地位，把握长江流域经济开发的历史经验教训，也能为今天长江流域的开发提供历史借鉴。

以上总结虽远远不能涵盖先生的全部学术成就，但从中也可以窥见先生广博的学术视野、深刻的问题意识和极具前沿性的探索精神。

三、丰厚的治学思想遗产

万绳楠先生用其一生的心血，给我们留下了300余万字的史学论著，这是一笔宝贵的史学遗产。据我目力所及，对先生史学成就评价、总结和研究的文章目前有周一良《评介三部魏晋南北朝史著作》[①]，朱瑞熙《宋人传记的佳作——评〈文天祥传〉》[②]，彦雨《一部反映出时代精神的新文化史——评万绳楠教授的〈魏晋南北朝文化史〉》[③]，汪姝婕《简评〈中国长江流域开发史〉》[④]，卫丛姗《万绳楠史学成就研究》[⑤]等，这些文章从不同侧面对先生的史学成就进行了评述和研究。还有不少学者和先生的学术观点进行商榷。[⑥]无论是评述还是商榷先生的论著，也无论是赞

---

① 周一良：《评介三部魏晋南北朝史著作》，《北京大学学报(哲学社会科学版)》1985年第2期。

② 朱瑞熙：《宋人传记的佳作——评〈文天祥传〉》，《中州学刊》1986年第3期。

③ 彦雨：《一部反映出时代精神的新文化史——评万绳楠教授的〈魏晋南北朝文化史〉》，《安徽史学》1991年第1期。

④ 汪姝婕：《简评〈中国长江流域开发史〉》，《光明日报》1999年8月13日。

⑤ 卫丛姗：《万绳楠史学成就研究》，鲁东大学硕士学位论文，见"中国知网"，2021年。

⑥ 如曹永年、周增义：《论隋炀帝的"功"与"过"——兼与万绳楠先生商榷》，《史学月刊》1959年第12期；魏福昌：《隋炀帝是不折不扣的暴君——与万绳楠同志商榷》，《史学月刊》1959年第12期；孙醒：《试论文天祥的哲学思想——兼与万绳楠同志商榷》，《河南大学学报(哲学社会科学版)》1989年第1期；王琳祥：《赤壁战地辨析——与万绳楠先生商榷》，《安徽大学报(哲学社会科学版)》1992年第4期；高华平：《也谈陈寅恪先生"以诗证史、以史说诗"的治学方法——兼与万绳楠先生商榷》，《华中师范大学学报(哲社版)》1992年第6期；张旭华：《梁代无中正说辨析——与万绳楠先生商榷》，《许昌师范学院学报》1993年第3期；等等。

同或不赞同先生的观点，都说明先生的论著产生了十分广泛的学术影响。先生取得的这些学术成就与他的治学思想是不可分割的，在前人研究的基础上，我对先生的治学思想谈三点感想。

（一）吸收三种史学的精华

观察万先生治学方法，明显可以看到三种史学思想对他的影响。首先是受我国传统史学求真致用思想的影响。"多闻阙疑，慎言其余"①，"故疑则传疑，盖其慎也"②。我国传统史学倡导严谨求实的治学态度，在追求史实真相上不遗余力，从不随意揣测，历代史学秉笔直书精神和发达的考据学，就是这种求真思想的具体体现。求真是对事物本来面貌的揭示，对史学研究而言，全面掌握史料是求真的基础。先生十分强调在史学研究上要打好基础，在读书上下功夫。先生指出："说基础知识浅，容易学，这表现出对基础知识缺乏了解。一般来说，基础知识包括三个方面，一是基本理论知识，二是基本专业知识，三是基本技能或基本治学能力。三者缺一，都不能说基础好。"③打好基础的关键是读书，先生说："历史上凡是维护真理的人，没有一个不苦功读书。"④读书要有一定的方法，先生总结出古人读书的方法，指出："批点、注释和校补，是古人成功的读书方法。"每一种方法都有其独特的价值和作用，"我们总是说要读几本基础书，同时要多读其他书，但总是苦于不知怎么读，怎么掌握，如果能分别或同时采用以上三法，我觉得不管哪一类的书，都可读深读透"⑤。仅仅读书还不行，还要做卡片，"卡片一万张，学问涨一丈"是先生的一句名言，就是强调知识积累的重要意义。仅仅有卡片也不行，还要思考，先生说："读书最怕思之不深，览之不博，不然，是会出错误的。"⑥刻苦读书

---

① 何晏注，邢昺疏：《论语注疏》卷二《为政》，北京大学出版社，2000年，第22页。
② ［汉］司马迁：《史记》卷十三《三代世表》，中华书局，1982年，第488页。
③ 万绳楠：《基础容易打吗?》，《安徽日报》1962年1月5日。
④ 万绳楠：《"百家争鸣"三题》，《安徽日报》1961年9月27日。
⑤ 万绳楠：《批点、注释和校补》，《安徽日报》1961年11月17日。
⑥ 万绳楠：《白门新考》，《南京史志》1992年第2期。

勤于思考，使先生的论著在很多方面能够发前人之所未发，读过他的论著的人应当感受到，他的许多真知灼见，就是在广博的知识积累和勤奋思考之上而产生的。致用是我国传统史学的又一大特色，是我国传统史家治史的重要追求。我国传统史学的致用思想体现在为现实政治提供借鉴，为社会教化提供是非善恶标准，为文化自信提供精神向导等方面。我国史学的这一优秀传统同样深刻体现在先生身上，他的群众史观思想，就是反映了他的历史研究是为中国共产党领导下的新中国人民服务的。他用唯物史观的基本原理来分析历史人物、历史思潮、历史事件、历史变迁，不仅为史学界，也为社会大众提供了评判历史是非功过的马克思主义观点。他书写的魏晋南北朝政治史、经济史、思想史、文化史、民族史，以及宋史和长江流域开发史等等，为增强文化自信和对中华文明的统一性与多样性认识提供了丰富的精神源泉。其次是受近代实证史学思想的影响。近代实证史学（过去也经常称为近代资产阶级史学）是在吸收传统史学的精华和近代西方史学理论方法基础上产生的，它突破了传统史学方法和视野的局限，开创了中国历史研究的新局面。作为近代实证史学的重要代表人物陈寅恪先生的学生，先生的史学研究明显受到陈寅恪的影响。陈寅恪先生精于史实考证，学术视野宽阔，注重从地域、集团、阶级、文化出发分析历史，"还很重视历史现象的前因后果和历史发展的基本线索，往往能提出一些独到的见解"[①]。先生还将他于1947年至1949年在清华大学历史研究所听陈寅恪先生的讲课笔记整理出来，出版了《陈寅恪魏晋南北朝史讲演录》一书，极大丰富了陈寅恪先生关于魏晋南北朝史研究的系统理论观点，弥补了陈寅恪先生史学思想研究资料缺乏的重大缺憾，这是先生的又一重大史学贡献。先生在史学研究中，明显使用了地域、集团、文化、阶级等理论方法分析魏晋南北朝史中的许多历史问题，如论曹魏时期的政治派别划分及其阶级基础、正始之音与集团斗争、孙吴立国的阶级基础等，都充分运用了这些方法。以诗证史、以史说诗是陈寅恪扩展史料、开拓史学新领

---

① 林甘泉：《20世纪的中国历史学》，载《林甘泉文集》，上海辞书出版社，2005年，第353页。

域的重要方法，先生受其影响不仅对魏晋南北朝文学研究情有独钟，而且经常将这一时期的政治经济状况与诗歌产生的背景相联系，对相关问题进行研究，如《木兰诗》和《孔雀东南飞》的写作时间及故事发生背景，以及运用诗歌中描写的景色来论证江南的开发等等。先生还撰写了《曹操诗赋编年笺证》一书，是他继承老师诗史互证传统并运用于史学实践的最好说明。第三是全面接受马克思主义唯物史观。我认为，传统史学和近代实证史学对万先生的史学思想影响虽然很大，但也只限于方法论层面，决定先生史学研究的根本指导思想还是唯物史观，唯物史观的社会形态理论、群众史观、阶级分析方法、辩证联系的方法，我在前述"治学信奉马克思主义"一节中已经有过分析，这里再做一点补充。在《陈寅恪魏晋南北朝史讲演录》的"前言"中，万先生认为，阶级分析和集团分析（实际上也是阶级分析）方法"贯穿在陈老师的全部讲述之中"，并提出了"陈老师不仅是我国近代资产阶级史学的开创者和奠基人，而且是从资产阶级史学过渡到马克思主义史学的桥梁"的观点。[①]那么先生的阶级分析方法与陈寅恪的阶级分析方法是什么关系呢？我以为先生秉承的是唯物史观的阶级分析方法，与陈寅恪先生的阶级分析有区别。陈寅恪先生在讲述中确实使用了"社会阶级"这个概念来分析魏晋南朝社会的变化，但是很明显，陈寅恪先生使用的"社会阶级"或指文化（主要指儒家文化）背景不同的"豪族"与"寒族"，或指"高门"与"寒门"（士族与庶族），它与唯物史观以一定生产体系中所处的地位不同、对生产资料的占有关系不同、在社会劳动组织中所起作用的不同来划分阶级的标准是不一样的。纵观万先生的研究，他使用的阶级分析方法显然是唯物史观的阶级分析法而不是前者。我的看法是否符合万先生的原意已不可求证，但我想学术界可以研究。

---

① 参见万绳楠整理：《陈寅恪魏晋南北朝史讲演录·前言》，黄山书社，1987年，第2页。

(二)秉持创新思考的精神

治学贵在创新。万先生学术研究的一个突出特点就是始终秉持创新思考的精神，从不人云亦云。在《魏晋南北朝史论稿》的"前言"中他讲到该书的三个宗旨：一是努力运用马克思主义的立场、观点、方法，研究这段历史，力求得到一个接近科学的解释。二是对这段历史中尚未解决的问题，进行探讨。三是各章各节概以论为主，提出个人的看法，力求言之有理、有据。不重复众所熟知的东西，不作如同教材一类的叙述，并保持一个较为完整的系统，以窥全豹，故也不同于论集。这也可以说是体例上的一个"创新"吧。①可见先生的这部书，除了理论上他使用了"运用"一词之外，其他都是在追求"个人的看法""不重复众所熟知的东西"，甚至书稿的体例也试图"创新"。在《魏晋南北朝文化史》的"序言"中他说道："不因袭，重新思考，在科学的基础上，写出一个综合性的、能反映出时代精神的新文化史，是我写这本书时，对自己所作的要求。"②创新需要一定的方法，先生一生谈治学方法的文章不多，《史学方法新思考》是其中少有的一篇，此文虽然极短，但却是他总结治学方法的一个缩影："要推动历史学向前发展，我感到历史研究的方法，似亦有重新考虑的必要。我深感我们的史学工作者虽然研究各有重点，但无妨去涉猎中外古今的历史；虽然以研究政治经济史为方向，但无妨去学一点文学史、宗教史、思想史。有时候一个问题的解决，有待于运用经、政、文三结合或文、史两结合的方法，以求互相发明。研究问题，列宁是主张全面占有材料，掌握一切媒介的。这确是一个好方法。"③有专攻、通古今、跨学科、求关联、文史结合、相互发明与全面占有材料，正是先生治学的基本方法。读过先生论著的人都可以感受到，他的论著从标题到文风都有自己的特点，从标题上看，每级标题的问题意识都极强，从具体问题入手，抽丝

---

① 参见万绳楠：《魏晋南北朝史论稿·前言》，安徽教育出版社，1983年，第1页。

② 万绳楠：《魏晋南北朝文化史·序言》，黄山书社，1989年，第3页。

③ 万绳楠：《史学方法新思考》，《社会科学家》1989年第4期。

剥茧，层层深入；从文风看，语言洗练干净，抓住问题直奔主题，不绕弯子。这种治学精神，使先生的论著以解决历史问题作为基本出发点，以深厚的史学素养和理论素养洞察历史变化，在众多领域取得了很多创新性认识。限于篇幅，我不再一一例举。

（三）充满时代进步的气息

如何处理历史与现实的关系是古往今来史学家都要面临的问题，往往也要对他们的史学研究产生一定的影响。万先生是一位经历了民国时期、新中国建立直至改革开放后的史学家，长期活跃在新中国的史坛和教坛上。在近50年的革命、教学和研究生涯里，他坚持马克思主义立场，立足现实，以辩证唯物主义和历史唯物主义的观点观察分析历史，使他的研究充满着时代进步的气息。首先，对封建君主专制制度的深刻批判。新中国的建立推翻了压在中国人民头上的帝国主义、封建主义、官僚资本主义三座大山，但影响中国两千多年的封建主义思想在人们的脑海中并不容易消除，对封建主义特别是其总代表君主专制制度的批判，是史学界的重要任务。先生的史学论著中，对封建专制制度的揭示和批判是深刻无情的。在《嵇康新论》一文中，先生指出君主专制制度的最大特点就是"宰割天下，以奉其私"，嵇康主张"以天下为公"，反对"割天下以自私"，抨击君权，把这当作是一切祸害的总根，具有民主进步意义的色彩。[①]君主专制还是一切政治动荡的总根源，先生运用马克思主义观点阐释了中国古代君权产生的政治和经济基础，指出我国君主专制制度是建立在自由农的小块土地所有制和地主的土地所有制基础之上的。这个基础很牢固。但君主专制又表现为个人和"行政权力支配社会"。"当皇帝和封建官僚机构是强有力的时候，或者说个人和行政权力能够真正支配社会的时候，国家尚能保持稳定或苟安；但当皇帝昏庸，官僚机构又转动不灵的时候，那就必然要变乱丛生。"[②]西晋的八王之乱不是分封制度造成的，其内在的或最后的原因，

---

① 参见万绳楠：《嵇康新论》，《江淮论坛》1979年第1期。
② 万绳楠：《魏晋南北朝史论稿》，安徽教育出版社，1983年，第121页。

应当从君主专制制度本身去找。①这一论断改变了过去只从分封角度去看八王之乱的窠臼，令人耳目一新。除了嵇康外，先生还高度肯定了魏晋南北朝时期鲍敬言、陶潜反君主专制的思想。先生指出，产生于两晋之交的鲍敬言的无君无司论，是世界上最早的无政府主义论，鲍敬言看出了"有君"是一切祸害的总根源，看清了"君权神授"的谎言，要求把皇帝连同国家机器一起废掉。君主专制是封建政治制度的骨髓，在我国中古时代，产生这样一种有君有司为害，无君无司为利的思想，无疑是封建长夜中出现的一颗明星。先生认为，陶潜所理想的世界，是一个无君长，无官吏的世界。②"《桃花源诗并记》表现的陶潜思想，可用一言以蔽之——反对君主专制主义及其所维护的封建制度。"③其次，对儒家专制思想的尖锐批判。自汉武帝独尊儒术，以纲常思想为核心的封建儒学与天、神相结合，严重束缚了人们的思想。基于这一认识，先生在其论著中对儒家思想阻碍历史的进步予以深刻揭露，对历史上批判儒家思想、突破儒家思想束缚的种种行为给予高度评价。在评价汉代选举制度中的重"德"因素时，先生指出："而所谓德，是和神学结合在一起的、标榜王道三纲来源于天的儒学。这种儒学，是统治阶级加在人们思想上的桎梏，是图抹在选举制度上的神光。"④君为臣纲是儒学理论的核心，是封建专制主义的灵魂。先生高度赞赏嵇康，也正是从他猛烈地反对儒教、在反对"割天下以自私"的斗争中，形成了他"以天下为公"的带有民主性的政治思想角度出发的。先生在《对文化史研究的思考》一文中认为，魏晋南北朝时代是各科文化蓬勃发展的时代，把汉朝远远抛在后头，其中的重要原因就是这个时期专制主义的削弱和儒学独尊地位的跌落。⑤在《魏晋南北朝文化史》"序言"中

---

① 参见万绳楠：《魏晋南北朝史论稿》第六章第四节"八王之乱"，安徽教育出版社，1983年，第119—123页。

② 参见万绳楠：《魏晋南北朝文化史》第三章第三节"反对封建君主专制主义的思想闪光(嵇康、鲍敬言与陶潜)"，黄山书社，1989年，第81—88页。

③ 万绳楠：《魏晋南北朝文化史》，黄山书社，1989年，第87页。

④ 万绳楠：《魏晋南北朝史论稿》，安徽教育出版社，1983年，第23页。

⑤ 万绳楠：《对文化史研究的思考》，《文史哲》1993年第3期。

先生更明确指出：孔孟之道"并不能代表我国的文化传统。不但不能代表，儒家的三纲五常之教一旦被突破，我国文化便将以澎湃之势向前发展。在文化领域，无疑始终存在着以儒术为代表的封建专制文化与进步的、民主的、科学的文化的斗争"①。先生对儒家思想的批判是要区别古代文化遗产中民主性和革命性的东西，是要剔除其封建性的糟粕，吸收其民主性的精华，是要肃清"四人帮"的流毒，扫除两千多年来地主阶级所散布的封建儒学思想的影响，这正是先生史学思想与时代同呼吸的精神所在。需要看到的是，先生所批判的是儒学中的三纲五常、君权神授等腐朽糟粕，并不是一股脑否定儒学的文化价值。比如先生高度肯定各少数民族政权崇尚儒学、学习传播儒家文化的历史价值，如后秦姚兴大力提倡儒学和佛教"对封建文化和佛教文化的传播，是起了作用的。而这却是一个羌人做出的贡献"②。第三，始终站在人民的立场。万先生批判君主专制和儒学中的封建糟粕，目的都是为了人民，这是他群众史观在历史研究中的具体表现。对一种思想、一种政策、一种制度，一个人物、一个集团的评价，就是要看是否有利于人民，有利于历史的进步。先生指出，东汉的外戚尤其是宦官的统治，给人民带来了巨大的灾难，曹操维护和发展小块土地所有制的政策就是有利于人民的，曹操统一北方是有利于人民的，孙吴对待山越的政策是不利于人民的，是应当否定的，西晋士族地主的腐朽统治和军阀混战是人民大流亡的根本原因，各族人民是推动民族融合的力量，氐族人民对祖国历史发展作出了成绩，《孔雀东南飞》充分体现了我国人民运用文学形式反对封建压迫的优良传统，《吴歌》《西曲歌》形象地反映出劳动人民的情操，孝文帝推行汉化政策使黄河流域的人民生活比较安定，凡此等等，在先生的论著中随处可见，是先生一切皆以人民群众为中心的历史观的生动体现。

先生离开我们近三十年了，今天的魏晋南北朝史研究较三十年前无论在史料的扩展、理论方法的更新、研究视角的转化等方面都发生了很大变

① 万绳楠：《魏晋南北朝文化史·序言》，黄山书社，1989年，第2页。
② 万绳楠：《魏晋南北朝史论稿》，安徽教育出版社，1983年，第181页。

化，但是我想，以唯物史观作为历史研究的指导思想没有变，实事求是的史学方法没有变，史学为人民服务的经世致用精神没有变。《全集》是先生给我们留下的丰富史学遗产，它一定会、也能够会为新时代中国史学"三大体系"的构建发挥重要作用，也一定会深深慰藉先生的在天之灵。最后，作为先生的学生，我代表各位师姐师兄师弟，向安徽师范大学历史学院表示深深敬意！向安徽师范大学出版社表示深深谢意！向所有为《全集》出版付出辛勤劳动的各位同志及万先生的亲属、向长期以来关心万绳楠先生的各位同志表示衷心的感谢！

（作者系中国社会科学院古代史研究所所长、研究员）

万绳楠先生的学术成就与治学特色

庄华峰

2023年11月是我国著名历史学家万绳楠先生诞辰一百周年，回忆跟随先生攻读历史学硕士学位、有幸忝列门墙至今已有36个年头，翻阅案头珍藏先生的几部经典著作，顿时百感交集。在感慨先生的论著论证严谨、考述精致、新见迭出之余，也感觉学界对于先生学术成就、治学精神和治学方法的研究尚属滞后，至今鲜见有这方面的成果问世。鉴于此，笔者谨就自己所知，对先生的治学道路、学术成就及其治学特色作一论述，以期对后学有所启迪，同时也借此表达我对先生的崇敬和缅怀之情。

一、风雨兼程:万绳楠先生的治学道路

了解万绳楠先生的人都知道，他的一生充满坎坷，尤其是其前半生苦难总是与他如影相随。先生是江西南昌人，1923年11月出生于一个国文教员家庭，兄弟姐妹4人，4岁时母亲离世，12岁时父亲又撒手人寰。两个哥哥在抗日战争初期当了兵，妹妹也迫于生活压力给人家当了童养媳。先生自己则几乎沦为孤儿。悲凄的家庭命运铸就了先生坚毅的品格，正是这种优良的品格使先生在数十年的风雨历程中踔厉奋发，勇毅前行。

先生天资聪颖，七八岁就开始读《论语》《孟子》《中庸》等书，进入小学、中学后，又广泛阅读其他一些经、史、子、集方面的典籍。还阅读

了包括《诗经》《左传》《庄子》《楚辞》等在内的古典文学作品。先生读书有两个习惯，对于一般图书泛泛浏览即可，而对于重要书籍或文章则反复精读，甚至将其背诵下来，由此锻炼出超强的记忆力。他给学生授课，常常征引大量史料来论证自己的观点，他对史籍十分熟悉，往往达到了信手拈来、如数家珍的程度。他说，这都得益于平时的知识积累。他常跟自己的研究生说，他做学问的一条重要经验是"熟读深思"。他说："旧书不厌百回读，熟读深思子自知。"对于一些重要的书，必须反复阅读，最好能把书中精要的部分背诵下来，使其成为自己的东西，这样，在思考问题时，就能够信手拈来，运用自如。

先生在少年时代所经受的这些训练，为其以后的学术研究奠定了扎实的基础。他不止一次这样谆谆告诫学生说："基础材料如果没有弄清楚，就及早微言大义，肯定不会得出科学的结论。"所以他一直主张做学问要从基础工作做起，要靠日积月累，而积累知识的一种有效途径就是要善于做读书卡片。他曾说："卡片一万张，学问涨一丈。"

由于先生基础扎实，加之学习勤奋，他成为学校的尖子生。读初中时，先生因成绩优异被南昌二中将其姓名刻入石碑；高中时，先生的论文获得过政府奖励，被全班同学传读。1942年，由于成绩优异，先生同时被西南联大历史系、交通大学电机系和浙江大学土木工程系录取。由于家庭经济拮据，先生上了三所学校中助学金较为丰厚的西南联大历史系读书。西南联大，这所"抗战"时由清华大学、北京大学和南开大学合并的集北国学者精英的特殊高校，对先生有着极大的吸引力。先生没有想到，他将在这里与吴晗、陈寅恪这两位著名历史学家相遇、相知，更不会想到他们俩为自己种下一生的因果。在本科学习阶段，先生过人的禀赋和治史才华博得陈寅恪的赏识。四年后，先生如愿考取清华大学历史研究所研究生，师从陈寅恪先生治魏晋南北朝史和隋唐史。陈寅恪被后世称为"教授中的教授"，有幸成为陈寅恪先生的关门弟子，对于当时还是一个青葱小伙的先生而言是一件多么幸运的事情。三年的研究生学习，先生打下了坚实的基础，特别是陈寅恪先生的治学方法和治学精神对先生产生了极大影响。

先生曾在其整理的《陈寅恪魏晋南北朝史讲演录》一书"前言"中说：

> 陈老师（按：指陈寅恪）的学问博大精深，兼解十余种语言文字，为国内外所熟知，无待我来讲。我当年感觉最深的是，陈老师治学，能将文、史、哲、古今、中外结合起来研究，互相发明，因而能不断提出新问题，新见解，新发现。而每一个新见解，新发现，都有众多的史料作根据，科学性、说服力很强。因此，陈老师能不断地把史学推向前进。那时我便想如果能把陈老师这种治学方法学到手上，也是得益不浅的，更不消说学问了。①

在课堂上，先生也曾对研究生如是说："我的老师陈寅恪先生有'三不讲'，就是书上有的不讲，别人讲过的不讲，自己讲过的不讲。我想这里的'三不讲'，是不讲而讲，不重复既有，发前人所未发，成自家独创之言。老师的'三不讲'是我的座右铭，无论是讲课还是搞研究，我都力求有新的东西呈现。"可见，对于老师的治学方法，先生是拳拳服膺，并身体力行的。

1948年12月上旬，东北野战军包围了平津一线国民党的50万大军，12月15日，清华园一带已解放。先生受"学运"思潮影响很深，这时，他和无数要求进步的学生一起，穿上军装参加了东北野战军。一向持"独立自由精神"思想的陈寅恪了解到先生这一举动后，大为恼怒，要不是师母唐筼的再三劝说，险些与先生断绝师生关系。我想，先生并非要忤逆老师的尊严，他的所作所为，实质上是在诠释着"我爱我师，我更爱真理"的深刻内涵。

1960年，先生从北京来到安徽，先后执教于安徽大学、合肥师范学院历史系。自此，先生一边给学生讲课，一边研究魏晋南北朝史，每有心得，写成文章，在报刊上发表。此时，先生已在史学界崭露头角。这段时

---

① 万绳楠整理：《陈寅恪魏晋南北朝史讲演录·前言》，黄山书社，1987年，第1页。

间里，他发表了《关于曹操在历史上的地位问题》（《新史学通讯》1956年第6期）、《关于南宋初年的抗金斗争》（《新史学通讯》1956年第9期）、《魏晋南北朝时代的思想主流是什么》（《史学月刊》1957年第8期）、《论隋炀帝》（《史学月刊》1959年第9期）等文章。这些文章多发前人之所未发，彰显出很高的学术造诣和敏锐的学术眼光。如1959年初，学术界曾经掀起过一场为曹操翻案的运动，郭沫若、翦伯赞等历史学家纷纷撰文替曹操翻案。而先生早在1956年就发表了《关于曹操在历史上的地位问题》一文，对曹操在历史上的地位予以肯定，认为他对我国历史所起的推动作用比破坏作用要大。用今天的眼光看先生的观点几乎是"常识"，但在当时确属"惊世骇俗"的见解。先生的观点在史学界引起很大的反响。从1961年到1965年的几年间，先生发表了《从南北朝社会经济与政治的差异看南北门阀》（《安徽大学学报》1963年第1期）、《六朝时代江南的开发问题》（《历史教学》1963年第3期）、《曹魏政治派别的分野及其升降》（《历史教学》1964年第1期）、《"太平道"与"五斗米道"》（《历史教学》1964年第6期）、《魏末北镇暴动是阶级斗争还是统治阶级内部的斗争》（《史学月刊》1964年第9期）、《南朝时代江南的田庄制度》（《历史教学》1965年第11期）等十多篇文章。这些文章视角新颖，考订精审，为学界所重视。李凭先生充分肯定了万先生对学术研究的贡献，指出："他一直远离学术研究的中心，却独立地作出过大量的深入的研究，是值得我们纪念的。"①诚哉斯言。

先生从北京来到合肥后，吴晗邀请先生为其主编的《中国历史小丛书》写几本小册子，很快，先生撰写的《文成公主》《冼夫人》《隋末农民战争》等相继而成，在安徽，先生与吴晗的师生关系因此被许多人知晓。恰因如此，先生在"文革"中受到牵连，全国批"三家村"，安徽批万绳楠，先生成为安徽"文革"初期第一个被全省批判的"反动学术权威"。1966年6月3日省内一家大报发文批判先生，指责他是"吴晗的忠实门徒，

---

① 李凭：《曹操形象的变化》，《安徽史学》2011年第2期。

'三家村'的黑闯将"。1971年，先生被下放到淮北利辛县农村。在那里，先生经受了精神与肉体上的双重折磨，罚沉重劳役，险些丧生。

面对如此险恶的环境，先生仍不忘初心，一有闲暇时间，就埋头看书、做学问。虽身处逆境，仍心系天下，忧国忧民，并敢于针砭时弊，彰显出一个正直知识分子敢说真话的赤诚之心。

阳光总在风雨后。随着十年"文革"梦魇的终结，先生获得彻底平反，重新回到他魂牵梦绕的大学校园，随合肥师范学院历史系整体搬回位于芜湖市的安徽师范大学历史系任教，找回了一度失落的书桌和讲坛。当时，先生现身说法告诫他的研究生们："人要有一点奋斗精神。对我来说，被耽误的时间实在是太多了，我要用有生之年，为教育事业多做些有意义的工作。"他在实践中践行着自己的诺言。先生重返校园时虽已年近花甲之年，但他仍然牢记使命，壮心不已，一面教书育人，一面笔耕不息，在学术上更臻新境。自20世纪80年代已降，先生先后发表《东晋的镇之以静政策和淝水之战的胜利》（《江淮论坛》1980年第4、5期）、《安徽在先秦历史上的地位》（《安徽史学》1984年第4期）、《廓清曹操少年时代的迷雾》（《安徽师大学报（哲学社会科学版）》1988年第2期）、《江东侨郡县的建立与经济的开发》（《中国史研究》1992年第3期）、《略谈玄学的产生、派别与影响》（《孔子研究》1994年第3期）、《武则天与进士新阶层》（《中国史研究》1994年第3期）等40多篇文章，这些文章或被转载，或被引用，在学界产生很大反响。同时，在这一阶段，先生还出版了5部著作，即《魏晋南北朝史论稿》（安徽教育出版社，1983年）、《文天祥传》（河南人民出版社，1985年）、《陈寅恪魏晋南北朝史讲演录》（黄山书社，1987年）、《魏晋南北朝文化史》（黄山书社，1989年）、《中国长江流域开发史》（黄山书社，1997年）。5部著作总计150余万字，几乎是每两年推出一部专著，而且在大陆和台湾同时出版。先生治学具有不因陈说、锐意创新的特点，因此他的论著阐幽发覆，多有创见，获得一致好评。如对于《魏晋南北朝史论稿》一书，著名历史学家周一良先生指出："本书读起来确实多少给人以清新之感。"①《魏晋南北朝文化史》出版后，有学者指出："万著以扎实的文献材料、考古材料为基础，提出许多创见"，是"一部反映出时代精神的新文化史"②。《陈寅恪魏晋南北朝史讲演录》一书是陈寅恪1947—1948年在清华大学开设"魏晋南北朝史研究"的课程讲义，由先生根据其听课笔记整理而成。陈寅恪著作甚富，但在其已出版的著述中，尚无系统的断代史之作，本书的出版能补陈书之阙，因而被誉为"稀世之珍"。卞僧慧先生评价道：本书"由万教授精心整理，厥功甚伟，至可珍惜"③。先生也因其非凡的学术成就，成为史学界公认的魏晋南北朝史研究大家，被誉为魏晋南北朝研究领域的"四小名旦"之一。④

1995年底，万先生因积劳成疾住进医院，接受治疗。在病床上，他仍为《今注本廿四史》笔耕不辍。在弥留之际，他还念念不忘自己的导师，他用颤抖的手作七律一首《怀念陈寅恪先师》："忆昔幽燕求学时，清华何幸得良师。南天雪影说三国，满耳蝉声听杜诗。庭户为穿情切切，烛花挑尽夜迟迟。依稀梦笑今犹在，独占春风第一枝。"1996年9月30日，先生带着对教育事业的无限眷恋匆匆地告别了人世。已故北京师范大学著名教授黎虎先生在唁电中说："万绳楠先生学术上正达炉火纯青境界，他还可以做出更多更辉煌的成就。先生的学问和道德堪称楷模。他走了，真是太可惜了！"

万先生一生致力于教学和科研工作，取得了丰硕的研究成果，培养了大批优秀人才，他曾于1984年被评为"安徽省劳动模范"，第二年又获全国"五一劳动奖章"和"全国优秀教育工作者"光荣称号。

---

① 周一良：《评介三部魏晋南北朝史著作》，《北京大学学报（哲学社会科学版）》1985年第2期。

② 彦雨：《一部反映出时代精神的新文化史——评万绳楠教授的〈魏晋南北朝文化史〉》，《安徽史学》1991年第1期。

③ 卞僧慧：《陈寅恪先生年谱长编（初稿）》，中华书局，2010年，第245页。

④ 在魏晋南北朝史研究领域，有"四大名旦""四小名旦"之称誉，前者指唐长孺、周一良、王仲荦、何兹全，后者指田余庆、韩国磐、高敏、万绳楠。参见刁培俊、韩能跃：《探索中国古史的深层底蕴——高敏先生访谈录》，《史学月刊》2004年第2期。

二、孤明独发：万绳楠先生的学术成就

万先生从事史学研究近50载，一直致力于中国古代史的教学与研究，发表论文80多篇，出版著作多部，为我国的史学发展做出了突出贡献。先生精于魏晋南北朝史研究，同时在中国古代史其他领域也取得了丰硕的成果。综合起来看，先生的学术成就主要表现在以下几个方面：

（一）魏晋南北朝史研究成就

万先生在魏晋南北朝史研究领域著作等身，成就卓然，限于篇幅，难以悉数呈现，这里仅就其最具代表性的成果略作评述。

1.曹魏政治派别研究。六十多年前，陈寅恪先生在《书世说新语文学类钟会撰四本论始毕条后》一文中说："魏为东汉内廷阉宦阶级之代表，晋则外廷士大夫阶级之代表，故魏、晋之兴亡递嬗乃东汉晚年两统治阶级之竞争胜败问题。"[①]陈寅恪用他的阶级分析学说，阐述汉晋之际的政治变迁，指出"作为一个阶级来说，儒家豪族是与寒族出身的曹氏对立的"[②]，具体到曹操本人的作为而言，就是"寒族出身的曹氏"与"儒家豪族人物如袁绍之辈相竞争"。陈寅恪的阶级分析方法很有影响，对后续相关研究具有发凡起例的意义。万先生师承陈寅恪的研究方法，把曹魏政治派别的研究向前推进了一步。他在1964年发表的《魏晋政治派别及其升降》一文中指出，曹操统治集团中有两个以地区相结合的派别，即"汝颍集团"和"谯沛集团"。汝颍集团标榜儒学，主要担任文职。谯沛集团则以武风见称，主要担任武职。在汝颍与谯沛两集团之间，有尖锐矛盾，这种矛盾到曹操晚年就逐步明晰化。高平陵事件成为曹魏政权转移的转折点，最终以

---

① 陈寅恪：《书世说新语文学类钟会撰四本论始毕条后》，《金明馆丛稿初编》，生活·读书·新知三联书店，2001年，第48页。

② 万绳楠整理：《陈寅恪魏晋南北朝史讲演录》，黄山书社，1987年，第13页。

司马师为代表的汝颍集团取得了胜利，"亡魏成晋"之势已成。[1]先生对政治派别研究范式的学术推进，具有重要意义。时至今日，"汝颍集团"和"谯沛集团"的概念仍被学界屡屡援引和强调。

万先生对陈寅恪阶级升降、政治集团学说的拓展主要表现在两个方面。一是在研究的时段上，陈寅恪的研究侧重分析曹魏后期曹、马之争的性质，而对曹魏中前期的政治问题则未涉及，而先生则主要论述曹魏中前期的政治史，通过对汝颍、谯沛这两个政治集团的考述，弥补了陈寅恪东汉末年士大夫和宦官斗争一直持续到西晋初年这一假说在时间链条上所缺失的一环。二是陈寅恪主要以社会阶层、文化熏习来区分曹、马两党，而先生则引入了地域这一分析维度，强调汝颍、谯沛两个政治集团的地域特征，同时揭示了汝颍多任文职、谯沛多为武人这一文武分途的特征。[2]

2.南朝田庄制度研究。史学界历来把汉、魏、两晋及南北朝时代的田庄主土地占有形态，看作是同一个类型。万先生则认为南朝田庄主的土地占有形态与唐朝是一个类型，和汉、魏已有不同。他认为，南朝田庄主土地占有形态的变化主要表现在以下三个方面：一是汉魏田庄主是聚族而居的，社会经济的基本单位是一个个名宗大族。直到东晋和北朝，北方仍然是"百室合户，千丁共籍"。而南方大家族在南朝已经分崩离析，个体家庭已经成为社会经济的基本单位。二是南朝在个体家庭所有制基础上形成起来的田庄或庄园，没有部曲家兵，只有农奴。凡是南朝史料中所见的部曲，都是国家的兵。南朝部曲家兵随着宗族组织的解散而解散，是一个自然的普遍的现象。三是南朝田庄是地主阶级个体家庭的庄园，它实行农业、手工业和商业等多种经营，雇佣和租佃都已在南朝出现。这是一种进步。[3]先生指出，南朝田庄制度的变革，是中古土地制度的一个重大变

---

[1] 万绳楠:《曹魏政治派别的分野及其升降》,《历史教学》1964年第1期;万绳楠:《魏晋南北朝史论稿》,安徽教育出版社,1983年,第78—92页。

[2] 参见仇鹿鸣:《魏晋之际的政治权力与家族网络》,上海古籍出版社,2015年,第3页。

[3] 万绳楠:《魏晋南北朝史论稿》,安徽教育出版社,1983年,第208—217页。

化。①先生的这些观点发人之所未发，得到学界的充分肯定。有学者指出：
"《论稿》关于南朝田庄制度的变革之说，是近几年来，在土地制度研究
上作了一次值得重视的探讨。这可能影响到对南北朝以及隋唐社会历史的
认识。"②先生所撰《南朝田庄制度的变革》一文也被1981年版《中国历史
学年鉴》作为重点文章予以推介。③

3.东晋黄白籍研究。一直以来，学界对于东晋土断后黄、白籍的关系
问题都存有不同的看法，有的学者认为户籍的黄白之分即士庶之别，更多
的学者又认为土断是改黄籍为白籍。万先生不同意这些看法。他认为，黄
籍是两晋南朝包括士族和庶民在内的编户齐家的统一的户籍，白籍则是在
特定时期产生的、旨在安置侨民的临时户籍。由此可知白籍是"侨籍"。
持白籍的不交税，不服役。而咸和二年（327）土断整理出来的"晋籍"
是黄籍，是征发税收徭役的依据。持白籍的侨人，一经土断，白籍就变成
了黄籍，编入当地间伍之中，按照规定纳税服役。那么，史学界为何普遍
认为土断是改黄籍为白籍呢？先生认为这种颠倒来自胡三省。胡三省在
《资治通鉴》中，为成帝咸康七年（341）的令文"实编户，王公已下皆正
土断白籍"做注时误解其意，以为此令意为土断后将南迁的王公庶人著之
白籍，学者据此便认为土断是将黄籍改为白籍了。先生认为此令的重点在
于"实"字，即查验编户的户籍是否皆为黄籍。这说明胡三省对黄、白籍
并未研究过。④

万先生关于黄白籍的论说不仅博得国内史学界的首肯，还蜚声海外，
受到国外史学界的关注。1980年5月，先生接受了美国华盛顿大学历史学

---

① 万绳楠：《南朝田庄制度的变革》，《安徽师大学报（哲学社会科学版）》1980年
第2期。

② 卞恩才：《一部勇于创新的断代史专著——读〈魏晋南北朝史论稿〉》，《安徽史学》
1984年第3期。

③《中国历史学年鉴》，人民出版社，1981年，第30—31页。

④ 万绳楠：《论黄白籍、土断及其有关问题》，载《魏晋南北朝史研究》，四川社会科学
院出版社，1986年；万绳楠：《魏晋南北朝史论稿》，安徽教育出版社，1983年，第157—
161页。

博士孔为廉的慕名专访，先生如数家珍地解答了孔博士提出的东晋南朝的土断与黄、白籍的关系问题。孔博士指出，日本和中国学者对此问题有不同的意见，日本学者认为黄、白籍为贵贱之别；中国学者认为侨人包括贵族在内，经过土断，纳入白籍。万先生根据自己深入的研究，认为白籍为侨籍，黄籍为土著户籍，土断变侨民为土著，变白籍为黄籍，变不纳税服役户为纳税服役户，并回答了以往中日学者何以出错的原因。孔博士十分信服地接受了先生的学术观点，激动地说："万先生的回答不仅为我本人，而且也为我的美国同行解决了一个历史疑难问题，我不虚此行！"

4.魏晋南北朝民族问题研究。魏晋南北朝时期的民族大融合给中国历史带来长久而深远的变化，并直接为隋唐大一统和经济文化的高度繁荣奠定了基础。恰因如此，大凡治魏晋南北朝史者，都会关注这一时期的民族问题。万先生也不例外。他在这方面的成果主要体现在其力作《魏晋南北朝史论稿》中。该书凡十六章，涉及民族问题的有五章（第七章、第九章、第十二章、第十三章、第十四章），足见先生对民族问题用力之勤。在论及"五胡十六国"历史时，先生强调，各民族要求和平、友好、融合，是一种历史发展趋势。尽管历史有曲折，不过这种曲折不是倒退，而是历史的更高一级的循环。基于这样的认知，先生考察了五胡各国政权的政策。他一方面阐明早期有像匈奴刘氏、羯胡石氏那样采取依靠"国人"武力，背离民族融合大势的举措，同时又指出前燕鲜卑慕容氏凭借汉人和魏晋旧法，消除民族之间的冲突与隔阂，顺应了民族融合的发展趋势。先生指出，在民族问题上，苻坚一反西晋以来民族压迫的弊政，采取了"魏降和戎之术"，这一政策，是永嘉以来，在民族融合的道路上，迈出的极可贵的一步。苻坚的政治眼光，较西晋以来各族统治者为远。在论及淝水战后后秦等政权时，先生也多从它们在民族融合方面所发挥的作用这个角度讨论。在论及"淝水战后北方各族的斗争、进步与融合"问题时，先生这样写道："淝水战后，是北方分裂得最细但也是各少数民族与汉族接触最频繁的时代。透过这一时期各族斗争纷纭复杂的现象，我们可以看到，在北魏统一北方之前，进入中原的各族，都在这一时期与汉族融合。"因此可以说："这一百三十六年（指304年到439年）是北方各个少数民族获得进步之年，与汉族自然同化之年，各族大融合之年，我国这个多民族的国家获得发展之年。"①著名历史学家周一良先生对万先生的这一看法予以肯定，指出："作者这样的估计是不为过分的。"②

5.魏晋南北朝南方经济发展研究。万先生充分肯定魏晋南北朝四百年历史的进步性，其中包括充分认识到这一时期生产力的发展，特别是南方经济的开发和社会的进步，这一认识集中体现在其代表作《魏晋南北朝史论稿》和相关论文中，并在学界产生了很大的反响。

万先生对于此时期南方经济开发的研究，有一个鲜明的特色，即注意揭示政治、经济政策对于经济发展的影响。如先生在论述江左政权对待侨民的政策时指出："建置在丹阳江乘县与毗陵丹徒、武进二县即建置在自今南京东至无锡沿江一线所有的侨郡县中的侨民，在咸和二年第一次土断前，凭所持白籍与政策规定，都曾免除税役多则十一年，少则以太宁元年（323）计算也有五年。这对江东自建康以东至无锡一线侨郡县的开发，无疑是有益的。"③在讨论南朝经济政策的变化与江南的开发问题时，先生坚持"促进江南普遍获得开发的重大因素，是南朝田庄制度的变革，经济政策的变化，生产关系的改造"④的基本判断，指出"占山格"的颁布，第一次以法律的形式肯定了山林川泽的私人占有，是汉末以来南方大土地所有制的一个重大发展；以"三调"为形式的财产税（赀税）的出现，对无财产或少财产的人来说，减轻了负担，提高了他们从事生产的积极性；而营造工人"皆资雇借"，不再是征发而来，是役法上的一个重大进步，这对农业和民间手工业的发展，大有好处。⑤先生同时指出，江东政治的发展，与六朝江南经济开发次第，是相适应的。这表明一点，那就是政治与

① 万绳楠：《魏晋南北朝史论稿》，安徽教育出版社，1983年，第188页。

② 周一良：《评介三部魏晋南北朝史著作》，《北京大学学报（哲学社会科学版）》1985年第2期。

③ 万绳楠：《江东侨郡县的建立与经济的开发》，《中国史研究》1992年第3期。

④ 万绳楠：《魏晋南北朝史论稿》，安徽教育出版社，1983年，第223页。

⑤ 万绳楠：《魏晋南北朝史论稿》，安徽教育出版社，1983年，第218—227页。

经济是不可分割的关系。①

6.对于魏晋南北朝文化若干问题的思考。万先生对于魏晋南北朝文化的研究，用力甚勤，除了出版《魏晋南北朝文化史》一书外，还发表了系列论文，直接推动了此时期文化史的研究。"不因袭，重新思考"是先生研究魏晋南北朝文化的立足点，因而他在许多地方都提出了不少持之有据、言之成理的新论点，这是十分难得的，仅举几例说明。

先生认为孔孟之道并不能代表中国的传统文化。指出"儒家的三纲五常之教一旦被突破，我国文化便将以澎湃之势向前发展"。"在文化领域，无疑始终存在着以儒术为代表的封建专制文化与进步的、民主的、科学的文化的斗争。进步思想家嵇康以反对儒家纲常的罪名被杀；科学家祖冲之将岁差应用于历法，被指责为'违天背经'。"所以他认为研究文化史的重要任务之一，便是揭露这两种文化之间的斗争，阐发进步文化所蕴藏的生命力与发展的曲折性。②这样的论点对于我们深入研究魏晋南北朝文化史无疑具有启发意义。

先生提出了"正始之音"不同一性之说。对于魏晋玄学的分派问题，学界往往将曹魏时期何晏、王弼这两个玄学创始者的言论不加区别地都称之为"正始之音"。而先生则认为何晏和王弼虽然都祖述《老》《庄》，都标榜"无""无为"，但他们所论有本质上的区别。何晏讲圣人无情，认为无和有是相互排斥的，无和有是二元；而王弼则讲圣人有情，认为无和有不是对立的关系，无和有是一元（无生有）。因此，"正始之音应当说是两种声音，不是一种"。先生同时指出，何晏在政治上属于谯沛集团，而王弼的言论所反映的则是以司马氏为首的汝颖集团的要求。值得一提的是，先生不是孤立的研究何、王二人的玄学思想，而是把他们思想的重大差异同"九品中正制"和"四本论"联系起来加以考察，从而说明汝颖和谯沛两大集团在正始时期进入决斗之时，玄学的产生绝不是偶然的。先生把玄

---

① 万绳楠：《六朝时代江南的开发问题》，《历史教学》1963年第3期。
② 万绳楠：《魏晋南北朝文化史·序言》，黄山书社，1989年，第3页。

学思想与当时的政治风云结合起来考察，使研究得到了深化。①

先生还提出了佛教异端之说。认为"中国的佛教异端是在南北朝时代，在北方出现的。高举'新佛出世，除去旧魔'旗帜的法庆起义，揆其实质，即佛教异端的起义"。唐长孺先生在《魏晋南北朝史论拾遗》一书中，也曾提出弥勒信仰为佛教异端的看法。②在佛教异端上，万先生与唐先生同时提出同一个结论，不过万先生讨论的问题更多，他分析了佛教异端产生的佛经依据，又论述了佛教异端产生在北方而不是南方的原因。③这是研究佛教史的一项重要成果。

他如，曹魏时期的外朝台阁制度与选举制度、五斗米道与太平道的关系、"苍天已死，黄天当立，岁在甲子，天下大吉"口号的含义等问题，先生都进行了探讨，提出了颇具洞见的观点。

（二）宋史研究成就

万先生对宋史研究倾心倾力，除了发表《关于南宋初年的抗金斗争》（《新史学通讯》1956年第9期)、《关于王安石变法的几点商榷》（《安徽日报》1962年1月6日）、《宋江打方腊是难以否定的》（《光明日报》1978年12月5日）、《诗史奇观——文天祥〈集杜诗〉》（《中华魂》1996年第5期）等多篇论文外，还于1985年推出了他的精心之作《文天祥传》。本书是作为史学传记来写的，通过文天祥的一生活动，把历史上一个兼具哲学家、政治家、文学家的民族英雄的形象，呈现在读者眼前，并借此对南宋晚期的历史，作些必要的清理工作。综观全书，有这样几个特色：一是叙述全面，内容丰赡。此前有关文天祥的著作，其篇幅都相对较小，最多的也不过13万字。而先生的著作则洋洋洒洒，有近30万字的篇幅。该书对文天祥的生平事迹，尤其是对他的政治、哲学思想和文学成就，作了富有创见的论述，不仅是文天祥传中最为丰富详实之一种，也是宋元之交的一

---

① 万绳楠：《魏晋南北朝史论稿》，安徽教育出版社，1983年，第88—89页。

② 唐长孺：《魏晋南北朝史论拾遗》，中华书局，1983年，第203页。

③ 万绳楠：《魏晋南北朝文化史》，黄山书社，1989年，第346页。

部信史或实录。二是做到传、论、考相结合。书中对以往被忽略的问题，如文天祥的哲学思想、政治思想、文学成就以及具体事迹的思想基础等，进行了论述。对以往记载有出入的问题，如文天祥究竟是哪里人，多少岁中状元，某些作品写于何时等，作了考证。对以往记载较为混乱的问题，如南宋太皇太后谢氏投降的经过，利用各种史料，进行了梳理。对事迹本身，则力求言之有据。凡此，都做到史论结合。三是提出了一些新看法。如先生认为，文天祥是在南宋内忧既迫、外患又深的年代里成长起来的。但这个时代并非南宋注定要灭亡、元朝必定要统治全中国的时代，而是黑暗中有光明。只要南宋政府改革导致社会危机和民族危机的守内虚外之法，就不会是元兵南进，而是宋旗北指。先生进一步指出，如果只看到蒙古兵南犯时所取得的局部胜利及其不可一世的嚣张气焰，那就会得出元朝必胜，南宋必亡的错误结论。而如果既能看到蒙古胜利中也有困难，也看到南宋只要"一念振刷，犹能转弱为强"，那就不仅可以理解南宋本来不会灭亡的道理，而且还可以理解文天祥所进行的斗争其意义之重大。①又如在论及文天祥的诗歌成就时，先生指出，文天祥的诗文，尽洗南宋卑弱、破碎、凡陋、装腔作势的文体与诗体，揭开了我国文学史的新的一页。②先生还强调，不应当忘记"他在南宋文坛上，振起过一代文风；不应当忘记他是我国古典作家中，现实主义文学巨匠之一"③。这样的新见解，都发前人所未发，言前人所未言，颇有学术价值。书中类似的新观点还能举出许多。著名宋史研究专家朱瑞熙先生对该书给予了高度评价，指出"与同类著作相比，万绳楠同志的著作别开生面，具有一些新的特色"，是"宋人传记的佳作"。④

---

① 万绳楠：《文天祥传》，河南人民出版社，1985年，第18页。

② 万绳楠：《文天祥传》，河南人民出版社，1985年，第346页。

③ 万绳楠：《文天祥传》，河南人民出版社，1985年，第336页。

④ 朱瑞熙：《宋人传记的佳作——评〈文天祥传〉》，《中州学刊》1986年第3期。

（三）长江流域经济开发研究

万先生的《中国长江流域开发史》一书于1997年出版，该书是原国家教委"八五"社会科学重点科研项目的结项成果，也是国家"九五"重点规划图书。全书按朝代对荆、扬、益三州的农业、工业、商业、科学技术、城市经济以及户口、赋税、生态环境等方面进行了有益探索，是我国第一部全面系统阐述长江流域开发的开创性力作，具有很高的理论意义和学术价值。该书体大思精，屡有创获。例如，对于秦始皇修驰道，学界认为其有利于商业往来，万先生在查阅《史记》后认为这与始皇封禅书"尚农除末"不符，指出"商人都被赶到南方戍守五岭去了，秦朝根本无商业（除末）。从裴骃《集解》中，我们又发现秦驰道为'天子道'，封闭式，只有始皇封禅的车子才能通行"[①]。它如关于唐朝雇佃、雇借、和市、赀税与南朝的关系的论述、关于五代时期长江流域诸国的政策与开发的关系的论述、关于宋代长江下游圩田开发与生态环境关系的论述，以及关于明清长江流域赋役制度的论述等，也都不囿于传统的观点，提出了具有较高学术价值的新见解。还值得一提的是，先生还着力揭示经济开发与文化兴盛之间的互动关系，如老庄哲学及楚辞的出现之于战国经济的发展，南方文人的涌现之于唐宋经济的开发，明清长江流域的开发与科学技术的兴盛等，都有独到分析，给人耳目一新的感觉与启迪。该书出版后，学界给予了高度评价。有学者指出，该书"是国内外第一部全面、系统研究长江流域经济开发的学术力作"，其特点有四：一、史论结合，析理深邃；二、不囿陈说，推陈出新；三、充分利用考古资料；四、注意经济开发与文化发展之间的相互关系。[②]

---

① 万绳楠、庄华峰、陈梁舟：《中国长江流域开发史·序言》，黄山书社，1997年，第2页。

② 汪姝婕：《简评〈中国长江流域开发史〉》，《光明日报》1999年8月13日。

（四）学术普及工作

让学术走向大众，用通俗易懂的方式向人民传播优秀的历史文化，这是当代哲学社会科学界专家学者的神圣使命。在这方面，万先生为我们树立了榜样。先生不是一位象牙塔里的专业研究者，只会写高头讲章和专业论文，而是在从事学术研究的同时，十分关注学术普及工作，写了许多深入浅出、通俗易懂的图书与文章，为历史学走向大众做出了较大贡献。这也彰显了先生"经世致用"的治学理念。

20世纪五六十年代，由于当时以青少年为主要阅读对象的历史知识普及性优秀读物很少，于是以吴晗为首的一批学者组织编写了《中国历史小丛书》，万先生受邀为小丛书撰写了《文天祥》《文成公主》《隋末农民战争》几本小册子；20世纪80年代初，吴晗主编的"中国历史小丛书"恢复出版时，先生又为丛书撰写了《洗夫人》。1981年先生又出版《安徽史话》（合著）一书。先生撰写的这几册书虽是"史话"体例，具有普及推广的性质，却不乏学术性和思想性，加上文风活泼，内容生动，所以备受读者青睐。时至今日，几十年过去了，这几本小书并未过时，仍是值得一读的优秀通俗读物。

我们注意到，万先生撰写的通俗性文章，大多是其学术研究的拓展和延伸，并用通俗化的方式将其呈现出来。比如，《鲍敬言：横迈时空的预言家》一文，先生写了东晋时期鲍敬言与葛洪在栖霞山上的几次争论，其中的一次论辩先生是这样描述的："鲍、葛二人攀上了栖霞山巅。山巅风光吸引了鲍敬言，他游目四望，发出了一声慨叹：'江山谁作主，花鸟自迎春。'葛洪眼光一闪，似乎抓到了机会，应声道：'江山君为主，临民有百官。'鲍敬言也不看葛洪，只是一连摇头道：'不行，不行，不行。有君不如无君，有司不如无司……''无君无臣，天下岂不是要大乱？''不会的，先生。'鲍敬言眼里出现了异彩。'上古之世，无君无臣，民自为主，穿井而饮，耕田而食，日出而作，日入而息……势利不萌，祸乱不作，干戈不用，城池不设……但闻天下大治，不闻天下大乱。'葛洪闻言含笑道：

'老弟才高八斗，出口成章。上古之世，无君无臣，民自为主，祸乱不作，诚如弟言。但当今之世，却不可无君无臣，道理何在？老弟自明。'鲍敬言笑道：'晚生并未说现在就要把君臣废掉，但君臣必废，时间或迟或早而已。'葛洪正色道：'天不变，道亦不变。君臣之道，现在不会废，将来也不会废。'鲍敬言哂道：'先生又说天道了。晚生读百家之言，察阴阳之变，以为天地之间，但有阴阳二气。二气化生万物，决定万物的属性。万物各依其性，各附所安，乐阳则云飞，好阴则川处，无尊无卑。若论天道明阳，反足可证天地之间，本无君臣上下。君臣现在虽然存在，可以预言，将来必归于无有。一旦君臣都被取消，太平世界立可出现。''老弟思路何至于此！这是叛逆思想，太危险了！'葛洪叹惜道。'哈！哈！哈！哈！哈！'鲍敬言站在山头，向着苍穹大笑。"① 又如，在《萧墙祸——侯景之乱》一文中，先生这样描写江南的繁荣景象："秦淮河的北边有大市场一百多个。连接秦淮河南北两岸的浮桥——朱雀桁，每天天明通桁，过桥的人熙熙攘攘。商人挑着与推着商品，付了过桥税，也就可以把他们的商品运到秦淮河北岸的大小市场中去卖掉。市场里有官员，对每个商人的商品进行估价与征税。商税是梁朝朝廷的大宗收入。江南腹地经济也有起色。永嘉（今浙江温州市）成了闽中与会稽郡（今浙江绍兴市）海上交通的要埠与货物集散的中心。抚河流域的临川（今江西抚州市）成了一个新的粮仓，家家有剩余……江南变得很美。文学家写道：'暮春三月，江南草长，杂花生树，群莺乱飞。'年轻的姑娘们唱道：'朝日照北林，春花锦绣色。谁能不春思，独在机中织？'照这样下去，经济还会有发展，江南还会变得更美。可是，梁武帝老了，八十五岁了，活在世上的日子不多了，他的儿孙正在酝酿着一场争夺皇位的斗争。侯景之乱，成了这场斗争的导火索。自侯景乱起，在南方，历史的车轮突然逆转。"② 在这里，先生

---

① 万绳楠：《鲍敬言：横迈时空的预言家》，载范炯主编：《伟人的困惑：古中国思想者卷》，辽宁人民出版社，1992年，第145—146页。

② 万绳楠：《萧墙祸——侯景之乱》，载范振国等撰：《历史的顿挫：古中国的悲剧·事变卷》，中州古籍出版社，1989年，第81—82页。

用准确简洁、引人入胜的文字，把从来是枯燥难读、只为业内人士独自享用的"史学"，变成通俗的"讲历史"，将点滴菁华烩成众多人可以分享的精神食粮，其意义自不待言。

值得一提的是，万先生在安徽区域历史的普及方面也做出了不俗的成绩。从20世纪80年代以降，先生先后发表了《"江左第一"的音乐家桓伊》（《艺谭》1981年第3期）、《睢、涣之间出文章》（《安徽日报通讯》1981年8月）、《夏朝的建立与安徽》（《安徽师大报》1981年12月16日）、《安徽是商朝的发祥地》（《安徽师大报》1982年2月22日）、《淮夷——安徽古代的重要民族》（《安徽师大报》1982年4月8日）、《安徽是相对论的故乡》（《安徽师大报》1982年6月3日）、《秦末起义与安徽》（《安徽师大报》1982年9月6日）等二十多篇文章。先生的这些文章深入浅出，兼具趣味性和叙事性，既具有深厚的学术底蕴，又充实丰富了相关问题，同时也为宣传安徽，增强安徽文化软实力做出了贡献。

三、沾溉学林：万绳楠先生的治学特色

万先生近50载甘之如饴地奉献着自己的学术智慧，积累了丰厚的治史思想和治学方法，沾被后学良多，厥功甚伟。其治学特色，概而言之，约有五端。

（一）注重运用阶级分析方法

万先生在魏晋南北朝史研究中十分注重阶级的分析，如对于孙恩起兵，先生引用《晋书》卷六十四《会稽文孝王道子传附子元显传》所记，指出司马元显"又发东土诸郡免奴为客者，号曰'乐属'，移置京师，以充兵役"，结果"东土嚣然，人不堪命，天下苦之矣，既而孙恩乘衅作乱"。对照《晋书》卷七十七《何充传》所记庾翼曾"悉发江、荆二州编户奴以充兵役，士、庶嗷然"，先生认为，司马元显征发东土诸郡免奴为"客"者当兵，这样便大大地影响到了士庶地主的利益。"所谓'东土嚣

然'与骚动，十分明白，是士庶地主的不满，与庾翼发奴为兵，引起'士、庶嗷然'正同。"所以，先生得出结论说：（孙恩起兵）"不是农民起义，而是一次五斗米道上层士族地主利用宗教发动的、维护本身利益的反晋暴动。就阶级属性来说，是东晋淝水战后，统治阶级内部斗争的继续与扩大。"①

在讨论六镇起兵的性质时，先生也从对领导人的阶级分析出发，提出自己新的看法。他指出，"分析六镇起兵性质时，必须分析镇人中的阶级性"。他认为破六韩拔陵的起兵，"应看到它是由地位降低了的镇民发动的，且有铁勒部人参加，有起义的意义"。而后期葛荣的斗争，性质有了变化，"葛荣部下将领概非镇兵，而全是北镇上层人物"。先生认为，"六镇降户自转到葛荣手上，斗争性质便转化成为统治阶级内部的斗争，转化成为北镇鲜卑化军人集团反对洛阳汉化集团的斗争，转化成为鲜卑化和汉化乃至鲜卑人和汉人的斗争"②。先生的这些论点是值得肯定的。

（二）娴熟运用文史互证的方法

陈寅恪先生在治学方法上，为世人所称道的，是他考察问题时，从文、史、哲多种视角，博综古今、触类旁通的思考，和由此而总结的"以史证诗、以诗证史"的方法。万先生继承了陈先生的治学方法，文史结合，文史兼擅。这在当代史学工作者中是不多见的。他的许多论文，以及《曹操诗赋编年笺证》等专著，都是文史结合的产物。如曹操的《短歌行·对酒》自问世以来，仁者见仁，智者见智，褒贬不一，先生经过研究提出了此诗并非曹操一人所作的新见解，其理由有三：一是诗中"对酒当歌，人生几何，譬如朝露，去日苦多"诸句，与"老骥伏枥，志在千里，烈士暮年，壮心不已"等语相比，情调极不协调，并非一人所写；二是有些诗句如"越陌度阡，枉用相存"，令人费解。曹操在这里是在对谁讲话呢？是承蒙谁的错爱（"枉用相存"）呢？三是全诗连贯不起来，如"何

---

① 万绳楠：《魏晋南北朝史论稿》，安徽教育出版社，1983年，第204—207页。

② 万绳楠：《魏晋南北朝史论稿》，安徽教育出版社，1983年，第294页。

以解忧，惟有杜康"，一下子转到"青青子衿，悠悠我心"，显得很突兀。带着这些问题，先生查阅《后汉书》《三国志》发现，曹操底下的众多名人（共28人）都是在建安初年来到许都的，再联系春秋战国以来，接待宾客要唱诗的事实，先生得出结论：曹操的《短歌行·对酒》是建安元年（196）在许都接待宾客时，主人与宾客在宴会上的酬唱之辞，并非曹操一人所写。①经先生如此一解读，此诗便豁然贯通了。而这种解读却是从文史结合中得来，即把此诗放到一个更大的系统中考察得来。

万先生在考证《木兰诗》《孔雀东南飞》的写作时间以及故事发生背景时，同样使用了文史互证的方法，他从社会经济发展状况入手，研究出《孔雀东南飞》创作于建安五年（200）到建安十三年（208）的九年中②，《木兰诗》则创作于太和二十年（496）到正始四年（507）的十二年中③。这样的结论是颇具说服力的。

（三）坚持用联系的观点研究问题

万先生认为，研究历史上的任何一个问题，都不能作孤立、静止的研究，因为任何事物都不能孤立存在，都与其他事物存在或多或少的联系，因此，必须充分掌握资料，注意事物之间的联系。④正是基于这样的认识，先生一直坚持用联系的观点探讨问题。如南北朝晚期，为什么由继承北周的隋朝来统一，而不由北齐或者陈朝来完成统一任务，先生对此进行了有益的探讨。先生认为，以往学界研究隋时南北的统一问题，强调的仅仅是隋文帝个人的作用，而忽视了对陈、齐、周三方复杂的外交、军事等关系及其演变过程的分析。为此先生从当时陈、齐、周三方力量的对比入手进行探讨，指出："吕梁覆车后的南北形势是：陈朝只占有长江以南的土地，军队主力被全部歼灭；北周占有的土地则北抵突厥，南抵长江，实力远远

---

① 万绳楠：《研究问题要注意事物之间的联系》，《文史哲》1987年第1期。
② 万绳楠：《魏晋南北朝文化史》，黄山书社，1989年，第152—154页。
③ 万绳楠：《魏晋南北朝文化史》，黄山书社，1989年，第187—189页。
④ 万绳楠：《研究问题要注意事物之间的联系》，《文史哲》1987年第1期。

超过陈朝……北周只要再作一两次重大攻击，就完全可以灭掉陈朝，统一无须等待隋朝。"然而为何北周没有统一呢？先生指出："这是由于北方突厥的兴起，从周武帝起，便采取了先安定北疆而后灭陈的政策。……隋文帝在突厥问题基本得到解决，北疆基本稳定之后，出兵很容易地便灭掉了陈朝，实现了南北统一。可隋的统一，基础却是在北周时期奠定的。"①这样的分析与联系，颇具启发意义。

对于"八王之乱"，人们都说是西晋的分封制造成的。先生不同意此说法，认为西晋的分封是"以郡为国"，与东汉、东晋、南朝的封国制度，实质上并无区别，与西周、西汉的分封，则大不相同。他引用干宝在《晋纪总论》中所记及梁武帝的说法指出，"八王之乱，原因在于西晋的封建专制机器转动不灵，在于晋惠帝是'庸主'"。"如果仅仅从'分封'二字立论，我们就必然要犯片面性的错误"②。先生这种对事物进行具体分析，辩证地加以考察，发现其间的内在联系的研究方法，是值得肯定的。

（四）注重开展调查研究

我们知道，社会调查在史料学上占着十分重要的地位，从事社会调查，可以使文献的史料得到进一步的补充和印证。在史学研究中，万先生很注意开展调查研究工作。如20世纪六七十年代，学界在研究农民战争过程中，有学者开展了对方腊研究的学术争鸣，引起了学术界的关注。为了进一步弄清楚方腊起义的真实情况，先生等受北京文物出版社委托，于1975年初带领4名学生深入到皖南、浙西一带考察与方腊有关的历史资料。此时，先生已年过半百，他与几位二十几岁的小伙子一道跋山涉水，在歙县、绩溪、祁门、齐云山、屯溪以及浙江的淳安一带民间四处寻找方氏族谱。"纸上得来终觉浅，绝知此事要躬行。"经过近一年的不懈努力，三下徽州，历尽千辛万苦，终于找到了不少散落在各地的方氏谱牒以及碑刻材

---

① 万绳楠：《从陈、齐、周三方关系的演变看隋的统一》，《安徽师大学报（哲学社会科学版）》1985年第4期。

② 万绳楠：《研究历史要尽量避免片面性》，《光明日报》1984年5月9日。

料，这些资料大多是第一次面世，是学术界未曾注意或利用的，弥足珍贵。先生通过对这些第一手资料的研究，最后得出"方腊是安徽歙县人"的结论，推翻了历史上认为"方腊是浙江人"一说，具有重要的史料价值。这一成果很快便在当时的《红旗》杂志上发表，后又出版了《方腊起义研究》一书（安徽人民出版社，1980年），同时还发表了《关于方腊的出身和早期革命活动》[《安徽师大学报（哲学社会科学版）》1975年第3期]、《方腊是雇工出身的农民起义领袖》（《光明日报》1975年12月4日）等文章，对于深入研究方腊起义，促进学术争鸣，是有裨益的。

（五）强调开展跨学科研究

近年来，跨学科研究成为学术界关注的热点。实际上任何一项学术研究单靠本学科的知识都是无法完成的，研究者一定程度上都要借助于其他学科的知识和方法，历史研究自然不能例外。对此，万先生早在20世纪80年代就提出了开展跨学科研究的主张：

> 研究历史，知识要广一点才好，中外历史、文史哲都应当去涉猎，去掌握。研究东方文明，不联系农业与家族社会是不行的。研究孙恩、卢循起兵，不了解道教是不行的。研究玄学中的派别斗争，不分析曹魏末年政治上的派别之争是不行的，如此等等。只有纵横相连，才能左右逢源，得心应手。[1]

他又指出："我深感我们的史学工作者虽然研究各有重点，但无妨去涉猎中外古今的历史；虽然以研究政治经济史为方向，但无妨去学一点文学史、宗教史、思想史。有时候一个问题的解决，有待于运用经、政、文三结合或文、史两结合的方法，以求互相发明。"[2]作为一个历史学家，先生闳博淹通，能娴熟地将哲学、文学、政治学、经济学等学科的研究方法

---

[1] 万绳楠：《研究问题要注意事物之间的联系》，《文史哲》1987年第1期。

[2] 万绳楠：《史学方法新思考》，《社会科学家》1989年第4期。

运用于历史研究当中，从而在跨学科研究方面为我们树立了典范。

先生之风，山高水长。万先生作为当代著名的历史学家，其在史学研究领域的卓越成就，绝非本文所能尽述。我们回顾先生近50年走过的治学道路不难发现，先生非凡的学术成就固然缘于其过人的禀赋，但最主要的还是得益于其心无旁骛、奋发进取的品格，得益于其独立思考、勇于创新的精神。他留下的数百万言学术论著，以及他的治学精神和治学方法，对后学而言是一笔宝贵的精神财富，我们应继承好先生躬耕一生不舍昼夜的学人精神，专心致志，踔厉奋发，努力多出成果，出好成果，这应是今天纪念先生应有的题中之义。

（作者系安徽师范大学历史学院二级教授、博士生导师）

整理说明

一、为保存和反映万绳楠先生的学术研究成果及其对中国古代史研究的重要贡献，兹整理编辑出版《万绳楠全集》。

二、全集分卷收录万绳楠先生所撰写的专著、论文、科普文章、小说等文字。由于作者写作时间近50年，中经战乱及运动影响，部分早期文章未能查到原文，只好暂付阙如，待将来查考后再作补遗。

三、全集编排原则为：专著、整本小说，仍作整体收入，不打乱原书；论文及科普文章，大体依所撰内容时代编排，并经编委会讨论后命名为《中国古代史论集（一）》《中国古代史论集（二）》；至于其他书信、诗歌、序跋等文字今后将另编补遗之卷以彰学术成就。

四、全集整理编辑已发表过的著作、论文等，正文部分以保存作者著述原貌为原则，即有关撰著形式、行文风格及用词习惯等均尽量尊重原作，仅对错讹之处进行修改。

五、全集注释体例在遵循著述原貌的基础上，分作夹注与页下注两类。在核查文献史料原文后，尽量写明版本、卷帙、页码等信息，以便读者阅读、查考。所核文献均取用万绳楠先生去世以前版本，以存其真。

六、为尽可能准确反映万绳楠先生的学术思想，全集整理编辑过程中，尽量对所收论著与可见到的作者原稿相核校，或与已出版、发表后作者亲笔修改之处相修正，凡此改动之处，限于体例，不再逐一作出校改说明。

七、尽管编者已尽力核校全集文字，但囿于学识、水平及条件所限，其中仍难免出现讹误之处，责任理应由编者承担，并欢迎各位读者来信指正，以便将来修订重版。

编　者

2023 年 10 月

目　录

安徽在先秦历史上的地位

一、安徽远古居民与夏、商、周三代兴亡的关系

安徽地区分成淮北、江淮之间和江南三个部分，淮北是北方中原地带，江南则纯粹是南方。这个地理条件，既显示了安徽不同于他省的特殊性，又显示了安徽与全国的共性。它无疑是中国的一个缩影。由此决定了安徽的文化总是随着中国文化的发展而发展。

考古学证明，安徽的历史是非常悠久的，最早可以追溯到中国北京猿人时代。

1980年，在和县陶店公社汪家山的北坡，距离长江约三十五公里的地方，发现了一具完好的人类头盖骨化石。这具头盖骨，中等大小，脑壳较厚，额骨低平，眉脊粗隆。经过鉴定，是三四十万年前旧石器时代猿人的头盖骨，地质年代属于中更新世，与北京猿人相似。这一发现，把安徽的历史推到了三四十万年前。

到氏族社会末期，安徽的历史面貌逐渐清晰。当时居住在安徽境内的民族，有夏、夷、越三族。这三族的分布地区有所不同。

住在淮北的民族是夏族和夷族，主要是夏族。

尧、舜之时，"诸夏"之一的商的首领契在东方兴起。商人的活动中心在孟渚泽和泗上一带。契的孙子相土东逾泗水，把活动范围扩展到了东

海之滨。商人的足迹遍布淮海，但中心不离淮泗。"相土作乘马"，到亥时又"作服牛"。安徽的淮北开发所以最早，与华夏族的一支商人在淮北地区的生产活动，有不可分的关系。

淮河南北，又是夷人的分布区。《礼记·王制》中说："东方曰夷。"《史记》有"淮夷"，居于东土。《后汉书》把淮夷列入《东夷列传》。所谓淮夷是对分布在淮南、淮北的夷人的统称，亦即东夷。

古史所记泗夷、徐夷，是淮北的与夏人共处的夷族。淮南无夏族，此地民族全部是夷族。

《后汉书·东夷列传》释夷为"柢"，"言仁而好生，万物柢地而出"。这反映出夏人眼里的夷族，是一个很好的民族。

住在皖南的民族叫越族。

《吴越春秋》说：夏朝的"少康封其庶子于越"。可见夏时已有"越"的名称。

在旧籍中，"越"泛指江南与岭南之地。《淮南子·人间训》说："尉屠睢用兵于越，其下五军，一军在镡城，一军在九嶷，一军在番禺，一军在南野，一军在余干。"这把江南和岭南都当作越地了。而越地人民也就被统称为越人。

《史记》中有"东越""南越"，在《汉书》中写作"东粤""南粤"。粤本作越。百粤即百越。越和粤本无区别，后世才把越和粤分开，各有所指。今皖南属于百越地区。

约在公元前21世纪，我国历史上第一个朝代——夏朝出现了。夏朝的建立，是夏、夷二族共同的功绩，也是安徽远古历史上的第一件大事。

在夏朝建立之前，由于农业、畜牧业与手工工艺的发展，居住在淮河两岸的夷族，已经形成了部落联盟的组织。这个部落联盟的最高首领是涂山氏。《水经注》卷三十"淮水"条记淮水"又东过当涂县北"时，引用《吕氏春秋》的话说："禹娶涂山氏女，不以私害公，自辛至甲四日，往复治水。故江淮之俗，以辛、壬、癸、甲为嫁娶日也。禹娶在西南县，即其地也。"这话告诉我们：涂山与旧当涂县为一个地方，在淮河南岸。当涂便是因当涂山而得名的①。禹娶涂山氏女，是夏后氏和淮夷部落联盟首领涂山氏结合的标志。这个结合也就是夏、夷二族的结合。夏朝就是在这二族结合的基础上建立起来的。

尤有进者，夏朝建立的地点也在涂山而不是在中原。《左传》哀公七年说："禹合诸侯于涂山，执玉帛者万国。"禹沿颍水而下，到涂山会合了"万国诸侯"。所谓万国诸侯，即夏、夷二族各个部落的首领。涂山之会，万国诸侯"执玉帛"，是说他们在会上共同拥戴夏禹为王。夏朝从此正式建立。夏禹之所以要选择涂山为会合地点，是因为要取得夷族对他为王的支持。

夏朝既在涂山建立，就得到了以涂山氏为首的夷族人民的支持，那么，安徽与我国历史上第一个朝代的建成，或者说与我国国家的出现，关系就是至为密切的了。

夏朝建立以后，居住在两淮地区的夷人，仍旧是一支重要的政治力量。夏朝的盛衰，往往取决于他们的支持或反对。《后汉书·东夷列传》中说："夏后氏太康失德，夷人始畔。"他们由支持夏朝到起来反对夏朝了。

夏朝的第二代王启，追求"淫溢康乐"。第三代王太康更加放纵，他不管政事，不恤人事，以致发生了五子（太康的兄弟五人）争立和武观叛乱的事件。屈原的《离骚》说得好："启九辩与九歌兮，夏康娱以自纵；不顾难以图后兮，五子用失乎家弄。"在太康娱以自纵、五子家哄之时，羿起来赶走了太康，"因夏民以代夏政"（《史记·夏本纪》）。

羿又叫夷羿，是东夷诸部首领之一。淮河流域是夷人繁衍的地方，在羿以前，产生过著名的人物涂山氏。羿的崛起，说明夷族代有能人。这个人是神话传说中奔月嫦娥的丈夫，那时天有十日，他射落了九个（羿射九日），留一个给人民用，人民把他当作英雄看待。他赶走太康，"因夏民以

---

① 李玄伯在《中国古代社会新研》（上海文艺出版社，1988年）中以为《逸周书》的三涂即涂山，并引《水经注》，将三涂山所在地陆县南，说成是涂山所在地。然《水经注》"淮水"条自有涂山，三涂与涂山在《水经注》中是分开的，李说不足为信。

代夏政"，表明他此举不仅得到夷人的拥护，而且得到夏民的支持。

羿后来被寒浞杀了。少康灭掉了寒浞，恢复了夏朝。自少康以后，夏朝政治颇有起色。帝杼的时候，被认为能"复禹之绩"。夷人又对夏朝表示拥戴了。《后汉书·东夷列传》说夷人自少康以来，"世服王化，遂宾于王门，献其乐舞"。但到夏末，"桀为暴虐"，夷人不堪夏桀的残暴统治，又起来反抗。《后汉书·东夷列传》谓之"内侵"。夷人的内侵，支援了"殷汤革命"。

据上所述，可知安徽人民在夏朝兴亡史中，担当过重要的角色。夏亡商兴，在商朝的历史上，安徽的地位又怎样呢？

先说商朝的发祥地亳。

按汉以前的文献但言汤居亳，汉以后的文献乃有南、北、西三亳之分，而说法又各有不同。这里只考察汉以前文献中所说的亳。

孟子说过汤居亳，与葛为邻的话。《水经注》卷二十三"汳水"条提到孟子所说的葛的地理位置，"在宁陵县西十里"，汳水的南岸。《元和郡县图志》卷七"宋州宁陵县"条，又说葛城"在县北十五里"，宁陵东至宋州五十九里。宁陵今属河南。宋州州治为睢阳县，今为河南商丘县。孟子言亳与葛为邻，即与宁陵为邻。但亳不是睢阳（商丘）。

《荀子·议兵篇》说过"汤以薄"受命的话。注：薄与亳同。《元和郡县图志》卷七"宋州谷熟县"条说此县：

> 西北至州（宋州州治睢阳）五十五里。本汉薄县地，置于古谷城，春秋时为谷丘，亦殷之所都，谓之南亳，汉于此置薄县，属山阳郡。薄与亳义同字异。后汉置谷熟县，属梁国。隋开皇十六年属宋州。

虽然，李吉甫不知道先秦已有薄名，但这段话具体指出了亳的沿革，由亳（李吉甫谓之南亳）而薄，而谷熟在亳的地理位置是西北至睢阳五十五里。

同书同卷"亳州谯郡"条又说到亳州谯郡（治谯县）"西北至宋州

（睢阳）一百四十里"。谯县今为安徽亳县。然则，商亳应在今河南商丘县与安徽亳县之间，西北距商丘五十五里，东南距亳县八十五里。此为就商汤居地而言。亳的政治范围，从与葛为邻看，当包含今河南商丘与安徽亳县之境。

由此可以断言商朝的发祥地跨有安徽。

再说"夷方"。

商人把淮夷的居住地区称作"夷方"或"人方"。商是奴隶社会的发展期，商时可以看到一种迹象，夷人既羡慕中原的文化，又反对商朝奴隶主阶级的压迫。商朝后期，向往中原文化的夷人，"分迁淮、岱，渐居中土"①。这种迁徙无疑有利于夷人的进步与夏、夷两族的融合，可却造成了夷人与商朝统治者的冲突。商王认为夷人侵犯了商朝，带兵出征夷方，夷人奋起反抗，战争竟持续不断地打了起来。帝乙便曾在九年、十年、十五年几次兴兵攻打夷方。可每次都是徒劳无功。商末，由于政治的腐朽，东夷各部群起反商。纣王拼全力攻打夷人，夷人虽然失利，但商朝的人力与物力，也消耗殆尽。被俘虏的夷人，不甘心当奴隶，又在纣王的眼皮底下接连不断地进行反抗斗争。《左传》昭公十一年说："纣克东夷，而殒其身。"这话表明纣王被打倒，商朝被推翻，夷人也就是今安徽淮水中下游一带的远古人民，起过重要的作用。

在商朝的奴隶中，夷人极多。夷人的斗争是民族斗争，又是阶级斗争。夷人激烈地反抗商朝奴隶主阶级的残暴统治，说明安徽人民有着悠久的光荣的阶级斗争传统。

商朝灭亡了，周朝出现了，中国历史揭开了新的一页，安徽历史也揭开了新的一页。

西周在两淮地区分封了很多国家。据顾栋高《春秋大事表》，淮北有徐（泗县西北的古徐城）、肖（在肖县西北）、向（怀远东北的古向城）、胡（在阜阳西北）等国，淮南有皖（潜山一带）、六（六安）、巢（在巢县

① [宋]范晔撰，[唐]李贤等注：《后汉书》卷八十五《东夷列传》，中华书局，1965年，第2808页。

东北）、舒（在庐江县西）、桐（桐城）、蓼（在霍邱西北）、英氏（六安县西的英氏城）、州来（在寿县北）、钟离（子国，在凤阳县东）等国。

这些国家的封君，有的是夏人，像皖，是一个伯国，周大夫皖伯封于此。有的是夷人，像徐君即为夷人，因为封了一个徐国，此地夷人遂以徐夷为号。舒国地方的居民，本来也是夷人，后来封了一个舒国，从而此地夷人又有舒人之名。那时有舒蓼、舒庸、舒鸠……统称"群舒"。舒君也是夷人或者说舒人①。

有些国家的封地虽不在安徽，但疆域伸展到了今安徽境内。如鲁、宋、陈、楚、吴。鲁国南境沿泗水包含凫、峄诸山。宋国以今商丘为中心，疆域东南伸展到了淮水流域。陈国以今河南淮阳县为中心，疆域东伸到了今安徽的淮北地区。楚国的疆域东伸到了安徽西部，与潜、六接境。吴国的疆域西伸到了皖南的鸠兹（芜湖东）。

分封便利了中原文化输入安徽。屯溪的西周墓中有青铜器、原始瓷器和五管器出土，青铜器和原始瓷器上有特殊的编织花纹，五管器形似乐器。这些器物既有地方性的特点，又与中原地区的器物有很大的一致性。这说明到西周时期，中原文化不仅对皖北而且对皖南都有了很深的影响。这些影响带来了夷族人民的进步与发展。

还在西周初年，淮夷已很强大，曾经支持"三监"（管叔、蔡叔、霍叔）反周。《逸周书·作雒解》中说，周公东征，"俘淮九邑"。但淮夷只是暂受挫折。周康王时，夷人又强大起来。徐夷曾经"潜号"，"率九夷以伐宗周，西至河上"，简直要与"宗周"一决雌雄。周穆王时，夷人中出了一个徐偃王。他"行仁义"赢得了东方诸侯的拥戴，"陆地而朝者三十

---

① 或谓舒即徐，亦即涂。从民族上讲，这种说法是可以成立的。因为涂山氏、徐人、舒人都是夷人或淮夷。从封国上讲，这种说法则有问题。因为西周原有舒国与徐国，舒不等于徐。

有六国"①。他曾"沟通陈蔡之间，得朱弓朱矢"②。行仁义是仿效周文王，沟通陈蔡是同夏人的国家发展关系③。这对周来说是好事，可周穆王却很害怕，他要求楚国出兵去打偃王。偃王"不忍斗其人"，他失败了，"北走彭城武原县东山下"。百姓拥护他，"随之者以万数"。因为徐偃王和百姓曾北走武原县东山，后来此山就被叫作"徐山"。

西周到了厉王的时候，政治很黑暗。《逸周书·芮良夫解》中说，厉王"专利、作威、佐乱、进祸"，"下民胥怨，财才单竭，手足靡措"。"国人"和其他各族人民都起来造反了。

淮夷加入了斗争行列。《后汉书·东夷列传》说："厉王无道，淮夷入寇，王命虢仲征之，不克。"这是西周时期安徽人民曾经起来反抗无道昏君的很有价值的记录。虢仲征之，不克，表明淮夷的斗争既坚决又有力量。

厉王倒台后，淮夷和西周的关系好转。但到宣王的时候，又发生了战争。《诗经》中有一首赞美宣王平定淮夷的诗，诗中写"淮夷来求"，即有求于周宣王，宣王却命召虎去打淮夷，目的是"式辟四方，彻我疆土"。当时，宣王派兵四出打仗，北打猃狁，西打西戎，南打荆楚，东南打淮夷。没有分别谁该打，谁不该打；没有分别轻重缓急。淮夷并未犯周，打淮夷只能说是好大喜功的表现。宣王用兵四方，虽然取得了一些胜利，号称"中兴"，但西周的力量却大大削弱了。到他的儿子幽王的时候，西周竟被犬戎灭掉。西周的灭亡，人们但诿过于幽王，殊不知宣王兴无名之师，攻打淮夷，失去淮夷的支持，是一个重要的原因。

如此说来，安徽人民也是西周历史舞台上重要角色的扮演者。

---

① [宋]范晔撰，[唐]李贤等注：《后汉书》卷八十五《东夷列传》，中华书局，1965年，第2808页。

② [宋]范晔撰，[唐]李贤等注：《后汉书》卷八十五《东夷列传》，中华书局，1965年，第2809页。

③ 或谓《博物志》所载徐偃王"沟通陈蔡之间"，是指开水路通陈蔡，甚至说徐偃王是鸿沟水系最早的开凿者。果尔，则徐偃王和夷族人民的功绩就更值得称道了。这里只把"沟通"当"通"解。

综上所述，可知安徽在远古与夏、商、周三代历史中，占有极重要的地位。和县猿人的发现，把安徽历史推到了几十万年前。居住在安徽境内的远古人民——淮夷，在夏、商、周三代，是一支举足轻重的政治力量。他们的支持或反对，是三代兴亡的一个关键性的因素。

二、安徽在春秋社会大变动中所起的作用

历史进入春秋时代了。这是一个社会制度大变动的时代，奴隶制在瓦解，封建制在发展。这是一个争霸的时代，大小国家林立的局面，逐渐为几个大国并峙的局面所代替。

安徽人民在这个时代，无论在促进社会制度的变革方面，还是在争霸、促进统一方面，都走在前头。

这里，首先需要提出颍上人管仲，他是春秋时代最早的一个改革家，在促使奴隶制向封建制演变上，在促使小国并入大国上，起了先锋的作用。

淮北的颍河流域，是久经中原文化浸润的地方。夏禹到涂山，便是顺颍河而下。管仲，《史记》说他是颍上人。颍上在哪里？按《安徽通志》卷五十一《舆地志·古迹八》颍州府记载："管谷，在颍上县北二十五里，管仲家此。"这个记述，说明管仲的原籍颍上，即今安徽的颍上县。

公元前685年，齐桓公即位，任用管仲为卿相，进行了很多改革。要明白齐国的改革，先要明白管仲的政治思想。

《史记》卷六十二《管晏列传》说：管仲主张"与俗同好恶"。"俗之所欲，因而予之；俗之所否，因而去之。"顺应俗之所欲与所否，是管仲政治思想中的精华。

"俗"，究竟是指什么？《管子》中有一篇《牧民》，内中说道："政之所兴，在顺民心；政之所废，在逆民心。"以之与《史记》的话相印证，可知他所说的俗之所欲与所否，即民心的所向与所背。他所说的俗，即民心，也即民。民之所欲，他认为应当"予之"；民之所否，他认为应当

"去之"。这在当时是最进步的政治思想。它的进步性，就在于把民心、把历史、把客观存在的要求，当作了政治的出发点。

再看管仲的政治方针和政策。

《国语·齐语》说：管仲主张"修旧法，择其善者而业用之"。业用之也就是创之，兴之。管仲既然认为政之所兴在顺民心或者顺俗，则他所谓"善者"，也就是民心所善、历史发展所需的东西。他认为要兴的便是这些东西。从这个方针出发，在政策上，最重要的是，他实行了新的"相地而衰（催）征"的赋税制度。所谓"相地而衰征"，即根据土地的好坏、多少，国家向土地所有者征收贡税。这一政策的推行，不仅表明与国有性质的井田制相联系的什一之税被废除，而且表明井田制本身也被冲破，土地私有的现实得到了承认。更有甚者，在他那个时期，"与民分货"的新的剥削方式，在齐国，在土地所有者与生产者之间，也被看作法之善者而被承认、采用。所谓"与民分货"，类似封建的分租制。正因为齐国采用了这种制度，所以生产者"迟寝早起""为而不倦"。这表明齐国在管仲的治理下，顺应历史发展趋势，向封建制迈出了极可贵的一步。

在行政管理上，管仲制国为二十一乡，其中工商六乡，士十五乡。一乡十连，一连四里，一里十轨，一轨五家。这是分民，并按人户进行编制。又制野为五属，设五大夫管行政，五正管司法。这是划野。对民的限制不像从前那样严了。管仲认为"匹夫有善，可得而举也"，他选"秀民"为士，给了庶人以上升的机会。他的分民、划野与举善，对井田、宗法、等级等制度，又是一个突破。

在改革的基础上，管仲协助齐桓公"九合诸侯，一匡天下"，使齐桓公成了春秋时期的第一个霸主。值得注意的是，淮夷对齐桓公和管仲的事业是支持的，齐、徐二国关系极好，齐国争霸，南边的徐国起了掩护的作用。楚伐徐，齐曾救徐，并曾为徐伐楚。齐、徐结盟，纽带显然是管仲。

管仲，春秋时代第一个政治家，齐国改革与争霸的主持人，因为诞生在安徽，不仅给齐国的历史而且给安徽的历史写下了重要的一页。

我们再来看一看继齐国而起的楚国。

楚国与安徽的关系是很密切的。楚庄王的时候，有个孙叔敖，又叫蒍敖，是"期思之鄙（野）人"，曾经"决期思之水，而灌雩娄之野"。楚庄王因此用他做了令尹。按期思在汉属汝南郡，雩娄在汉属庐江郡，孙叔敖决期思之水而灌雩娄之野，开创了淮南的水利事业。

《后汉书·王景传》又说：庐江"郡界有楚相孙叔敖所起芍陂稻田"。唐章怀太子注："陂在今寿州安丰县东，陂径百里，灌田万顷。"同书《郡国志四》"九江郡"条引《皇览》则说芍陂为楚大夫子思所造。芍陂不管为楚国何人所造，它的出现，说明淮南在春秋时期已在开发中。

楚庄王北上争霸，是在用武力征服群舒、占有淮南之后。他深知如果不能控制淮夷，他北上争霸就有后顾之忧。然而，楚国虽然占有了江淮之地，但并不能使淮夷屈服。而淮夷是一支足可左右楚国争霸的力量，如果不能正确对待，势必影响楚国的争霸事业。楚国的聪明办法是：不把淮夷当作被征服者，而把淮夷当作盟友来看待。《后汉书·东夷列传》中说楚灵王与蔡侯、陈侯、郑伯、许男会于申，淮夷"亦来豫盟"。淮夷的豫盟，说明安徽本地人民继管仲之后，以自己本身的力量，参加到了争霸的行列中去，为统一事业继续作出过自己的贡献。

楚昭王的时候，长江下游的吴、越二国相继崛起。这反映了一个重要的历史迹象——江南的越族人民登上了政治舞台。

《左传》载，吴王阖闾于公元前512年，"侵楚，伐夷，侵潜、六"。他灭掉了夷人建立的徐国。五年后，阖闾与唐、蔡联军取道淮上、大别山，进攻楚国，在柏举（今湖北麻城）击败楚军，进而攻占楚都郢城。楚借秦兵复国，复国后，为了制服吴国，利用越国攻吴。吴王夫差击败了越国，越王勾践成了吴国的俘虏。夫差认为可以北上争霸了，他修筑起邗沟城（今江苏扬州）。自此城掘深沟（即名邗沟）穿过射阳湖到末口（今江苏淮安），把长江和淮河连通起来。再由淮河北溯泗、颍等水，便可与中原连通。这条水路建成之后，夫差遂向北方进兵。他两次打败了齐国，在黄池（河南封丘县西）会上，与晋国争当盟主。可就在这时，越王勾践指挥军队从钱塘江打了过来。越军分两路进攻，一路由海道入淮河，堵截吴军从黄池的归路；另一路直捣吴都姑苏。在这次战争中，吴军失败的重要原因之一，便是归路被扼守淮、泗的越军截断。

总起来说，淮夷在发展的过程中，与华夏族、越族虽然有过战争，但基本倾向是友好。从某种意义上说，淮夷实起着沟通夏、越二族的作用。自吴国开通长江至淮河的运河——邗沟以后，这三族——夏、夷、越的联系，日趋紧密与频繁。三族大融合的日子为期不远了。

三、战国时期安徽在经济、文化领域中所处的重要地位

春秋过去，我国历史上多姿多彩的战国时期来临。战国尚处于封建社会的初期，那时七国并峙，竞争激烈，经济、政治、文化在各国各地都有较大的发展，安徽也不例外。

在经济上，我们可以看到安徽淮北地区的水利事业，在战国时期有显著的进步。特别是黄、淮的连通，使安徽成了南北水路交通的枢纽。

公元前360年，魏惠王开凿了一条大沟运河，从今河南原阳县北，引黄河水南流，横过济水，注入今河南郑州市与中牟县之间的圃田泽。公元前339年，魏惠王又引圃田泽水东流，把大沟运河延伸到大梁（今河南开封）城北，绕过城东，折而南行，至陈县（今河南淮阳）南，流入颍水。此即历史上有名的鸿沟。由此出现了以鸿沟为基干，以自然河流为分支的运河网——鸿沟水系。从鸿沟分出的重要支流，有汳、濉、涡等。通过汳水、濉水，可与泗水连接；通过涡水，可与淮水连接。济、颍、淮、泗，与黄河互相贯通了。

《史记·河渠书》中有一段话："荥阳下引河，东南为鸿沟，以通宋、郑、陈、蔡、曹、卫，与济、汝、淮、泗会。"这说的便是魏惠王时期构成的鸿沟水系。

颍、汳、濉、涡、泗等水，都是流贯淮北平原的重要河流。鸿沟水系的形成，对淮北平原的灌溉和水运事业的发展，有极重要的意义。

还应看到，春秋时期吴国开挖的邗沟已经连通了长江与淮河。战国时

期的鸿沟水系再一构成，就把黄河、淮河、长江都连通了。自淮、泗乘船，西北可到中原各地，东南可到吴越。这就极大地加强了安徽与中原、与长江下游的经济和文化联系。

安徽经济的发展，安徽与中原、与吴越联系的加强，必然要带来安徽文化的发展。战国中期，在我国思想发展的长河中，在未开垦的文化荒原淮河南岸，蓦然升起了一颗智慧之星，它的光芒，使中州各国思想家都感到吃惊。

我所说的是我国相对论的产生。哲学上的相对论或相对主义，在它最初创立的时候，极大地打开了人们的思路，开阔了人们的眼界。在我国最早认识到事物的相对性质及其联系的，是道家庄周和名家惠施。他们曾在淮河的支流濠水一带，共同进行活动。相对论便是在"濠上"产生的。

庄周是宋国蒙人。人们认为庄周的本邑或故里是汳水南边睢阳附近的小蒙故城（见《水经注》卷二十三"汳水"条、《元和郡县图志》卷七"宋州宋城县"条）。但他的事迹流传最多的地方，却是濠水流经的安徽定远和凤阳二县。《水经注》卷三十有豪（濠）水，"水出阴陵县之阳亭北"，东北流经钟离县而注于淮水。阴陵，在今定远县西北。钟离故城在废临淮县东，废临淮县则在今凤阳县地。据《安徽通志》卷五十《舆地志·古迹七》"凤阳府"条，定远县东六十里有"漆园"，《太平寰宇记》谓即庄周为吏（漆园吏）之处，唐天宝中尚有漆树一二十株。又废临淮县东门内开元寺西，有"梦蝶坊"，世传为庄周寓居之地。开元寺后有"逍遥台"，为后唐濠州刺史梁延嗣所筑，原为庄子墓。台上有亭，亭中有庄周的刻像。台前有"南华楼"，为明万历年间重建。这些遗迹，表明了废临淮县是庄子生平寓居和死后埋葬之地，濠水一带则是他经常游历与活动的地方。

惠施也是宋国人。《庄子·秋水篇》记庄周和惠施曾在濠梁之上观鱼与相互问难，二人关系密切。《安徽通志》记废临淮县治西南三里有"惠子窑"，相传惠施游濠上居于此处。

如此说来，庄周、惠施与安徽的关系是至亲至密的。庄子一生其实都在安徽生活。

从哪里可以看出庄周和惠施是相对论的共同创立者呢？

《庄子·秋水篇》所记庄周与惠施问答之辞，借"子非鱼"，"子非我"，"安知鱼之乐"，"安知我不知鱼之乐"，提出了认识与认识的主体、角度、标准、能力之间的关系问题。认识的主体、角度、标准、能力不同，所得出的结论也就不同。《秋水篇》充分说明了这个观点。譬如贵贱，"以道观之，物无贵贱；以物观之，自贵而相贱；以俗观之，贵贱不在己"。大小，"以差观之，因其所大而大之，则万物莫不大；因其所小而小之，则万物莫不小"。有无，"以功观之，因其所有而有之，则万物莫不有；因其所无而无之，则万物莫不无"。是非，"以趣观之，因其所然而然之，则万物莫不然；因其所非而非之，则万物莫不非"。在庄周看来，标准、角度不同，人们对贵贱、大小、有无、是非的判断也就不同。贵、贱、大、小、有、无、是、非，都只有相对的意义，不是绝对的。虽然，庄周不知道事物的性质具有相对的固定性，不知道相对之中有绝对，最后得出了万物一齐（"齐物"）的错误结论，但在人们的思想为绝对化所禁锢，把贵贱、大小、有无、是非看成绝对对立的东西的时候，庄周破天荒地提出事物和认识事物只有相对的性质，这对打破人们僵化的头脑，拓展人们狭隘的眼界，将起何等重大的作用！

在同一个时候，同一个地点，惠施也发现了事物的相对性。如在大小上，惠施曾用"至大无外，谓之大一；至小无内，谓之小一"，去说明最大的和最小的东西，都没有极限（无外、无内）；而大小又是连在一起的，是"一"的两个方面（大一、小一）。这就是说，人们所谓大小，只有相对的意义，无绝对的大，也无绝对的小。在同异上，惠施提出了"小同异"和"大同异"。小同异指两个以上的具体事物有同的一面，也有异的一面；大同异指万物都有同的一面（"毕同"），也都有异的一面（"毕异"）。同异是相对的，无绝对的同，也无绝对的异。在高低上，惠施说：你认为天高于地，可远处的天与地平（"天与地卑"）；你认为泽低于山，可高山上的湖泊比低处的山还要高（"山与泽平"）。高低是相对的，无绝对的高，也无绝对的低。与庄周一样，惠施最后得出的"天地一体"、万物毕同的结论是错误的，但他对事物的相对性的论证，比庄周还要严密。这两个人是好友，哲学上的相对论的创立，是他们共同探讨的结果。再进一步发展，就是把相对绝对结合起来了。

庄周与惠施同游和讨论的地点在濠水之滨，说明了安徽是哲学上相对论的发源地或故乡。这是安徽文化史上的一件大事。

濠上为什么能产生相对论？原因很明白：淮河流域的夷人，想象力本来就很丰富，嫦娥奔月、羿射九日的传说，便是在夷人中产生的。春秋战国时期邗沟的开凿与鸿沟水系的建成，使淮河第一次成了南北交通的要道，两淮地区既与北方的夏人地区串联在一起，又与南方的越人地区串联在一起，淮河流域的人们，眼界陡然开阔起来，奇闻异见陡然多起来，夷、夏、越三族的智慧在两淮交会、凝结，从而在一些好思考的人们的头脑中，对绝对化的思想言论产生了怀疑。相对论就必然要在此时此地产生。

这里谈一谈庄子的文风。

庄子文风的最大的特色，可用"汪洋恣肆"四字来概括，这种文风从哪里来的呢？没有人说过。原因就在于人们片面地以"消极"二字来概括庄子的思想，不晓得庄子是相对论的创立者，不晓得庄子的思想本质上是积极的。

庄周的文章意境开阔，想象丰富，纵横开阖，姿态横生，嗅不到一点绝对化、教条化的气息。这与他寓居淮南，与他发现事物的相对性质，关系极为密切。如《逍遥游》，写大鸟名鹏，"背若泰山，翼若垂天之云，抟扶摇羊角而上者九万里，绝云气，负青天，然后图南，且适南冥也"。想象力是何等的丰富！气势又是何等的磅礴！只要想一想淮水是沟通南北的要道，想一想此地有过奔月与射日的传说，就立刻可以了解庄周这种奇想从何而来。《逍遥游》继写有小鸟名鹦者自以为"我腾跃而上，不过数仞而下，翱翔蓬蒿之间，此亦飞之至也"，讥笑大鹏"彼且奚适也"？庄周行文至此，用"此小大之辩也"一语煞住。这写出了小者如鹦，鼠目寸光，自以为数仞高便是"飞之至"了，却不知甚至讥笑有比它更大且飞得比它更高、更远、更逍遥的鲲鹏。庄周接着又写了大鹏的高飞远去，尚有待于风力，比之于能"御风而行"的列子，逍遥差了一着。而列子比之于能"乘天地之正而御六气之辩（变），以游无穷者"，逍遥又差了一着。这就是关于小和大、低和高、近和远、逍遥与"有待"的相对论。这种思想，在文风上，议论、比喻、寓言互相结合，构成了层次的排比、铺陈与文意的层层深入。读之令人感到气象万千，极尽开合变化之能事。

再如《养生主》，借庖丁的话，写大小的相对性。庖丁解牛十九年，懂得了"彼节者有间（似小实大），而刀刃者无厚（似大实小）。以无厚入有间，恢恢乎其于游刃必有余地矣"的真理。因而他解牛"奏刀騞（霍）然，莫不中音，合于桑林之舞，乃中经首（乐章）之会"，恰似一出美妙的歌舞。

对事物相对性的发现，打开了庄周的思想闸门，使他思如泉涌，笔若风雨。这便是他能在文学上，以他独特的汪洋恣肆的文风，傲视先秦诸子的原因。这是安徽早期的文风，值得珍视。

最后说一下战国时期安徽在政治上的归属问题。

疆域曾经伸展到安徽的陈、吴两个国家，在春秋末年至战国初年灭亡。陈亡于公元前479年，吴亡于公元前473年。宋国的灭亡要晚到公元前286年。宋亡以后，今安徽地区主要在楚国疆域内。

公元前278年，秦派白起领兵攻下楚国的都城郢，楚顷襄王被迫迁都于陈。公元前241年，以楚考烈王为纵长的楚、赵、魏、韩、卫五国合纵攻秦失败，考烈王为了避开秦国的威胁，把国都从陈迁到寿春（今安徽寿县）。他想退保江淮。

从公元前241年起，淮水南岸的寿春，成了楚国的政治、文化中心。这个地方有许多楚国的遗物出土。品类有铜器、铁器、玉器、漆器、陶器、骨器等多种。其中铜器、铁器的冶炼铸造，玉器、珠饰的琢磨刻镂，都达到了很高的水平。这些遗物，说明自寿春成为楚国的政治、文化中心以后，淮河流域的经济和文化又有新发展。寿春本是淮夷地区，寿春经济、文化的进步，也反映了淮夷社会形态的进步。

公元前224年，秦派王翦率领六十万大军进攻楚国，次年占领了楚都寿春，俘虏了楚王负刍。公元前222年，王翦又率军渡过长江，占领了楚国的江南地区，降服了越君。楚国至此灭亡。

《后汉书·东夷列传》说："秦并六国，其淮、泗夷皆散为民户。"从此夷人都成了在秦朝统治下的编户齐民了。夷人、淮夷、泗夷、舒人等名号在秦以后消失，安徽成了华夏之邦。

（原载《安徽史学》1984年第4、5期，有改动）

东汉窦宪打北匈奴是什么性质的战争？

窦宪打北匈奴，一向是被肯定的，但我们认为这是一场不义之战。战争是政治的继续。只要将窦宪打北匈奴时东汉世族政治的具体情况加以分析，就会发现这个事实。

东汉世家大族，在和帝以前即已形成。《后汉书》卷四《和帝纪》载，和帝一即位，窦太后就"罢盐铁之禁，纵民煮铸"，正是为了满足世家大族的经济要求。从此，大官僚、大地主、大商人（主要是盐铁商）合为一体，田庄制度获得了急剧的发展。东汉政治是世族政治，这种政治的恶性发展，以窦太后临朝、窦氏当权为标志。东汉世族政治的特征，用仲长统的话来说，是"使饿狼守庖厨，饥虎牧牢豚，遂至熬天下之脂膏，斫生人之骨髓"[①]。一句话，即"饿狼饥虎政治"，这种政治从外戚窦氏集团当政起就已经开始了。窦宪打北匈奴，正是这种饿狼饥虎政治的继续。

为了说明窦宪打北匈奴是师出无名，先说一点汉、匈关系史。东汉初年，匈奴分为南北两部分，南匈奴内附，北匈奴呢？班彪看出"今北匈奴见南单于来附，惧谋其国，故数乞和亲，又远驱牛马与汉合市，重遣名王，多所贡献"，主张"今既未获助南，则亦不宜绝北"[②]。班彪的话，表

---

① [宋]范晔撰，[唐]李贤等注:《后汉书》卷四十九《仲长统传》，中华书局，1965年，第1647页。

② [宋]范晔撰，[唐]李贤等注:《后汉书》卷八十九《南匈奴传》，中华书局，1965年，第2964页。

明了北匈奴是愿与东汉和好的，也表明了东汉有识之士认识到比较好的办法，是对南北匈奴一样看待，是和不是绝。东汉也曾采用过班彪的主张，例如，明帝永平六年（63年），"北单于欲合市，遣使求和亲，显宗（明帝）冀其交通，不复为寇，乃许之"。永平八年（65年），派郑众"北使报命"，但为南匈奴所破坏。其后，北匈奴"数寇边郡"，造成"河西城门昼闭"。这当然是非正义的。明帝派兵去打北匈奴，是正当的。但不能因此得出北匈奴压根不想和东汉和好的结论。

从明帝永平十六年（73年）起，到章帝章和二年（88年）止，这十五年内，北匈奴再也没有打过东汉，西域问题也得到了解决。章帝元和元年（84年），北匈奴曾"驱牛马万余头来与汉贾客交易，诸王、大人或前至所在郡县为设官邸，赏赐待遇之"，表明北匈奴和东汉的关系正在朝着友好的方向发展。

在窦宪打北匈奴的前四年内，北匈奴遇到了严重的困难。元和二年（85年），北匈奴"衰耗，党众离畔，南部攻其前，丁零寇其后，鲜卑击其左，西域侵其右，不复自立"。章和元年（87年），北匈奴"五十八部口二十万，胜兵八千人，诣云中、五原、朔方、北地降"。章和二年（88年），北匈奴"大乱，加以饥蝗，降者前后而至"。困难的严重性可以想见。所谓"降"，其实是把生存的希望寄托于东汉。也就在这种情况下，东汉却派窦宪一举消灭了北匈奴这个少数民族。这岂是正确的民族政策？岂能称之为正义的战争？

东汉为什么要乘北匈奴遇到危难之时去消灭他们呢？原因有三：

一是"南单于将并北廷"，东汉以为"今幸遭天授，北虏以争，以夷伐夷，国家之利"。制造民族纠纷，用匈奴人打匈奴人，是东汉世家大族的政策。他们认为这种政策对世族有利。

二是章帝死了，齐殇王之子都乡侯刘畅"来吊国忧"，窦宪害怕刘畅"分宫省之权，遣客刺杀畅于屯卫之中"。事发，窦宪"惧诛，自求击匈奴以赎死。会南单于请兵北伐，乃拜宪车骑将军"，去打北匈奴。"赎死"，这是窦宪打北匈奴的直接原因。窦太后同意他去打，世族地主支持他去打，只是因为保全窦宪，对窦氏有利，对世家大族也有利。

三是为了消灭北匈奴这个民族，占有他们的财富。《后汉书》记述窦宪打北匈奴，"斩首八千级，生虏数千口而还"[①]，"斩名王已下万三千级，获生口马牛羊橐驼百余万头"[②]。这就充分说明了窦宪打北匈奴，是一场不折不扣的不义之战。

窦宪打北匈奴，能不能说解除了北方的一个威胁呢？不能。这不仅因为在窦宪打北匈奴前十余年中，北匈奴是与东汉友好的，而且因为窦宪出兵之日，正是北匈奴外遭南匈奴、丁零等族的围攻，内有"饥蝗"，视东汉为"救星"，纷纷前来投靠东汉之时。正确的民族政策，应是伸出救援之手。可是，东汉却乘机去打他们，且"必欲灭之"。这是最反动的民族政策，怎能说是解除了北匈奴的威胁呢？东汉对羌人的政策是"绝其本根"[③]，同是一个阶级（世族），同是一种政治（饿狼饥虎），对北匈奴、对羌人的政治又会有什么不同呢？幸存的北匈奴人被迫西迁，匈奴故地为鲜卑人所据，又怎能说是解除北匈奴的威胁呢？可见，这是一场毫无进步意义的战争。

（原载《历史教学》1979年第5期，有改动）

---

① ［宋］范晔撰，［唐］李贤等注：《后汉书》卷八十九《南匈奴传》，中华书局，1965年，第2953页。

② ［宋］范晔撰，［唐］李贤等注：《后汉书》卷二十三《窦宪传》，中华书局，1965年，第814页。

③ ［宋］范晔撰，［唐］李贤等注：《后汉书》卷六十五《段颎传》，中华书局，1965年，第2151页。

廓清曹操少年时代的迷雾

一、少年曹操之谜

少年时代或弱冠以前的曹操是一片空白，而在这片空白中，又存在着许多难解之谜，历千年而未悟。

《三国志·武帝纪》说他"不治行业"。注引《曹瞒传》说他"少好飞鹰走狗，游荡无度"。似乎少年曹操，但知游手好闲。这带来了许多问题。既然少年时代的曹操"不治行业""游荡无度"，那么，他何以能"博览群书"？何以"能明古学"？何以能"登高必赋，及造新诗，被之管弦，皆成乐章"？何以能"才力绝人，手射飞鸟，躬禽猛兽"？何以能在南皮"一日射雉获六十三头"？桥玄（一作"乔玄"）何以会盛赞"幼年逮升堂室"的曹操为"命世之才"，能安天下者必为曹操？①李瓒何以能在曹操"微时"，即年二十，举孝廉，为郎之前，盛赞"天下英雄，无过曹操"②，并要他的子女归依曹操？称赞曹操的还有何颙、许劭等人，可谓异口同声。既然少年时代的曹操"不治行业""游荡无度"，那么，他为窦武、陈蕃翻案的胆识，从何而来？他所具有的、袁绍等人所不能望其项背的政见、武

---

① [晋]陈寿撰，[宋]裴松之注：《三国志》卷一《武帝纪》，中华书局，1959年，第2页。

② [宋]范晔撰，[唐]李贤等注：《后汉书》卷六十七《李膺传》，中华书局，1965年，第2197页。

略，从何而来？如此等等，不都是须待廓清的曹操少年时代的迷雾吗？

先师陈寅恪先生曾说：在曹操的一生中，存在着很多疑点需要弄清楚。我想这应是第一个疑点。这个疑点如果不弄清楚，论述与评价曹操就不可能全面，也不可能正确。

二、谯县曹氏宗族与曹操

要了解曹操的少年时代，就必须了解曹操的家世出身，只凭"赘阉遗丑"①四字，是不能解决任何问题的，而必须探索汉末谯县曹氏宗族田庄的状况，并把它放到东汉广泛存在的宗族田庄中去考察。

亳县发现曹氏宗族墓群。董园村一号汉墓主人称"曹侯"，字砖上书刻的年号为汉桓帝延熹九年（166年）。把这个发现拿来与文献记载相印证，就完全可以肯定，汉末谯县曹氏是作为一个宗族而存在于当时社会之中的，这个宗族有它自己的田庄与官宦人物。

关于谯县曹氏的由来，虽然有不同的说法，但谯县曹氏为曹氏四望之一，人们是没有异议的。祖宗无须追远，下面从曹操的曾祖父曹节谈起。

《三国志·武帝纪》裴注引司马彪《续汉书》，说曹节"素以仁厚称"，为乡党所"贵叹"，生有四子：伯兴、仲兴、叔兴、季兴。季兴便是曹操的祖父曹腾。曹节在《刘晔传》所引魏明帝诏中，被称为"处士君"。他是没有做过官的，但到曹操的祖辈便不同了。曹操的祖父曹腾，顺帝时，"迁至中常侍大长秋。在省闼三十余年，历事四帝（安、顺、冲、质）"②。桓帝时，又"以腾先帝旧臣，忠孝彰著，封费亭侯，加位特进"③。除曹腾外，在曹操的祖辈中，还有人做官，至于父辈，做官的就更多。

---

① [宋]范晔撰，[唐]李贤等注：《后汉书》卷七十《荀彧传》，中华书局，1965年，第2285页。

② [晋]陈寿撰，[宋]裴松之注：《三国志》卷一《武帝纪》，中华书局，1959年，第1页。

③ [晋]陈寿撰，[宋]裴松之注：《三国志》卷一《武帝纪》，中华书局，1959年，第2页。

《水经注》卷二十三"阴沟水"条写道："涡水四周城（谯城）侧，城南有曹嵩（曹操之父）冢。"其北"有圭碑，题云'汉故中常侍长乐太仆特进费亭侯曹君（曹腾）之碑，延熹三年立'"。又"有兄腾（应为腾兄）冢"。"冢东有碑，题云'汉故颍川太守曹君墓，延熹九年卒'。而不刊树碑岁月，坟北有其元子炽冢，冢东有碑，题云'汉故长水校尉曹君之碑，历太中大夫司马长史侍中，迁长水。年三十九卒。熹平六年造'。炽弟胤冢，冢东有碑，题云'汉谒者曹君之碑，熹平六年立'。"

《水经注》这则记述，说了曹腾一辈，除曹腾外，为官的尚有曹腾之兄颍川太守曹某。他有二子：曹炽、曹胤。曹炽为长水校尉，曹胤为谒者。按《三国志·曹仁传》注引《魏书》记有："仁祖褒，颍川太守，父炽，侍中，长水校尉。"则《水经注》所说"汉故颍川太守曹君"即曹仁之祖曹褒。此人为曹腾之兄，但不知为伯兴、仲兴抑叔兴也。他二子曹炽、曹胤与曹操之父曹嵩同辈，也都是官。

《三国志·曹洪传》："洪族父瑜，佾慎笃敬，官至卫将军，封列侯。"注引《魏书》称"洪伯父鼎为尚书令，任洪为蕲春长"。《曹休传》注引《魏书》称"休祖父尝为吴郡太守"。此三人，卫将军、列侯曹瑜，尚书令曹鼎，吴郡太守曹某，亦与曹嵩同辈。

至若曹嵩本人，据《三国志·武帝纪》注引《续汉书》，原"为司隶校尉，灵帝擢拜大司农、大鸿胪，代崔烈为太尉"。

由此看来，东汉谯县曹氏之为望族，便不是没有由来的了。

兹将文献及考古所见曹操的曾、祖、父三辈列之如下。

曾祖父辈：曹节，他的后代称他为"处士君"。

祖父辈：曹伯兴、曹仲兴、曹叔兴、曹季兴。曹褒未知为伯兴、仲兴抑叔兴？此人官至颍川太守。曹腾即曹季兴，官至中常侍大长秋，封费亭侯。

父辈：曹炽，官至长水校尉；曹胤，官至谒者；曹嵩，官至太尉；曹瑜，官至卫将军，封列侯；曹鼎，官至尚书令；曹休的祖父曹某，官至吴郡太守。

谯县曹氏几辈人作为一个宗族而存在，是毫无问题的。《三国志·曹休传》记曹休为曹操的"族子"，"天下乱，宗族各散去乡里"，曹休渡江至吴。后北归见曹操，曹操对左右称他为"此吾家千里驹也"。之所以称他为"吾家千里驹"，是因为曹氏宗族为当时的社会单位之一，族人如同家人。既然曹氏作为宗族而存在，那么，它就必然具有当时广泛存在的宗族田庄所具有的共同的特征。汉末崔寔写的《四民月令》，被认为是研究东汉晚期社会经济结构的典型性文献。《四民月令》描绘的田庄有宗族活动：正月、冬至，祭祖；三月，"赈赡穷乏，务施九族，自亲者始"；九月，"存问九族孤寡老病不能自存者"；十月，纠合宗人举葬"同宗有贫窭久丧不堪葬者……以亲疏贫富为差"；十二月，"请召宗族、婚姻、宾旅，讲好和礼，以笃恩纪"。田庄中的宗族活动虽不一定全如崔寔所述，但要知道：一、宗族确为当时社会的基本单位，一个田庄基本上就是由一个宗族组成。二、宗族中的各个家庭有"亲疏贫富"的不同。生产虽由族长用"命""令"进行，由所选的"任田者"指挥（这是土地为宗族共有的反映），但除土地外，各家的财产是分开的，生活也是分开的。《三国志·曹仁传》附《曹纯传》注引《英雄记》说曹纯"与同产兄别居，承父（曹炽）业，富于财，僮仆人客以百数"。《三国志·曹洪传》注引《魏略》说曹操"为司空时，以己率下，每岁发调，使本县平赀。于时谯令平洪赀财与公（曹操）家等"。曹操说："我家赀那得如子廉（曹洪）耶！"这与《四民月令》所记宗族中有"亲疏贫富"之分，完全吻合。

《四民月令》描绘的田庄每逢二月，"顺阳习射，以备不虞"；五月，"乃弛角弓弩，解其徽弦，弢竹木弓，弛其弦，以灰藏旃裘、毛毳之物及箭羽"；九月，"缮五兵，习战射，以备寒冻穷厄之寇"。这表明宗族有自己的军事组织与训练活动。当时每一个宗族田庄都有部曲，兵由宗族中的佃客充当，率领他们进行战射的则是宗族中的地主。

明乎此，便可以了解曹操何以能"才力绝人，手射飞鸟，躬禽猛兽"，何以能在南皮"一日射雉获六十三头"，他的武功是自幼在曹氏宗族田庄中练出来的。《三国志集解》卷一引刘昭《幼童传》说曹操"幼而智勇，年十岁，常浴于谯水，有蛟逼之，自水奋击，蛟乃潜退"。十岁而有这种功夫，就是因为一个宗族田庄，也是一个讲武场，自幼习武者多矣！

《四民月令》描绘的田庄每逢正月，"农事未起……砚冰释，命幼童入小学，学篇章（小注：谓九岁以上，十四以下。篇章谓六甲、九九、《急就》、《三仓》之属）"；八月，"暑退，命幼童入小学，如正月焉"；十一月，"砚冰冻，命幼童读《孝经》、《论语》、篇章，入小学"（以上据《齐民要术》卷三《杂说》所引）。这表明宗族田庄中有小学，为九岁至十四岁的幼童学习之所。按《礼记·内则》载，旧有"九年（九岁）教之数日，十年，出就外傅，居宿于外，学书计"，即入小学之说。东汉宗族田庄之所以有小学，一为承旧说，正因为是承旧说，故幼童入小学用"命"。命也就是一定要入之意。二为宗族既然是当时的社会单位，小学势必在宗族中设置。

认识东汉宗族田庄中有小学，是十分重要的。东汉不乏才识之士，他们所受的启蒙教育实为宗族中的小学教育。十岁还在谯县曹氏宗族中居住的曹操，毫无疑问，必为曹氏宗族小学中入学幼童之一。没有这个基础，他的文才就成为无源之水了。

总起来说，曹操自生至十四岁（汉桓帝永寿元年至汉灵帝建宁元年，155—168年），是在谯县曹氏宗族田庄中度过的。田庄中既有小学，又有武学，既学六甲（六十甲子）、九九、《急就》、《三仓》，又学战射。曹操的文才武略，其基础便是在田庄中打下来的。

三、"魏武帝为诸生"

《世说新语·识鉴》"曹公少时见乔玄"条注引《续汉书》说："初，魏武帝为诸生，未知名也，玄甚异之。"按《后汉书》卷六十八《庾乘传》云："（郭）林宗见而拔之，劝游学宫（太学），遂为诸生。"卷八十下《高彪传》云："至彪为诸生，游太学。"这里所说的"为诸生"，也就是为太学生。曹操少时见桥玄于洛阳（见下），他曾入太学，为诸生，殆无疑义。当然，还需论证。下面从东汉的太学说起。

太学在东汉是有发展的。《后汉书》卷六十一《左雄传》记顺帝"阳嘉元年，太学新成"，左雄奏请"征海内名儒为博士，使公卿子弟为诸生……于是负书来学，云集京师（洛阳）"。卷六《质帝纪》记本初元年（146年）夏四月庚辰，"令郡国举明经，年五十以上，七十以下，诣太学，自大将军至六百石皆遣子受业"。到桓、灵之间，太学诸生达到"三万余人"[1]。左雄谓"使公卿子弟为诸生"，质帝令"自大将军至六百石皆遣子受业"，在京公卿子弟入太学为诸生的多矣！

太学结业，在汉仍须通过举孝廉之途，才可做官。《后汉书》卷五十七《杜根传》说杜根"年十三，入太学，号奇童"。安帝永初元年（107年），"举孝廉，为郎中"。卷六十七《苑康传》记苑康"少受业太学，与郭林宗亲善，举孝廉，再迁颍阴令"。先游太学，后举孝廉，在东汉是一条很重要的入仕途径。

再看《四民月令》所记，正月，"农事未起，命成童以上入太学，学'五经'（小注：谓十五以上至二十也）"；十月，"农事毕，命成童入太学，如正月焉"。成童入太学也用"命"，那就是一定要入了，不入是例外。"十五入太学"是旧制，由来已久。《白虎通德论》卷二《辟雍》篇说："古者所以年十五入太学何？以为八岁毁齿，始有识知，入学学书计，七八十五，阴阳备，故十五成童志明，入太学学经术。学之为言觉也，悟所不知也。"东汉宗族田庄中的成童，入太学所以也用"命"，因为这也是一个旧传统。如果某个年十五岁的成童，父亲在朝为官，他离开田庄到洛阳去上太学，就毫无怀疑的余地了。一方面东汉朝廷要求公卿子弟入太学，且有过"自大将军至六百石皆遣子受业"的诏令；另一方面所在宗族田庄中的族长，又"命成童入太学"。入是可信的，不入倒是不可信的了。当然也有不入的，那是例外。

现在，来看曹嵩与曹操。《续汉书》说曹嵩"为司隶校尉，灵帝擢拜

---

① ［宋］范晔撰，［唐］李贤等注：《后汉书》卷六十七《党锢列传》，中华书局，1965年，第2186页。

大司农、大鸿胪，代崔烈为太尉"。他为司隶校尉应在桓帝时。在灵帝之朝，他位至列卿与三公之官，桓帝死于永康元年（167年），那年曹操十三岁，灵帝继位，次年（168年）改年号为建宁。曹操十四岁，他的父亲曹嵩，这年如果不是大司农，也是司隶校尉。还可注意，阳嘉四年（135年），顺帝曾下诏"宦官养子悉听得为后，袭封爵，定著乎令"①。曹腾在桓帝延熹三年（160年）以前死去，他的费亭侯封爵已由养子曹嵩承袭，曹嵩不仅是公卿，而且是列侯，"使公卿子弟为诸生"，"自大将军至六百石皆遣子受业"，"命成童入太学"，是东汉的成规旧法。再取《续汉书》"魏武帝为诸生"来印证，年到十五岁，父亲又是列卿的曹操，至洛阳入太学为诸生，就是铁定的了。

《四民月令》说"命成童入太学"，成童"谓年十五以上至二十"。《三国志·武帝纪》说曹操"年廿，举孝廉为郎"。曹操在洛阳太学之年应为十五岁至十九岁之年（灵帝建宁二年至熹平二年，169—173年）。"二十曰弱冠"，曹操是弱冠举孝廉，为郎官。先入太学，后举孝廉，做官，也正是东汉给太学生安排的一条做官的道路。

由此可以解释曹操为窦武、陈蕃翻案与桥玄、何颙等人对曹操的称赞。

《三国志·武帝纪》注引《魏书》说："先是大将军窦武、太傅陈蕃谋诛阉官，反为所害。太祖上书陈武等正直而见陷害，奸邪盈朝，善人壅塞，其言甚切，灵帝不能用。"按窦武、陈蕃同列于党人"三君"中，他们被宦官王甫等杀害，是在灵帝建宁元年（168年）九月间。这年曹操十四岁，曹操入太学，为诸生，应在建宁二年（169年）。这年曹操十五岁，正当入太学之年，月份据《四民月令》应在正月或八月，在正月的可能性较大。十月，第二次党锢事起，宦官曹节讽有司奏李膺、杜密等为钩党，李膺、杜密等百余人被杀，妻子皆徙边。州郡大举钩党，死、徙、废、禁的有六七百人。曹操但为窦武、陈蕃翻案，未及李膺、杜密。第二次党锢

---

① [宋]范晔撰，[唐]李贤等注：《后汉书》卷七十八《孙程传》，中华书局，1965年，第2518页。

事起之后，宦官势力极盛，动辄被指为钩党，遭到迫害。以此，曹操不太可能在第二次党锢事起之后，为窦武、陈蕃翻案。他为窦武、陈蕃翻案，应在建宁二年十月第二次党锢事起之前，建宁二年正月他入太学之后，何以明之？

太学生上疏陈事，议论政治，在东汉晚期已成为一种风气。朝廷有时也把事情下到太学去讨论。《后汉书》卷五十七《刘陶传》记桓帝时，"大将军梁冀专朝而桓帝无子，连岁饥荒，灾异数见。陶时游太学，乃上疏陈事"，疏中有"竟令虎豹窟于麀场，豺狼乳于春圃"之言，直指当时的宦官政治为虎狼政治。后来有人提出货轻钱薄，宜改铸大钱，"事下四府群僚及太学能言之士"，进行讨论，并将意见上奏朝廷。刘陶又上议谈及："比年已来，良苗尽于蝗螟之口，杼柚空于公私之求。"这又是在抨击当时的政治。事下"太学能言之士"，表明太学生议政，当时是允许的。不仅允许，而且要求他们议政。因此，刘陶两次上奏议论政治，就不奇怪了。桓、灵之际，议政在太学生中，已经成风。建宁二年（169年），曹操刚入太学为诸生，便为窦武、陈蕃翻案，也就不奇怪了。这件事可以反证曹操必为太学生，且入太学之年必为建宁二年。在这以前，曹操非太学生，不可能议政为党人翻案。

曹操以十五岁之年，入太学，为诸生，为窦武、陈蕃翻案，对于朝野党人无疑是一个大震动，桥玄、何颙等人何以盛赞曹操，原因也就可以明白了。

《三国志·武帝纪》建安七年注引《褒赏令》载曹操祀桥玄文，语及"吾以幼年，逮升堂室，特以顽鄙之姿，为大君子所纳，增荣益观，皆由奖助"。幼年相对于"弱冠"而言，故《礼记·曲礼上》谓"人生十年曰幼，学。二十曰弱冠"。《世说新语·识鉴》谓"曹公少时见乔玄"，少也就是幼的意思。十九以下可称幼，也可称少。注引《续汉书》则明言曹操见桥玄在"为诸生"之时，即在曹操为太学生之年。桥玄在灵帝初，以度辽将军被征为河南尹，转少府、大鸿胪。曹操入太学，为诸生之年，桥玄正在洛阳做官，这二人也只能在洛阳相识。这个见面地点可以反证曹操为诸生，即为太学生。

曹操以一个十五岁的太学生，敢为窦武、陈蕃翻案，这不能不使桥玄惊叹："天下将乱，非命世之才不能济也，能安之者，其在君乎！"如果曹操是一个"不治行业""游荡无度"的少年，桥玄的话便是牛头不对马嘴了。

在东汉季年，"匹夫抗愤，处士横议"是一个方面，"激扬名声，互相题拂"又是一个方面。两方面都具备，才能真正知名。曹操抗愤为窦武、陈蕃翻案，虽然已使他出名，但要真正出名，还要经过题拂或品评。东汉号称"性明知人，好奖训士类"，"善人伦"①的郭太（郭林宗）已于建宁元年（168年）正月死去。他以后最知名的"好人伦"好核论人物的人，是汝南的许劭（许子将）。《三国志·武帝纪》注引《世语》记桥玄曾对曹操说："君未有名，可交许子将。"曹操遂往见许子将，"子将纳焉，由是知名"。所以知名，是因为许劭给了曹操以"子治世之能臣，乱世之奸雄"（注引《异同杂语》）的评语。《后汉书》卷六十八《许劭传》记曹操往见许劭，在"曹操微时"，"微"有"贱"之义，即在曹操尚未做官的时候。由此可以断定：曹操往见许劭亦必在为太学生之时。许劭之所以能给曹操以"治世之能臣，乱世之奸雄"②的评语，只是因为曹操敢为窦武、陈蕃翻案，并已经得到桥玄的赏识与推荐。

以为"汉家将亡，能安天下者必"曹操的何颙，据《后汉书·党锢传》本传，少游学洛阳，"郭林宗、贾伟节等与之相好，显名太学"。"及陈蕃、李膺之败，颙以与窦、膺善，遂为宦官所陷，乃变姓名，亡匿汝南间"。何颙与袁绍为奔走之友，何颙"常私入洛阳，从绍计议"。中平元年（184年），党锢事解，何颙才出来应司空府之辟。他与曹操相识，并称赞曹操，亦当在曹操入太学，为窦武、陈蕃翻案之后，第二次党锢事起之前。

---

① [宋]范晔撰，[唐]李贤等注：《后汉书》卷六十八《郭太传》，中华书局，1965年，第2226页。

② [宋]范晔撰，[唐]李贤等注：《后汉书》卷六十八《许劭传》，中华书局，1965年，第2234页。

从《何颙传》所记何颙"常私入洛阳，从绍计议"，从《三国志·袁绍传》所记"太祖少与交焉"，可知曹操与袁绍交往，也在他到洛阳，为太学生之时。

知道了曹操出身于太学，不仅可以解开如上所云曹操为窦武、陈蕃翻案与桥玄、何颙等人对曹操倍加称赞之谜，而且可以解开曹操何以"能明古学"，能造新诗，既有武略，又有文才之谜。

问题还不止于此，知道了曹操出身于太学，曾为党人领袖"三君"中的窦武、陈蕃翻案，受到党人如何颙、李瓒等人的盛赞，也就可知曹操实为东汉党人（包括太学生）的拥护者与继承者，是党人的传人，不妨再举二事说明。

与举孝廉为郎同年，曹操出任洛阳北部尉，"灵帝爱幸小黄门蹇硕叔父夜行，即杀之"，"近习宠臣咸疾之"①。这与党人李膺在司隶校尉任内，杀中常侍张让之弟"贪残无道"的野王令张朔，可谓一前一后，互相辉映。

应劭《风俗通义》卷九《城阳景王祠》又记"自琅琊、青州六郡及渤海都邑、乡亭、聚落，皆为（城阳景王刘章）立祠，造饰五二千石车，商人次第为之，立服带绶，备置官属，烹杀讴歌，纷籍连日，转相诳曜，言有神明，其遣问祸福立应，历载弥久，莫之匡纠"。正是妖风四煽，历三百余年而未绝。到桓、灵之际，"唯乐安太傅陈蕃、济南相曹操一切禁绝，肃然政清。陈、曹之后，稍复如故"。应劭叹云："安有鬼神能为病者哉！"这则记载，清楚说明了曹操与党人陈蕃等在思想与政治上的继承关系。

东汉党人及其支持者，是地主阶级的改革派。他们抨击朝政，打击宦官，力图扭转东汉的虎狼政治与歪风邪气，但是他们没有成功，成功的是他们的传人太学生曹操。这对于我们考察曹操推行政治革新的思想渊源和实质，给予曹操以全面的正确的评价，有重要的意义。

[原载《安徽师大学报（哲学社会科学版）》1988年第2期，有改动]

---

① [晋]陈寿撰，[宋]裴松之注：《三国志》卷一《武帝纪》，中华书局，1959年，第3页。

赤壁之战拾遗

一、巴丘遇疫与洞庭君山之游

建安十三年（208年），曹军以破竹之势，迅速占领荆州治襄阳。十月，占领江陵，主力自江陵浮江东下，将与孙权"会猎于吴"。

《三国志》卷十四《郭嘉传》记曹军"于巴丘（今湖南岳阳）遇疾疫。烧船，叹曰：'郭奉孝（郭嘉）在，不使孤至此。'"

裴松之注引《傅子》记有曹操写给荀彧的一封信，信中说道：

> 追惜奉孝，不能去心。其人见时事兵事，过绝于人。又人多畏病，南方有疫，常言"吾往南方，则不生还"。然与共论计，云当先定荆。此为不但见计之忠厚，必欲立功，分弃命定。事人心乃尔，何得使人忘之！

汉末疾疫流行，从曹操写给荀彧的信中可知，曹操征荆州之年，"南方有疫"。郭嘉说过"吾往南方，则不生还"的话。但郭嘉赞成先定荆州。从曹操在巴丘遇疫时所说的话"郭奉孝在，不使孤至此"看来，郭嘉只是主张打荆州，不主张打了荆州，又去打江东，即不主张毕其功于一役。原因便在"南方有疫"。

所谓"于巴丘遇疾疫",是到巴丘时,疾疫在曹军中蔓延开来。在此以前,时疫已经染上了。周瑜曾说曹操"驱中国士众,远涉江湖之间,不习水土,必生疾病"①,对曹军早有所料。但不到疾疫蔓延之时,曹操是不会停止进兵的。十月占江陵,当月便东征,正表明曹操想一举再歼孙权与刘备。

有一首诗,过去不仅为史学界所忽略,而且为文学界所从未解。这首诗便是曹操的《气出倡·游君山》。诗云:

> 游君山,甚为真。崔嵬砟硌,尔自为神。乃到王母台,金阶玉为堂,芝草生殿旁。东西厢,客满堂。主人当行觞,坐者长寿遽何央。长乐甫始宜孙子。常愿主人增年,与天相守。

这首诗被称为游仙诗之祖。文学家不明历史,以为全诗都是想象。史学家很少涉猎文学,自不在意,其实这首诗牵涉的既是文学史上也是历史上的一件公案。

要知此诗浪漫主义虽浓,却为纪实之作。诗中明言曹操曾游洞庭君山,并在君山宴客,相互祝寿。问题在于曹操什么时候有此雅兴,作君山之游呢?

按曹操自十月由江陵浮江东下,到十二月,才与孙刘联军于赤壁相遇,打了一仗。中间历时近三个月。自江陵顺流到赤壁,是要不了三个月的。那么,曹军必在进军途中逗留。在哪里逗留呢?据《郭嘉传》"于巴丘遇疾疫"的记载,曹军必在巴丘逗留。因为疾疫既已蔓延,自不宜继续东下,必须停下来休整、治疗,否则无法打仗。

巴丘当洞庭湖入江之口,君山距巴丘不远。在曹军于巴丘休整期间,从《气出倡·游君山》一诗所记,可证曹操曾往君山一游。此诗的写作年代,由此可以断定为建安十三年(208年)进兵江东途中。内容也就不是

①[晋]陈寿撰,[宋]裴松之注:《三国志》卷五十四《周瑜传》,中华书局,1959年,第1262页。

凭空想象，而是写实了。"游君山"自然不是梦游，而是真游。"常愿主人增年"的主人，自然不是西王母，而是曹操。对西王母来说，已经是"与天相守"，还须增什么年？"王母台"自然不是西王母之台，而是比喻曹操宴会宾客之处为君山仙境而已。

二、孙刘进驻夏口与浦口之战

人们都说孙刘联军驻地在赤壁，或说赤壁为孙刘联军总部所在之地，非也。

按《周瑜传》记周瑜对孙权说过："请得精兵三万人，进住夏口，保为将军破之。"夏口才是孙刘联军总部所在之地。赤壁，山名，不可以驻军或设总部。夏口，城名，只有夏口才可驻屯军队与设总部。

关于夏口，《资治通鉴》汉献帝建安十三年胡三省注说：

> 《汉书·地理志》曰：夏水（汉水、沔水）过江夏郡入江水。《水经注》曰：黄鹄山，东北对夏口城，亦沙羡县治。盖齐、梁之鲁山城，今之汉阳军，即其地也，所谓汉口也。祝穆曰：夏口一名鲁口。似指汉水之口。然何尚之云：夏口在荆江之中，正对沔口。而章怀太子亦谓夏口戍在鄂州。故《唐史》皆指鄂州为夏口。盖本在江北，自孙权取对岸夏口之名以名之，而江北之名始晦。

据此可知周瑜所欲进驻的夏口，指夏口城。孙权时，夏口城在江南岸，正对江北的沔口，沔口也就是夏水、汉水之口。此城晋时为江夏郡沙羡县的县治。今为武汉市武昌之地。吴时亦有武昌，但不是现在的武昌，而是现在的鄂城。

王粲《英雄记》记"周瑜镇江夏，曹操欲从赤壁渡江南，无舡，乘簰从汉水下，住浦口，未即渡。瑜夜密使轻舡走舸百所艘，艘有五十人移棹，人持炬火，火燃则回舸走去，去复还烧者。须臾烧数千簰，火大起，光上照天，操夜去"①。

按此段记载为《三国志》所无，但既出于《英雄记》应为信史。据这段记载，周瑜已经进驻夏口城，江路已被孙刘联军截断。乘艨从汉水而下的曹军，当是一支从汉水来或从曹军主力分出的军队，欲从浦口（大水有小口别通曰浦）即汉水分支入江之口渡江，登上南岸的赤壁山，接应曹操水军主力。其目的当在从水陆二路攻打夏口。这支军队"住浦口，未即渡"，似在等候曹军主力的来临。但为周瑜侦知，在一个夜间，为周瑜使用火攻歼灭。

《英雄记》所记"浦口"，地当何处？考《水经注》云：

> 江水左迳百人山南，右迳赤壁山北，昔周瑜与黄盖诈魏武大军所起也。江水东迳大军山南，山东有山，屯夏浦江水左迆也。……江水又东迳小军山南，临侧江津，东有小军浦。江水又东迳鸡翅山北，山东即土城浦也。又东北至江夏沙羡县西北，沔（夏、汉）水从北来注之。

据记载，赤壁山与百人山南北夹峙，江水通过，北岸又有大军山。大军山之东有山，峙于夏（沔、汉）浦江水左迆。此夏浦江水之口，即《英雄记》所记浦口之战的浦口。江水由此浦东流，北经小军山，南经鸡翅山，又东北至江夏沙羡县即夏口城的西北，沔水主流从北来注之。

可知从记中所云浦口往西为大军山，再往西为百人山，均在长江北岸，而南岸与百人山相对的即赤壁山。无疑所云浦口与南岸的赤壁山、夏口城成掎角之势，西距赤壁山，东距夏口城，都不远。如果远，就无法"从赤壁渡江南"，也就无法对夏口城形成威胁。

---

① [唐]欧阳询撰，汪绍楹校：《艺文类聚》卷八十《火部·火》，上海古籍出版社，1982年，第1365页。

三、乌林与赤壁考辨

《水经注》云：

> 江水左迳止（止当作上）乌林南，村居地名也。又东迳乌黎口，江浦也，即中乌林矣。又东迳乌林南，吴黄盖败魏武于乌林，即是处也。

此所谓"吴黄盖败魏武于乌林"之乌林，即下乌林。

《水经注》又云：

> 江水又东，左得子练口。……江之右岸，得蒲矶口，即陆口（陆水之口）也。……陆水又入蒲圻县北，迳吕蒙城西，昔孙权征长沙、零、桂所镇也。陆水又迳蒲矶山，北入大江。……对蒲圻洲，亦曰擘洲，又曰南州，洲头即蒲圻县治也，晋太康元年置。

然则下乌林在蒲圻县治之南。此蒲圻县治，立于蒲圻洲头，正对长江南岸陆水入江之口。《水经注》谓为"晋太康元年置"，实则为孙权所置。《元和郡县图志》卷二十七《江南道三》"蒲圻县"条有"吴大帝分立蒲圻县"之言，晋蒲圻县属长沙郡。

《水经注》又云：

> 江水左得中阳水口，又东得白沙口。……南直蒲圻洲，水北入百余里，吴所屯也。……至白沙方有浦，上甚难，江中有沙阳洲，沙阳县治也，县本江夏之沙羡矣。晋太康中，改曰沙阳县。

据此可知江水由蒲圻洲头蒲圻县治"北入百余里"，才到立于沙阳洲上的沙阳县。此县为晋武帝分沙羡县所立。

《水经注》又云：

> 江水东，右得聂口，江浦也，左对聂洲。江水左迤百人山南，右迤赤壁山北，昔周瑜与黄盖诈魏武大军所起也。……又东北至江夏沙羡县西北，沔水从北来注之。

然则赤壁山在晋沙阳县之东或北，又可明矣。吴无沙阳，而只有沙羡与蒲圻县。乌林在蒲圻县南，赤壁则属于沙羡县。自乌林至赤壁一段水路，从《水经注》所记由蒲圻洲到沙阳洲，即有百余里之遥来看，路程何止二百里。从晋来说，乌林与赤壁之间隔了个沙阳县。

将赤壁移于乌林对岸，最先来自李吉甫，次为胡三省。

李吉甫《元和郡县图志》卷二十七《江南道三》"蒲圻县"条说："赤壁山，在县西一百二十里，北临大江，其北岸即乌林，与赤壁相对，即周瑜用黄盖策，焚曹公舟船败走处，故诸葛论曹公危于乌林是也。"李吉甫说的蒲圻，是沙阳。他说"晋武帝改为沙阳，今县□一里沙阳故县城是也"，并不正确。因为晋仍有蒲圻县，属长沙郡，沙阳在晋则属武昌郡。由于他把沙阳当作蒲圻县，所以他说赤壁"在县西一百二十里"。李吉甫何以认为赤壁在此，"其北岸即乌林，与赤壁相对"呢？这要明白他把赤壁与乌林二役混为一谈了。

李吉甫既说乌林"即周瑜用黄盖策，焚曹舟船败走处"，又说"孙权遣周瑜、程普各领兵万人，与刘备来敌曹公，遇于赤壁，因风纵火，曹公大败"。他把诸葛亮说的曹操"危于乌林"当作了二军"遇于赤壁，因风纵火，曹公大败"，因而把赤壁搬到了乌林对岸。这种误会，来之于在曹操但称赤壁之役，在孙刘但称乌林之役，后面再谈。

胡三省注解《资治通鉴》汉献帝建安十三年赤壁部分时，引用了《元和郡县图志》的话："赤壁山在蒲圻西百三十里，北岸乌林与赤壁相对，即周瑜用黄盖策焚曹公船处。"而于《水经注》，虽引了"江水自沙羡而东，右迳赤壁山北"，但未引"左迳百人山南"。后人遂用《元和郡县图志》之说，而忽略了早于此书的《水经注》之说。其实从胡三省所引《水经注》的话，也知赤壁在沙羡县，不在蒲圻县。

由于苏轼所写的《前赤壁赋》《后赤壁赋》与《念奴娇》词脍炙人口，于是又有黄州的赤壁。黄州在江北，治黄冈县，与南岸的樊口相对。胡三省《资治通鉴》建安十三年注云："《水经注》：江水过鄂县北而东流，右得樊口，樊山下寒溪水所注也。陆游曰：'黄州与樊口正相对。'"苏轼笔下的黄州的赤壁，当指南岸樊山附近的江边的某个山而言。可苏轼笔下的黄州的赤壁，苏轼并未肯定它就是"三国周郎赤壁"，他所用的"人道是""传云""所谓"都是不肯定之词，自不能扰乱我们对赤壁的认识。

以上三种关于赤壁所处位置之说，唯《水经注》之说为信史。所以说它是信史，一由于它成书在《元和郡县图志》之前，二由于它的说法与《三国志》所记赤壁与乌林之役相符合，三由于它尚有王粲的《英雄记》作佐证。《英雄记》蒲口（夏蒲江水之口），与赤壁所对的百人山，只隔了一座大军山。

四、是赤壁之役，抑乌林之役

《三国志·武帝纪》记建安十三年十二月，"公至赤壁，与备战不利。于是大疫，吏士多死者，乃引军还"。《周瑜传》记："权遂遣瑜及程普等与备并力逆曹公，遇于赤壁。时曹公军众已有疾病，初一交战，公军败退，引次江北。瑜等在南岸。瑜部将黄盖曰：'今寇众我寡，难与持久。然观操军方连船舰首尾相接，可烧而走也。'"这里但云曹军有疾病，两军遇于赤壁，初一交战，曹军不利，引次江北，未言引次江北何地，亦未言曹军船舰在何地为黄盖所烧。但《程普传》讲了"与周瑜为左右督，破曹公于乌林"。《甘宁传》《凌统传》也说"后随周瑜拒破曹公于乌林"，"与周瑜等拒破曹公于乌林"。吴《鼓吹曲》十二篇有一篇《乌林》，说得更为明白。此曲云：

乌林者，言曹操既破荆州，从流东下，欲来争锋。大皇帝（孙权）命将周瑜逆击之于乌林而破走也。……赖我大皇，发圣明，虎臣雄烈，周与程。破操乌林，显章功名。

又《鲁肃传》注引《吴书》记关羽对鲁肃之言，也有"乌林之役"一语，诸葛亮亦谓曹操"危于乌林"。则曹军必然自赤壁退到了乌林，火攻在乌林。

《周泰传》谓"与周瑜、程普拒曹公于赤壁"。十分明显，赤壁只是孙刘联军阻击东进曹军之处，是防线。曹军进至赤壁，与孙刘联军打了一仗，因军众有疾病，不利而引退。此战只能说是遭遇战。

决战在乌林进行。此即《周瑜传》末注引《江表传》所记，周瑜用黄盖之策，火烧曹军，曹军大败，还保南郡。

孙、刘都讲乌林之役，吴有歌辞记其事，关羽称："乌林之役，左将军（刘备）身在行间，寝不脱介，勠力破魏，岂得徒劳，无一块壤，而足下（鲁肃）来欲收地邪？"①即《武帝纪》注引《山阳公载记》亦谓"公船舰为备所烧，引军从华容道步归"，华容道正是自乌林退保南郡之路。乌林之战无疑可信。

正是因为乌林之战曹军吃了大亏，曹操讳言此役，后来他在写给孙权的信中说："赤壁之役，值有疾病，孤烧船自退，横使周瑜虚获此名。"②他不承认有乌林之役，但言赤壁之役。不承认船舰在乌林为孙刘联军所烧，但言"值有疾病，烧船自退"。

赤壁之战已成了通行的名词，自然可以继续使用，但须知道此战实包含了三次战役：一为蒲口之役，二为赤壁之役，三为乌林之役。决战在乌

① ［晋］陈寿撰，［宋］裴松之注：《三国志》卷五十四《鲁肃传》，中华书局，1959年，第1272页。

② ［晋］陈寿撰，［宋］裴松之注：《三国志》卷五十四《周瑜传》，中华书局，1959年，第1265页。

林进行。曹操烧船自退，不无可能，但非自动烧去全部船只，而是眼见船只为孙刘联军所烧，并延及岸上营寨，不得已，下令焚毁余船退走。

最后要说一下，焚烧曹军船舰的黄盖所领灌满了易燃物的小船，自非从赤壁出发。孙刘联军必随曹军的引退而向前挺进。曹军在乌林，孙刘联军必进到距乌林不远之地。这是军事常识，无待赘言。

[原载《安徽师大学报（哲学社会科学版）》1991年第2期，有改动]

扑朔迷离话赤壁

谨以此文祝贺缪钺教授九十寿辰暨从教七十周年。

愿缪老年寿无疆，在学术上永远是一棵挺立于巴山蜀水之间的常青大树，学子同沐春风时雨之化。

前人说赤壁有五处，现在增到了九处。可是历史上的赤壁只有一处，治魏晋史者不可不辩。

一、孙刘联军的会合地点

周瑜、程普所带二万人是在樊口与刘备、刘琦的军队会合呢，还是在夏口？论者纷纭。

按《三国志·先主传》说：

先主斜趋汉津，适与羽船会，得济沔，遇表长子江夏太守琦众万余人，与俱到夏口。先主遣诸葛亮自结于孙权，权遣周瑜、程普等水军数万，与先主并力，与曹公战于赤壁。

《诸葛亮传》又说："先主至于夏口，亮曰：'事急矣，请奉命求救于孙将军。'"诸葛亮至柴桑后，会见孙权，谈到刘备"虽败于长阪，今战士还者及关羽水军精甲万人，刘琦合江夏战士亦不下万人"。

合此二条记载，可知刘备、刘琦共有水步军二万人。这二万人都到了夏口。夏口，《晋书·地理志下》"武昌郡沙羡县"条云：

> 沙羡，有夏口，对沔口，有津。

可知夏口在江南今武汉市武昌之地。此夏口为城。

《三国志》有关人物传记，都只记载刘备进驻夏口，派诸葛亮去柴桑见孙权。如：

《孙权传》："备进住夏口，使诸葛亮诣权，权遣周瑜、程普等行。"

《周瑜传》："时刘备为曹公所破，欲引南渡江，与鲁肃遇于当阳，遂共图计，因进住夏口，遣诸葛亮诣权。"

《鲁肃传》："备遂到夏口，遣亮使权，肃亦反命。"

《先主传》："与（关羽、刘琦）俱到夏口，先主遣诸葛亮自结于孙权。"

《诸葛亮传》："先主至于夏口，亮曰：'事急矣，请奉命求救于孙将军。'"

《关羽传》："共至夏口，孙权遣兵佐先主拒曹公。"

唯独《先主传》注引的两条《江表传》说刘备进驻鄂县，第二条较详，节录以资分析。

> 《江表传》曰：备从鲁肃计，进住鄂县之樊口。诸葛亮诣吴未还，备闻曹公军下，恐惧，日遣逻吏于水次候望权军。吏望见瑜船，驰往白备。备曰："何以知（之）非青、徐军邪？"吏对曰："以船知之。"……备虽深愧异瑜，而心未许之能必破北军也。故差池在后，将二千人与羽、飞俱，未肯系瑜，盖为进退之计也。

孙盛对《江表传》所言有过评论。他说："刘备雄才，处必亡之地，告急于吴,而获奔助,无缘复顾望江渚而怀后计。《江表传》之言,当是吴人欲专美之辞。"①

他的评论是否中肯,可以不论。但有个问题要留神。《江表传》清楚说到刘备"将二千人与羽、飞俱",周瑜既至,刘备二千人差池在后。而刘备、刘琦带到夏口的水步军有二万人之多。可见刘备军队的主力仍然摆在夏口。他只是带二千人到樊口去迎接吴军而已。

另须留神被刘备带往樊口的将领只有关羽与张飞,而无刘琦。刘琦为刘表长子,本来就是江夏太守。与刘备、关羽俱到夏口后,他与他所率万余人一直都在夏口。加上刘备留在夏口的八千之众,夏口仍有兵一万八千人。

这就可以了解《周瑜传》所记"瑜请得精兵三万人,进住夏口"的话了。夏口既有刘备、刘琦的重兵驻守,无疑是两军会合的最适宜的地点。

周瑜的军队是不是到了夏口,与刘备、刘琦的军队会师呢?有两条材料可证明周瑜到了夏口。

其一,《艺文类聚·火部》注引《英雄记》,有"周瑜镇江夏,曹操欲从赤壁渡江南"之言。可见在赤壁之战前夕,周瑜已镇江夏。

按卢弼《三国志集解·武帝纪》谓"建安中,刘表以黄祖为江夏太守,治沙羡"。黄祖死,"表子琦为江夏太守。琦合江夏战士万人与刘备俱到夏口"。《三国志·程普传》又记程普"领江夏太守,治沙羡"。《英雄记》所说"周瑜镇江夏",也就是说镇江夏郡沙羡县的夏口。

其二,《水经注》卷三十五记江水"又东北至江夏沙羡县西北","又东迳鲁山南"。接着记了"江之右岸有船官浦,历黄鹄矶西而南矣。直鹦鹉洲之下尾。江水漾回状浦,是曰黄军浦,昔吴将黄盖军师所屯,故浦得其名"。黄军浦东即黄鹄山,黄鹄山东北对夏口城。黄盖在赤壁战前为丹杨都尉,在赤壁战后为武陵太守,他屯军于船官浦而令此浦有黄军浦之名,只能是在赤壁之役的时候。而黄军浦靠近夏口城。

①[晋]陈寿撰,[宋]裴松之注:《三国志》卷三十二《先主传》注引《江表传》,中华书局,1959年,第879页。

这两条材料都可证明周瑜、程普乃至黄盖所部确实到了夏口及其附近之地。

然则，夏口实为孙刘联军总部所在地，可以无疑了。周瑜到夏口之际，曹军主力与支军尚未到达赤壁及赤壁附近之地。此观《英雄记》先言"周瑜镇江夏"，后言"曹操欲从赤壁渡江南"，即可明了。

二、曹操进军的路线

关于曹操进军的路线，《三国志·武帝纪》的记述本来很明白。《武帝纪》云：

> 公自江陵征备，至巴丘。……公至赤壁。

据此可以清楚看出曹操是从江陵浮江东下，经巴丘，至赤壁。所谓"征备"，是指刘备、刘琦屯军于夏口。此苏辙《赤壁怀古》所说"新破荆州得水军，鼓行夏口气如云"是也。

《周瑜传》所记吴议者之言，也说明曹军是浮江东下。议者云：

> 刘表治水军，蒙冲斗舰乃以千数，操悉浮以沿江，兼有步兵，水陆俱下，此为长江之险已与我共之矣。

曹操自云"今治水军八十万众"[1]，周瑜则说曹军总数不过二十三四万[2]，无论曹军有多少主力，都在长江千艘战船之上，是毋庸置疑的。

可是，现在出现了问题。

---

① [晋]陈寿撰，[宋]裴松之注：《三国志》卷四十七《吴主传》，中华书局，1959年，第1118页。

② [晋]陈寿撰，[宋]裴松之注：《三国志》卷五十四《周瑜传》，中华书局，1959年，第1262页。

有文章说，曹军虽自江陵出发，但斜趋汉津，走上刘备曾经走过之路。至于《武帝纪》所谓"至巴丘"的"巴丘"，那是江北云梦巴丘湖，并不是巴陵。曹操没有到过巴陵。

还有文章说，曹军是顺汉水而下，根本就未走长江。

到底是怎么回事呢？

且说巴丘。

巴丘就是巴丘，不能在"丘"字后面加一个"湖"字。《元和郡县图志》既有巴丘，又有巴丘湖，分得很清。且巴丘湖也非江北云梦，而为江南云梦。《元和郡县图志》说：

> 岳州，本巴丘地，古三苗国也。……隋开皇九年改为岳州。……巴陵县，本汉下隽县之巴丘地也。……巴丘湖，又名青草湖，在县南七十九里，周回二百六十五里，俗云即古云梦泽也。

《后汉书·郡国志》荆州南郡华容侯国"云梦泽在南"注也曾说道：

> 巴丘湖，江南之云梦也。

硬说《武帝纪》中的巴丘是巴丘湖，又硬说巴丘湖为江北的云梦泽，以建立曹军非沿江直下之说，是无法使人信服的。我曾在《赤壁之战拾遗》一文中谈及：曹操的《气出倡·游君山》一诗，是船舰在巴丘暂驻之时，曹操游洞庭湖君山之作。有文章为了否定曹操曾至古巴丘（今岳阳市），竟据辞典提书几个君山或军山，否定曹操曾游洞庭君山。

须知古代诗词中，凡提及君山，无不是指洞庭君山而言。此处水光山色，足以吸引诗人。除此以外，诗词中别无其他君山。

君山，《元和郡县图志》"岳州巴陵"条记"在县西三十里青草湖中。……又云湘君所游止，故名之也"。

屈原九歌有《湘君》和《湘夫人》二首，极言湘夫人对游于君山、乐而亡归的湘君的思念之情。歌中有"遭吾道兮洞庭"，"洞庭波兮木叶下"的话。湘君，洞庭君山之神。曹操《气出倡·游君山》起始四句"游君山，甚为真。崔嵬砟硌，尔自为神"，是写君山，又是写君山之神湘君。

且不谈古诗词，自屈原到曹操，君山只有一个，即洞庭君山，是毫无疑问的。《元和郡县图志》"岳州巴陵"条尚曾记载洞庭湖"湖口有一洲，名曹公洲"。佐之以《武帝纪》"至巴丘"之言与曹操的《气出倡·游君山》一诗，曹操曾到巴丘，并曾往游洞庭君山，应该说是不可移易的历史事实。

我之所以提及曹操《气出倡·游君山》一诗，一方面是以文证史，证明曹操自江陵浮江而下，确曾到过巴丘；一方面是以史证文，证明文学界尚未解决的曹操《气出倡·游君山》一诗，究竟作于何时何地？是浪漫之作还是也有现实性？

由上所述，可知曹操大军自江陵浮江而下，经过巴陵，鼓行夏口，实在是无可否认。

但如何解释《英雄记》所记汉水的一支军队呢？

从《三国志》来看，汉水是有一支军队的。

《徐晃传》云："又与满宠讨关羽于汉津。"《文聘传》云："太祖先定荆州，江夏与吴接，民心不安，乃以聘为江夏太守，使典北兵，委以边事。"据此，汉水曹军只能是徐晃、满宠、文聘的"北兵"。这是一支策应长江主力军的军队。

由此可以解释《英雄记》所说汉水曹军何以"无船"，而作"竹簰"以载军卒。徐晃等所率北兵为步兵，有船代步当然好，可是没有船了。《关羽传》说刘备"别遣羽乘船数百艘会江陵"，汉水船只已归关羽，徐晃等所部只好作竹簰从汉水而下了。

《英雄记》先说"周瑜镇江夏"，后说这支军队"乘簰从汉水下，住浦口"。可知当这支军队来到沔口之前，周瑜的军队已至夏口，与刘备、刘琦的军队会合。

汉水这支军队，在曹操的长江大军尚未到达夏口之前，所乘竹簰已遭周瑜用火烧毁，渡江失败。要知孙刘联军既在夏口，这支来自汉水的曹军，形成了对联军的正面威胁，非先打掉不可。

曹军主力在长江，支军在汉水，《三国志》所记不是不明。如果附会《英雄记》，说汉水曹军即曹军主力，由江陵斜趋汉津而来，否定经巴丘之说，那么，曹军八十万或二十三四万也就太可悲了，这么多人连一只船也没有，而要以竹簰当船，后面乌林之役，火烧战船也就不可理解。曹操一下子怎么又有了那样多的船呢？

三、借问赤壁何处是

据上所说周瑜与刘备、刘琦会师于夏口，长江曹军曾过巴丘，则赤壁之战的赤壁应在巴丘到夏口之间，即在今湖南岳阳市到今湖北武汉市之间。

最早提及赤壁、乌林所在地的文献，是晋人盛弘之的《荆州记》。现在看不到全书，但有一段话很珍贵。这段话见于《六臣注文选》卷三十谢灵运《拟魏太子邺中集八首·应场》一首"乌林预艰阻"的注文中。注文云：

> 盛弘之《荆州记》曰：薄沂（蒲圻）县沿江一百里，南岸名赤壁。周瑜、黄盖此乘大舰，上破魏武兵于乌林。乌林、赤壁，其东西一百六十里。

"沿"，《说文》有云："沿，缘水而下也。"又《禹贡》云"沿于江海"，《传》云"顺流而下曰沿"。

则《荆州记》所谓"薄沂县沿江一百里，南岸名赤壁"，是说赤壁在蒲圻县长江下游一百里之地，当长江南岸。

"周瑜、黄盖比乘大舰，上破魏武兵于乌林"，是说周瑜、黄盖乘大舰，从赤壁溯江而上，破曹兵于乌林。故云"上破"。"乌林、赤壁，其东西一百六十里"，则清楚指明了赤壁在东，即在下游；乌林在西，即在上游。两地相距为一百六十里之遥，非隔江相对，更非一个地方。

赤壁距上游蒲圻县一百里，距上游乌林一百六十里，表明乌林在蒲圻县治以南六十里之地。此与《水经注》所记相吻合。

卢弼《三国志集解·武帝纪》谓盛弘之《荆州记》赤壁之说，为《元和郡县图志》"赤壁山在蒲圻县西一百二十里"所本，此说有误。

《元和郡县图志》"江南道鄂州蒲圻县"条云：

> 赤壁山，在县西一百二十里，北临大江，其北岸即乌林，与赤壁相对，即周瑜用黄盖策，焚曹公舟船败走处。

《荆州记》说的是由蒲圻县沿江而下一百里的南岸地方，为赤壁所在地，而这里说的是蒲圻县西一百二十里为赤壁。此一不同。

《荆州记》说的是赤壁与乌林东西相距一百六十里，而这里说的是乌林与赤壁相对。此二不同。

《荆州记》说的是周瑜、黄盖自赤壁乘船"上破魏武兵于乌林"，而这里是到对岸去烧船，无"上破"二字。此三不同。

可知《元和郡县图志》赤壁之说，非本自《荆州记》。

或谓《元和郡县图志》之说本于《后汉书·刘表传》武则天之子章怀太子李贤注。但李贤只说"赤壁，山名也，在今鄂州蒲圻县"。未涉及乌林，亦未指明赤壁在蒲圻县何处。我疑李贤蒲圻赤壁之说来自盛弘之，只是未说明赤壁在蒲圻县沿江而下百里之地而已。

《后汉书·郡国志》无蒲圻县。蒲圻县为孙权分江夏郡的沙羡县而立。蒲圻赤壁，在汉献帝建安年间，在赤壁之役时期实为沙羡赤壁。

与盛弘之《荆州记》的赤壁唯一相合的，是《水经注》的赤壁。何以见得？

其一，前文说《荆州记》中的乌林在蒲圻县南六十里，而《水经注》先记江水流经"乌林南"，并云"吴黄盖败魏武于乌林，即是处也"；后记江水流经蒲圻洲头的蒲圻县治。则乌林在蒲圻县南。此一相合。

其二,《荆州记》中的赤壁在蒲圻县北一百里的南岸,与乌林为二地,非隔江相望。《水经注》先记江水流经蒲圻县,后记"江水左迳百人山南,右迳赤壁山北"。则赤壁山也在蒲圻县以北,与乌林为二地,非隔江相对。此二相合。此一相合引致了"上破魏武兵于乌林"的相合。

其三,《荆州记》记赤壁与乌林相距一百六十里。前人如卢弼在《三国志集解·武帝纪》中,曾谓《水经注》中赤壁,与乌林"相去凡二百里"。我们知道,江水自蒲圻县到《水经注》的赤壁一段,有两个较大的弯曲。江流几经迁徙,由晋时盛弘之所记一百六十里衍为《水经注》的二百里,是完全有可能的。此三相合。

然则,《荆州记》中的赤壁与《水经注》中的赤壁,实为一赤壁。

建安中无蒲圻县,此一赤壁即沙羡赤壁,在沙羡县治夏口西南九十里之地。

现在要辨明的,是《水经注》的赤壁可信,还是《元和郡县图志》的赤壁可信?

按《周瑜传》记孙权"遣瑜及程普等与备并力逆曹公,遇于赤壁。时曹公军众已有疾病,初一交战,公军败退,引次江北。瑜等在南岸",这本来很清楚,因为赤壁在南岸,周瑜等也在南岸,所以,曹操在赤壁战败后,"引次江北"。赤壁在江北论者,对《三国志》这段话无论作何解释,都是不能令人满意的。

"败退"加上"引次",则说明乌林绝非与赤壁隔岸相对。打败后,泊于对岸,并未退出战斗,也不叫"退引"。退引或引退,是向赤壁上游退却。退到哪里去呢?乌林。此地在大江北岸,故云"引次江北"。

或谓后退二百里之遥为溃败。以曹操而论,当不至于此。因而认定乌林必在赤壁对岸。

人们似乎忘记了当时传染病已在曹军中流行,曹操已有"烧船自退"之想。下举三条史料以见当时曹军疫情的发展。

其一,《郭嘉传》说:"后太祖征荆州还,于巴丘遇疾疫,烧船。叹曰：'郭奉孝在，不使孤至此。'"

其二，《武帝纪》说："公至赤壁，与备战，不利。于是大疫，吏士多死者，乃引军还。"请注意"大疫"二字。

其三，《周瑜传》注引《江表传》载曹操与孙权书说："赤壁之役，值有疾病，孤烧船自退，横使周瑜虚获此名。"

曹军浮江至巴丘已经"遇疾疫"，疫即传染病。到赤壁，与孙刘联军交战不利，转为"大疫"。赤壁大疫，吏士多死，形势险恶。稍微有一点军事头脑的人已知此仗绝不能再打下去了。如将船只泊于对岸，并未脱离战场，只能继续挨打，直至全军毁于大疫与兵刃。揆情审势，曹军必须向长江上游撤退，退得越远越好。以未脱出战斗，烧船自退。怎么能说曹操不可能后退二百里呢？怎么能说"于是大疫"的曹军，顽固地不肯认输，败后仅得船只驶往对岸，犹图一逞呢？

只有不懂军事常识而又顽固透顶的袁绍，明知在官渡不能持久，还要硬撑下去。大疫既在曹军中发生，难道曹操连袁绍也不如，非要在对岸与孙刘联军打到全军覆灭不可吗？那曹操还能算什么军事家？还注什么兵法？

卢弼在《三国志集解·武帝纪》中，尚曾从军队的部署说明赤壁与乌林相去二百里，并无令人质疑之处。他说《水经注》的赤壁与乌林"相去几二百里，遂疑其自相矛盾"。

余以为此不必疑也。盖操以水陆军沿江而下，声言八十万，据《周瑜传注》，实有二十三四万众，以二十三四万众，夫岂一二山林所能容？且《水经注》言，赤壁之下有大军山、小军山，又其下有黄军浦，《水经注》亦言是黄盖屯军所。夫吴以三万人拒曹，其屯兵已及百里（自赤壁山至黄军浦）。盖赤壁为操前锋所及，乌林为操后军所止。……是《水经注》所据于当时军势至合。

曹军部署倒不一定如卢弼所言后军在乌林。但要知舳舻千艘，掉头至乌林并不困难。何溃败之有乎？

乌林烧船，史有明文。唯《郭嘉传》说曹操还于巴丘，烧船而去。我疑曹军船只在乌林之役时，虽然被烧，但大多数船只必继续向巴丘退走。以黄盖"轻利舰十舫"，岂足以烧毁曹军"蒙冲斗舰，乃以千数"？"孤烧船自退"之言，是可取信的。

现在，再来分析王粲《英雄记》中的话。

《艺文类聚·火部》与《太平御览·筏部》所引《英雄记》，基本相同。今取《艺文类聚》，参以《太平御览》所引，录之如下。

> 《英雄记》曰：周瑜镇江夏，曹操欲从赤壁渡江南（《太平御览》作"曹操进军至江上，欲从赤壁渡江"），无舡，乘簰从汉水下，住浦口（《太平御览》作"无舡，作竹簰使部曲乘之，从汉水来下，出大江，注浦口"），未即渡。瑜夜密使轻舡走舸百所艘，艘有五十人移棹，人持炬火，火燃则回舡走去，去复还烧者。须臾烧数千簰，火大起，光上照天，操夜去。（《太平御览》作"未即渡，周瑜又夜密使轻船走舸百艘烧簰，操乃夜走"。）

由"周瑜镇江夏，曹操进军至江上"，可知周瑜到夏口，镇江夏，在曹军至江上之前。

对"欲从赤壁渡江南"或"欲从赤壁渡江"，有文章认为这是赤壁在江北之证。其实不然。

《南史》与《梁书·侯景传》，记侯景自江北渡江南，均作"乃自采石济"。考《广韵》《集韵》《韵会》与《正韵》等韵书，咸云"济"者"渡也"。"乃自采石济"，即"乃自采石渡"，或"乃从采石渡江南"。而采石在长江南岸。以此，不能将"欲从赤壁渡江南"或"欲从赤壁渡江"，解作欲从江北的赤壁渡到江南去。

渡江作战，都是选择对岸某一点，作为突破口，以登上对岸。自采石济，从赤壁渡，意义相同，即选择对岸的采石、赤壁为突破口，发动渡江作战。这非如一般语法自某地到某地之意。

"乘簰从汉水下，住浦口"，或"作竹簰使部曲乘之，从汉水来下，出大江，住浦口"，准备在赤壁上岸之语，则清晰地反映出此浦口距汉水之口（沔口）不远，距赤壁也不远。

据文意，从汉水而下，出大江，即出沔口，到了大江中。而与沔口相对的夏口城，当时已为孙刘联军所据。故这支军队一出沔口，即折入浦口。可问题又来了，是溯江流右折，还是顺江流左折呢？这关系到赤壁的位置。

上文说到沔口对岸的夏口城为孙刘联军总部所在地，曹军已至巴丘，赤壁只能在夏口与巴丘之间。夏口以东为孙权势力范围。这支曹军既欲自赤壁渡江南，竹簰出了沔口之后，只能是右折，即折向长江上游。

未即渡江，而遭周瑜火攻之言，一则表明此浦口离赤壁甚近，二则表明此浦口离夏口也非遥。不然，何以从此浦口登上南岸的赤壁之地？进驻夏口的周瑜，又何从以迅雷不及掩耳之势，用轻船走舸乘夜偷袭，烧尽泊于此浦口的敌簰？

自汉水下来驻于浦口的支军，实含有与曹军长江主力相会合，登上南岸赤壁之地，分水陆两路，鼓行夏口，歼灭夏口孙刘军队主力之意。但未料先期即失败。

《英雄记》中的"浦口"，距沔口（对岸为夏口城）与赤壁既然都不远，则《英雄记》中的赤壁，唯《水经注》的赤壁即今武昌县南九十里的赤壁，才可以当之。

明乎此，可以论《英雄记》中浦口位置的所在地了。

《水经注》在记江水"左迳百人山南，右迳赤壁山北"后，又记"江水东迳大军山南，山东有山，屯夏浦江水左迤也"。又记"江水又东迳小军山南，临侧江津，东有小军浦"。而后记江水"又东北至江夏沙羡县西北，沔水从北来注之"。

据此，《英雄记》中的浦口，即使非大军山之东江水左迤的夏浦，也必是小军山之东的小军浦。

再说蒲圻赤壁。

《元和郡县图志》中的蒲圻赤壁与《英雄记》中的赤壁不合，因为《英雄记》所记汉水支军的竹簰，绝对上溯不到蒲圻县乌林对岸去。

《元和郡县图志》中的蒲圻赤壁，与《荆州记》中的赤壁也不合，因为《荆州记》中的赤壁在蒲圻县北一百里之地，而《元和郡县图志》中的赤壁在蒲圻县西。

很明显，《元和郡县图志》是先取北岸的乌林，而后在乌林对岸取某山名为赤壁山。

《英雄记》《荆州记》《水经注》三书中的赤壁，实为一地。历史上的真赤壁所在位置，舍《水经注》所记，还有哪一个赤壁可以承当呢？

《水经注》中赤壁的真实性，前人已有所认识。宋李壁诗云："赤壁危矶几度过，沙羡江上郁嵯峨。今人误信黄州是，犹赖《水经》能正讹。"《三国志集解·武帝纪》云："是《水经注》所据于当时军势至合。"著名的历史地理专家谭其骧先生主编的《中国历史地图集》中所绘吴荆州图中的赤壁，距夏口近，距蒲圻与乌林远，所据亦为《水经注》[①]。只是他们都未详细论证罢了。下以二语结束本文。

欲问赤壁在何方，武昌县南郁苍苍。

（原载四川大学历史系编《冰茧彩丝集——纪念缪钺教授九十寿辰暨从教七十年论文集》，成都出版社，1994年，有改动）

---

① 谭其骧主编：《中国历史地图集·第三册》，中国地图出版社，1982年，第28—29页。

曹操《短歌行·对酒》新解

　　曹操的《短歌行·对酒》是建安元年（196年）在许都接待宾客时，主人与宾客在宴会上的酬唱之辞，并非曹操一人所写。此诗八句一组，第一个八句从"对酒当歌，人生几何"到"何以解忧，唯有杜康"，是宾客的唱辞，唱出了宾客的忧思之情。第二个八句从"青青子衿，悠悠我心"到"我有嘉宾，鼓瑟吹笙"，是曹操的答辞。在"但为君故，沉吟至今"中，曹操把自己思贤若渴的心情唱了出来。第三个八句从"明明如月，何时可掇"，到"契阔谈宴，心念旧恩"，又是宾客的唱辞。"越陌度阡，枉用相存"，是宾客自言来到许都，承蒙曹操错爱。第四个八句从"月明星稀，乌鹊南飞"到"周公吐哺，天下归心"，又是曹操的答辞。"绕树三匝，何枝可依"，是说宾客们到处避难，哪里找到过可以依靠的人呢？"山不厌高，海不厌深，周公吐哺，天下归心"，说的是周公，实际是曹操自比：你们都到我这里来吧，我从不厌人才之多，只有我才是你们可信赖的依靠者。"天下归心"寄托了曹操的胸怀。如此一解释，此诗便豁然贯通。

　　[原载《安徽师大学报（哲学社会科学版）》1987年第2期，系《文史哲》1987年第1期《研究问题要注意事物之间的联系》一文的摘录，后扩充论证为《解开千年之谜〈短歌行·对酒当歌〉》一文，有改动]

解开千年之谜《短歌行·对酒当歌》

一、《短歌行·对酒当歌》之谜

读曹操的《短歌行》"对酒当歌"一章，首先会碰到一个问题，何者才是原作？《乐府诗集》卷三十《相和歌辞五》所记本辞与晋乐所奏是不同的。晋乐所奏歌辞见于《宋书》卷二十一《乐志三》，本辞见于梁昭明太子《文选》。而《文选》本辞又有唐李善注六十卷本与唐六臣注三十卷本的不同。记载最完整的是《文选》唐六臣注三十卷本，全辞是：

> 对酒当歌，人生几何，譬如朝露，去日苦多。慨当以慷，忧思难忘，何以解忧，唯有杜康。青青子衿，悠悠我心，但为君故，沉吟至今。呦呦鹿鸣，食野之苹，我有嘉宾，鼓瑟吹笙。明明如月，何时可掇，忧从中来，不可断绝。越陌度阡，枉用相存，契阔谈宴，心念旧恩。月明星稀，乌鹊南飞，绕树三匝，何枝可依？山不厌高，海不厌深，周公吐哺，天下归心。

唐李善注本《文选》，缺"但为君故，沉吟至今"二语。这在六臣注本《文选》中已有说明（六臣注本在"但为君故，沉吟至今"下注有"善本无此二句"）。《乐府诗集》所记本辞，与李善注本《文选》相同，也缺了"但为君故，沉吟至今"二语。那么，是李善注本正确还是六臣注本正确呢？

按《六臣注文选》所载吕延祚进五臣（不包括吕延祚）集注《文选》表说道："臣览古集，至梁昭明太子所撰《文选》三十卷，阅玩未已。""往有李善，时谓宿儒，推而传之，成六十卷。"可是这六十卷，"使复精核注引，则陷于末学；质访指趣，则岿然旧文。只谓搅心，胡为析理"？他"惩其若是，志为训释"。遂求得吕延济、刘良、张铣、吕向、李周翰等五人重新作注，并恢复为三十卷。六臣注本《文选》三十卷，是梁昭明太子《文选》三十卷的原本。所记《短歌行》"但为君故，沉吟至今"二语，晋乐所奏也是有的。而李善注本《文选》卷数有更动，所记《短歌行》缺"但为君故，沉吟至今"二语，绝非原辞如此。

晋乐所奏《短歌行》的歌辞是：

对酒当歌，人生几何，譬如朝露，去日苦多。慨当以慷，忧思难忘，以何解忧，唯有杜康。青青子衿，悠悠我心，但为君故，沉吟至今。明明如月，何时可掇，忧从中来，不可断绝。呦呦鹿鸣，食野之苹，我有嘉宾，鼓瑟吹笙。山不厌高，海不厌深，周公吐哺，天下归心。

《乐府诗集·相和歌辞五》记载此辞有一个注："'以何解忧'，下一曲本辞作'何以解忧'。此或为乐人所改。"又清陈沆《诗比兴笺》卷一说："《文选》'明明如月'一解在'呦呦鹿鸣'之下，文意颇阂，今依《宋书·乐志》更正。"而《宋书·乐志》所记，即晋乐所奏《短歌行》。晋乐所奏把"明明如月"一解放到了"呦呦鹿鸣"之上。陈沆以为这样的文意才无隔阂。可这只能表明陈沆不懂得《短歌行》，晋乐所奏不仅辞有更改，句有颠倒，而且删去了"越陌度阡"与"月明星稀"等八句。《短歌行》在晋乐中失去了原貌，不可误以为是本辞。

至于唐欧阳询《艺文类聚》所载《短歌行》，就更不能相信了。明谢榛《四溟诗话》卷一写道：

> 及观《艺文类聚》所载魏武帝《短歌行》曰："对酒当歌，人生几何，譬如朝露，去日苦多。明明如月，何时可掇？忧从中来，不可断绝。月明星稀，乌鹊南飞，绕树三匝，无枝可依？山不在高，水不在深，周公吐哺，天下归心。"欧阳询去其半，尤为简当，意贯而语足也。

由于自己解释不了而大删原辞，削去一半；由于自己不懂而说这种删削使原辞"简当，意贯而语足"，真可谓强不知以为知，以不通代其通。

根据上述，可知只有《六臣注文选》所载《短歌行》是原辞。下面再说唐朝以来，人们对《短歌行》原辞的解释。

可以这样说，所有的解释不是望文生义、捕风捉影，便是责怪歌辞意不连贯，欣赏前人的删削倒置。

一是"当及时为乐"说。

这可以唐吴兢、清沈德潜的说法为代表。吴兢在《乐府古题要解》卷上谈《短歌行》时说："右魏武帝'对酒当歌，人生几何'，晋陆士衡'置酒高堂，悲歌临觞'，皆言当及时为乐。"沈德潜在《古诗源》卷五谈《短歌行》时说："言当及时为乐也。"这种说法，清人已有驳斥。张玉谷《古诗赏析》卷八论及《短歌行》，认为这是"叹流光易逝，欲得贤才以早建王业之诗"，批评吴兢"《解题》谓'当及时行乐'何其掉以轻心"！其实我们只要读一读曹操的其他诗篇，就知"当及时行乐"之说不能成立。

曹操在《步出夏门行》四解中，不是写过"老骥伏枥，志在千里，烈士暮年，壮心不已"吗？在《秋胡行》第二首中，不是写过"不戚年往，世忧不治"吗？这与所谓"当及时为乐"的思想、心情，不是大相径庭吗？然则，吴兢所用来证明"言当及时为乐"的语句"对酒当歌，人生几何"，又当作何解释呢？它与"烈士暮年，壮心不已""不戚年往，世忧不治"，是极不协调的。惜乎无人注意过。

二是"横槊赋诗"说。

"横槊赋诗"，较之于"当及时为乐"，感情不可同日而语。但出于文人想象，并非历史事实。

"横槊"二字，最初见于萧子显《南齐书》卷二十八《桓荣祖传》。此传记桓荣祖的话说："昔曹操、曹丕上马横槊，下马谈论，此于天下可不负饮食矣。"这里没有"赋诗"二字。第一个把"横槊"与"赋诗"联结起来的人，是唐朝的诗人元稹。《元氏长庆集》卷五十六《唐故工部员外郎杜君墓系铭并序》说：

> 建安之后，天下文士遭罹兵战。曹氏父子鞍马间为文，往往横槊赋诗，故其抑扬冤哀存离之作，尤极于古。

从此，"横槊赋诗"四字不胫而走。

影响最大的是宋人苏轼的《前赤壁赋》。元稹虽然讲了"横槊赋诗"，但未讲赋的是何诗，且主语是曹操与曹丕二人。到《前赤壁赋》中，变成了赋《短歌行·对酒当歌》，主语是曹操一人。且有时间：赤壁之战前夕。其言云：

> "月明星稀，乌鹊南飞"，此非曹孟德之诗乎？西望夏口，东望武昌，山川相缪，郁乎苍苍，此非孟德之困于周郎者乎？方其破荆州，下江陵，顺流而东也，舳舻千里，旌旗蔽空，酾酒临江，横槊赋诗，固一世之雄也，而今安在哉？

从此，曹操在赤壁之战的前夜，摆酒于长江战船之上，横槊而赋《短歌行·对酒当歌》，成了一段历史的佳话。可苏轼这段话是借客人之口说的，且用了几个问号，是一个不确定的说法。

据上所述，可知"横槊赋诗"之说有一个演化的过程。即由曹操父子上马横槊，下马谈论，演化为曹操父子横槊赋诗，再演化为赤壁之战的前夜，曹操酾酒临江，横槊而赋《短歌行》。这本来是不可信的，可今日凡写赤壁之战的文学艺术作品，几乎普遍采用了这种富有传奇色彩的说法。

三是"意多不贯"说。

认为曹操《短歌行·对酒当歌》意多不贯或不连贯的人，历来不少。明谢榛《四溟诗话》卷一引刘才甫的话说："魏武《短歌行》意多不贯，当作七解可也。"谢榛自己也说："'沉吟至今'，可接'明明如月'，何必《小雅》哉？"（指"鹿鸣"四句）他非常欣赏欧阳询《艺文类聚》所载歌辞削去其半。刘才甫、谢榛未去追寻"意多不贯"的原因，清吴淇《六朝选诗定论》卷五《短歌行》却去追寻了。吴淇说："盖一厢口中饮酒，一厢耳中听歌，一厢心中凭空作想，想出这曲曲折折，絮絮叨叨，若连贯，若不连贯，纯是一片怜才意思。"他想得很美，可这只是吴淇之想，不是曹操之想。谢榛说"何必《小雅》"，同为明朝人的钟惺、谭元春在《古诗归》中却说："'青青子衿'二句，'呦呦鹿鸣'四句，全写《三百篇》，而毕竟一毫不似，其妙难言。"他们穿行在迷雾之中，路，他们之中哪一个人也没有找到。

比较一下前人为了使《短歌行》歌辞意思连贯，从而删去的语句，是很有意思的。晋乐所奏删去的是："越陌度阡，枉用相存，契阔谈宴，心念旧恩。月明星稀，乌鹊南飞，绕树三匝，何枝可依？"欧阳询《艺文类聚》删去的是："慨当以慷，忧思难忘，何以解忧，唯有杜康。青青子衿，悠悠我心，但为君故，沉吟至今。呦呦鹿鸣，食野之苹，我有嘉宾，鼓瑟吹笙。"还有"越陌度阡，枉用相存，契阔谈宴，心念旧恩。"两者都删去了"越陌度阡"四句。晋乐所奏未删《诗经》原诗，《艺文类聚》则将所引《诗经》原诗全部删除。为什么它们都要删去"越陌度阡"四句呢？只有一个解释，即这四句特别难解。既然是曹操的话，那就要问："越陌度阡"，曹操要到哪里去呢？"枉用相存"，曹操承蒙谁的错爱呢？这谁也回答不了。《艺文类聚》所以要删去《诗经》原诗，可用谢榛的话"何必《小雅》"来答复。

由此看来，从前没有人把曹操的《短歌行·对酒当歌》解释清楚，此辞成了一个千年之谜。

二、春秋宴会上宾主的唱和，汉乐府《短歌行》为何乐

往年在清华大学研究院听陈寅恪先生讲课，他的文史相发明的方法极大地感染了我，影响了我。陈先生的方法，体现在《元白诗笺证稿》一书中。很早，我便想运用陈先生文史相发明之法，重新研究并解释曹操的诗歌，而首先要解释清楚的便是《短歌行·对酒当歌》一首。因为这首诗的疑点太多，是千年未解之谜。我曾怀疑此诗是不是宴会时宾主相互酬唱之辞，但时间、地点不能确定，要证实也就难了。近年研究曹操，了解到建安元年（196年），曹操曾在许都招贤，宴会频繁，联系春秋以来燕飨宾客要相互唱诗，再读《短歌行》使我豁然通解：此诗三十二句，八句一组，第一组和第三组两个八句是宾客的唱辞；第二组和第四组两个八句是曹操的答辞。产生的时间即在建安元年，产生的地点即在作为新都的颍川郡的许县。简言之，即在建安元年许都接待来宾的宴会之上。第三部分将对此诗作出详细的解释。这里需要将春秋以来宴会宾客时，宾主唱诗的习俗及汉朝《短歌行》的性质，作一个说明。

按《周礼·大宗伯》说大宗伯有一个职责："以飨燕之礼亲四方之宾客。"《仪礼·燕礼》说到燕飨之乐："工歌《鹿鸣》《四牡》《皇皇者华》。笙入奏《南陔》《白华》《华黍》。乃间歌《鱼丽》，笙《由庚》；歌《南有嘉鱼》，笙《崇丘》；歌《南山有台》，笙《由仪》。遂歌乡乐：《周南》《关雎》……《采蘋》。"由此可见，西周之时，燕飨宾客便要唱诗。所唱为已有的诗歌篇章，唱的人为"工"，即乐工。另有"笙人"奏乐。乐工所歌《鹿鸣》有"鼓瑟吹笙"之句。笙人即吹笙之人。

西周燕飨宾客要唱诗的礼仪风俗，后世继承下来，但有变化。春秋时燕飨宾客，不是由乐工唱诗了，而是宾主互相酬唱，以表达心愿与要求。所唱的诗，间或有自己的创作。唱诗在《春秋左氏传》中名之为"赋"。此所谓"赋"有两个意思："或造篇，或诵古。"（郑玄语）"造篇"就是创

作，"诵古"就是引用原有的诗章。造篇或诵古都是为了表达双方的思想感情与要求。

《春秋左传注》隐公三年"卫人所为赋《硕人》也"句下注云："此'赋'字及隐元年传之'公入而赋'，'姜出而赋'，闵二年传之'许穆夫人赋《载驰》'，'郑人为之赋《清人》'，文六年传之'国人哀之，为之赋《黄鸟》'，皆创作之义。"概括得很清晰。可注意到的是这种创作或"造篇"，也有相互唱和的。隐公元年的"公入而赋：'大隧之中，其乐也融融。'姜出而赋：'大隧之外，其乐也泄泄。'"便是一个实例。创作诗章，互相酬唱，春秋人已开其端。

属于引用已有诗章，互相酬唱的，例子则很多。这大都是在宴会上所唱，先唱的可以是主人，也可以是被燕飨的宾客。取义可以是全篇，也可以是篇中的几句话（断章取义）。举例如下：

宾客先唱，主人后答的，如《左传》僖公二十三年记秦穆公宴请晋公子重耳：

> 公子赋《河水》。（杜注："《河水》，逸诗，义取河水朝宗于海，海喻秦。"）公赋《六月》。（《国语·晋语四》韦注："此言重耳为君，必霸诸侯，以匡佐天子。"）

客人重耳先赋，主人秦穆公后赋。赋以意尽而止。重耳、秦穆公各赋一次，便已尽意，故无须再赋。客人先表示向慕之情，主人反过来称赞客人。

又如《左传》文公十三年记郑穆公与鲁文公宴于棐，用郑子家与鲁季文子的互唱诗，表达了郑欲援引晋国，希望鲁国为郑奔走撮合，鲁先拒后允之意。传云：

> 子家赋《鸿雁》，季文子曰："寡君未免于此。"文子赋《四月》。（顾炎武《补正》谓取《四月》"乱离瘼矣""维以告哀"之意以拒之。

此即断章取义。）子家赋《载驰》之四章，文子赋《采薇》之四章。（义取"岂敢定居"，允许为郑国奔走，再到晋国去，为之谋成。）郑伯拜，公答拜。

这里，第一次酬唱，鲁国未答应，意犹未尽，因而有第二次酬唱，鲁国终于答应为郑奔走。第二次酬唱不是第一次酬唱的重复，而是发展。唱者不是郑君与鲁君，而是他们的代表子家与季文子。但像重耳和秦穆公所赋，是不能用代表的。

主人先唱，宾客后唱的，如《左传》襄公二十六年所记：

齐侯、郑伯为卫侯故如晋，晋侯兼享之。晋侯赋《嘉乐》。国景子相齐侯，赋《蓼萧》（取"既见君子，孔燕岂弟，宜兄宜弟"诸句之意）。子展相郑伯，赋《缁衣》（取"适子之馆兮，还，予授子之粲兮"诸句之意）。叔向命晋侯拜二君，曰："寡君敢拜齐君之安我先君之宗祧也，敢拜郑君之不二也。"（故意误会其意，不欲释放卫侯。）……国子赋《辔之柔矣》，（杜注："逸诗，见《周书》，义取宽政以安诸侯，若柔辔之御刚马。"）子展赋《将仲子兮》，（杜注："义取众言可畏。"）晋侯乃许归卫侯。

晋侯先赋《嘉乐》，含有迎宾之意。但从上述重耳、秦穆公酬唱之例，客人先赋对主人之国的仰慕，可知燕飨宾客，并非都是主人先唱迎宾之辞。晋侯是自赋，宾客齐、郑二君则由相代赋。晋侯只赋一次，齐、郑二国之相则赋了两次。这又是一种赋法。

又如《左传》昭公元年记晋赵孟、鲁叔孙豹、曹大夫至郑国，郑简公"兼享之"，有云：

赵孟为客，礼终乃宴。穆叔赋《鹊巢》，赵孟曰："武不堪也。"又赋《采蘩》，曰："小国为蘩，大国省穑而用之，其何实非命？"（这是自赋自解）子皮赋《野有死麕》之卒章。（杜注："喻赵孟以义抚诸侯，无以非礼相加陵。"）赵孟赋《常棣》，（杜注："取其凡令之人莫如兄弟，言欲亲兄弟之国。"）且曰："吾兄弟比以安，尨也可使无吠。"穆叔、子皮及曹大夫兴，拜，举兕爵曰："小国赖子，知免于戾矣。"饮酒乐，赵孟出，曰："吾不复此矣。"

此例表明与宴的人可以彼此相赋相语，无一定的程式。

宴会中有没有宾客唱了，主人不答唱，或者主人唱了，宾客不答唱的呢？按燕礼，不答唱是没有的。《左传》有一个不答唱的例子，文公四年，记"卫宁武子来聘，公与之宴，为赋《湛露》及《彤弓》，不辞又不答赋"。宁武子之所以不辞又不答赋，是因为《湛露》为"天子燕诸侯"诗，《彤弓》谓"天子赐有功诸侯"以彤弓，二者均为"天子之乐"。鲁文公赋此二诗是非礼，宁武子不能答赋，这只可说是一个特殊的例子，通常宴会无不是宾主互相唱酬。

据上所述，可以了解自春秋以来，宾主在宴会上相互赋诗，或自创（造篇），或引用已有的诗章（诵古），表达自己的心意，是燕礼中一个必不可少的组成部分，或者说，一个中心内容。一人独唱是不存在的，双方都不唱也是不存在的，因为不合燕飨之礼。宴饮宾客要唱诗，最早可以在西周的燕礼中找到。但西周是由乐工在宴会上唱诗，且有一定的程式。这种宴乐不太可能把宾主双方的意愿唱出来。到春秋时代，乐工唱诗遂为宾主之间的互相唱酬所代替。

汉朝以后，宴会宾客仍然要唱诗，不过又有变化。自汉武帝创置乐府，所唱的诗主要不是《诗经》的篇章，而是乐府的歌辞了。但引用《诗经》的篇章并未绝迹。《乐府诗集》卷十三《燕射歌辞一》说道："晋荀勖以《鹿鸣》燕嘉宾……荀讯《鹿鸣》之失，似悟昔缪，还制四篇，复袭前轨，亦未为得也。终宋、齐已来，相承用之。""以《鹿鸣》燕嘉宾"，是西周以来的旧俗，汉以后一直沿用下来。但它是"诵古"，完全承袭《诗经》，很难表达后世人们的思想感情，因而不能不让位于乐府诗歌。

汉乐府《短歌行》便是宴乐。《短歌行》属于相和平调曲。《宋书》卷二十一《乐志三》说过："相和，汉旧曲也。"《乐府诗集》卷三十《相和歌辞五·平调曲一》引《古今乐录》又说过："王僧虔《大明三年宴乐技录》，平调有七曲：一曰《长歌行》，二曰《短歌行》……其器有笙、笛、筑、瑟、琴、筝、琵琶七种，歌弦六部。"这完全可以说明汉乐府相和平调曲《短歌行》为宴乐。作为宴乐，配有笙、瑟等七种乐器。

唱辞是不是袭用已有的乐府歌辞呢？不是的。自汉哀帝"罢乐府官"[①]，不再采诗夜诵，应用于宴会宾客的乐府歌辞，更多的是自制（"造篇"）。而因为燕飨宾客不是主人或宾客一人独唱，这种自制，是既有主人的歌辞，又有宾客的歌辞。如果无即席赋诗之才，大可事先一切准备就绪。宾主的歌辞合在一起，便成为一首完整的乐府诗流传下来。却不知这误了多少后世人，以为是一人独作。

生活于汉末的曹操，他的《短歌行·对酒当歌》，毫无疑问，是宴乐歌辞。因为第一，《短歌行》（相和平调曲）为宴乐，王僧虔已有著录；第二，歌辞中有"呦呦鹿鸣"之句，"以《鹿鸣》燕嘉宾"，自春秋历战国、秦、汉、魏、晋至宋、齐，一直承袭下来。这在《乐府诗集·燕射歌辞一》中已有说明。

清人王尧衢曾看出《短歌行·对酒当歌》为宴乐歌辞。他在《古唐诗合解》卷三中谈到《短歌行》时说："孟德于功业未建之日，当燕饮而作乐。"并说："此时宾朋宴集，而兴求友之思，有为之长思而沉吟至今者。如嘉宾在座，则鼓瑟吹笙以乐之。咏《鹿鸣》之诗，盖取乐宾之义耳。"他说此诗是"当燕饮而作""咏《鹿鸣》之诗，盖取乐宾之义"，是一个卓识。《诗经集传》卷四《小雅·鹿鸣》朱熹注云："此燕飨宾客之诗也。……故先王因其饮食集会而制为燕飨之礼，以通上下之情。而其乐章又以'鹿鸣'起兴，而言其礼意之厚如此。"朱熹且解释了诗中的"我"为"主人"，"宾"为"所燕之客"，"瑟、笙"为"燕礼所用之乐"。而瑟、

---

① [汉]班固撰，[唐]颜师古注：《汉书》卷二十二《礼乐志》，中华书局，1962年，第1073页。

笙正是相和平调曲《短歌行》所用的七种乐器中的两种。曹操咏《鹿鸣》之诗，恰可证明《短歌行·对酒当歌》是"当燕饮而作"。

遗憾的是，王尧衢仍旧认为《短歌行·对酒当歌》是曹操一人所作，一人独唱，因此得出了"以'明明如月'而恨不能拾取，遂忧之不忘，则其暗奸天位之心久矣"的错误论断。一方独唱，大乖燕礼，自春秋以来是不存在的。必宾主对答而后可以尽礼。曹操引用"青青子衿，悠悠我心"及《鹿鸣》之诗，正是春秋宴会之际，宾主互相引用《诗经》篇章酬唱的遗风，只不过把它作为配角，与他自己所创作的一起放到相和平调曲宴乐《短歌行》中去唱罢了。《短歌行·对酒当歌》记录的是宾客和曹操在宴会上酬唱的诗，自"青青子衿"到"鼓瑟吹笙"，是此诗中曹操所唱的第二个八句。他这种引用，正好把他唱的《短歌行》中的第二个八句，与宾客制、唱的第一、三两个八句区别开来。

三、《短歌行·对酒当歌》为建安元年许都招贤宴会上的宾主酬唱记录的歌辞

如果具体的历史背景不清楚，单以春秋以来宴会上宾主酬唱之俗，还不足以说明《短歌行·对酒当歌》是饮宴之时宾主酬唱之辞。我近年研究曹操，了解到曹操底下许多人物，都是曹操迎献帝到许县的那一年（建安元年，196年），在新都招贤，从四面八方特别是从汉末避难之地南方的荆、扬二州"越陌度阡"来到许都的。再读《短歌行·对酒当歌》，使我深信这首"当燕饮而作"的诗，是建安元年许都招贤的产物，是当年宴集宾客时，曹操与前来投奔的宾客互相酬唱之辞，而非曹操一人所咏。下面先说许都招贤，而后分析此诗。

《艺文类聚》卷五十二载有曹操的《陈损益表》，惜已不全，但从中可以看到他从建安元年迎献帝都许县起，便定下了"用贤任能""富国强兵"的方针。表文如下：

陛下即祚，复蒙试用，遂受上将（行车骑将军）之任，统领二州

（兖与司隶），内参机事（司空，录尚书事），实所不堪。昔韩非闵韩之削弱，不务富国强兵，用贤任能。臣以区区之质，而当钟鼎之任；以暗钝之才，而奉明明之政，顾恩念责，亦臣竭节投命之秋也。谨条遵奉旧训权时之宜十四事，奏如左。……

在这个《陈损益表》中，曹操借韩国的削弱在于"不务富国强兵，用贤任能"，把"富国强兵，用贤任能"当作了他的施政方针，并且提出了具体政策"十四事"。十四事虽已失传，但我们从他的方针与建安元年起所实行的政策中，犹可窥见他的具体方案。这里要谈的是建安初他在许都的"用贤任能"。

从《三国志》中可以看到，自建安元年任司空、录尚书事起，曹操便在许都招贤，放手选用贤能之士。这其实就是在推行他后来提出的"唯才是举"的政策。四方人士听到献帝都许，曹操于建安元年（196年）表征王朗，裴松之在注中引了孔融写给王朗的一封信，内中说：

主上（献帝）宽仁，贵德宥过。曹公辅政，思贤并立，策书屡下，殷勤款至。知棹舟浮海，息驾广陵，不意黄熊突出羽渊也。谈笑有期，勉行自爱！[1]

孔融所说"曹公辅政，思贤并立，策书屡下，殷勤款至"，反映了许都初建之际，曹操思贤如渴的心情与招贤之勤。《后汉书》卷八十下《祢衡传》对曹操在建安元年于许都招贤之举，作了一个概述：

是时，许都新建，贤士大夫四方来集。

这说得再明白不过了。建安元年许都新建之时，曹操下书征贤，四方

---

① ［晋］陈寿撰，［宋］裴松之注：《三国志》卷十三《王朗传》，中华书局，1959年，第408页。

士大夫云集新都，是一个不可移易的历史事实。

今据《三国志》，将建安元年投奔到许都来的人物列出，以证《后汉书·祢衡传》"贤士大夫四方来集"之言为不诬。

荀攸：《三国志》卷十本传记他是颍川颍阳人，汉末曾求为蜀郡太守，因为道路断绝，不能到成都，滞留在荆州。荀彧向曹操推荐，建安元年九月（此据《资治通鉴》），曹操写了一封信给他，信中说："方今天下大乱，智士劳心之时也，而顾观变蜀汉，不已久乎！"征他为汝南太守。未几用他做了军师，常为谋主。

郭嘉：《三国志》卷十四本传记他是颍川阳翟人，曾从袁绍，知袁绍不能成大事，遂离去。荀彧向曹操推荐，曹操与之谈论，以为使他成大业的，将为此人，"表为司空军祭酒"。《资治通鉴》记郭嘉为司空军祭酒，也在建安元年九月。

孔融、祢衡：《后汉书》卷七十《孔融传》记孔融为鲁国人，任青州北海郡太守有六年之久。刘备上表献帝，请以孔融为青州刺史。"及献帝都许，征融为将作大匠。"《资治通鉴》则说：建安元年，"曹操与融有旧，征为将作大匠。"《后汉书》卷八十下《祢衡传》说祢衡为青州平原般人，于"兴平中，避难荆州。建安初，来游许下"，孔融上表推荐他。《资治通鉴》将孔融、祢衡来奔，一同系之于建安元年。

陈群：《三国志》卷二十二本传记他是颍川许昌人。汉末，与父陈纪避难于徐州。由于荀彧的推荐，曹操用他做了司空西曹掾属。《后汉书》卷八十下《祢衡传》记祢衡来游许下，有人问他："盍从陈长文（陈群）、司马伯达（司马朗）乎？"则陈群来到许下的时间，也在建安元年，比祢衡来游许下还要早一些。

司马朗：《三国志》卷十五本传记他是河内温人，曹操"辟为司空掾属"。建安元年祢衡来游许下，既有人问他是否从陈群、司马朗，则司马朗被曹操辟为司空掾属，亦必在建安元年。

徐晃：《三国志》卷十七本传说他是河东杨人。建安元年十月，"太祖讨（杨）奉于梁，晃遂归太祖"。

曹操迎献帝都许，在建安元年八月。以上七人都可以肯定是建安元年八月至十二月间来到新都的。

荀悦：荀彧的从父兄。《三国志》卷十《荀彧传》注引张璠《汉纪》，说他在"建安初，为秘书监、侍中"。

杜袭：《三国志》卷二十三本传记他是颍川定陵人，汉末避乱荆州。"建安初，太祖迎天子都许，袭逃还乡里，太祖以为西鄂长。"《荀彧传》注引《彧别传》说到杜袭为荀彧所荐。

李通：《三国志》卷十八本传说他是江夏平春人，"以侠闻于江、汝之间"。"建安初，通举众诣太祖于许。拜通振威中郎将，屯汝南西界。"

刘馥：《三国志》卷十五本传说他是沛国相人，汉末避乱扬州。"建安初，说袁术将戚寄、秦翊，使率众与俱诣太祖。"

以上四人本传但言在"建安初"来到许都。按荀悦为荀彧的从父兄；杜袭于曹操迎献帝居许县，即逃还颍川，由荀彧推荐给曹操；李通、刘馥都是听到献帝都许，即来许都的。本传所谓"建安初"，必为建安元年无疑。

还有不少人本传但言曹操辟他们为司空掾属，未记征辟的年代。按曹操用郭嘉为司空军祭酒，《郭嘉传》未记年代，而郭嘉之来，实在建安元年。曹操辟陈群"为司空西曹掾属"，辟司马朗"为司空掾属"，本传均未记年代，而据《后汉书》卷八十下《祢衡传》，可知建安元年他们便已经来到许都。可以断言：本传所记被曹操辟为司空掾属的人物，在建安元年来到许都的，必为不少。这些人有徐奕（东莞人，汉末避乱江东）[①]、徐宣（广陵海西人）[②]、陈矫（广陵东阳人）[③]、卫觊（河东安邑人）[④]、何

[①] ［晋］陈寿撰，［宋］裴松之注：《三国志》卷十二《徐奕传》，中华书局，1959年，第377页。

[②] ［晋］陈寿撰，［宋］裴松之注：《三国志》卷二十二《徐宣传》，中华书局，1959年，第645页。

[③] ［晋］陈寿撰，［宋］裴松之注：《三国志》卷二十二《陈矫传》，中华书局，1959年，第642页。

[④] ［晋］陈寿撰，［宋］裴松之注：《三国志》卷二十一《卫觊传》，中华书局，1959年，第610页。

夔（陈郡阳夏人）①、凉茂（山阳昌邑人）②、国渊（乐安盖人）③、郑浑（河南开封人）④等。

以上从南方荆、扬二州及徐州之广陵来到新都的，有荀攸（滞留荆州）、杜袭（避乱荆州）、李通（江夏平春）、刘馥（避乱扬州）、戚寄、秦翊（二人为袁术将）、徐奕（避难江东）、郑浑（原投豫章华歆）、徐宣（广陵海西）与陈矫（广陵东阳）；

从豫州来到新都的，有郭嘉（颍川阳翟）、荀悦（颍川颍阴）与何夔（陈郡阳夏）；

从司隶来到新都的，有司马朗（河内温县）、徐晃（梁）与卫觊（河东安邑）；

从徐州来到新都的有陈群（避难于徐）；

从兖州来到新都的有凉茂（山阳昌邑）；

从青州来到新都的有孔融与祢衡；

从辽东来到新都的有国渊。

以南方荆、扬二州来人为最多。那是因为汉末长江中下游比较安定，为人们避难的主要地区。

这不正是《后汉书》卷八十下《祢衡传》所说："许都新建，贤士大夫四方来集"吗？

这些人来到许都，投奔曹操，曹操是要会见并宴请他们的。这是由传统的燕飨宾客之礼与曹操的招贤方针所决定。《祢衡传》曾经写到曹操在许都"大会宾客"，时即建安元年。按燕飨之礼，宾主都必须赋诗，何况

---

① ［晋］陈寿撰，［宋］裴松之注：《三国志》卷十二《何夔传》，中华书局，1959年，第378页。

② ［晋］陈寿撰，［宋］裴松之注：《三国志》卷十一《凉茂传》，中华书局，1959年，第338页。

③ ［晋］陈寿撰，［宋］裴松之注：《三国志》卷十一《国渊传》，中华书局，1959年，第339页。

④ ［晋］陈寿撰，［宋］裴松之注：《三国志》卷十六《郑浑传》，中华书局，1959年，第508页。

宾客是应曹操的招贤或征辟而来，需要在宴会上表达自己的应招心情；曹操的本意在延揽他们，也需要在宴会上表达自己的招纳贤才的怀抱。按燕飨之礼，一方独唱是不存在的。由此而有宴乐《短歌行·对酒当歌》，而歌辞又必为宾主互相酬唱或互赋之辞。

　　且先不谈此诗的组成。历来公认诗中为曹操所赋之句是，"青青子衿，悠悠我心，但为君故，沉吟至今。呦呦鹿鸣，食野之苹，我有嘉宾，鼓瑟吹笙"与"山不厌高，海不厌深，周公吐哺，天下归心"。前者正是"以《鹿鸣》燕嘉宾"，即取《鹿鸣》"乐宾之义"。"但为君故"的"君"字，指宴会上的宾客，曹操想他们来，是想得已久。"青青子衿"二句，是引《诗经·郑风·风雨》之句比喻宾客与自己。"青衿"，在来到新都之前，宾客还是无官之人。"我心"，在宾客尚留于四方之时，曹操的心已飞向他们。

　　我们再看"越陌度阡，枉用相存，契阔谈宴，心念旧恩"四句。这被晋乐所奏与《艺文类聚》删去的诗句，究竟是谁唱的呢？前面说过，如果说是曹操所唱，那就要问："越陌度阡"，曹操要到哪里去？"枉用相存"，曹操到了哪里？承蒙哪一个人错爱？"心念旧恩"，哪一个人对曹操有旧恩、旧谊或旧情？这些问题，从《短歌行·对酒当歌》产生以来，或者说近两千年来，从来也没有人解释过。读此诗遇到这四句也只是囫囵吞枣，打马过桥，不求甚解。晋乐所奏与《艺文类聚》之所以都要删掉这四句，也就是认为这四句为曹操所作，夹在诗中，意不连贯。但是不是真的不可解呢？非也。如果知道《短歌行·对酒当歌》是宴乐，是按照燕飨宾客之礼流传下来的宾主互相酬唱或互赋的歌辞，就会顿悟这四句的主语不是曹操，而是宾客。"越陌度阡"，是宾客们或者说宾客的代表，诉说旅途奔波，从"四方来集"于许都。"枉用相存"，是宾客们自说"越陌度阡"，来到新都之后，承蒙曹操的存问与错爱。"契阔谈宴，心念旧恩"，是宾客们自说死生契阔，置身于眼前的欢乐的宴会之中，能不想起昔日曹操对他们的情谊？这二语与前面曹操唱的"但为君故，沉吟至今"二语是相对应的。那么，能不能找出宾客中谁是曹操的旧相识呢？旧史当然不可能一一记述，但《后汉书》卷七十《孔融传》却曾明言孔融与曹操"有旧"。建安元年大会宾客即有孔融在座。这只是一个例子而已。

如此说来，"越陌度阡"四句为宾客所赋，便是铁定的了。须知这不仅符合宾客的身份，符合诗句的内容照应，而且符合春秋以来燕飨宾客的礼节。

这些诗句为谁所赋确定下来了，剩下的诗句为谁所赋，也就好确定了。

全诗三十二句，共四个八句。曹操所赋"青青子衿，悠悠我心，但为君故，沉吟至今，呦呦鹿鸣，食野之苹，我有嘉宾，鼓瑟吹笙"，恰好为第二个八句。宾客所赋"越陌度阡，枉用相存，契阔谈宴，心念旧恩"，为第三个八句的后四语。曹操所赋"山不厌高，海不厌深，周公吐哺，天下归心"，为第四个八句的后四语。这就可以作出判断：第一个八句为宾客所赋，第二个八句为曹操的答辞，第三个八句又是宾客所赋，第四个八句为曹操的第二次答辞。宾主一次酬唱，意犹未尽，因而有二次酬唱，春秋时期已有其例。

此诗第一个八句："对酒当歌，人生几何，譬如朝露，去日苦多。慨当以慷，忧思难忘，何以解忧，唯有杜康。"明白了这八句是宾客的唱辞（造篇），一个千百年来不可解决的矛盾便解决了。原来这几句带有灰色情绪的诗，并非写过"老骥伏枥，志在千里，烈士暮年，壮心不已"的曹操所作，而是来到新都的宾客们在宴会上抒发他们过去怀才不遇、颠沛流离的忧思心情。接着，曹操答唱："青青子衿，悠悠我心，但为君故，沉吟至今。"意为我想念你们直到现在。"呦呦鹿鸣，食野之苹，我有嘉宾，鼓瑟吹笙。"意为忘掉你们过去的忧愁，且尽今日之欢吧！如果说第一个八句是曹操所写，则不仅与《步出夏门行》"老骥伏枥"等句感情不相容，且"青青子衿，悠悠我心"之句，与"何以解忧，唯有杜康"之句，绝对衔接不起来。对此，前人也只有叹一声"意多不贯"了事。

第三个八句前四语："明明如月，何时可掇，忧从中来，不可断绝。"（造篇）这是宾客诉说他们过去不知道自己的怀抱何时可以实现，所以"忧从中来，不可断绝"。现在不同，他们越陌度阡，来到许都，得到曹操的存问，怀抱实现有日了。他们不能不感激曹操对他们的始终如一的情谊。

第四个八句前四语："月明星稀，乌鹊南飞，绕树三匝，何枝可依？"（造篇）这又是曹操的答辞。清沈德潜《古诗源》卷五说："'月明星稀'四句，喻客子无所依托。"他说对了。但他未解释曹操何以有"乌鹊南飞"之句。前面说过，建安之初，前来许都投奔曹操的，以南方荆、扬二州的人物为多。汉末他们逃到荆州刘表、扬州袁术治下，可这二人都无"用贤任能"的政策，连用贤任能的想法也没有。来到荆、扬二州的人们，可谓投靠无门。"月明星稀，乌鹊南飞，绕树三匝，何枝可依"，正是会上宾客过去南逃的写照。他们的抱负实现不了是有来由的，因为投错了主人。刘表、袁术不是他们的依靠，刘、袁从来也不珍惜人才。那么谁最珍惜人才。谁能重用你们呢？只有我曹某！于是而有最后四句："山不厌高，海不厌深，周公吐哺，天下归心。"（造篇）

这样解释，全诗不是豁然贯通，无些微窒碍了吗？

由此可以得出结论：从春秋燕飨宾客之礼来说，《短歌行·对酒当歌》是宾主在宴会上互相酬唱表达心意之作；从《短歌行》为汉乐府相和平调曲中的宴乐来说，《短歌行·对酒当歌》是宾主在宴会上互相酬唱表达心意之作；从诗中曾引用《诗经·小雅·鹿鸣》之章"以飨宾客"及全诗的内容来说，此诗为宾主在宴会上互相酬唱表达心意之作。而建安元年，确实有宾客从"四方来集"，曹操也确实曾在此年在新都许昌"大会宾客"。这一切都足以说明《短歌行·对酒当歌》乃建安元年在许都大飨宾客的宴会上的宾主互赋之辞。从内容考察，是宾客先赋，曹操后赋。一赋（十六句）未能尽意，因而有二赋（亦十六句）。除了这个解释，再无第二个正确的解释。

此文写出，或许《短歌行·对酒当歌》这个千年之谜，可以解开。

谨以此文纪念陈寅恪先生。

（原载北京大学中国中古史研究中心编《纪念陈寅恪先生诞辰百年学术论文集》，北京大学出版社，1989年，有改动）

关于曹操在历史上的地位问题

本文想从社会经济与文化的发展方面，探讨一下曹操在历史上的地位问题。由于《三国演义》与戏曲的深远影响，曹操可以说是一个人所共知的历史人物。我们根据历史材料来研究一下曹操此人的真实情况，以求对曹操得出一个符合历史的正确认识，想是必要的。

笔者认为，曹操对于中国古代社会经济与文化的发展是有贡献的，他对社会发展所起的促进作用比他所起的破坏作用是要大的，他在历史上的地位是应该肯定的。

以下从经济与文化两个方面来谈一谈这个问题。

一、经济方面

由于汉末农民革命战争的失败与军阀混战的结果，中国文化摇篮地也即后来曹魏统治地的黄河流域，那时曾受到极大的破坏。像关东、关中地区，经过董卓与李傕、郭汜等人的烧杀掳掠之后，出现了"数百里中无烟火"[①]，"二三年间，关中无复人迹"[②]的惨象。过去人烟稠密的农村，变

---

① ［晋］陈寿撰，［宋］裴松之注：《三国志》卷四十六《孙破虏讨逆传》，中华书局，1959年，第1099页。

② ［宋］范晔撰，［唐］李贤等注：《后汉书》卷七十二《董卓列传》，中华书局，1965年，第2341页。

成了一片白骨弥望的荒原。（王粲《七哀诗》云："出门无所见，白骨蔽平原。"曹操《蒿里行》亦云："白骨露于野，千里无鸡鸣。"）过去像洛阳、长安等繁华的城市，变成了一片瓦砾之场。死于战争、饥饿、疫疫的人太多了。马端临《文献通考·户口考一》谓曹操克平天下，"人众之损，万有一存"。

在战争进行的过程中，曹操注意到了农村经济的恢复与发展，其重要措施有以下几点。

首先是发展屯田事业，实行大规模的民屯与军屯。汉献帝建安元年（196年），曹操采用了枣祗、韩浩的建议，在其统治区域内实行屯田制度①。那年曹操"以峻为典农中郎将，募百姓屯田于许下，得谷百万斛，（又在）郡国列置田官，数年中所在积粟，仓廪皆满"②。这种大规模的民屯事业，对黄河流域农村秩序与经济的恢复，是有极为重要的作用的。据《三国志》记载，民屯制度在以后还有所发展，做到了"相土处民，计民置吏，明功课之法"。农业恢复得更快，百姓达到了"竞劝农业"的地步③。

曹操不仅实行了大规模的民屯，还曾采用司马懿的建议，实行了大规模的军屯。司马懿说当时"不耕者盖二十余万"④，成为国家极大的负担。显而易见，仅有民屯，是不能彻底解决经济问题的。曹操因而采纳了司马懿的建议，实行军屯，命令士兵"且耕且守"，务农积谷。因此"国用丰赡"⑤。可以想见，原来脱离生产，成为国家人民沉重负担的数十万士兵投入了生产，对于农业经济的恢复、发展，帮助该有多大。

屯田制度的大规模推行，是黄河流域农村经济恢复与发展的关键，也

---

① [晋]陈寿撰，[宋]裴松之注：《三国志》卷一《武帝纪》，中华书局，1959年，第14页。

② [晋]陈寿撰，[宋]裴松之注：《三国志》卷十六《任峻传》，中华书局，1959年，第489页。

③ [晋]陈寿撰，[宋]裴松之注：《三国志》卷十一《国渊传》，中华书局，1959年，第339页。

④ [唐]房玄龄等：《晋书》卷一《宣帝纪》，中华书局，1974年，第2页。

⑤ [唐]房玄龄等：《晋书》卷一《宣帝纪》，中华书局，1974年，第2页。

是后来以司马氏为首的中原地主阶级能够统一中国的物质基础。曹操在这方面的措施，主观上虽是为了军食，为了稳定其统治区域，客观上是符合当时人民的愿望与社会发展的要求的。对于社会的发展，有一定的促进作用。

其次是在施行屯田制度的同时，注意减轻农民的负担，抑制豪强兼并、转嫁。按汉代田租，名义上为"十五税一""三十税一"或"百一而税"，实际为十分取五[①]。加上豪强的残酷掠夺（荀悦《汉纪》卷八说："然豪强富人，占田逾侈，输其赋太半。"），农民负担是极为沉重的，把全部收获物向政府与豪强交纳租税都不够。曹操推行屯田制度，在田租数额方面，规定"持官牛田者，官得六分，百姓得四分。私牛而官田者，与官中分"[②]。士兵与百姓所交租额相同[③]。这样，耕田的屯民、屯兵，比汉代农民的负担轻多了。

如果说曹操在屯田地区收取的租税还是过重的话，在非屯田地区，却只"收田租每亩四升，户出绢二匹，绵二斤"，这更减轻了一般农民的负担。

曹操减轻租税，是符合人民愿望的，对农村经济发展是起着促进作用的。

如果不抑制豪强，减轻田租就将失去意义。曹操了解到这一点，对豪强实行了抑压政策。建安九年（204年），曹操打败袁绍，取得冀州之后，发布了有名的禁止豪强兼并与转嫁的命令。说：

> 有国有家者不患寡而患不均，不患贫而患不安。袁氏之治也，使豪强擅恣，亲戚兼并，下民贫弱，代出租赋，衒鬻家财，不足应命。……其收田租亩四升，户出绢二匹，绵二斤而已，他不得擅兴

① [汉]班固撰，[唐]颜师古注：《汉书》卷二十四《食货志》，中华书局，1962年，第1143页。

② [唐]房玄龄等：《晋书》卷一百九《慕容皝载记》，中华书局，1974年，第2823—2824页。

③ [唐]房玄龄等：《晋书》四十七《傅玄传》，中华书局，1974年，第1319页。

发。郡国守相，明检察之，无令强民有所隐藏而弱民兼赋也。^①

我们知道曹操实行的屯田政策本身即含有限制豪强兼并的作用，这一命令的发布，使豪强地主肆行兼并把负担转嫁到农民身上更加困难了。此项命令是实行了的，史载魏郡太守王修等"抑强扶弱"^②，可以见之。

抑制豪强对人民来说是有利的，它将提高农民生产的积极性，促进农村生产力的发展。

最后需要指出的是，为了贯彻恢复和发展农村经济的政策，曹操对于官吏人选也是十分注意的。他选用人"先尚俭节"^③。派往各地去的官吏，大都能执行与贯彻他的政策。举例说：如钟繇守长安，使残破的关中地区，数年以内，得以"民户稍实"^④。后来卫觊到关中去，也曾建议官卖食盐，以卖盐所得的钱，购置牛、犁，劝民耕种^⑤。淮南如扬州刺史刘馥，曾"广屯田，兴治芍陂及茹陂、七门、吴塘诸堨，以溉稻田"^⑥。梁习为并州刺史，也号称"边境肃清，百姓布野，勤劝农桑，令行禁止"^⑦。正因为自曹操以至于各地官吏，都能注意生产的恢复与发展，注意节俭，黄河流域经济才能蒸蒸日上。

曹操死后，他的子孙继续实行了他的政策，特别是屯田政策。到三国末叶，魏国人力、物力，已经超过吴、蜀二国。据当时极不完整的统计，

---

① [晋]陈寿撰，[宋]裴松之注：《三国志》卷一《武帝纪》，中华书局，1959年，第26页。

② [晋]陈寿撰，[宋]裴松之注：《三国志》卷十一《王修传》，中华书局，1959年，第347页。

③ [晋]陈寿撰，[宋]裴松之注：《三国志》卷二十三《和洽传》，中华书局，1959年，第655页。

④ [晋]陈寿撰，[宋]裴松之注：《三国志》卷十三《钟繇传》，中华书局，1959年，第393页。

⑤ [晋]陈寿撰，[宋]裴松之注：《三国志》卷二十一《卫觊传》，中华书局，1959年，第610页。

⑥ [晋]陈寿撰，[宋]裴松之注：《三国志》卷十五《刘馥传》，中华书局，1959年，第463页。

⑦ [晋]陈寿撰，[宋]裴松之注：《三国志》卷十五《梁习传》，中华书局，1959年，第469页。

魏国人口为4432881人，蜀为940000人，吴为2300000人（参见《通典》卷七《食货七》）。魏国人口数已超过吴、蜀二国的总和。这就是曹操实行发展生产政策以来的结果，也就是后来魏能灭蜀与晋代魏后又能灭吴的根本原因。

二、文化方面

曹操对于古代文化的发展，特别是文学的发展，也是很有贡献的。

首先，曹操在把人民的思想从儒家礼教思想的束缚当中解放出来方面起了促进的作用。

自从汉武帝采取董仲舒的建议，表彰六经、罢黜百家之后，儒家思想在中国思想界遂取得了正统的地位。不过在汉代，儒学已逐渐走向迷信化，走向繁琐章句之学。发展到后来，已不能范围一般人心。东汉末年与三国时代是一个大动荡时代，农民大起义不仅打击了地主阶级的统治，也打击了儒家礼教思想的统治，使思想界发生了剧烈的变化，儒家礼教思想趋向破产，玄学自然主义开始产生。其积极的结果，是人的思想与个性从礼教的桎梏中获得了解放，使文化特别是文学走上了一个崭新的发展阶段。顺应这一趋势，曹操是起到了促进礼教思想的破产、人性的解放、文学的发展的作用的。

曹操在建安十五年（210年）、建安十九年（214年）、建安二十二年（217年）先后下达过三次求贤令①。在求贤令中，他明确表示"廉士"不足用，"唯才是举"，不管他们是否"负污辱之名，见笑之行或不仁不孝"。根据《魏志》卷一裴注引《魏书》：

> （曹操）知人善察，难眩以伪。拔于禁、乐进于行阵之间，取张辽、徐晃于亡虏之内，皆佐命立功，列为名将。其余拔出细微，登为

---

① ［晋］陈寿撰，［宋］裴松之注：《三国志》卷一《武帝纪》，中华书局，1959年，第32页。

牧守者，不可胜数。

证明曹操颁布的三次求贤令，并非一纸空文。曹操用人，是做到了如他自己所说"唯才是举"的。

曹操的三次求贤令，对自东汉以来形成的世家大族是一个沉重的打击，对束缚人心的儒家礼教思想也是一个沉重的打击。它促进了礼教思想的破产，人性的解放。魏晋玄学自然主义的产生与文学的发展，与之均不能脱离关系。夏曾佑说：

> 观十五年之令，明言廉士不足用，盗嫂受金，皆可明扬仄陋，其用意可知。文帝因之，加以任达。一时侍从之士王粲、徐干、陈琳、阮瑀、应场、刘桢、繁歆、丁仪、丁廙之伦，皆以文章知名于世。于是六艺隐而老庄兴，经师亡而名士出，秦汉风俗，至此一变。①

是了解到了其间的关系的。

下面着重讲一讲曹操对文学发展的促进作用。

曹操对魏晋以后文学特别是诗歌，无论在内容上或形式上，都有着创造性的贡献。我们知道汉代文学的主流是赋，这种赋大多脱离不了歌功颂德的内容，有灵魂的很少，形式也流于板滞。这与汉代地主经济与政治的发展、儒学的定于一尊有关。东汉末年建安时代，因为人的思想、个性从礼教的思想束缚中解放了出来，使文学方面特别是诗歌方面也获得了极为重要的成就。这从内容与形式两方面都可看出。

在内容方面，形成了中国文学史上所谓"建安风力"。建安风力真正的含义就是思想感情的解放。曹操的诗是建安风力的代表。他的诗几乎都是乐府诗，他可以说是一个最初打破汉代地主文学作风，以求表达真正的思想感情的人，是一个魏晋以来大力赋予诗歌以灵魂的人。曹操诸作四言

---

① 夏曾佑：《中国古代史》，生活·读书·新知三联书店，1955年，第388页。

如《短歌行》《度关山》，五言如《蒿里行》《却东西门行》等，读之使人确有一种"慷慨苍凉"之感，"显示出一个新时代粗犷的草创的力量"[1]。他起到了"收束汉音，振发魏响"[2]的作用。特别是有些诗歌，如《蒿里行》："铠甲生虮虱，万姓以死亡。白骨露于野，千里无鸡鸣。生民百遗一，念之断人肠。"《却东西门行》："奈何此征夫，安得去四方？戎马不解鞍，铠甲不离傍。冉冉老将至，何时返故乡？神龙藏深泉，猛兽步高冈。狐死归首丘，故乡安可忘?"《度关山》："嗟哉后世，改制易律。劳民为君，役赋其力。舜漆食器，畔者十国。"描写当时战争与兵役之苦等，更与人民的思想感情接近。

鲁迅说曹操"是一个改造文章的祖师"[3]，是非常正确的评论。

至于形式，在建安时代，同样得到了解放。这是思想感情解放在文学上的必然结果。曹操在这方面，也起了先锋的作用。

前面提到曹操采用乐府形式来写诗，就已经打破了汉代地主阶级文人辞赋毫无生气的板滞形式。曹操的诗有四言的，也有五言的，他的四言诗也不落于骈偶与每隔八言就要叶一次韵等旧套，打破了四言常格。五言诗是在建安时代奠定下来的一种新形式，是当时文学上最重要的成就之一。我们从《文选》所录此一时代五言诗歌类别之多（有公宴、祖饯、咏史、游览、哀伤、赠答、军戎、乐府以及杂诗等等），可知曹氏父子（曹操、曹丕、曹植）等无论在什么场合，写什么诗，大多都用五言。《诗品》卷上说：

> 逮汉李陵始著五言之目矣（?），……自王、扬、枚、马之徒，诗赋竞爽而吟咏靡闻。……东京二百载中，唯有班固咏史，质木无文。降及建安，曹公父子，笃好斯文。平原兄弟，郁为文栋。刘桢、王粲，为其羽翼。

---

① 林庚:《中国文学简史:上卷》,上海文艺联合出版社,1954年,第156页。

② [梁]刘勰著,范文澜注:《文心雕龙注》,人民文学出版社,1962年,第87页。

③ 鲁迅:《而已集》,人民文学出版社,1958年,第79页。

显然，五言诗的奠定，是曹氏父子等的共同功绩。上引《蒿里行》《却东西门行》等都是曹操用五言写的名篇。曹操的五言诗留下的虽然不多，要知他是起了提倡的作用的。

总之，曹操在社会经济方面的措施与在文化方面的贡献，对于黄河流域农村秩序的稳定、经济的恢复与发展以及中国文化走上新的发展阶段，均有促进作用。中国不久能复归一统，社会能进一步发展，曹操是有功绩的。从社会发展的角度来看，从曹操总的方面来衡量，曹操在历史上的地位是应该肯定的。

但我们也绝对不能忘记曹操是一个地主武装集团的首领，他曾参加过镇压东汉末年的农民大起义，从镇压农民起义来扩张他的势力。初期并曾残酷地屠杀过人民，如攻打徐州陶谦，在泗水一地就曾坑杀过男女数十万人，使泗水为之不流。我们也绝对不能忘记他在经济上施行的措施与在文化上的贡献是在农民起义浪潮的冲击下，在时代的要求与影响下做出来的。使中国古代社会经济能够得到发展的真正力量还是来自劳动人民，曹操只不过起了一些促进作用而已。本文主要是从正面来肯定曹操，不属于本段涉及的问题，就不赘述了。

笔者因材料不易获得，加之水平的限制。自知疏漏错误，在所难免，希望批评指正。

（原载《新史学通讯》1956年第6期，有改动）

曹魏政治派别的分野及其升降

本文试就曹魏政治上的派别，对曹魏政权的性质及其形成、演变情况作些分析，以说明这种政治变化与当时社会经济的关系、曹魏政权何以转移与西晋以后大族政治何以出现。下分三部分谈。

一、曹操时期政治上两大派别的出现

在曹操底下的官吏中，有两个极为重要的集团存在：一为以汝颍人物为首的世族地主集团；一为以谯沛人物为首的庶族地主集团。前者主要掌握政治，后者主要掌握军事。下面先说此两个集团的存在，再论其历史背景与阶级基础。

《晋书》卷一百十八《姚兴载记》下说："古人有言，关东出相，关西出将，三秦饶俊异，汝颍多奇士。"这是后秦姚兴对大臣们讲的话。"汝颍多奇士"一说，说明汝颍人物在魏晋统治者心目中有重要的地位。曹操说过类似的话，据《三国志》卷十四《郭嘉传》记载：

> 颍川戏志才，筹画士也。太祖甚器之，早卒。太祖与荀彧书曰："自志才亡后，莫可与计事者。汝颍固多奇士，谁可以继之？"彧荐嘉，召见论天下事。太祖曰："使孤成大业者，必此人也。"

可见曹操对汝颖人物的重视。

在曹操的群官之中，荀彧与荀攸都是颍川颍阴人。荀彧在曹操为丞相时，担任尚书令；荀攸在曹操为魏王时，担任尚书令。当时官吏的进退，主要出于他二人之口，据说荀彧之"进善，不进不止"，荀攸之"退恶，不退不休"[1]。曹操对他们很信任，曾谓："二荀令之论人，久而益信，吾没世不忘。"[2]几乎曹魏所有重要政治人物，无不为他们二人所引进。关于二荀的引进人物，《三国志》卷十《荀彧传》注引《彧别传》云：

> 前后所举者（指彧）命世大才，邦邑则荀攸、钟繇、陈群，海内则司马宣王（司马懿），及引致当世知名郗虑、华歆、王朗、荀悦、杜袭、辛毗、赵俨之俦，终为卿相，以十数人。取士不以一揆，戏志才、郭嘉等有负俗之讥，杜畿简傲少文，皆以智策举之，终各显名。荀攸后为魏尚书令，亦推贤进士。

其中荀攸、钟繇、陈群、荀悦、杜袭、辛毗、赵俨、戏志才、郭嘉等均为颍川郡人[3]。荀彧在当时的地位极高，《彧别传》称其"德行周备，非正道不用心，名重天下，莫不以为仪表。海内英隽咸宗焉"。又称，司马懿极口称赞荀彧，尝说："书传远事，吾自耳目所从闻见，逮百数十年间，贤才未有及荀令君者也。"这表明荀彧不仅是汝颖集团的中心人物，而且是当时士大夫的领袖。从《彧别传》所记，可以了解在曹操底下正有一个以荀彧为领袖，以汝颖人物为核心，包括其他地区一些气味相投人物的强大集团。姑名之曰"汝颖集团"。

此外，在曹操底下，还很明显地存在着一个"谯沛集团"。

谯、沛在后汉同属沛国[4]。魏置谯郡，将原属沛国的谯、鄼等城，划

---

① ［唐］房玄龄等：《晋书》卷三十九《荀勖传》，中华书局，1974年，第1157页。

② ［晋］陈寿撰，［宋］裴松之注：《三国志》卷十《荀彧传》，中华书局，1959年，第318页。

③ 各见《三国志》本传。戏志才事附《郭嘉传》。汝南著名人物有和洽，亦为曹操所信用。

④ ［宋］范晔撰，［唐］李贤等注：《后汉书·郡国志二》，中华书局，1965年，第3427页。

归谯郡管辖①。"谯沛人"，从魏来说，包括谯郡人与沛国人；从汉来说，即沛国人。"谯沛人"这个名词在曹魏政治中是存在的。《三国志》卷二十二《徐宣传》说："太祖崩洛阳，群臣入殿中发哀。或言：'易诸城守，用谯沛人。'宣厉声曰：'今者远近一统，人怀效节，何必谯沛，而沮宿卫者心。'"可见"谯沛人"在曹氏政权中，自成一系统，并有其特殊的地位。事实上谯沛集团是曹操政权的另一支柱，就领兵将领来说，曹操时候统兵征讨与宿卫大将无不为谯郡人或沛国人。当时最重要的军职是督军、四征将军、中领军与中护军。今检《三国志》，在曹操时候担任过四征将军的只有夏侯渊、曹仁与张辽②。职位与四征相同或高于四征的军人有夏侯惇（大将军、督军）③、曹洪（都护将军）④。曹操时代的名将于禁、乐进、徐晃、张郃职位俱在四征之下。于禁最高做到虎威将军，乐进折冲将军，徐晃平寇将军，张郃荡寇将军，即使张辽为征东将军，也是较晚之事⑤。徐晃、张郃等均在夏侯渊、曹仁之下为将⑥，夏侯渊、曹仁、夏侯惇、曹洪等均为沛国谯人。由此可见统兵征战，独当一面的大权，实操于谯沛人之手。张辽、于禁等为其附属⑦。

　　"中护军"与"中领军"是宿卫的最高军职，此二职均为曹操所设。担任过中护军的有韩浩，担任过中领军的有史涣、曹休、曹真。著名的勇

----

① [唐]房玄龄等：《晋书》卷十四《地理志上》，中华书局，1974年，第420页。

② 夏侯渊为征西将军，见《三国志》卷九本传。曹仁曾为"行安西将军""行骁骑将军""行征南将军""征南将军"，见《三国志》卷九本传。张辽为"征东将军"，见《三国志》卷十七本传。

③ [晋]陈寿撰，[宋]裴松之注：《三国志》卷九《夏侯惇传》，中华书局，1959年，第268页。大将军、督军之权高于四征将军。

④ [晋]陈寿撰，[宋]裴松之注：《三国志》卷九《曹洪传》，中华书局，1959年，第278页。

⑤ [晋]陈寿撰，[宋]裴松之注：《三国志》卷十七《张乐于张徐传》，中华书局，1959年，第512—530页。张辽为征东将军在建安二十年（215年）合肥之役后。

⑥ [晋]陈寿撰，[宋]裴松之注：《三国志》卷九《夏侯渊传》，中华书局，1982年，第270页。

⑦ [晋]陈寿撰，[宋]裴松之注：《三国志》卷十七《张乐于张徐传》，中华书局，1959年，第531页。《张乐于张徐传》称"时之良将，五子为先"。他们都非谯沛人，但都在夏侯惇、夏侯渊、曹仁等底下为将，未曾独当一面，故可视为谯沛集团的附属。

将谯人许褚为"武卫中郎将"，后迁"中坚将军"，领兵宿卫[1]。史涣为沛国人[2]，曹休、曹真、许褚均为谯人。就宿卫的最高与最重要的职务来说，无疑亦在谯沛人掌握之中。韩浩虽不是谯沛人，但久从夏侯惇，为谯沛死党。

在宿卫士兵中，谯沛人亦有突出的地位。《三国志》卷十八《许褚传》说"诸从褚侠客皆以为虎士"。此所谓"侠客"，即原从许褚"坚壁以御寇"的"少年及宗族"，他们均与许褚同籍。

我们知道曹操是沛国谯人，这些征讨与宿卫的大将，实际都是他的戚族。他们共同结成了一个强大的集团。梁萧子显云："魏氏基于用武，夏侯、诸曹，并以戚族而为将相。"[3]亦可佐证"谯沛集团"在曹魏政治中确实是存在的。

汝颍、谯沛二集团一文一武，是曹操政权的两根支柱。当然其他地区不属此二集团的人士，也有在曹操底下为官的。但人数、实力都不能与此二集团比。特举冀州、兖州作说明。

曹操对冀州人士是不信任的，认为他们"阿党比周"[4]。如清河崔琰，当时被认为是冀州人士之首[5]。曹操破袁绍，辟之为别驾从事。后来，曹操称魏王，崔琰有"时乎，时乎，会当有变"之言[6]，卒为曹操所杀。崔琰如此，其他冀州人物更不待说了。

曹操对兖州士大夫也不信任。《资治通鉴》卷六十一《汉纪五十三》"献帝兴平元年"说：

> 吕布之舍袁绍从张阳也，过邈，临别把手共誓。绍闻之，大恨。邈畏操终为绍杀己也，心不自安。前九江太守陈留（属兖州）边让尝

---

① [晋]陈寿撰，[宋]裴松之注：《三国志》卷十八《许褚传》，中华书局，1959年，第543页。
② [晋]陈寿撰，[宋]裴松之注：《三国志》卷九《夏侯惇传》，中华书局，1959年，第269页。
③ [梁]萧子显：《南齐书》卷三十八《萧景先、萧赤斧传》中华书局，1972年，第674页。
④ [晋]陈寿撰，[宋]裴松之注：《三国志》卷一《武帝纪》，中华书局，1959年，第27页。
⑤ [北宋]司马光编著，[元]胡三省音注：《资治通鉴》卷六十七《汉纪五十九》"建安二十一年"条，中华书局，1956年，第2144—2145页。
⑥ [晋]陈寿撰，[宋]裴松之注：《三国志》卷十二《崔琰传》，中华书局，1959年，第369页。

讥议操，操闻而杀之，并其妻子。让素有才名，由是兖州士大夫皆恐惧。陈宫性刚直壮烈，内亦自疑，乃与从事中郎许汜、王楷及邈弟超共谋叛操。

至如陈留毛玠，居官"务以俭率人"①，符合曹操"节俭"政策，应为其信任，但后来却与崔琰一同获罪，这也正与曹操对兖州士大夫的看法和态度有密切关系。

二、汝颖、谯沛两集团形成的历史背景与阶级基础

汝颖与谯沛两大集团在曹氏政权中的形成，是有其历史渊源与阶级基础的。汝颖集团的形成，可溯源于后汉"党锢之祸"。后汉主持清议，抨击朝政，反对宦官的领袖人物李膺与陈蕃，一为颖川襄城人，一为汝南平舆人。除此二人外，其余属于党锢或虽不在党锢之列，而实系同党人物，如杜密（颖川）、范滂（汝南）、蔡衍（汝南）、陈翔（汝南）、贾彪（颖川）、荀淑（颖川）、韩韶（颖川）、钟皓（颖川）、陈寔（颖川）、许劭（汝南）等，也都是汝、颖地方人。在宦官大兴党狱的时候，当时士大夫除了以"八俊""八顾""八及""八厨"等名称共同联合起来向宦官作斗争外，另亦根据籍贯进行联合。《后汉书》卷九十七《范滂传》说："滂后事释南归，始发京师，汝南、南阳士大夫迎之者数千两。"可见地方关系在后汉党锢人物中的重要性。

党锢人物都是后汉形成起来的大田庄主或田庄主的子弟。汉末黄巾起义，给了各地田庄主很大的打击。在镇压黄巾的过程中，军阀和田庄主结合起来，其中属于汝颖地区的人物找到了曹操。汝颖人物所以能同曹操结合，有以下几个原因。

第一，曹操是汝颖黄巾的镇压者，据《三国志》卷一《武帝纪》记

①［晋］陈寿撰，［宋］裴松之注：《三国志》卷十二《毛玠传》，中华书局，1959年，第375页。

载，曹操在光和末年"拜骑都尉，讨颍川'贼'，迁为济南相"。建安元年（196年），"汝南、颍川黄巾何仪、刘辟、黄邵、何曼等众各数万"。曹操复"进军讨破之"。建安五年（200年），刘辟又在许昌起兵，曹操"使曹仁击破之"。对汝颍人物来说，曹操无疑是一个"功臣"。

第二，后汉各地的大田庄主是有利害矛盾的。他们各自拥戴一个军阀进行斗争。像关陇大族拥董卓，后又奉李催、郭汜。冀州大族拥袁绍。而曹操原在汝颍地区镇压黄巾，后来又迎汉献帝居许昌（属颍川郡）。就地区来说，汝颍人物所欲拥戴的对象，自然也是曹操。

第三，曹操是一个早就被汝颍人士所赏识的人物。著名的汝南月旦评的主持者许劭曾称他为"治世之能臣，乱世之奸雄"[1]。曹操由此知名。颍川李膺之子李瓒认为"天下英雄，无过曹操"，要他的儿子舍张邈、袁绍，而"必归曹氏"[2]。荀彧以为曹操在度、谋、武、德四方面都胜过袁绍，郭嘉以为曹操有十胜，袁绍有十败。这样的一个人物，无疑是他们一个理想的"保护人"。

曹操既为汝颍人物所欲依恃的一个对象，而曹操欲在军阀混战中取胜，亦必须取得某一地区田庄主的支持，二者由此结合起来。关于曹操起兵得力于汝颍之处，魏文帝在黄初二年（221年）所颁布的复颍川郡一年田租诏中，说得很明白：

> 颍川，先帝所由起兵征伐也。官渡之役，四方瓦解，远近顾望，而此郡守义，丁壮荷戈，老弱负粮。昔汉祖以秦中为国本，光武恃河内为王基，今朕复于此登坛受禅，天以此郡，翼成大魏。[3]

可见汝颍在曹氏政权形成中的重要程度。曹操居颍川之许昌，这正是

---

[1] ［晋］陈寿撰，［宋］裴松之注：《三国志》卷一《武帝纪》，中华书局，1959年，第3页。

[2] ［宋］范晔撰，［唐］李贤等注：《后汉书》卷六十七《李膺传》，中华书局，1965年，第2197页。

[3] ［晋］陈寿撰，［宋］裴松之注：《三国志》卷二《文帝纪》，中华书局，1959年，第77页。

汝颍人士与曹操结合的一个标志。

或许要问：后汉党人既与宦官对立，曹操祖父、父亲都是宦官，李瓒、荀彧（荀淑之孙，荀绲之子）等都是党人后代，他们之间岂无矛盾？我以为问题不在出身，而在能否互为利用。即以出身而论，则不可以为后汉党人和所有宦官都处在敌对的地位。赵翼说："后汉宦官之贪恶肆横，固已十人而九，然其中亦间有清慎自守者，不可一概抹煞也。"①赵翼所举之人，有郑众、蔡伦、孙程、良贺、曹腾等。他们与朝官党人并不敌对。不仅如此，像曹腾（操祖）还曾进用"海内名人陈留虞放、边韶，南阳延固、张温，弘农张奂，颍川堂溪典等"②。可知曹家与朝官党人原来的关系就交好。曹操之父曹嵩被认为"质性敦慎，所在忠孝"，与朝官、党人亦无矛盾。曹操本人是一个军阀，虽然是"赘阉遗丑"，但并不妨碍他与汝颍人士的结合。

在曹氏政权下，汝颍集团的主要阶级特点是以门第与儒学相契结。像荀氏、钟氏、陈氏都是颍川著姓。荀彧之祖荀淑"高行博学"，其子八人号称"八龙"③。荀彧本人被认为是一个"大贤君子"，钟繇曾把他比之于颜渊④。钟繇是钟皓的曾孙，钟皓"博学诗律，教授门生千有余人"⑤，曾被李膺叹为"至德可师"⑥。钟繇少举孝廉，当时被认为"功高德茂"⑦。

---

① [清]赵翼著，王树民校证：《廿二史劄记校证》卷五《宦官亦有贤者》，中华书局，1984年，第114页。

② [宋]范晔撰，[唐]李贤等注：《后汉书》卷七十八《曹腾传》，中华书局，1965年，第2519页。

③ [宋]范晔撰，[唐]李贤等注：《后汉书》卷六十二《荀淑传》，中华书局，1965年，第2049页。

④ [晋]陈寿撰，[宋]裴松之注：《三国志》卷十《荀攸传》，中华书局，1959年，第325页。

⑤ [晋]陈寿撰，[宋]裴松之注：《三国志》卷十三《钟繇传》，中华书局，1959年，第391页。

⑥ [宋]范晔撰，[唐]李贤等注：《后汉书》卷六十二《钟皓传》，中华书局，1965年，第2064页。

⑦ [晋]陈寿撰，[宋]裴松之注：《三国志》卷十三《钟繇传》，中华书局，1959年，第399页。

陈群之祖陈寔死时，海内赴者达三万人，二子陈纪、陈谌"齐德同行"，与其父"并著高名，时号三君"①。陈群即陈纪之子，历史上有名的以门第、儒学为根据的九品中正选举法，即为他所创立。为汝颍人物所引进的，籍贯不属汝南、颍川，但亦隶于汝颍集团的人，也无不出自高门、儒门。像河内司马懿，自高祖司马钧以来，屡世都是大官，司马懿之父防以守礼法闻名，司马懿本人"博学洽闻，伏膺儒教"②，门第、儒学都不在钟、陈等人之下。

汝颍集团的社会经济基础是封建的大土地所有制，即大田庄制。他们是作为后汉以来一个传统的世族、儒门势力在曹操政权中出现的。

谯沛集团不同，它是一个庶族地主集团，首脑人物如夏侯惇、曹洪、许褚，史或言其"家富而性吝啬"③，或言其聚"少年及宗族数千家"④，而父、祖之名，均不见于史传。曹仁父、祖及曹休祖父虽曾做官，但名不显，且只是个别现象。谯沛集团附属的著名人物如张辽、徐晃、于禁、乐进，或取于"亡虏"，或拔于"行阵"⑤，都是庶族出身。总起来看，他们是新起的庶族，非传统的高门。

另一不同之处是汝颍集团尚文，谯沛集团尚武。像夏侯惇，十四岁就杀过人，"以烈气闻"⑥。曹仁"少好弓马弋猎"⑦。曹真尝与文帝一起打

---

① [宋]范晔撰，[唐]李贤等注：《后汉书》卷六十二《陈寔传》，中华书局，1965年，第2069页。

② [唐]房玄龄等：《晋书》卷一《宣帝纪》，中华书局，1974年，第1页。

③ [晋]陈寿撰，[宋]裴松之注：《三国志》卷九《曹洪传》，中华书局，1959年，第278页。

④ [晋]陈寿撰，[宋]裴松之注：《三国志》卷十八《许褚传》，中华书局，1959年，第542页。

⑤ [晋]陈寿撰，[宋]裴松之注：《三国志》卷一《武帝纪》注引《魏书》，中华书局，1959年，第54页。

⑥ [晋]陈寿撰，[宋]裴松之注：《三国志》卷九《夏侯惇传》，中华书局，1959年，第267页。

⑦ [晋]陈寿撰，[宋]裴松之注：《三国志》卷九《曹仁传》，中华书局，1959年，第274页。

猎，为虎所逐，"顾射虎，应声而倒"①。许褚"容貌雄毅，勇力绝人"②。曹操与他们既有同乡关系，又当用武之际，将帅之任自然落在他们身上。

这样一个庶族地主集团的兴起，根本原因是黄巾大起义对世族门阀的打击。在黄巾军的冲击下，田庄制度、门阀政治、儒学都动摇了，各地有武力的豪强纷纷乘之而起，力图与世族分享政权。而世族地主欲维护其经济的与政治的地位，亦不得不暂时借助于他们。曹操时期汝颍与谯沛两个不同集团的结合，正是建立在对农民军共同镇压的基础之上的。

庶族在社会经济上的地位，远不及传统的世家。为了保障他们已经取得的政治地位，必须在经济上扩张其势力。我觉得曹魏的屯田制度，原是代表谯沛集团的利益的。我们知道军屯由军人掌握，各级民屯官吏，亦概以军人充任，另成系统，不隶州郡。而军队在曹操时期，全由此集团的人物掌握，因而他们也就掌握了屯田。也正由于掌握住了军队和屯田，他们才能和汝颍集团相对抗。

诚然屯田制初起，原不代表哪个集团的利益，而为当时曹魏统治者及其依附人物缓和阶级矛盾，消灭敌对集团的一致要求。建置屯田的是枣祗与韩浩，枣祗为颍川人③，韩浩则属于谯沛集团。军屯则出于司马懿的建议④。屯田之兴，与汝颍、谯沛两集团都有关系。但此制建立之后，无疑为谯沛集团所掌握。先从组织看，曹操置典农中郎将、典农校尉，主屯田，其下有典农都尉。典农中郎将秩二千石，典农校尉秩比二千石，地位相当于郡太守；典农都尉秩六百石或四百石，地位相当于县令、长。这是将典农职责与地方行政组织划分开来。对典农部民（亦即屯田农民）的剥

① [晋]陈寿撰，[宋]裴松之注：《三国志》卷九《曹真传》，中华书局，1959年，第280页。
② [晋]陈寿撰，[宋]裴松之注：《三国志》卷十八《许褚传》，中华书局，1959年，第542页。
③ [晋]陈寿撰，[宋]裴松之注：《三国志》卷十六《任峻传》，中华书局，1959年，第489页。
④ [唐]房玄龄等：《晋书》卷一《宣帝纪》，中华书局，1974年，第2页。

削，也完全用于"丰足军用，摧灭群逆"①。可见生产果实落入了武人亦即谯沛集团之手。

再从人物看，曹操在许昌兴办屯田之初，被用为典农中郎将的是任峻。据《三国志》卷十六《任峻传》，任峻为中牟人，出身庶族地主。曹操"起关东，入中牟界"，他"收宗族及宾客、家兵数百人"从曹操。曹操"表峻为骑都尉，妻以从妹，甚见亲信"。曹魏屯田区主要在河南至淮南一带，河南以许昌为大，淮南以合肥为大。曹操时，"刘馥为扬州刺史，镇合肥，广屯田，修芍陂、茹陂、七门、吴塘诸堨，以溉稻田，公私有蓄，历代为利"②。刘馥是"沛国相人"③。许昌屯田是打败袁绍的张本，淮南屯田是在刚刚打过赤壁之战以后④，用以对付孙权。两处有同样的意义。许昌屯田和淮南屯田，都是掌握在谯沛人物之手的。许昌屯田是民屯，淮南屯田有民屯也有军屯，专门的军屯如夏侯惇在河南境内"断太寿水作陂，自身负土，率将士，劝种稻"⑤。其掌握在谯沛人物之手，则无待详论。

控制屯田，也就控制了部分土地与农民（屯田户与士家）。曹操对于屯田客与士家控制均极严格，《三国志》卷二十二《卢毓传》称曹操因"天下草创，多逋逃，故重士亡法，罪及妻子"。卷一《武帝纪》建安九年注引《魏书》所载抑制豪强的命令，一在禁止"豪强擅恣，亲戚兼并"，二在禁止豪强"藏匿罪人，为逋逃主"，以使"百姓亲附，甲兵强盛"。一方面"重士亡法"禁逋逃，一方面禁止豪强兼并，"为逋逃主"，二者互相配合，在实际上保证了谯沛集团的利益。

① ［晋］陈寿撰，［宋］裴松之注：《三国志》卷十六《任峻传》，中华书局，1959年，第490页。

② ［唐］房玄龄等：《晋书》卷二十六《食货志》，中华书局，1974年，第784页。刺史地位高于郡太守、典中郎将，有督屯田的责任。曹操时"拔出细微登为牧守者"不少。

③ ［晋］陈寿撰，［宋］裴松之注：《三国志》卷十五《刘馥传》，中华书局，1959年，第463页。

④《三国志》卷一《武帝纪》建安十四年云："置扬州郡县长吏，开芍陂，屯田。"

⑤ ［晋］陈寿撰，［宋］裴松之注：《三国志》卷九《夏侯惇传》，中华书局，1959年，第268页。

三、汝颍与谯沛集团势力的升降及曹魏政权的转移

上面谈到汝颍、谯沛两集团，一代表传统的世族门阀势力，一代表新起的庶族地主势力。他们之间是有矛盾的。这种矛盾，在曹操晚年逐渐明朗化。斗争的总倾向是汝颍集团的胜利，谯沛集团的失败。也就是世族门阀的胜利，庶族地主的失败，封建大土地所有制的胜利，屯田制的失败。这是当时历史发展的必然结果。

曹操打击豪强，虽不是针对汝颍集团，但无疑妨碍到汝颍集团的利益。而谯沛集团的存在，对汝颍集团来说，无疑又是一个巨大威胁。谯沛集团实际以曹操为代表。在曹操与汝颍集团之间，起初因为互相利用，矛盾还不明显。后来随着北方的统一、曹操各项政策的推行，矛盾便发生了，集中表现在对待汉朝的态度方面。在汝颍党人看来，"汉"仍是他们利益的象征。曹操以"匡扶汉室"为名，挟天子以令诸侯，始终不敢代汉称帝，显然有他们的影响。但曹操内心是想代汉称帝的。《三国志》卷十《荀彧传》说："董昭等谓太祖宜进爵国公，九锡备物，以彰殊勋。"荀彧以为"太祖本兴义兵，以匡朝宁国"，"不宜如此"，表示反对。《后汉书》卷六十二《荀淑传》附《荀悦传》亦说荀悦见"政移曹氏，天子恭己"，"乃作《申鉴》"。荀悦在《申鉴·政体篇》中认为臣者应"心顺""职顺""道顺"。可见汝颍集团在这方面持相反态度。荀彧因此致死，荀悦引退，是二者之间矛盾的最初爆发。但曹操不可能没有他们支持，曹操始终不敢贸然代汉，正是怕失去汝颍集团的支持。

曹操晚年，在王位继承问题上，曹丕、曹植、曹彰之间有激烈冲突。这实质上便是两个集团、两大阶层的冲突。我们知道曹丕虽为长子，但地位一直是不稳的。曹操始欲传位给曹冲，曹冲死后，又因曹植"以才异见称"，几次欲传位给曹植。当时支持曹植的大有人在，主要人物为丁仪和

丁廙。值得注意的是二丁均为沛国人①。既然上自曹操，下至二丁，都有立曹植之意，便很自然地在曹丕与宗室、谯沛人之间形成了一道鸿沟。在曹丕世子地位既定之后，邺都又发生过沛人魏讽谋反的事件，时曹丕在邺，这使曹丕对谯沛人不由更生疑惧。当曹操死于洛阳，群臣请易诸城守，用谯沛人，徐宣表示反对的时候，曹丕曾以"社稷之臣"②称徐宣，可说明曹丕对谯沛人的不信任。曹操既死，曹彰又从长安来问先王玺绶③，由此更增加了曹丕对谯沛人的厌恶。曹丕的地位既然一直不稳，一直有人觊觎，就必须拉拢一部分人来支持他。反对他的既然是以曹植、曹彰为首的谯沛人物，其目光便自然落于标榜儒教宗法、长子继承的另一集团人物，即汝颖人物身上。而汝颖人物也乘之极力笼络曹丕。

在荀彧、荀攸相继死后，汝颖人物以陈群最为突出。据《三国志》卷二十二《陈群传》载，曹丕在东宫时，对陈群深表"敬器"，"待以交友之礼"。陈群也对曹丕表示亲近，曹丕对之有"人日以亲"之叹。与陈群同号"四友"的司马懿、吴质、朱铄，亦为曹丕"所信重"。除陈群、司马懿等人之外，曹丕对汝颖集团另一重要人物钟繇也深相结纳。在东宫时，尝赐以"五熟釜"，并为之书铭，表示敬意④。曹操一死，曹丕即魏王位，马上任命陈群为吏部尚书。及代汉，又使陈群领中领军，继为镇军大将军，领中护军，录尚书事。黄初五年（224年），又任司马懿为抚军大将军，加给事中，录尚书事，"内镇百姓，外供军资"⑤。这是曹魏政治史上一个重要的变化，原来与军权无干的汝颖人物，参与军事领导了，分掌禁

---

① 二丁事迹见《三国志》卷十九《陈思王植传》注引《魏略》、卷二十一《王粲传》，另外还有一个杨修，被认为是曹植一党，但杨修曾"以所得王髦剑奉太子（指丕）"（植传引《魏略》），实持两面态度。

② ［晋］陈寿撰，［宋］裴松之注：《三国志》卷二十二《徐宣传》，中华书局，1959年，第646页。

③ ［晋］陈寿撰，［宋］裴松之注：《三国志》卷十五《贾逵传》，中华书局，1959年，第481页。

④ ［晋］陈寿撰，［宋］裴松之注：《三国志》卷十三《钟繇传》，中华书局，1959年，第394页。

⑤ ［唐］房玄龄等：《晋书》卷一《宣帝纪》，中华书局，1974年，第4页。

军了。谯沛集团对军权的垄断局面被打破了。

另一个可以注意的问题是，曹丕为王之初，陈群即利用曹丕对他的信任，创立了九品中正制。从此选官权落入了汝颍集团之手。世族的政治地位有了可靠的保证。曹操时候，官吏的进退虽多由二荀决定，但无制度保证。所进人物，也不可能世代为官。九品中正制解决了这一问题。此制初定之时，标准如何，虽不可得知，但至迟在魏明帝时，已经是根据门望、儒学了。据《三国志》卷二十二《卢毓传》记载：明帝"举中书郎"，给了卢毓（时为吏部尚书）一个诏令，中云："选举莫取有名，名如画地作饼，不可啖也。"卢毓则认为"名不足以致异人，而可以得常士。常士畏教慕善，然后有名，非所当疾也"①。其于选举，"先举性行而后言才"。重名、重性行即重门望、重儒学。明帝的话，卢毓可以不听，也可说明世族儒门在选举方面权势之大。像谯沛集团一样非世族儒门出身的庶姓，再要做官，就很困难。

此外，曹丕对觊觎他王位的宗室，却坚决打击。这主要是通过"封建"一法。曹植对曹丕的封建，有过"今反公族疏而异姓亲"的批评②。关于曹丕的封建，我们从齐王时曹冏之言可以看出一个大概。他说：

> 汉氏奉天，禅位大魏。大魏之兴，于今二十有四年矣……子弟王空虚之地，君有不使之民，宗室窜于闾阎，不闻邦国之政，权均匹夫，势齐凡庶；……有文者必限小县之宰，有武者必置百人之上。③

曹冏指的是曹丕称帝，分封以来一直存在的情况。从"权均匹夫，势齐凡庶"二语可知宗室所受打击之深。宗室是谯沛集团势力的核心，他们

---

① ［晋］陈寿撰，［宋］裴松之注：《三国志》卷二十二《卢毓传》，中华书局，1959年，第651,652页。

② ［晋］陈寿撰，［宋］裴松之注：《三国志》卷十九《陈思王植传》，中华书局，1959年，第574页。

③ ［晋］陈寿撰，［宋］裴松之注：《三国志》卷二十评曰，中华书局，1959年，第594—595页。

遭到打击，就削弱了谯沛集团的地位，有利于汝颍集团的发展。

总括起来说，丕、植等的王位冲突，我们不应该单纯看作个人的冲突，而是以丕、植等为代表的两个集团、两种势力的冲突。曹丕给予陈群、司马懿等人更多的权力，打击宗室，代表着汝颍集团与世族的要求。在曹丕看来，宗室都是危险的王位、帝位竞争者，而汝颍人物却是他的支持者。

从齐王时起，进入了谯沛与汝颍集团激烈斗争的时期。斗争的结果，是谯沛集团的失败，曹氏政权的转移。

自陈群死后，司马懿以文、明二帝对他的信任，取得了政治与军事上的重要地位，汝颍集团人物都捧他，以与谯沛集团作斗争。支持他的重要人物有钟毓、钟会兄弟（钟繇之子）、陈泰（陈群之子）、荀颛（荀彧第六子）与为陈群引进的傅嘏等人。司马懿死，他们继续支持司马师、司马昭兄弟。此时期的谯沛集团人物，在朝内有以曹爽、夏侯玄为首的何晏、邓飏、丁谧、毕轨、李胜、桓范、李丰、张缉等人，在外地则有王凌、令狐愚、毌丘俭、文钦、诸葛诞等将领[1]。魏明帝时，夏侯玄、诸葛诞、邓飏等"共相题表"[2]，表明在那时他们已经结合起来。齐王正始年间，曹爽与司马懿之间的斗争，是这两个集团决斗的开始。斗争的范围包括经济、政治、军事、思想各个方面。而这些方面变化的出现，又与此两大集团的斗争有不可分的关系。

据《资治通鉴》及《三国志》，齐王正始之际，曹爽担任了大将军，

---

① 按何晏母尹氏，为曹操夫人。何晏长于宫省，又尚公主。丁谧为沛人。桓范、文钦为曹爽乡里。毕轨、李丰之子均尚公主，李丰"私心在（夏侯）玄"。张缉为齐王曹芳的岳父。王凌曾自称其为"固忠于魏之社稷者"。令狐愚为王凌之甥。毌丘俭"与夏侯玄、李丰等厚善"。诸葛诞"与玄、飏等至亲"。从他们的籍贯、出身、与诸曹夏侯的关系或政治态度来看，都是谯沛集团的人物无疑。何、邓、丁、毕、李（胜）、桓等人事迹俱见《三国志》卷九《曹真传》；李丰、张缉事迹见《三国志》卷九《夏侯尚传》附《夏侯玄传》；王凌之言见《三国志》卷二十八本传注引干宝《晋纪》；毌丘俭、诸葛诞态度见《三国志》卷二十八本传。文钦事附于《毌丘俭传》。

② [晋]陈寿撰，[宋]裴松之注：《三国志》卷二十八《诸葛诞传》，中华书局，1959年，第769页。

作了挽回谯沛权势的一次努力，曹爽用其弟曹羲担任中领军，曹训担任武卫将军，"尽据禁兵"。另又以夏侯玄为"征西将军，假节都督雍凉州诸军事"①。目的在夺回对禁军的垄断权并削弱司马懿已经取得的军事上的势力。另又奏免了司马懿录尚书事的职务，迁之为太傅，用何晏、邓飏、丁谧为尚书，何晏典选举，目的在使原来由汝颖集团操纵的选举权归入掌握之中。有人不清楚老庄玄学为什么产生在正始之时？又为什么由何晏捧出？其实何晏之所以在这时捧出玄学，正是要反对世族儒门的选举标准，打击世族儒门的基本理论，与汝颖、谯沛两集团的决斗有关，与何晏的派别及职务亦有关。针对谯沛集团的挑战，以司马懿为首的汝颖集团，一方面派出了它的理论家（傅嘏即其一）来与何晏等进行激烈论战，一方面积极准备，以图一举扑灭谯沛势力。齐王嘉平元年（249年），司马懿乘曹爽兄弟陪同齐王谒高平陵（在洛水南，离洛阳九十里）的机会，派兵占领武库，勒据洛水浮桥，诱说曹爽兄弟免官就第。继将曹爽兄弟、何晏、邓飏、丁谧、毕轨、李胜、桓范等一网打尽，"夷三族"。这是谯沛集团一次最大的失败。从此朝政完全为汝颖集团人物所掌握。到高贵乡公正元元年（254年），司马师继杀夏侯玄、李丰、张缉等，中央可说已无谯沛势力存在了。

"淮南三叛"代表谯沛集团地方势力。其第一次叛变由王凌、王广、令狐愚等在曹爽死后不久发动，旋为司马懿所平。第二次叛变由毌丘俭、文钦在夏侯玄等死后不久发动，为司马昭、钟会、傅嘏等所平。第三次叛变在甘露二年（257年），由诸葛诞发动，为司马昭、钟会等所平。到此年止，谯沛集团内外势力均被剪除。

谯沛集团在斗争中何以失败？最重要的原因是：一方面以汝颖人物为首的世族地主，通过在政治上取得的优势巩固、发展了封建的大土地所有制，而另一方面谯沛集团所依恃的屯田制却遭到了破坏。在谯沛集团人物还没有来得及变成新的贵族大地主的时候，曹丕便把他们中间很多人抑压成"匹夫""凡庶"，屯田制再一遭到破坏，这个集团便失去了社会经济基础。

---

① ［晋］陈寿撰，［宋］裴松之注：《三国志》卷九《夏侯玄传》，中华书局，1959年，第298页。

前面说过，屯田制是代表谯沛集团利益的。在这种制度下的土地与农民，名为国有，其实为谯沛集团所有。文帝、明帝以后，屯田制已在动摇中，根本原因在于屯田制本身。此种制度实行之初，解决了部分农民无田可耕的问题，对农业的恢复与发展起到了促进作用，曹操也由此才能统一北方。但无论屯田农民与士兵，身份均与农奴无异。不仅自身受到残酷的剥削与束缚，子孙亦不能翻身。特别是士兵，还有一种"士息"（士即兵，息即子）制度加在他们头上。兵家子弟任何上升希望都被断绝。从曹操时起，屯田农民与士兵已经起来反抗，如襄陵校尉杜松部民炅母的起义①，陈仓屯田客吕并的起义及斜谷兵变②，几乎是一起接一起。这使得屯田制不可能维持长久。屯田制建立之初，有挽救地主阶级统治的意义，汝颍集团并不反对。但曹操将屯田交由谯沛集团军人掌握，成为谯沛集团的依靠，随着此制历史使命的完成，统治阶级地位的稳定，汝颍世族集团与屯田制度之间的矛盾便日趋激烈。当魏文帝依靠汝颍集团取得世子及皇帝地位之后，屯田制即逐步动摇，直至瓦解。

从曹丕时起，由于世族集团在政治上的胜利，在经济上发生了三种有利于世族的变化。

一是把屯田农民甚至租牛给予世族官僚。《晋书》卷九十三《王恂传》说："魏氏给公卿以下租牛客户数各有差，自后小人惮役，多乐为之，贵势之门，动有百数。"所谓魏氏，指的是曹丕代汉以后。贵势之门指的是以汝颍集团为代表的通过九品中正制操纵政治的世族豪门，而非被贬为匹夫的曹魏宗室。把租牛客户给他们，"动有百数"是屯田制动摇的表现，是封建大土地所有制发展的表现，也是谯沛集团经济基础被削弱、汝颍集团经济实力上升的表现。

二是将封建大土地所有制发展的地区，特别是汝颍集团势力集中地区

---

① [晋]陈寿撰，[宋]裴松之注：《三国志》卷十八《吕虔传》，中华书局，1959年，第540页。

② [晋]陈寿撰，[宋]裴松之注：《三国志》卷二十三《赵俨传》，中华书局，1959年，第669页。

的屯田取消，变为边区屯田（军屯）。魏明帝曾因司马孚的建议，"遣冀州农丁五千屯于上邽（属凉州略阳），秋冬习战阵，春夏修田桑"[1]。齐王正始时候，司马懿因邓艾建议，省许昌民屯，在淮河流域大兴兵屯。邓艾说：

> 昔破黄巾，因为屯田，积谷于许都以制四方。今三隅已定，事在淮南，……可省许昌左右诸稻田，并水东下。令淮北屯二万人，淮南三万人，十二分休，常有四万人，且田且守。[2]

这说明了两种趋势，一种是民屯变为军屯，一种是内地屯田变为边区屯田。我们知道许昌是屯田的发祥地，也是民屯最大的地区，邓艾建议"省许昌左右诸稻田，并水东下"，是要把这支由曹操建立起来的最强的民屯队伍移向两淮，变为兵屯。许昌属颍川郡，许昌的兴建屯田，无疑妨碍到汝颍世族的利益，废掉这支屯田队伍，正在保证汝颍世族集团大土地所有制的发展。冀州也是大地主集中地区，司马孚建议将冀州农丁移植上邽，含有同样的意义。这种办法的实行，是大土地所有制战胜屯田制的一个显著表现。

又毌丘俭起兵时，曾宣布司马师的罪状十一条，其中有两条（第十条与第十一条）很重要。

一条为"三方之守，一朝阙废，多选精兵，以自营卫，五营领兵，阙而不补，多载器杖，充聚本营，天下所闻，人怀愤怨，讹言盈路，以疑海内"。另一条为"多休守兵，以占高第，以空虚四表，欲擅强势，以逞奸心，募取屯田，加其复赏，阻兵安忍，坏乱旧法"[3]。所谓"募取屯田，加其复赏"，即用优待条件（复与赏），通过募取典农部民的办法，加强自

---

① [唐]房玄龄等：《晋书》卷三十七《安平献王孚传》，中华书局，1974年，第1083页。

② [晋]陈寿撰，[宋]裴松之注：《三国志》卷二十八《邓艾传》，中华书局，1959年，第775页。

③ [晋]陈寿撰，[宋]裴松之注：《三国志》卷二十八《毌丘俭传》，中华书局，1959年，第764页。

己的军事力量。这种募取无疑也是屯田农民变为屯田士兵，即民屯变为军屯的一个标志。而这种募取是不限地点的，由此又可知屯田制的破坏，绝非个别地区的现象。所谓"三方之守，一朝阙废，多选精兵，以自营卫"，"多休守兵，以占高第，以空虚四表"，表明地方守军也有削弱。这种守军一般都是担任军屯的，地方守军的削弱，无疑军屯亦有削弱。担任地方守将的原多是谯沛人物，"多休守兵"无疑使谯沛集团的军事力量垮了下去。"淮南三叛"是以被削弱后的孤军去奋战，无怪会失败。邓艾在淮南兴屯田，是在齐王正始时候，毌丘俭起兵是在高贵乡公正元时候，毌丘俭之言，表明军屯地位在曹魏晚年也在下降。

三是凭借在政治与军事上取得的势力，打入屯田之中。在魏文帝之后，屯田制正式废止前，世族人物担任典农官吏的有不少。例如司马昭、司马望曾任洛阳典农中郎将，赵俨曾任河东典农中郎将，司马孚曾任河内典农中郎将，何曾（大族，司马氏党羽）、贾充曾任汲郡典农中郎将，卢毓曾任睢阳典农校尉，裴潜（河东大族，司马氏党羽）曾任魏郡典农中郎将[①]。他们都属于汝颍集团或司马氏一党。一方面屯田制在动摇与取消中，一方面世族人物又参与了屯田的领导。这就使得谯沛集团所依靠的屯田制陷入朝不保夕的境地。

在屯田制维持不下去的时候，某些谯沛集团人物对屯田土地也进行了夺取。如何晏等人，即曾"共分割洛阳、野王典农部桑田数百顷，及坏汤沐地以为产业"[②]。这更加速了屯田制的崩溃。

屯田制（民屯）是陈留王奂咸熙元年（264年）废除的，以往论屯田制的废除，往往只提及内部原因，未提及外部原因。史实证明，当时两大集团的斗争与司马氏的活动，在屯田制的废止上有重大影响。咸熙元年罢屯田，只是对既成事实的承认而已。当然，如果屯田制本身无问题，如果

①分见《晋书》卷二《文帝纪》、卷三十七《安平献王孚》及附《子望传》、卷三十三《何曾传》、卷四十四《贾充传》，《三国志》卷二十三《赵俨传》、卷二十二《卢毓传》、卷二十三《裴潜传》。

②［晋］陈寿撰，［宋］裴松之注：《三国志》卷九《曹爽传》，中华书局，1959年，第284页。

不是农民后来反对这种制度，世族大地主虽然在政治上取胜，想要破坏这种制度，还是不可能的。

谯沛集团之所以失败，还有其他一些原因，如文、明二帝本身的腐败，丧失了过去尚武的精神等。这些就不一一详论了。

自诸葛诞失败时起，"亡魏成晋"之势已成。高贵乡公虽作了最后一次的努力（指欲杀司马昭），但无法挽救曹魏灭亡的命运，并招致了自身的惨死。后来司马炎把魏改成晋，只是一个仪式上的问题。

曹魏政治史是世族大地主在黄巾起义之后确立其统治地位的历史。曹魏政治中有两股重要力量，一为汝颍集团，一为谯沛集团。前者代表传统的世族门阀势力，受封建大土地所有制（大田庄制）的支持；后者代表黄巾起义后新起的庶族势力，受屯田制支持。曹魏政权是一个世族与庶族地主联合统治的政权，认为曹操"唯才是举"、曹操时期世族被压了下去、曹操以后世族才重新抬头，是错的。在汝颍与谯沛两集团之间，有尖锐矛盾，历史决定胜利必然属于当时仍在发展中的封建土地私有制与门阀制的代表——汝颍集团。这两个集团的斗争，对曹魏政治、经济乃至思想文化都产生了重大影响。最重要的是屯田制的破坏，封建大土地所有制的确立。这使谯沛集团丧失了经济与军事基础而致垮台，而曹魏政权亦随之转移，世族与庶族联合统治的局面变成了世族专政的局面。西晋初期，由于屯田农民从严重的束缚与剥削下解脱出来，获得了一些自由，经济才能向前发展。但随着世族大土地私有制与门阀制的发展，农民不久又陷入了"孤贫失业"的境地，战乱丛生了。虽然如此，门阀制却未再动摇。

曹魏政治史是有关我国封建社会由前期转入中期，即转入门阀统治的历史。弄清它的真实面目，是一件十分有意义的工作。前人每说曹操用人"唯才是举"，反对儒学，观上所云两集团的存在，可知是片面的。用人不可能脱离社会经济与阶级基础。前人每说曹操、司马懿"欺他孤儿寡妇"[①]，观上所云两集团的斗争，可知也是片面的。汉魏政权的转移靠的

---

① 首先说这话的是石勒。见［唐］房玄龄等：《晋书》卷一百五《石勒载记下》，中华书局，1974年，第2749页。

是阶级集团的力量，非个人力量。我们知道东汉是封建大土地所有制及世族政治出现的时代，但一经出现便受到了黄巾起义沉重的打击，由此才兴起了一个以谯沛人物为代表、以屯田制为基础的庶族地主集团。而曹魏时代是传统的世族大地主与庶族地主激烈斗争的时代，也是两种土地所有制互相交锋的时代。魏文帝以后，谯沛集团在政治上的失势，屯田制的破坏，标志着以汝颍集团为代表的世家大族的胜利，也标志着门阀制度封建大土地所有制的胜利。到晋朝建立，历史才真正进入世族门阀统治时期，进入封建大土地所有制占统治地位的时期。

（原载《历史教学》1964年第1期，有改动）

论诸葛亮的"治实"精神

　　《三国演义》和旧剧把诸葛亮描绘成了一个有"夺天地造化之工，鬼神不测之机"的半人半神的人物，民间传说则把诸葛亮当成了智慧的化身。诸葛亮确实有智慧，他的智慧来自哪里呢？不是来自他的"神机"，而是来自他的求实精神。"治实"，是诸葛亮从事一切活动的出发点，是他获得成功的"秘诀"。

　　《三国志·诸葛亮传》注引《袁子》，说诸葛亮"治实不治名"。这句话抓住了诸葛亮一生活动中最根本的东西。可惜千百年来，很少有人注意到这句话。从《三国志》的作者陈寿开始，人们之所以往往对诸葛亮褒贬不当，就是因为不懂得从"治实不治名"去看诸葛亮的一切。"四人帮"及其御用文人自诩为"马克思主义史学家"，似乎他们懂得诸葛亮了，可是，他们一方面把"法家"的冠冕戴到诸葛亮头上，一方面又肆意攻击诸葛亮的"治实"精神，这表明他们连评论过诸葛亮的封建史学家也赶不上，只是在瞎说一气，利用诸葛亮为他们的反革命影射史学服务而已。

　　本文试从哲学、政治军事、自然科学三个方面对诸葛亮的治实精神，作一次论述。目的在澄清被"四人帮"搞乱了的是非，并对诸葛亮这个智慧的化身，力求作出合乎科学的解释。不当之处，请读者指正。

一

首先要说的是诸葛亮的哲学思想。

诸葛亮不仅是一个政治家、军事家，而且是一个具有古代唯物论和辩证法思想的哲学家。和汉代"天人合一""神人合一"的客观唯心主义相反，诸葛亮声称"造化在乎手，生死在乎人"①，十分强调人的作用。他曾向刘备指出，曹操之所以能统一北方，"非惟天时，抑亦人谋"②。他所谓"人谋"，不是像标榜"唯我论"的"四人帮"那样凭借自己的主观意志或臆想，而是靠对客观存在事物的正确了解。诸葛亮非常重视"多见多闻"，认为"多见为智，多闻为神"。为了求得对事物有一个比较正确的认识，他要求做到"万物当其目，众音佐其耳"③。不然的话，就会发生错误。这正表现了他的唯物主义精神。

尤其值得我们注意的是他的辩证法思想。他反对只知其一，不知其二，要求全面地观察问题。他曾感到法正的思想有片面性，在《致法正书》中，指出法正"知其一，未知其二"④。他认为："仰高者不可忽其下，瞻前者不可忽其后"⑤，"视微之几，听细之大"⑥。高下、前后、显隐、大小两方面是有关联的，都要留意，决不可只顾一方面，决不可以为

① ［三国］诸葛亮著，段熙仲、闻旭初编校：《诸葛亮集》卷二《阴符经序》，中华书局，1960年，第58页。

② ［晋］陈寿撰，［宋］裴松之注：《三国志》卷三十五《诸葛亮传》，中华书局，1959年，第912页。

③ ［三国］诸葛亮著，段熙仲、闻旭初编校：《诸葛亮集》卷三《便宜十六策·视听第三》，中华书局，1960年，第62页。

④ ［晋］陈寿撰，［宋］裴松之注：《三国志》卷三十五《诸葛亮传》注引郭冲五事，中华书局，1959年，第917页。

⑤ ［三国］诸葛亮著，段熙仲、闻旭初编校：《诸葛亮集》卷三《便宜十六策·思虑第十五》，中华书局，1960年，第75页。

⑥ ［三国］诸葛亮著，段熙仲、闻旭初编校：《诸葛亮集》卷三《便宜十六策·视听第三》，中华书局，1960年，第62页。

是细微的东西，就轻易忽略过去。

诸葛亮自己正是这样做的。《三国志·杨戏传》注说诸葛亮治蜀，常常"自校簿书"。诸葛亮以丞相身份"自校簿书"，这在封建社会被认为是稀奇古怪的事。而诸葛亮校阅簿书又是那样勤奋。盛夏，骄阳似火，汗流如雨，也不肯中止。丞相府主管簿书的杨颙见他过于劳积，曾用"坐而论道谓之王公""邴吉不问横道死人而忧牛喘""陈平不言知钱谷之数"等话来规劝他。邴吉是西汉宣帝的宰相，曾经外出，看到有人打群架，死的伤的横陈于道路，他问也不问就过去了；又看到有人赶牛，牛被赶得气促舌吐，他却叫手下人问起来了。有人问他，何以不问横道死人而忧牛喘？他说：打群架，相杀伤，是长安令、京兆尹所管的事，因此我不管；牛喘事关阴阳节气，是宰相所管的事，因此我要管。陈平在汉文帝时当宰相，对于国家钱、粮数字从来也不过问，说是钱粮自有主者，和宰相无关。杨颙的意思是，诸葛亮太劳苦了，簿书是主簿所管，诸葛亮是丞相，本来不需要管这些事。诸葛亮对杨颙的好心是感激的，但并不以杨颙的话为然。在他看来，王公"坐而论道"，邴吉不问"横道死人"，陈平"不言知钱谷之数"，是治名不是治实，只能知其一，而不能知其二，并不高明。他的主张是很明白的，理事应当"先理大，后理小"，"先理纲，后理纪"①。但决不能只理大，不理小，只理纲，不理目。大小本来是相对的、有联系的，如果只管"大"的，不管"小"的，只管一般，不论具体，便什么都不会知道，所谓"理大""理纲"也只能是一句空话。试问：王公坐而论道（一般），不管具体的事情，能知道些什么？所谓"论道"，不过是空谈罢了。邴吉忧牛喘不忧人民死伤，算得什么宰相？陈平连国家钱、粮数字也不过问，这样的宰相又怎能当好？丞相府簿书，涉及国家各个方面的具体问题，诸葛亮如果只是像邴吉、陈平那样，徒拥宰相空名，连簿书也不翻，蜀国又怎能治理好？

过去有人深中"四人帮"流毒，不理解诸葛亮的"理大"和"理小"

---

① [三国]诸葛亮著，段熙仲、闻旭初编校：《诸葛亮集》卷三《便宜十六策·治乱第十二》，中华书局，1960年，第71页。

问题，写文章批判诸葛亮好管"小事"，这就陷入了唯心论和形而上学的泥坑，充当了"四人帮"攻击实践第一、鼓吹"原则"至上的助手。

诸葛亮的唯物论和辩证法思想，是他"治实不治名"的理论基础，反过来，他之所以能够把治实放到首要地位，正是由于他具有唯物论和辩证法的思想，虽然这种思想还是朴素的、不完善的。

二

诸葛亮把他的"治实"精神应用到了各个方面。他既能对各种不同事物得出不同认识，制定不同方针，又能从各种不同事物中、不同情况中，得出一般性的认识，制定一般性的方针。大家知道，他在隆中和刘备的对话中，预见到了天下可能要出现"鼎足之势"，并据此提出了跨有荆、益，"外结好孙权，内修政理"等一系列方针政策。那个时候，能看到天下将要三分的只有诸葛亮一人。为什么他能得出这样一个总判断呢？根本原因就在他熟知各方面的情况。他说，曹操"已拥百万之众，挟天子而令诸侯，此诚不可与争锋"；孙权"据有江东，已历三世，国险而民附，贤能为之用，此可与为援，而不可图"；刘表据有荆州，荆州"北据汉沔，利尽南海，东连吴会，西通巴蜀"，为"用武之国"，而刘表是一个"座谈客"，是不能守住荆州这块地盘的；刘璋据有益州，"益州险塞，沃野千里，天府之土"，而刘璋却非常"暗弱"；张鲁据有汉中，"民殷国富"，而张鲁却"不知存恤"，只知"享身嗜味"。他看到荆、益"智能之士，思得明君"，刘备如果能够据有这两个州，"保其岩阻，西和诸戎，南抚夷越，外结好孙权，内修政理"，等到"天下有变"，再从荆、益两路北进，当可统一天下。这一席话表明诸葛亮对各个军阀的情况、各地地理形势、各地民心向背以及地主阶级"智能之士"的态度都了如指掌。正是基于这种对实际情况的了解，他才能得出夺取荆、益，形成鼎足的结论。司马德操说诸葛亮是一个"识时务"的"俊杰"，此话一点也不假，诸葛亮确是一个懂得时务的俊杰。

随之而来的赤壁之战的胜利，荆、益二州以及汉中地区的夺取，蜀中刘备政权的出现，证明了隆中对话完全正确。

这是从三国分立这个"大"问题上看诸葛亮的"治实"精神。下面我们再从"内修政理""外结好孙权""南抚夷越"以及北伐中原等军政方面来看。

在内修政理方面，诸葛亮把"务在多闻"，当作"为政之道"，要求"听察采纳众下之言，谋及庶士"①。大家知道，"集思广益"是我们笔下、口头经常应用的一句成语。它来自诸葛亮丞相参署的"集众思，广忠益"，最能表现诸葛亮的为政之道。诸葛亮称赞董和参署七年，"事有不至，至于十反，来相启告"，使他得以"少过"②。他底下人也都称赞他"闻恶必改而不矜过"③。他常说与崔州平、徐庶、董和、胡济等人相处，"终始好合，亦足以明其不疑于直言"④。他手下的人之所以敢于"直言"，正是由于他把"治实"当作了根本，把"务在多闻"当作了为政之道，把集思广益当作了丞相参署办事的原则。他是封建阶级中一个少有的懂得"集思"好处，不搞"一言堂"的人。

正是由于诸葛亮能从治实出发，集思广益，所以，他不仅看到了益州地区"思为乱者十户而八"⑤的严重局面，而且看到了这种局面的造成在于刘焉、刘璋以来，"德政不举，威刑不肃"，"蜀土人士，专权自恣"⑥。

① [三国]诸葛亮著，段熙仲、闻旭初编校：《诸葛亮集》卷三《便宜十六策·视听第三》，中华书局，1960年，第62页。

② [晋]陈寿撰，[宋]裴松之注：《三国志》卷三十九《董和传》，中华书局，1959年，第979页。

③ [晋]陈寿撰，[宋]裴松之注：《三国志》卷三十五《董厥传》注引《汉晋春秋》，中华书局，1959年，第933页。

④ [晋]陈寿撰，[宋]裴松之注：《三国志》卷三十九《董和传》，中华书局，1959年，第980页。

⑤ [晋]陈寿撰，[宋]裴松之注：《三国志》卷三十七《法正传》，中华书局，1959年，第959页。

⑥ [晋]陈寿撰，[宋]裴松之注：《三国志》卷三十五《诸葛亮传》注引郭冲五事，中华书局，1959年，第917页。

前一点，法正也是看到了的，后一点，法正却没有看到，所以他批评法正"知其一，不知其二"。他拒绝了法正的关于"缓刑弛禁"的意见，采取了一条"先理强后理弱"①的方针，对专权自恣的蜀土"强民"，"威之以法"，"限之以爵"②；对蜀土"弱民"，"唯劝农业，无夺其时，唯薄赋敛，无尽民财"③。他明白，只有先理强，而后才能理弱，只有一反刘焉、刘璋以来对强民"威刑不肃"，而后才能发展农业生产。他采取这条方针的主观动机是要使一触即发的蜀中农民和地主阶级的矛盾缓和下来，以稳定蜀汉的封建统治，进而与魏、吴争衡。但是，由于这个方针较能符合益州政治现实，较能符合客观存在的需要，因此取得了"吏不容奸""强不侵弱"④，"男女布野，农谷栖亩"⑤，"田畴辟，仓廪实，器械利，蓄积饶"⑥的效果。当时魏国已是"民稀耕少，浮食者多"⑦，走上了下坡路，蜀是经济情况最好的国家。

"四人帮"及其御用文人为了反革命的政治需要，避开"治实"这个根本观点不谈，利用诸葛亮政策对经济发展所起的某些促进作用，猖狂鼓吹他们的唯心论、唯我论，拼命叫卖他们的反革命"法家"原则。他们把诸葛亮纳入他们所谓"代表中小地主利益的法家"范围，把益州地区封建经济的发展，归之于他们捏造的万古不变的"法家"教条在起作用。他们

---

① ［三国］诸葛亮著，段熙仲、闻旭初编校：《诸葛亮集》卷三《便宜十六策·治乱第十二》，中华书局，1960年，第71页。

② ［晋］陈寿撰，［宋］裴松之注：《三国志》卷三十五《诸葛亮传》注引郭冲五事，中华书局，1959年，第917页。

③ ［三国］诸葛亮著，段熙仲、闻旭初编校：《诸葛亮集》卷三《便宜十六策·治人第六》，中华书局，1960年，第64页。

④ ［晋］陈寿撰，［宋］裴松之注：《三国志》卷三十五《诸葛亮传》陈寿等言，中华书局，1959年，第930页。

⑤ ［晋］陈寿撰，［宋］裴松之注：《三国志》卷四十四《蒋琬传》，中华书局，1959年，第1060页。另卷三十三《后主传》中亦有"百姓布野，余粮栖亩"之言，见第900页。

⑥ ［晋］陈寿撰，［宋］裴松之注：《三国志》卷三十五《诸葛亮传》注引《袁子》，中华书局，1959年，第935页。

⑦ ［晋］陈寿撰，［宋］裴松之注：《三国志》卷二十三《和洽传》，中华书局，1959年，第657页。

以为这一下诸葛亮就可以"为我所用"了，但这只能是枉费心机。

阶级斗争是历史发展的动力，这是一条颠扑不破的马克思主义的真理。蜀中男女布野局面的出现，从益州黄巾起义以来就是如此了。而刘焉、刘璋的放纵强民，威刑不肃，使得这种新局面又在逐渐消失之中。农民是不会眼见自己通过斗争得来的解放重新丧失的，所以"思为乱者"，又是"十户而八"。诸葛亮的"先理强，后理弱"的方针是建立在对阶级斗争形势观察的基础之上的，目的正在消除这种十户有八户"思乱"的危险局势。他代表的是整个地主阶级的利益，对于中小地主并无特别的偏爱。他的成功之处，只是在他能够治实不治名，思想、政策较能符合黄巾起义以来客观存在的要求而已。

在"外结好孙权"方面，需要指出：吴蜀联盟方针的采取和维持，是诸葛亮"治实不治名"在"外交"政策方面的表现。早在隆中对话时，诸葛亮根据他对形势的深刻认识，便已看到吴蜀联盟的必要性和可能性。他不仅看到刘备需要这种联盟，而且看到孙权也需要这种联盟；他不仅知道东吴有鲁肃其人赞成这种联盟，而且知道鲁肃的见解足以影响孙权。在诸葛亮和鲁肃的共同努力下，联盟顺利结成。孙、刘联合在赤壁抵抗曹操的进攻，是这个联盟的起点。

赤壁之战以后，孙权和刘备在荆州问题上产生矛盾。诸葛亮和鲁肃的解决办法是：划湘水为界，江夏、长沙、桂阳三郡属吴，南郡、零陵、武陵三郡属蜀[①]。再没有比这更为现实的解决荆州纠纷的方案了。鲁肃死后，"吴更违盟，关羽毁败"，这是诸葛亮所未料及的[②]。刘备兴师伐吴，从《法正传》所载诸葛亮的话"法孝直若在，则能制主上，令不东行，就复东行，必不倾危"来看，诸葛亮并不赞成。赵云说"不应置魏，先与吴

---

① [晋]陈寿撰，[宋]裴松之注：《三国志》卷三十二《先主传》建安二十年，中华书局，1959年，第883页。

② [晋]陈寿撰，[宋]裴松之注：《三国志》卷三十五《诸葛亮传》注引《汉晋春秋》，中华书局，1959年，第924页。

战；兵势一交，不得卒解也"①，代表了诸葛亮的看法。关羽的毁败，荆州的丧失，对于蜀国来说，是一次很大的挫折。但权衡利害，魏仍是蜀的第一个敌人，置魏而与孙吴开战，兵势不解，只有利于曹魏。诸葛亮不赞成刘备兴师东征，正是由于他对形势进行过深思熟虑。

刘备在夷陵之战中失利，病死白帝城，诸葛亮立即"遣使聘吴，因结和亲，遂为与国"②。失守荆州是一个耻辱，兵败夷陵又是一个耻辱，对于诸葛亮决心友好孙吴，蜀中人士反对者大有人在。《诸葛亮传》注引《汉晋春秋》说："议者咸以为交之无益"，"宜显明正义，绝其盟好"。诸葛亮是怎样看的呢？他认为："今若加显绝，仇我必深，便当移兵东戍，与之角力，须并其土，乃议中原"，而孙吴"未可一朝定"，"顿兵相持，坐而须老"，这只能使曹魏"得计，非算之上者"。反之，与吴维持联盟，则可以使蜀"无东顾之忧"，使曹魏之众"不得尽西"，有利于蜀国的内修政理与日后的北伐。这是从实际出发，"应权通变，弘思远益"所需实行的政策。

诸葛亮还看准了在魏国的强大压力下，吴国只图"限江自保"，看准了在夷陵之战中取胜的吴国，虽然气势汹汹，但还不能缺少蜀国这个盟友。

与吴维持联盟，是立足于现实基础之上的一种"求实外交"。终诸葛亮之时，蜀国坚持了这种外交。它为蜀国内修政理，南抚夷越，北伐中原创造了外部条件。

在南抚夷越方面，诸葛亮同样地贯彻了他的"治实不治名"的方针。

只要对比一下东汉统治者和诸葛亮对待少数民族的政策，就知道他们之间有多么大的不同。东汉政府对待少数民族的反抗，采取了"绝其根

---

① [晋]陈寿撰，[宋]裴松之注：《三国志》卷三十六《赵云传》注引《云别传》，中华书局，1959年，第950页。

② [晋]陈寿撰，[宋]裴松之注：《三国志》卷三十五《诸葛亮传》，中华书局，1959年，第918页。

本"①的野蛮屠杀政策。但今日破之，明日复反。诸葛亮深知东汉的屠杀政策不仅不能解决民族问题，反而加深了民族仇恨。他对"东夷""南蛮""西戎""北狄"都有过研究②，采取了一种比较符合少数民族实情的政策。针对夷人恃其险远，不复已久，在南征之前，诸葛亮发布了《南征教》，提出了"攻心为上，攻城为下；心战为上，兵战为下"③的战略方针。进军南中之际，他听到有孟获其人者，"为夷、汉并所服"，使用"七纵七擒"这种极不容易的"心战"办法，使孟获这个夷王发出了"公，天威也，南人不复反矣"之叹，遂顺利地进至滇池。南中既定，诸葛亮又实行了"皆即其渠率而用之"的政策，当时有人认为宜留"外人"，诸葛亮指出了"三不易"：如留外人，则要留兵，留兵则无所食，此一不易；南夷所破，父兄死伤，留外人而不留兵，夷人必定要进行报复，祸患又将发生，此二不易；特别是夷、汉本来不和，近又经过战争，若留外人，夷人终不会相信，民族仇恨终不会消除，此三不易。这"三不易"，表明诸葛亮对夷族人民的情况，认识比他人要深得多。他的"皆即其渠率而用之""不留兵，不运粮"的政策，是符合夷族实际情况的政策，因而取得了"夷汉粗安"的效果。④

在"北伐中原"方面，千百年来，对诸葛亮的评论，要算在这方面争论最多，分歧最大了。这种争论源于陈寿所作《诸葛亮传》的评语："可谓识治之良才，管、萧之亚匹矣！然连年动众，未能成功，盖应变将略，非其所长欤？"陈寿这个评语，对诸葛亮的军事才能提出了怀疑，后世又有人根据陈寿的评语，认为诸葛亮屡次拒绝魏延"请兵万人，与亮异道会

---

① [宋]范晔撰，[唐]李贤等注：《后汉书》卷八十八《西域传》，中华书局，1965年，第2911页。

② [三国]诸葛亮著，段熙仲、闻旭初编校：《诸葛亮集》卷四有《东夷》《南蛮》《西戎》《北狄》等篇，中华书局，1960年，第101—103页。

③ [三国]诸葛亮著，段熙仲、闻旭初编校：《诸葛亮集》卷二，中华书局，1960年，第33页。诸葛亮既有《南征教》，可知"攻心为上"等语，非由马谡提出。

④ [晋]陈寿撰，[宋]裴松之注：《三国志》卷三十五《诸葛亮传》，中华书局，1959年，第911页。

于潼关，如韩信故事"①的建议，是一个失策。反驳陈寿评语、为诸葛亮抱不平的人，几乎屡代都有。可是，他们只能从陈寿家世与诸葛亮的关系立论，对于诸葛亮北伐为什么没有取得成功，说不出一个所以然。这个问题一直没有得到解决，就是因为评论家们不懂得"治实不治名"是诸葛亮一生行事的出发点，也是北伐中原的出发点。

首先要搞清楚的是诸葛亮为什么要北伐？

当刘备"东联吴越，西取巴蜀，举兵北征，夏侯授首"之时，形势对蜀十分有利，诸葛亮曾经兴奋地以为"汉事将成"。不料"吴更违盟，关羽毁败，秭归蹉跌，曹丕称帝"，形势逆转，造成了"王业偏安"于蜀的局面。诸葛亮在内修政理取得一定成绩之后要出师北伐，是因为他看到了不能以"一州之地"，与强大的魏国"持久"并存，看到了"王业不可偏全于蜀都"，坐着不动，必被灭亡，"惟坐待亡，孰与伐之"②。他北伐中原，是形势变化以后，为挽救危亡不得不采取的措施。他的北伐，与其说是"北定中原"，不如说是从实际出发，以攻为守，借以保全刘蜀的一种政策或策略。自然，诸葛亮也不是不想进取中原，但这只能根据他曾经说过的天下有变、无变而定。

正是因为诸葛亮看清了敌强我弱的新形势，所以，他对北伐采取了持重的方针，反对冒险。魏延屡次要求诸葛亮给他一万个兵，与诸葛亮分道会于潼关，如"韩信故事"，纯属冒险行动。时代不同，形势各异，魏延想做韩信，谈何容易！诸葛亮"制而不许"，是正确的。

诸葛亮是不是片面地只知持重，不会应变呢？完全不是。看看蜀魏双方兵力和攻守情况吧！诸葛亮的总兵力是十万，魏明帝交给司马懿用来对

①［晋］陈寿撰，［宋］裴松之注：《三国志》卷四十《魏延传》，中华书局，1959年，第1003页。

②此据《诸葛亮传》注引《汉晋春秋》诸葛亮《后出师表》。此表被认为是伪作。无论真伪如何，其中分析诸葛亮北伐的原因是可取的。表注注明此表"出张俨默记"，我觉得张俨多少表达了诸葛亮的见解。

付诸葛亮的总兵力是三十余万①。诸葛亮是弱军,司马懿是强军。诸葛亮以弱对强,如果只是持重,就应该是守了,可是诸葛亮总是采取攻势。而司马懿以强对弱,却总是采取守势。司马懿所以拥重兵不敢出战,用他自己的话来说,是因为诸葛亮为"天下奇才"。诸葛亮奇就奇在既能治实,又能应变,应变又不脱离治实。

诸葛亮善于用兵,不仅为司马懿所了解,而且连坐在洛阳的魏明帝也了解。这个魏国皇帝担心司马懿吃败仗,在出兵之前,就曾严令司马懿只准守,不许攻。两军对阵,司马懿假惺惺派人到洛阳,要求明帝允许他出战,明帝大为震惊,特派辛毗"持节以制"司马懿。每当司马懿假意喧嚷定要出战诸葛亮之时,辛毗就持节站立在军营门口,不许司马懿乱动。诸葛亮说得好:"将在军,君命有所不受。"如果司马懿自知必胜,何必派人到千里以外的洛阳去向皇帝请战呢?②

应变将略,究竟是不是诸葛亮的所长,司马懿、魏明帝是懂得的,陈寿则不懂。诸葛亮北伐未能成功,原因不在诸葛亮"无"才,而在蜀国拥有的只是一州之地,魏强蜀弱,不可能速胜,诸葛亮病死于军中之时,形势尚未发生有利于蜀国的变化。至于说魏强蜀弱,蜀国就一定不能取胜,诸葛亮只是徒劳无功,这种单从强弱一个矛盾立论的意见,也是不对的。

三

最后,谈一下诸葛亮在科学实验方面的成就。

诸葛亮不仅是一个政治家、军事家,而且是一个重视科学实验的发明家。诸葛亮很懂得科学技术的重要性,不仅能够以丞相身份亲自进行科学实验,而且能够联系客观存在的需要,把实验成果应用到军事等方面去。

---

① [晋]陈寿撰,[宋]裴松之注:《三国志》卷三十五《诸葛亮传》注引郭冲五事,中华书局,1959年,第926页。

② [晋]陈寿撰,[宋]裴松之注:《三国志》卷三十五《诸葛亮传》注引《汉晋春秋》,中华书局,1959年,第926页。

他的唯物论和辩证法思想，求实和治实精神的形成，与他重视自然科学研究有密切的关系，而他的治实精神反过来又帮助他进行科学实验，取得成果。

诸葛亮在科学上有几项划时代的成就，首先是天文气象学。《三国演义》在写到赤壁之战的时候，不是描绘了一个借东风的故事吗？赤壁之战发生于建安十三年（208年）年底，战前，曹操军中疾病流行，为了减少风浪颠簸，使水军获得休息，曹操下令连锁战船。有人说：假如孙、刘用火攻，船不是散不开走不脱了吗？曹操大笑，以为船处长江上游西北江面，想烧船而无东南大风，无异白日做梦。而时值严寒，哪里来的东南大风呢？即使偶然刮起东南大风，孙、刘又怎能事先算到，巧妙地加以利用呢？但他却不知道在敌人的军营之中，有一个在科学知识上大大胜过他、在其他方面也不弱于他的二十七岁的年轻人存在，这个人就是尚未驰名中国的诸葛亮。《江表传》记载孙权将领黄盖进计"可烧而走"，黄盖诈降之日正是"东南风急"之时[①]。这不是"天"助黄盖偶然成此大功，而是诸葛亮的天文气象知识帮了黄盖的大忙。《诸葛亮集·制作篇》引风后《握奇经》说到"八阵图"时，有八阵"皆逐天文气候向背"之语，其中尚有诸葛亮所写的《二十八宿分野》一篇，可知诸葛亮深晓天文气象学。其实，诸葛亮在自然科学上是与张衡齐名的，只不过他在政治上的名声太大，反而把他在自然科学上的名气掩盖了。《三国演义》描写的诸葛亮"借东风"，是诸葛亮把他的气象知识应用于军事作战的反映。诸葛亮根据自己的看天经验和当时的天气情况，准确地预报了出现东南大风的时间，成功地实现了火烧曹船的计划，使曹操几乎全军覆灭[②]。

诸葛亮又是木牛、流马和八阵图的发明者、创造者。

木牛、流马是运载工具。木牛"载多而行，少则否"，显然是利用压力作用。木牛用人推，"人行六尺，牛行四步。载一岁粮，日行二十里，

---

① ［晋］陈寿撰，［宋］裴松之注：《三国志》卷五十四《周瑜传》注引，中华书局，1959年，第1263页。

② 孙景群、阮忠家：《气象武器》，《科学画报》1978年第3期。

而人不大劳"①。蜀后主建兴九年（231年），诸葛亮"复出祁山，以木牛运"。流马，《稗史类编》说："即今之独推者是。"《后山丛谭》又说："蜀中有小车独推，载八石"，"又有大车，用四人推，载十石，盖木牛流马也"②。则流马是用一人推的车子，载重量和木牛比，少不了多少，而使用的人力却比木牛大为减少。蜀后主建兴十二年（234年），诸葛亮率军"由斜谷出，以流马运"，使用流马比使用木牛要晚三年，显见流马是由木牛改进而成。

木牛、流马的相继发明，其重要意义不在于为当时北伐运输减轻了困难，而在于为以后民间运输提供了一种新工具。《后山丛谭》和《稗史类编》等书说蜀中大车、小车，即是诸葛亮的木牛、流马，说明这两项发明对蜀中交通运输事业的发展起过极为深远的影响。

诸葛亮的八阵图现在只能在茶余酒后的闲话中偶尔听到了。但古代懂得他的八阵图的价值的，不乏其人，有的且能深知其奥秘。唐朝名将李靖六花阵"所本"，即"诸葛亮八阵法"③。唐人杜牧之在《孙子注》中说："今夔州诸葛武侯以石纵横八行为方阵，奇正之出，皆生于此。……司马懿以四十万步骑，不敢决战，盖知其能也。"④唐代著名诗人杜甫甚至说诸葛亮"功盖三分国，名成八阵图"。八阵，《太白阴经》谓之为天、地、风、云、龙、虎、鸟、蛇，是旗号、幡名、队伍之别⑤。《握奇经》又谓八阵"皆逐天文气候向背，山川利害，随时而行，以正合，以奇胜"。则八阵图就不仅只是阵法，而是天文、气象、地理等学科知识在军事上的综合

---

① ［晋］陈寿撰，［宋］裴松之注：《三国志》卷三十五《诸葛亮传》注引《魏氏春秋》，中华书局，1959年，第928页。

② ［三国］诸葛亮著，段熙仲、闻旭初编校：《诸葛亮集》附录《故事》卷四《制作篇》所引，中华书局，1960年，第201页。

③ ［三国］诸葛亮著，段熙仲、闻旭初编校：《诸葛亮集》附录《故事》卷四《制作篇》所引，中华书局，1960年，第212页。

④ ［三国］诸葛亮著，段熙仲、闻旭初编校：《诸葛亮集》附录《故事》卷四《制作篇》所引，中华书局，1960年，第212页。

⑤ ［三国］诸葛亮著，段熙仲、闻旭初编校：《诸葛亮集》附录《故事》卷四《制作篇》所引，中华书局，1960年，第212页。

运用。诸葛亮自己说过："八阵既成，自今行师，庶不覆败矣。"[1]在北伐战争中，除了街亭之役，他也确实没有败过阵。

总之，诸葛亮在自然科学上的成就是多方面的、高超的。陈寿说他对于"工械技巧"的研究，达到了"物究其极"[2]的地步。这四字表现了他在自然科学上高度的实事求是的精神。他之所以能成为一个富有成就的科学家，也正在于有这种精神。

陈寿说：诸葛亮死后，"黎庶追思，以为口实。至今梁、益之民，咨述亮者，言犹在耳"[3]。诸葛亮是一个封建阶级的政治家，他的政策以至发明创造，在主观上都是为刘蜀封建统治服务的，但死后能为"黎庶"所追思，这在封建社会中，却是凤毛麟角。何以诸葛亮能独得此荣誉呢？主要原因就在于他把治实不治名当成了基本原则，运用到了各个方面，就在于他较能正视客观存在的实际事物。

[原载《安徽师大学报（哲学社会科学版）》1978年第3期，有改动]

---

① [三国]诸葛亮著，段熙仲、闻旭初编校：《诸葛亮集》卷二《八阵图法》，中华书局，1960年，第44页。

② [晋]陈寿撰，[宋]裴松之注：《三国志》卷三十五《诸葛亮传》陈寿等言，中华书局，1959年，第930页。

③ [晋]陈寿撰，[宋]裴松之注：《三国志》卷三十五《诸葛亮传》陈寿等言，中华书局，1959年，第931页。

嵇康新论

　　毛泽东同志早就要求我们清理古代文化遗产，将古代封建统治阶级的一切腐朽的东西同多少带有民主性和革命性的东西区别开来，剔除其封建性的糟粕，吸收其民主性的精华。三国末年，安徽亳县人嵇康因为猛烈地反对封建儒学，为世族地主阶级所杀害，他的思想是多少带有民主性的。鲁迅先生曾经校订他的诗文。可是，号称"反儒"的"四人帮"，却不准我们研究他，谈论他，原因在哪里呢？原因也就在他的思想带有民主性，有精华的东西可以吸收。

　　儒学，在东汉白虎观会议上，完成了它与神学结合的过程。从此"圣人"被抬到了"于道无所不通"的神的地位；经书与谶纬完全结合，变成了神书；儒学的核心三纲（君、父、夫）变成了日、月、星"三光"，六纪（诸父、兄弟、族人、诸舅、师长、朋友）变成了"六合"[1]。总之，儒家的一切反动说教，都被说成是天造神设的、与日月齐辉、与六合同大的、神圣的、终极的、不可亵渎的东西。世族以此传家，国家据兹取士，儒学的至高无上地位，最后确立了，反动也到顶了。

　　世族地主阶级毫不掩饰他们狂热地吹捧儒学的目的。他们公开宣布：

---

　　① ［汉］班固撰，［清］陈立疏证，吴则虞点校：《白虎通疏证》卷八《三纲六纪》，中华书局，1994年，第373页。

"是以纲纪为化，若罗网之有纪纲而万目张也。"①在三纲六纪这面罗网的笼罩下，万马齐喑，一切生机几乎都被窒息。痛击封建儒学，撕裂纲纪罗网，是人民的要求、时代的呼声。

汉末黄巾大起义打击了世族儒门的统治，玄学应时而生。玄学，是很复杂的，并不像人们想象的那样，无非是清谈玄理，卖弄玄虚。有的玄学家力图利用老庄之学，为儒学服务，这种人实际上是儒家。有的玄学家虽然也谈老庄，但声音已自不同。他们痛诋儒学和"礼法之士"，并在反对儒学的斗争中，形成了自己的哲学思想和政治思想。在这些人中，斗争最坚决、火力最猛烈的便是嵇康。他是作为时代所要求的反对封建儒学的最佳代表出现于三国历史舞台的。

嵇康反对封建儒学的精神和激烈程度，超越了他以前的所有的进步思想家。在斗争中，他形成了自己的哲学上的唯物观点、政治上的"民主"倾向，在我国哲学和政治思想发展史上占有重要的地位。重新研究嵇康，剔除其封建性的糟粕，吸收其民主性的精华，仍旧是我们要做的工作。

一、在反对儒学唯心论的斗争中
形成的嵇康的唯物论思想

嵇康是一个唯心论者还是一个唯物论者，至今没有定论。我认为在反对儒学唯心论的斗争中，嵇康最终变成了一个唯物论者。

要反对儒学，首先必须反对儒学的哲学基础——客观唯心主义。嵇康正是这样做的。

东汉儒家把三纲说成是神的创造，这是一种客观唯心主义。魏晋世族儒门利用老庄思想，为东汉儒家神、人合一的说教涂上了一层哲理的油彩，宣扬老、庄与孔、孟合一，道与儒合一，无与有合一，"自然"与名教合一，也是一种客观唯心主义。所不同的是，他们把封建儒学说成是茫茫宇宙中的一种绝对精神（道、无或"自然"），是冥冥之中的昊天上帝

---

① [汉]班固撰，[清]陈立疏证，吴则虞点校：《白虎通疏证》卷八《三纲六纪》，中华书局，1994年，第374页。

的绝对命令。所谓"圣人贵名教，老庄明自然"，其旨"将无同"①。所谓"君臣、上下、手足、外内乃天理自然，岂直人之所为哉"②。这种论调，外表上似与东汉神学有别，本质上却与东汉神学无异。

究竟有没有创造万事万物的神或派生万事万物的天理自然，是嵇康和儒学的维护者们激烈争论的一个问题。在论战中，嵇康由持二元论走向了唯物论。

在《养生论》《声无哀乐论》和《明胆论》中，嵇康都提出过二元论的观点。《养生论》说到形和神的关系，是"形恃神以立，神须形以存"，是相依关系，不是相生关系。《声无哀乐论》说到声和心的关系。嵇康说的"声"，指客观存在的声音或者"天籁"。所谓"音声之作，其犹臭味在于天地之间，其善与不善，虽遭浊乱，其体自若而不变也"。嵇康说的"心"，指人的主观感情。嵇康认为客观的"声"和主观的"心"，"明为二物"，"殊途异轨，不相经纬"。声无哀乐，心有哀乐，不能"因声以知心"。也就是无哀乐的客观存在的声音，不能产生有哀乐的主观上的感情。《明胆论》又说"明胆异气，不能相生"，"明胆殊用，不能相生"。（"明"指"见物"之明，"胆"指"决断"之胆）这些都是二元论的观点。

某些著作说嵇康有二元论的思想，这是对的，但说嵇康是一个二元论者，甚至说他是一个唯心论者，就不对了。我们不仅要看到嵇康思想中的二元论成分，而且要看到嵇康强调二元的目的所在，要看到嵇康思想由二元论到唯物论的变化发展。

嵇康所以要强调二元，是用二元论来对抗唯心的一元论，来反对"从天上掉下来的"儒学。在《难张辽叔自然好学论》中，他说："故仁义务于理伪，非养真之要术，廉让生于争夺，非自然之所出也。"仁义与养真无干，廉让非自然所出，这种说法与世族的代言人所谓"圣教"出于"天理自然"，正是对立的。

---

① [唐]房玄龄等：《晋书》卷四十九《阮籍传》附《阮瞻传》，中华书局，1974年，第1363页。

② 见郭象《庄子·齐物论》注。

用二元论来反对唯心的一元论，说"自然"与名教本无关系，力量是软弱的。人们要追问：你说的"自然"究竟是什么？到底产生不产生东西？嵇康的目的既在反对儒学，如果要反得彻底，就必然要从二元论进向唯物论，而不能停止在二元论的观点上。否则，反儒就不可能彻底。

在《嵇康集》中我们可以看到，嵇康强调的不是精神，而是物质；万事万物不是出于神或绝对精神，而是出于一种在运动着的"元气"。这正是唯物论的观点。他说："元气陶铄，众生禀焉。"①"浩浩太素，阳曜阴凝，二仪陶化，人伦肇兴。"②"夫天地合德，万物贵生。寒暑代往，五行以成。故章为五色，发为五音。"③说得非常明白，万事万物的产生，是由于元气的陶铄，由于二仪的陶化，由于"天地合德""寒暑代往"，即由于物质的运动。这是唯物论的一元论，是嵇康反对儒学唯心论必然要得出的结论。

由此出发，在认识论上，嵇康得出了这样的看法："夫推类辨物，当先求之自然之理。理已定，然后借古义以明之耳。今未得之于心，而多恃前言以为谈证，自此以往，恐巧历不能纪。"④在这段话里，嵇康所谓"自然之理"，指的是客观事物的内部规律；所谓"古义""前言"，指的是古书上的定义、前人的言论。嵇康认为推类辨物，当先求得客观事物内部的规律，而不是徒借古人所下的定义以为谈证。他不反对用古义，但认为古义、前言是第二位的东西，实际事物才是第一位的东西。这是唯物论的认识论，是嵇康反对儒学唯心论必然要得出的另一结论。

从本质方面、主流方面看，应当承认嵇康是一个唯物论者。而他的唯物论是在和儒学、唯心论的斗争中发展起来的，与当时以及后世拥护封建儒学的唯物论者（例如西晋的裴𬱖）很不相同。因此，具有特殊的积极的意义。

---

① 戴明扬校注：《嵇康集校注》卷六《明胆论》，人民文学出版社，1962年，第249页。
② 戴明扬校注：《嵇康集校注》卷十《太师箴》，人民文学出版社，1962年，第309页。
③ 戴明扬校注：《嵇康集校注》卷五《声无哀乐论》，人民文学出版社，1962年，第197页。
④ 戴明扬校注：《嵇康集校注》卷五《声无哀乐论》，人民文学出版社，1962年，第204页。

二、在反对"纲纪为化"的封建思想的斗争中
形成的嵇康的民主性思想

儒学，虽经汉末黄巾起义的打击，但随着世族政治统治的稳定与加强，不久就恢复了它往日的地位。东汉世族地主用"三光""六合"来比喻三纲、六纪，在魏晋，世族地主高喊"六经为太阳，不学为长夜"①，又用太阳来比喻六经。嵇康的可贵之处，在于他不仅打击了儒学的哲学根据，撕破了儒学的神圣外衣，而且勇敢地对儒学本身发起了直接的、正面的、猛烈的攻击。并在反对以三纲六纪为核心的儒学封建思想斗争中，逐步形成了自己的带有某种民主色彩的政治思想。

嵇康的反儒思想，集中表现在《难张辽叔自然好学论》中。这篇文章首先从儒学的来源上，揭露了儒学的反动本质。前面说到嵇康否定了名教出于自然，那么，它究竟是怎样来的呢？嵇康说："及至人不存，大道陵迟，乃始作文墨，以传其意，区别群物，使有类族，造立仁义，以婴其心，制其名分，以检其外，劝学讲文，以神其教；故六经纷错，百家繁炽，开荣利之涂，故奔骛而不觉。"②

这就是说，儒学（仁义、名分、六经，诸如此类）是在历史上产生的，是"至人不存，大道陵迟"以后，统治阶级创立的。统治者所以要造立名分、仁义这种东西，并且制为六经，"劝学讲文，以神其教"，把儒学讲得神乎其神，是要禁锢人们的思想，捆住人们的手足，以便于他们"开荣利之涂"。

说得多么好啊！古来那些"诵周孔之遗训，叹唐虞之道德，唯法是修，唯礼是克"的"大人先生"们③，不正是天天在那里喊三纲六纪、仁

---

① 戴明扬校注：《嵇康集校注》卷七《难张辽叔自然好学论》，人民文学出版社，1962年，第262页。

② 戴明扬校注：《嵇康集校注》卷七《难张辽叔自然好学论》，人民文学出版社，1962年，第259—260页。

③ 阮籍《大人先生传》，见［魏］阮籍著，陈伯君校注：《阮籍集校注》，中华书局，1987年，第163页。

义道德，又天天在那里追逐功名利禄、荣华富贵吗？

接着，嵇康在文中痛斥了"六经为太阳，不学为长夜"的说教。将儒家经书比作太阳，是魏晋世族地主的发明。嵇康借"难张辽叔"，首先斥责了那些"立六经以为准，仰仁义以为主"，"以六经为太阳"的人们，说他们"游心极视，不睹其外（其，指六经、仁义），终年驰骋，思不出位，聚族献议，唯学为贵，执书摘句，俯仰咨嗟，使服膺其言，以为荣华"。除了六经和荣华富贵以外，他们再也不知道世界上还有别的什么东西了。而他们所以要说"六经为太阳"，也就在六经可以带来荣华富贵；所以要说"不学为长夜"，也就在不学六经，便不会有荣华富贵。

然后，嵇康便针对所谓"六经为太阳，不学为长夜"，提出了完全相反的说法。他说："今若以明堂为丙舍，以讽诵为鬼语，以六经为芜秽，以仁义为臭腐，睹文籍则目瞧，修揖让则变伛，袭章服则转筋，谭礼典则齿龋，于是兼而弃之，与万物为更始，则吾子虽好学不倦，犹将阙焉；则向之不学，未必为长夜，六经未必为太阳也。"①

在嵇康眼里，凡与儒学相关的东西，都不过是"丙舍"（厕所），"鬼语"，"芜秽"，"臭腐"，哪里是什么"三光""六合""太阳"！这是对封建儒学的最猛烈、最大胆的抨击。那时的儒学已经变得非常反动，嵇康对它进行猛烈的抨击，进步性是十分突出、十分鲜明的。

马克思主义者肯定嵇康，是因为嵇康于一千七百多年前，便强烈地反对过尊孔读经。而肯定嵇康，必然要引用他曾经用来驳斥世族地主吹捧儒家经典的话——"六经未必为太阳"。可是，把封建糟粕当作宝贝的"四人帮"，却挥舞形而上学和封建忌讳的大棒，说谁的文章里引用"六经未必为太阳"，谁就是反对毛泽东思想。照"四人帮"的逻辑，引用当年世族地主说的"六经为太阳"，倒是拥护毛泽东思想了。这恰可说明真正反对毛泽东思想的正是"四人帮"自己。他们是一伙封建遗孽，是毛泽东思想的死敌，是一切自然科学和社会科学的扼杀者。

---

① 戴明扬校注：《嵇康集校注》卷七《难张辽叔自然好学论》，人民文学出版社，1962年，第262—263页。

儒学在政治上强调三纲六纪，强调以"纲纪为化"，任何人不得摆脱三纲六纪，也就是"四权"（神权、政权、族权、夫权）的罗网。嵇康既然否定儒学，那么，他的政治方案又是什么呢？

嵇康的政治方案可用他自己的两句话来概括，即"以天下为公"，反对"割天下以自私"[①]。

三纲中的君为臣纲，是封建儒学的核心中的核心。嵇康认为儒家所以标榜此纲，目的便在使那些"凭尊恃势"的人物，得以"割天下以自私"。此纲是产生坏人、坏事的总根源。他把这个思想表达在《太师箴》一文中。他说，"厥初冥昧，不虑不营"，后来，"智惠日用，渐私其亲，俱物乖离，譬□□仁，利巧愈竞，繁礼屡陈，刑教争施，夭性丧真"。仁、礼、刑、教，都是为了维护"私其亲"而被造立出来的。所谓"私其亲"，亦即"以天下私亲"[②]。什么人能"以天下私亲"呢？自然是君主和当官的人。到了季世，也就是到了他那个时代，情况就更坏了。"季世陵迟，继体承资，凭尊恃势，不友不师，宰割天下，以奉其私。"那些"凭尊恃势"的人，口称尊师重道，实际"不友不师"，只在那里"宰割天下，以奉其私"。而在那些"凭尊恃势""宰割天下"的人物当中，地位最尊、权势最大的无过于封建君主。于是他得出结论说："故君位益侈，臣路生心，竭智谋国，不吝灰沉，赏罚虽存，莫劝莫禁，若乃骄盈肆志，阻兵擅权，矜威纵虐，祸蒙丘山。刑本惩暴，今以胁贤。昔为天下，今为一身。下疾其上，君猜其臣，丧乱弘多，国乃陨颠。"

由以天下私亲，到制其名分，造立仁义，到君位益侈，宰割天下，以为一身，这便是封建君权发展的规律。君权和儒学所集中标榜的君为臣纲，是一切祸害的来由。随着君位益侈，下愈疾其上，臣子愈产生篡夺之心，祸乱也就越来越多，越来越大，最后是"国乃陨颠"。

---

① 戴明扬校注：《嵇康集校注》卷四《答难养生论》，人民文学出版社，1962年，第171页。

② 戴明扬校注：《嵇康集校注》卷一《六言十首惟上古尧舜》，人民文学出版社，1962，第41页。

这是对君权、君权神授、王道三纲的强烈否定。在君主专制制度被视为天道如此、世族地主阶级巩固了自己的政治地位的时代，嵇康敢于抨击君权，痛斥凭尊恃势的人物宰割天下，以奉其私，把这当作一切祸害的总根，进步意义尤为显著。

嵇康既然强烈地反对宰割天下，以奉其私，就必然要赞成"以天下为公"。怎样以天下为公呢？在封建时代，方案只能到原始共产主义社会中去找。嵇康如此，封建社会许多进步思想家也是如此。嵇康在《难张辽叔自然好学论》中说："洪荒之世，大朴未亏，君无文于上，民无竞于下，物全理顺，莫不自得。"在《惟上古尧舜》中说："二人功德齐均，不以天下私亲，高尚简朴兹顺，宁济四海蒸民。"这表现了他对原始共产主义制度的向往。嵇康的政治理想是："圣人不得已而临天下，以万物为心，在宥群生，由身以道，与天下同于自得。穆然以无事为业，坦尔以天下为公。虽居君位，飨万国，恬若素士接宾客也。虽建龙旗，服华衮，忽若布衣之在身。故君臣相忘于上，蒸民家足于下。岂劝百姓之尊己，割天下以自私，以富贵为崇高，心欲之而不已哉？"[①]

他要回到"穆然以无事为业，坦尔以天下为公"的原始共产主义社会中去。这当然是不可能实现的幻想。但是从反对封建君主专制制度的角度来看，嵇康政治思想中的民主色彩也正表现在这里。

三、"竹林七贤"的分裂

嵇康生活在曹魏晚期，其时，以司马氏为首的世家大族，已经在政治上取得支配性地位，儒学与世族政权完全结合起来，九品中正取士，不出世族儒门。司马懿"伏膺儒教"[②]，司马氏本身就是河内郡的著名的世族儒门。能不能看清楚儒学的本质，敢不敢反对儒学，考验着当时

---

① 戴明扬校注：《嵇康集校注》卷四《答难养生论》，人民文学出版社，1962年，第171页。

② ［唐］房玄龄等：《晋书》卷一《宣帝纪》，中华书局，1974年，第1页。

每一个思想家。

　　稽康与阮籍、山涛、向秀、阮咸、王戎、刘伶"相与友善，游于竹林，号曰七贤"①。站在远处看这七个朋友，似为"一体"；深入里面看这七个朋友，思想面貌、政治态度却很不相同。像王戎，在晋朝位极人臣，是"圣教"与老庄宗旨同一的鼓吹者，是世族地主阶级的政治代表。又像阮籍，既在《大人先生传》中斥责"唯法是修，唯礼是克"的大人先生们"处域内，何异夫虱之处裈中乎"！又曾在《乐论》中大讲"刑教一体，礼乐外内也。……礼乐正而天下平"。与稽康的《太师箴》抨击仁、礼、刑、教，全异其趣。阮籍的《为郑冲劝晋王（司马昭）笺》，标志着他与司马氏为首的世族的妥协。能够不畏强暴，不中途妥协，坚持斗争的，七人中只有稽康一个人。七个人分成三派（各以王戎、阮籍、稽康为代表），稽康一人一派，三派分道扬镳。这正好表现了稽康对儒学唯心论，对儒学封建主义的坚韧不拔、始终不渝的斗争精神。

　　由于世族的压力太大，稽康不无彷徨苦闷之时。《稽康集》中有一篇《卜疑》，表现了他这种思想感情。但是，正如他在此文中所卜的那样，"将如箕山之夫，颍水之父，轻贱唐虞而笑大禹乎"，他坚持了"每非汤、武而薄周、孔"②，"越名教而任自然"③，不为世族的利禄所动，不向世族的压力低头。

　　最能表现稽康比竹林其他诸贤高尚之处的，是他对操持政权的、以儒学为圭臬的世族地主，采取了鲜明的、始终如一的决绝态度。

　　稽康不与世族苟合。可是由于名气很大，有些世族地主偏想和他结交。贵公子颍川钟会曾"要（邀）于时贤俊之士俱往寻康，康方大树下锻，向子期（向秀）为佐鼓排，康扬槌不辍，傍（旁）若无人，移时不交一言"。钟会碰了一鼻子灰。走时，稽康发话了，问他："何所闻而来？何

---

　　①［宋］李昉等：《太平御览》卷四百七《人事部四十八》引《魏氏春秋》，中华书局，1960年，第1882页。

　　②戴明扬校注：《稽康集校注》卷二《与山巨源绝交书》，人民文学出版社，1962年，第122页。

　　③戴明扬校注：《稽康集校注》卷六《释私论》，人民文学出版社，1962年，第234页。

所见而去？"钟会愤愤不平，回话道："闻所闻而来，见所见而去。"①这事发生在钟会只闻嵇康之名，未见嵇康其人的时候。按情理，钟会应当知止，不再去找嵇康。可是钟会并不死心，他写完了《四本论》（四本，谓才性同、才性异、才结合、才性离。钟会论合），很想给嵇康看看，又怕碰钉子，"怀不敢出，于户外遥掷，便回急走"②。钟会以及"于时贤俊之士"这样想结交他，他却拒之于千里之外，向秀说这是因为他"狷介"③。后人也说他"狷介"。真的是狷介吗？不是的。这是嵇康对世族及其所奉行的儒学深恶痛绝的表现，是嵇康的极其珍贵之处。不然的话，他就要变成王戎，变成最后与世族妥协，放弃自己进步观点的阮籍了。

嵇康反对世族儒门甚至到了这样的程度，竹林七贤之一、他的友人山涛为选曹郎，举嵇康自代，嵇康听到这个消息，立即写信给山涛，与山涛绝交。坚持自己的进步观点，但在封建衙门中担任一官半职甚至做大官的，历史上不乏其人；坚持自己的进步观点，绝不在他所反对的封建衙门中做官，有朋友推举他，他反而与朋友绝交的，除了嵇康，历史上再也找不到旁人了。

在著名的《与山巨源（山涛）绝交书》中，嵇康写到他不出来做官，"有必不堪者七，甚不可者二"。所谓"甚不可者二"，一是"每非汤、武而薄周、孔，在人间不止，此事会显，世教所不容"；二是"刚肠疾恶，轻肆直言，遇事便发"。这等于宣告，他是坚定地反对儒教的，与儒教和奉行儒教的世族及其政权水火不容；等于宣告，他要把反对儒教的斗争进行到底，绝不与世族儒门妥协、合作。以司马昭为首的世族地主，本来还对嵇康抱有某种奢望，这份宣言书直接导致了他的死。《魏氏春秋》说司

---

① ［宋］刘义庆撰，［梁］刘孝标注，余嘉锡笺疏：《世说新语笺疏·简傲》，中华书局，1983年，第767页。

② ［宋］刘义庆撰，［梁］刘孝标注，余嘉锡笺疏：《世说新语笺疏·文学》，中华书局，1983年，第195页。

③ ［唐］房玄龄等：《晋书》卷四十九《向秀传》，中华书局，1974年，第1375页。

马昭听到嵇康"答书拒绝，因自说不堪流俗，而非薄汤、武"[1]，十分恼怒，不久就借故把他杀死。他可以说是至死也没有放弃自己的观点，没有改变反对封建儒学的立场的人。

以三纲六纪为核心的儒学唯心论，把君、父、夫以及伯叔、兄弟、族人、诸舅、师长、朋友，抬到了三光、六合、宇宙精神的地位。似乎宇宙之间除了这些东西，就再也没有别的东西了。它统治了中国封建社会两千年，是一切进步思想的死敌。近代历史告诉我们，不打倒孔家店，科学和民主就搞不起来，社会主义就搞不起来。中国社会的脚步，迟迟不能向前，长期停留在封建社会中，重要原因之一就是被儒学的唯心思想、封建思想死死拖住了。现在来看嵇康反对封建儒学至少有这样几点值得注意。

第一，嵇康是在儒学被世族地主捧到宗教神学地位、天理自然地位、一切生机都受到窒息的时候，站出来反对儒学的，是我国最早否定儒学神圣地位的进步思想家之一。

第二，嵇康全面地、猛烈地抨击了儒学。汤、武、周、孔、名教、礼法、明堂、诵讽、六经、仁义等等，都在他的抨击之列。世族用三光、六合、太阳来比喻儒学，他针锋相对，用丙舍、鬼语、芜秽、臭腐来痛斥儒学。他给儒学本身及其哲学基础的打击是十分沉重的。像嵇康这样猛烈地打击儒学，并在反儒学斗争中形成自己的唯物论思想和民主性思想的，在封建社会里可说绝无仅有。

第三，嵇康着重抨击的是君为臣纲。这击中了儒学名教思想的要害。他认为"君位益侈"，祸害益烈。这种思想发展下去，就必然要导致对封建君主专制制度的否定。而这种否定，在他以后并不很长的岁月里，在西晋末年鲍敬言的"无君论"中便出现了。到东晋末年陶渊明的《桃花源记》中，甚至连一个官吏也看不到了。他们都向慕日出而作，日入而息的原始共产主义社会。这是封建社会中进步思想家所能拥有的一种民主性思想。而这种思想，嵇康已发其端。

---

① [晋]陈寿撰，[宋]裴松之注：《三国志》卷二十一《王粲传》注引《魏氏春秋》，中华书局，1959年，第606页。

　　肃清"四人帮"的流毒，扫除两千多年来地主阶级所散布的封建儒学思想的影响，是我们思想理论战线的重要任务之一。作为一个马克思主义的史学工作者，对于历史上那些拥护以三纲为核心的、反动的封建儒学的思想家，应当毫不含糊地进行批判；而对嵇康这样一个强烈地反对封建儒学的进步思想家，则应当充分肯定他的贡献，给他以应有的历史地位。

　　　　　　　　　　　（原载《江淮论坛》1979年第1期，有改动）

略谈玄学的产生、派别与影响

自董仲舒著《春秋繁露》，创天人合一之说后，人变成了天的附属品，完全听命于天。东汉班固撰《白虎通德论》，进一步提出"神人合一"说。范晔在《后汉书·桓帝纪论》中，发出了疑问："斯将所谓听于神乎?"①

物极必反。自黄巾起义擂响讨伐苍天的战鼓，匹夫抗愤，抨击朝政，天人关系发生了大颠倒。人被发现了。即连曹操也不相信天命，不相信"王道之三纲可求于天"，而相信人，相信人才、人谋、智士，写诗以抒发性情为务。发展下去，那些束缚人们才智的天道、三纲、六纪的说教，必然要被否定。代之而起的必然就是对人的才识、人的智谋、人的性情的肯定。借用曹操的话："天地间，人为贵。"再也没有什么超过人的东西了。

魏齐王正始年间，产生了玄学。创始人为何晏与王弼，立论以"无"或"无为"为本。"无"究竟是什么意思呢? 这与重人有关。

按照《老子道德经》及王弼所作的注释来看，无即太初之道，即自然，即无极，即婴儿，即朴，即真。为什么又叫"无"呢? 因为这种道、自然、朴、真无以名之。有名便非道了。

那么，这种太初之道后来变得怎样呢?

老子说："大道废，有仁义，智慧出，有大伪。"(十八章)"失道而后德，失德而后仁，失仁而后义，失义而后礼。"(三十八章)"朴散则为器，

---

① [宋]范晔撰,[唐]李贤等注:《后汉书》卷七《孝桓帝纪》,中华书局,1965年,第320页。

圣人用之，则为官长。"（二十八章）此所谓"废""失""散"，是没有"生"或"派生"的意思的。

嵇康云："及至人不存，大道陵迟，乃始作文墨，以传其意，区别群物，使有类族，造立仁义，以婴其心，制其名分，以检其外……"[1]陶潜云："自真风告逝，大伪斯兴，闾阎懈廉退之节，市朝驱易进之心……"[2]他们说的"大道陵迟""真风告逝"，也就是老子说的"大道废""失道""朴散"的意思；他们说的"造立仁义""制其名分""大伪斯兴"，也就是老子说的大道废后"有仁义""有大伪"的意思。这完全是从道与人的关系而言。道废伪兴，人被桎梏。但这只是一种说法。

老子又云："天下万物生于有，有生于无。"（四十章）"道生一，一生二，二生三，三生万物。"（四十二章）这里又明白提出"有生于无"，"道生一……三生万物"。

故王弼注云："天下之物，皆以有为生。有之所始，以无为本。"（四十二章）无与有在他的注释中变成了本末关系，有变成了无的派生物了。

用到"官长""名分"上，王弼对"朴散则为器，圣人用之，则为官长"与"始制有名"作了与嵇康、陶潜完全不同的解释。他说："朴，真也。真散则百行出，殊类生，若器也。圣人因其分散，故为之立官长，以善为师，不善为资，移风易俗，复使归于一也。"（二十八章）"始制，谓朴散始为官长之时也。始制官长，不可不立名分，以定尊卑，故始制有名也。"（三十二章）照他的说法，官长、名分、尊卑都是道或朴的派生物。朴散而生出了百行与殊类。换言之，百行与殊类是朴散的结果或者说是朴的分散体现。朴为本，百行、殊类为末。因朴散而为百行、百类，在某种意义上也可说朴或真或道或自然与百行、殊类、官长、名分、尊卑，"将无同"。这与嵇康所说的"大道陵迟……造立仁义，以婴其心，制其名分，以检其外"，是完全对立的。

---

① 戴明扬校注：《嵇康集校注》卷七《难张辽叔自然好学论》，人民文学出版社，1962年，第259—260页。

② [晋]陶渊明：《陶渊明集》卷五《感士不遇赋并序》，中华书局，1979年，第145页。

玄学家都主张返朴归真或者说回到自然。但如何返朴归真，回到自然，又有不同的说法。

老子提出"复归于婴儿"，"复归于无极"，"复归于朴"（二十八章）。怎样"复归"呢？老子说"损之又损，以至于无为，无为而无不为。"（四十八章）老子说："小国寡民，使民有什伯之器而不用，使民重死而不远徙，……"（八十章）元朝的吴澄注云："老子欲挽衰周复还太古。"复还太古，即复还小国寡民之治，复归于朴，亦即返朴归真，回到自然。其道路是"损之又损"，以至于无君无臣无法令与道德说教。

从老子这种思想中，发展出了反对专制主义的学说。稽康说尧舜"不以天下私亲"[①]，他宣布自己的政治理想是："穆然以无事为业，坦尔以天下为公。"[②]鲍敬言提出了他著名的"无君无司论"，主张回到"上古无君之治"。陶潜设想出了一个"只有父子无君臣"的理想世界——"桃花源"。

至于王弼的解释，则全在"圣人因其（朴）分散，故为之立官长，以善为师，不善为资，移风易俗，复使归于一也"几句话中。在他看来，朴（道）散而为官长、名分、尊卑。只要服从官长，守定名分、尊卑等级，就是善，就可移风易俗，复归于朴。这种说法不仅与稽康不同，与老子也不同。由他的说法后来演化出儒道同派。

王弼是要维护现存的制度。因此，他对"小国寡民"也作了不同的解释。他说："国既小，民又寡，尚可使反古，况国大民众乎？故举小国而言也。"（十八章）小国尚可反古归朴，大国则更可反古归朴了。他的话真令人啼笑皆非。

魏齐王以后，司马氏当政。河内司马氏"伏膺儒教"[③]，对王弼一派的玄学言论，是可容忍的；但对倡言无、有二元，越名教而任自然的何

---

① 戴明扬校注：《稽康集校注》卷一《六言十首惟上古尧舜》，人民文学出版社，1962年，第41页。

② 戴明扬校注：《稽康集校注》卷四《答向子期难养生论》，人民文学出版社，1962年，第171页。

③ ［唐］房玄龄等：《晋书》卷一《宣帝纪》，中华书局，1974年，第1页。

晏、嵇康一派，则不能容忍，所以他们被杀了。然而由玄学家们提出的"任自然""返朴归真"之说，则如潮水一样，在不断地冲决着儒学名教的堤防，对哲学、文学、艺术、美学以及社会风气施加影响。虽然，主张儒道同、名教与自然同的人们，大声疾呼"名教内自有乐地"[①]，但没有多少人听。当时的人们，在性情上要求"任自然"，在文学上要求抒写性情与描写现实的作品。建安与太康文学风骨之所以特具，原因在此。艺术上以"铜雀三调"为滥觞的"清商乐"，居然成了魏晋南北朝音乐的主流。清商乐为俗乐。美学上把人的精神美与形体美统一起来。山涛说"嵇叔夜之为人也，岩岩若孤松之独立；其醉也，傀俄若玉山之将崩"。至若潘岳，因为"妙有姿容，好神情"，挟弹出洛阳道，妇人遇之，竟"莫不连手共萦之"[②]。这已经成了一种社会风尚。而这一切，又与复返太古"无"的世界，无君无司无政治联系在一起。对当时的专制制度，造成了猛烈的冲击。

如此说来，玄学并非消极的东西。它好比一颗灿烂的明星，进入魏晋时代的思想界天空，放出了奇光异彩。鲁迅所说魏晋进入了一个"自觉"的时代或者说进入了一个自我意识觉醒的时代，信非虚语。

（原载《孔子研究》1994年第3期，有改动）

---

①［唐］房玄龄等：《晋书》卷四十三《乐广传》，中华书局，1974年，第1245页。

②［宋］刘义庆撰，［梁］刘孝标注，余嘉锡笺疏：《世说新语笺疏·容止》，中华书局，1983年，第610页。

东晋的镇之以静政策和淝水之战的胜利

西晋是在民族矛盾激化中灭亡的。自此直至淝水之战结束，建立在南方的东晋政权所面临的主要矛盾，一直是民族矛盾。

但是，在东晋内部又存在着农民阶级和地主阶级的矛盾，一般地主和士族地主之间的矛盾，士族地主本身之间的矛盾。东晋是既有外患，又有内忧。如何协调和安定内部，以对付北方少数民族政权的军事进攻，是东晋建立之初迫切需要解决的问题。

作为东晋首任宰辅的王导，抓住了"北寇游魂伺我之隙"，"当共勠力王室，克复神州"这个主要矛盾，他采取了合乎时宜的"镇之以静"政策①。这个政策为恒温、谢安所继承。在谢安时期，东晋取得淝水之战的胜利，正是这个政策起了作用。可是，因为王、谢是一流士族，镇之以静强调的又是和与靖（安定），因而往往不被治史者所注意，甚至遭到否定。现在是还历史以本来面目的时候了。

应如何理解王导及其继承者的镇之以静政策呢？

一、镇之以静政策在经济上导致了 "百姓乐业，谷帛殷阜"

元帝建武元年（317年）三月壬申，发布过一道诏令，对王导的清静

---

① ［唐］房玄龄等：《晋书》卷六十五《王导传》，中华书局，1974年，第1751页。

为政作了很好的解释。其中说："昔之为政者，动人以行不以言，应天以实不以文，故我清静而人自正。其次听言观行，明试以功。……今在事之人，仰鉴前烈，同心勠力，深思所以宽众息役，惠益百姓……"①

所谓"宽众息役，惠益百姓"，是王导的镇之以静方针在经济政策方面的集中表现。他要求各级官吏"以行不以言"，"以实不以文"，同心勠力，来贯彻这个政策，并以此"明试以功"。

宽众息役，也就是减轻农民的税役负担，保证生产的正常进行，为东晋立国江东以至"克复神州"打下经济基础。这个政策能否行得通，从西晋的经验来看，取决于对公卿世族的态度。

王导看到"自魏氏以来，迄于太康之际，公卿世族，豪侈相高，政教陵迟，不遵法度"②。他们逃到南方之后，依然故我。如果不对他们有所压抑，宽众息役，发展生产，就将是一句空话。王导取消了他们的免税特权，禁止他们占山护泽。他的镇之以静，因此又表现为对世族经济利益的限制。

大家都知道东晋曾搞过土断（"土断"，就是取消北方来人的侨民资格，住在哪里就是哪里人，就得交税，不能再享受免税权利），但不知道第一个搞土断的人是谁。《陈书》卷一《高祖纪》中说"（成帝）咸和中土断"，把从北方颍川来的陈康（陈霸先的祖先），土断为吴兴长城人。这是东晋第一次土断。当时的宰辅是王导，可知王导是土断的发明者、创始人。按照咸康七年（341年）第二次土断会文，"实编户，王公已下皆正土断白籍"，土断也把公卿世族包括在内，世族也要依照土断后的户籍（白籍），交纳国税，不能例外。而西晋不仅各级官吏可以免税，并且受官吏荫庇的亲属，少者三代，多者九族，也都可以免税。土断把西晋以来的官吏，尤其是世族及其九族亲属所享受的极不合理的免税特权取消了。在土断的同时，王导又实行了度田收租制，"亩三升"。田越多，交的税也越多；田越少，交的税也越少。换句话说：占有大量土地的世族，要负担较

① ［唐］房玄龄等：《晋书》卷六《元帝纪》，中华书局，1974年，第150页。
② ［唐］房玄龄等：《晋书》卷六十五《王导传》，中华书局，1974年，第1746页。

多的国税，占有少量土地的农民，负担的国税则相应减少。这就是"宽众"。西晋原来实行的是"户调之式"，聚族而居的大户和五口之家的小户，税额相等。自度田收租制实行之日起，那种优待大地主的"户调之式"也废除了。

"王公已下皆正土断白籍"和度田收租，是税法的一次大整顿，目的在把西晋以来落在农民身上的重负减轻一点，以求发展农业。此外，成帝咸康二年（336年）壬辰，还发布过这样一道诏书："占山护泽，强盗律论。赃一丈以上，皆弃市。"这是江东政权第一道禁止霸占山泽的法令，法令中还包括了严惩贪污的内容。这道法令颁布之日，王导还在当国执政（他死于咸康五年）。只是"壬辰诏书"不见于《晋纪》和《王导传》，而见于《宋书·羊玄保传》附《兄子希传》，所以人们也就不知道第一个禁止霸占山泽的人也是王导。

土断、度田收租、禁止占山护泽，与宽众息役，都是在同一个方针——镇之以静下所采取的措施。这些措施缓和了尖锐的阶级对抗，安定了政局，在财政上"岁计有余"。

为什么王公以至农民都能够接受这种政策？原因就在于当时的主要矛盾是民族矛盾，就在于镇之以静和根据这个方针所制定的各项政策，目的在于保卫东晋，也就是保卫各阶级、阶层的利益不受北方少数民族政权的侵犯。

我们说王导是士族中的一个有远见的人物，历史上一个杰出的政治家，原因也在于他看到了这个主要矛盾，并且找出并坚持了解决这个主要矛盾的正确方法——镇之以静和由此而来的各项具体政策。

王导的继承者桓温和谢安，继续推行了王导的方针与政策。桓温对王导政策的继承，突出地表现在土断上。兴宁二年（364年）"三月庚戌朔，大阅户人，严法禁，称为庚戌制"[①]。这是东晋的第三次土断，是一次规模更广、程度更深、作用更大的土断。刘裕说过："及至大司马桓温，以

---

① [唐]房玄龄等：《晋书》卷八《哀帝纪》，中华书局，1974年，第208页。

民无定本，伤治为深，庚戌土断，以一其业。于时财阜国丰，实由于此。"①可知这次土断，对于东晋财政经济状况的进一步好转起到了有益的作用。

孝武帝时，谢安当政。当时，正是"强敌寇境，边书续至，梁益不守，樊邓陷没"之时②。这个局势比王导、桓温时期还要复杂、危险。面对这种局势，谢安采取了"每镇以和靖，御以长算"的政治方针，这正是王导的方针。但具体政策，较诸王导时期，又有进一步的发展。在经济上，谢安辅政不久，实行了"公王以下口税米三斛，蠲在役之身"的新税制③。关于这个税制，有两点值得注意：其一，它是口税，不是度田收租，但也不是户调之式（户税），虽然不像度田收租那样，田多多收，田少少收，无田不收，但对于"聚族而居"的大户不利。因为当时的大地主往往聚族而居，或者竞招游食，经营田庄。这个税制将迫使大户析为小户，对社会组织的变化，影响深远。其二，这个税制明确规定了王公以下都要交纳口税，而"在役之身"则可蠲免。度田收租制没有在役者可以免税的规定，这是谢安所行的税法优于度田收租制之处。役有劳役和兵役，免除负担劳役和兵役的人的口税，有利于农村和军队的稳定。

《晋书·食货志》紧接着孝武帝太元年间废除度田收租之制，改行口税，写下了这样的话："至于（太元）末年，天下无事，时和年丰，百姓乐业，谷帛殷阜，几乎家给人足矣。"这把太元年间生产的发展和咸和以来所改税法，特别是和谢安所改的口税联系在了一起。谢安的新税法促进了生产而没有阻碍生产的发展，原因即在"蠲在役之身"。

《晋书·食货志》所说的孝武帝太元年间生产发达的景象，应当认为是劳动人民在民族矛盾上升为主要矛盾的情况下，作出的重大贡献。但不能否定政策的反作用。可以这样说：没有王导及其继承者桓温和谢安相继推行的"镇之以静"或"镇以和靖"的政策，也就不会有太元年间的"百

---

① ［梁］沈约：《宋书》卷二《武帝纪中》，中华书局，1974年，第30页。

② ［唐］房玄龄等：《晋书》卷七十九《谢安传》，中华书局，1974年，第2074页。

③ ［唐］房玄龄等：《晋书》卷九《孝武帝纪》，中华书局，1974年，第227—228页。

姓乐业，谷帛殷阜"。而这又是太元八年（383年）东晋打胜淝水之战的物质基础。淝水之捷，靠的就是镇之以静的政策。

二、镇之以静政策在政治上促成了
"君臣和睦，上下同心"

前秦的皇帝苻坚要起天下兵"薄伐南裔"，可是前秦的大臣们都认为伐不得。大家的一个共同的意见是：东晋内部和而不乱。如权翼说：晋不可伐，因为晋"君臣和睦，上下同心"。石越说：因为"朝无昏贰之衅"。苻融说："晋主休明，朝臣用命。"太子苻宏说：晋伐不得，因为"人为之用"。谢安、桓冲兄弟，皆一方之俊才，君臣勠力，阻险长江，未可图也。东晋能够出现这样一种"上下同心"的良好的政治局面，就是因为王导及其继承者能针对匈奴刘渊起兵以来所造成的客观要求，采取镇之以静的方针。和也就是静，谢安叫作"和靖"。和不是一味迁就、纵容豪强，和是有原则的，这就是：一切为了挡住北方少数民族政权的进攻，进而"克复神州"。只要不违反或者有害于镇之以静的政策，一切都好商量。谢安把这叫作"不存小察，弘以大纲"①。常常被人误解的顾和之言"网漏吞舟"②，其实就是"不存小察，弘以大纲"。这个政策无疑是正确的。

在"不存小察，弘以大纲"的原则指导下，王导把各个阶级和阶层的人物，几乎都拉到了东晋朝廷周围。首先是江东的名宗大族，他们是孙吴立国的阶级基础。元帝、王导刚过江，感到要在江东立下脚来，第一件事便是要联合江东士族。王导曾向元帝建议："顾荣、贺循，此土之望，未若引之，以结人心。二子既至，则无不来矣。"元帝同意他的意见，他便亲自去请顾荣、贺循，"二子皆应命而至"。顾氏、贺氏是江东名族，顾荣、贺循是江东士大夫的首领，他们的态度在某种程度上关系到东晋的存亡。王导亲自登门请顾荣、贺循出仕东晋，是紧要的一着。不然东晋内部就安定不了。

---

① ［唐］房玄龄等：《晋书》卷七十九《谢安传》，中华书局，1974年，第2074页。
② ［唐］房玄龄等：《晋书》卷八十三《顾和传》，中华书局，1974年，第2164页。

顾荣、贺循参政，稳定了江东大部分豪强地主，少数豪强如义兴周玘，以"中州人士佐佑王业，而玘自以为不得调"，仍怀怨望，曾"阴谋诛诸执政"，主要是想杀掉王导，但未成功。周玘死后，他的儿子周勰公然起兵"以讨王导、刁协为名"。对于这种乱事，王导主张平定，因为它和镇之以静的方针不相容。但对于周氏的处理，王导则主张"不穷治，抚之如旧"①。平乱，是维护镇之以静方针的需要；乱事既平，对于想杀他并且以讨他为名的人，抚之如旧，也是为了维护镇之以静的方针。王导胜过别人的地方，就在他能从方针、政策出发，尽可能地把更多的人联合到一起，共同对付"北寇游魂"。

《世说新语·政事》记载了这样一件事："王丞相拜扬州，宾客数百人，并加沾接，人人有悦色。唯有临海一客姓任及数胡人为未洽。公因便还到过任边，云：'君出，临海便无复人。'任大喜悦。因过胡人前，弹指云：'兰阇，兰阇。'群胡同笑，四坐并欢。"

注引《晋阳秋》说："王导接诱应会，少有牾者。虽疏交常宾，一见多输写款诚，自谓为导所遇，同之旧昵。"

你看，几百个宾客，其中有不少"疏交常宾"，王导作为丞相，和他们初次见面，便有同"旧昵"，哪有不喜欢他，不向他输写款诚的呢？即使其中有个别的人心理上还有距离，他也能想方法消除。他一句夸赞的话，就把临海那位姓任的客人拉过来了。胡人语言上有隔阂，他便同他们讲几句胡语，胡人也欢喜得很。

《世说新语》这个记载和刘孝标的注释，是一个缩影，从中可以看到王导是怎样去实行他的镇之以静方针，联系和拉拢各阶层人物的。

王导一生最大的憾事，无过于他的从父兄王敦的两次起兵。他很痛心，写信给王敦的党羽王含，表示"导虽不武，情在宁国。今日之事，明目张胆为六军之首，宁忠臣而死，不无赖而生矣"②。"情在宁国"，是他的镇之以静方针的思想依据，而镇之以静，则是他的"情在宁国"思想的

---

① ［唐］房玄龄等：《晋书》卷五十八《周处传》，中华书局，1974年，第1574页。

② ［唐］房玄龄等：《晋书》卷九十八《王敦传》，中华书局，1974年，第2564页。

政治概括。

桓温是不是情在宁国？前人骂他想篡位，其实这是政敌强加给他的莫须有的罪名。举一件事情来说吧，后赵石虎死，桓温想率师北征，可是东晋朝廷对他心存疑惧，起用殷浩，把北伐任务交给这个雅好清谈佛理的人来掌握。桓温到了武昌，引起"内外噂嗒，人情震骇"。简文帝时为抚军，写信给桓温，"明社稷大计，疑惑所由"，桓温便马上"回军还镇"①。这正是为了保持内部的"和靖"，击破政敌的攻击。

韦华对后秦皇帝姚兴说过：东晋"自桓温、谢安已（以）后，未见宽猛之中"②。可见韦华就把桓温看作谢安一流的人物。而谢安，"人皆比之王导，谓文雅过之"③。王导、桓温、谢安政策的一致性，东晋人已经看出来了。韦华所谓"宽猛之中"，是他对"镇之以静"或"镇以和靖"的理解。

桓温在政治上所做的一件颇不得人心的事，是晚年废海西公，立简文帝。苻坚说他："六十岁公举动如此……将如四海何！"④但从桓温一些主要方面来看，被人称之为"不以爱憎匿善"的郗超说得很对："大司马臣温方内固社稷，外恢经略。"⑤这八字正是王导镇之以静政策的目的所在，在桓温身上也体现出来了。

谢安情在宁国则为晋人所公认。《世说新语·简傲》有一条记载，很能说明东晋在谢安时候，为什么能出现前秦权翼所称的"上下同心"的安宁局面。这条记载说："谢万北征，常以啸咏自高，未尝抚慰众士。谢公甚器爱万，而审其必败，乃俱行，从容谓万曰：'汝为元帅，宜数唤诸将宴会，以说众心。'万从之。因召集诸将，都无所说，直以如意指四坐云：'诸君皆是劲卒。'诸将甚忿恨之。谢公欲深著恩信，自队主将帅以下，无不身造，厚相逊谢。"

①［唐］房玄龄等：《晋书》卷九十八《桓温传》，中华书局，1974年，第2570页。
②［唐］房玄龄等：《晋书》卷一百十七《姚兴载记上》，中华书局，1974年，第2980页。
③［唐］房玄龄等：《晋书》卷七十九《谢安传》，中华书局，1974年，第2074页。
④［唐］房玄龄等：《晋书》卷一百十三《苻坚载记上》，中华书局，1974年，第2895页。
⑤［唐］房玄龄等：《晋书》卷九《简文帝纪》，中华书局，1974年，第223页。

谢安以宰相身份，深入部队，"自队主将帅以下，无不身造"，可以想见这对军心的稳定、军队内部的巩固，将起到多么大的作用！王导对疏交常宾以至胡人，能一一加以沾接，务使他们欢悦；谢安发展一步，亲自下到军队里去，看望、慰问队主将帅以下的军人，在封建时代，能这样做的宰相，实在太少。他们就是这样来使上下同心，以便"内固社稷，外恢经略"的。

农民是不是拉拢对象？当然是他们拉拢的对象。"宽众息役"便是为了拉拢农民，缓和阶级矛盾。

"今晋和矣"，"君臣和睦，上下同心"，是东晋打胜淝水之战的政治基础。而这个基础的奠定，靠的也就是镇之以静的方针。

三、镇之以静政策在军事上导致了攻防力量的逐步加强

在镇之以静方针的指导下，东晋对北方少数民族政权，一开始采取了以攻为守的策略。这是正确的策略。

东晋自祖逖到桓温，有过多次北伐。要了解东晋的北伐，必须与东晋的政治经济局势和施政方针联系起来看，否则，就很难有正确的评论。

与谢安同时的书法家王羲之，写过一封信给会稽王，内中谈到北伐问题。王羲之认为北伐"必宜审量彼我，万全而后动""须根立势举，谋之未晚。此实当今之上策者"。王羲之的思想，代表了王导以来有远见的政治家对北伐的看法。这是符合客观情况的正确看法。当东晋建立之初，根未立，势未举，审量彼此，北方少数民族政权是比较强大的，而刚建立的东晋则是"寡弱"的。显然，要"克复神州"，在东晋初年以至以后一段较长的时间内，还没有条件。东晋建立之初面临的首要任务是"立根"。如果当时冒险把倾国之力投入北伐，刚建立的东晋便有夭折的危险。

那么，东晋为什么又要北伐呢？一言以蔽之：以攻为守。这是在镇之以静的政治方针指导下，一个比较可行也必须实行的北伐方针。超过了这个方针的限度，是不行的；不搞以攻为守也不行，那有坐待灭亡的危险。

自王导到桓温，在北伐方面，实行的都是这个方针。

明白了这些，才能了解祖逖等人的北伐。东晋最早的一次北伐是祖逖的北伐。关于祖逖北伐，有两个问题常常被人们所忽略，因此对祖逖和元帝、王导的评价也就欠妥。一是《晋书·祖逖传》说的东晋"方拓定江南，未遑北伐"。江南尚未拓定，怎能像祖逖说的那样，"发威命将，使若逖等为之统主"，以雪"国耻"呢？那时的东晋，兵员来源都很困难。元帝大兴四年（321），曾下令发奴为兵，这不仅人数有限，而且会引起南北地主的反对。财政经济状况也很糟，"宽众息役"，发展农业，才刚刚开始。在这种情况下，元帝和王导未全力支持祖逖光复中国北方，是可以理解的。否则，便是冒险。为什么元帝、王导又同意祖逖北伐，并且多少支持一点呢？这是因为祖逖北伐符合镇之以静方针下的以攻为守的策略。

二是《晋书·石勒载记下》说的祖逖与石勒"修结和好"。石勒下书幽州"修祖氏坟墓，为置守冢二家"。祖逖听到这件事，心中"甚悦，遣参军王愉使于勒，赠以方物，修结和好"。祖逖和石勒修结和好，达到了这样一种程度，他的牙门童建杀了新蔡内史周密，投降石勒，石勒斩之，把头送给祖逖说："天下之恶一也。叛臣逃吏，吾之深仇，将军之恶，犹吾恶也。"祖逖很感激石勒，"遣使报谢"。从此以后，"究豫间垒壁叛者（背叛石勒的），逖皆不纳"[1]。这就造成了"二州之人，率多两属"，即既属于东晋，又属于后赵的怪现象。由此看来，把祖逖称为民族英雄，显然是不合适的。

祖逖北伐，使"黄河以南，尽为晋土"，"石勒不敢窥兵河南"。从以攻为守来说，目的完全达到了，祖逖的功绩在这里。但要克复神州，当时还远没有力量。

如果了解祖逖北伐是在镇之以静的方针下进行的北伐，是以攻为守，那元帝和王导为什么未全力支持祖逖，祖逖又为什么和石勒修好，就都是可以了解的了，评论也能恰当了。

---

[1] ［唐］房玄龄等：《晋书》卷一百五《石勒载记下》，中华书局，1974年，第2739页。

以往的评论尚有一个史实错误。元帝和王导派戴若思镇合肥，"实备王敦"[1]。可却往往被当作限制祖逖的行动。这个错误应当纠正。

祖逖之后有庾翼的北伐，庾翼"不顾忿咎"，发奴为兵；"并发所统六州奴及车、牛、驴、马"，进驻襄阳。打了一些小仗，没有什么成绩[2]。这是因为庾翼发奴为兵，扰动人情，不符合镇之以静的方针。

庾翼之后是桓温的北伐。桓温四次出征，值得我们注意的是：不管哪一次出征，使用的兵力都很少。第一次打益州，灭掉宾人李氏建立的成（汉）国，用的是荆州兵，"兵寡少"。第二次打关中，又只是"统步骑四万发江陵"。第四次打前燕，所带的兵力也只有"步骑五万"。[3]显然，桓温的出征，也是以攻为守。明白了这一点，我们也就不会苛求于桓温了。

在桓温头两次出征之间，有殷浩的北伐。桓温灭掉李氏建立成国以后，东晋对桓温抱有疑惧，起用殷浩对抗桓温。殷浩既然受命，"以中原为己任，上疏北征许、洛"。为了经营许（昌）、洛（阳），殷浩大大背离了"镇之以静"的方针。桓温说他"倾天府之资，竭五州之力"[4]。王羲之说他"以区区江左，所营综如此，天下寒心"，甚至说"以区区吴越，经纬天下十分之九，不亡何待"？那时，"征役兼至，皆以军期对之"，全国都被扰动。后方既被扰乱，前方怎么能打胜仗？结果不能不是"军破于外，资竭于内"[5]。殷浩是个清谈家，根本不懂军事，他的北伐超越了镇之以静方针的限度，超越了客观条件许可的范围，必然一事无成。

北方少数民族政权转易频繁，但每一个政权都构成对东晋的威胁。西晋灭亡前鉴不远，东晋在稳定内部的同时，必须对北方少数民族政权，采

---

① [唐]房玄龄等：《晋书》卷六十九《刘隗传》，中华书局，1974年，第1838页；[宋]司马光编著，[元]胡三省音注：《资治通鉴》卷九十一《晋纪十三》"元帝大兴四年"条，中华书局，1956年，第2888页。

② [唐]房玄龄等：《晋书》卷七十三《庾亮传》附《庾翼传》，中华书局，1974年，第1933页。

③ [唐]房玄龄等：《晋书》卷九十八《桓温传》，中华书局，1974年，第2569—2576页。

④ [唐]房玄龄等：《晋书》卷七十七《殷浩传》，中华书局，1974年，第2046页。

⑤ [唐]房玄龄等：《晋书》卷八十《王羲之传》，中华书局，1974年，第2095页。

取以攻为守的方针，以维持江东政权的生存，并借以积蓄力量，等待时机，大举北伐。如果按照以攻为守的方针打仗，内部是支持的，并多少能起到一些积极防御的作用。像祖逖、桓温的北伐，便是这样。如果违背这个方针，大兴兵力，企图一举光复全中国，就必然要造成内部的纷扰和不稳定，北伐也就不会有一点成绩。像庾翼、殷浩的北伐，便是这样。

东晋在王导、桓温、谢安相继当政之时，是不是单单以攻为守，把"克复神州"只挂在口头上呢？并非如此。问题在于：要大举北伐，不仅经济要有发展，政治要能和靖，而且必须组织起一支强有力的军队。靠发奴为兵或者几万地方守军是完不成北伐大业的。王导时期，把重点放在发展生产和安定内部上，尚未找到一个组织新军的好办法。桓温发现了"京口酒可饮，兵可用"①，但还来不及组织一支新军。到谢安当政之时，随着政治的稳定，经济的发展，新军终于组织成功。这就是著名的"北府兵"。北府兵的组成，是镇之以静的方针在军事上取得的一个突出的成果。

谢安用他的侄子谢玄为建武将军、兖州刺史，领广陵相，监江北诸军事，组织新军。谢玄在广陵"多募劲勇，（刘）牢之与东海何谦、琅邪诸葛侃、乐安高衡、东平刘轨、西河田洛及晋陵孙无终等以骁猛应选。玄以牢之为参军，领精锐为前锋，百战百胜，号为'北府兵'"②。"晋人谓京口为北府"③，元帝侨置兖州，寄居京口④。刘牢之等人都是京口的侨民，经过土断，变成京口人。这个地方的侨民多是徐、兖二州人，"多劲悍"⑤，所以桓温说京口"兵可用"。谢安把他们组织起来了。

在组织这支新军的同时，谢安改革税法，实行了"王公以下口税米三

---

①［唐］房玄龄等：《晋书》卷六十七《郗鉴传》附《郗超传》，中华书局，1974年，第1803页。

②［唐］房玄龄等：《晋书》卷八十四《刘牢之传》，中华书局，1974年，第2188页。

③［宋］司马光编著，［元］胡三省音注：《资治通鉴》卷一百四《晋纪二十六》"孝武帝太元二年"条，中华书局，1956年，第3284页。

④［唐］房玄龄等：《晋书》卷十四《地理志》"兖州"条，中华书局，1974年，第420页。

⑤［唐］房玄龄等：《晋书》卷六十七《郗鉴传》附《郗超传》，中华书局，1974年，第1803页。

斛，蠲在役之身"的新税制。根据这个税制，北府兵军人（在役之身），都被免除了赋税负担。北府兵所以能够组成，并能打仗，与"蠲在役之身"显然有密切的关系。

从以攻为守到北府新军的组成，是东晋打胜淝水之战的军事基础。而这个基础的奠定，靠的就是镇之以静的方针。

西晋末年，北方开始进入"五胡十六国"时期，民族矛盾上升为主要矛盾。新建立的东晋，无时无刻不面临生死存亡的问题。东晋为什么能在江东生存下来，并取得淝水之战的大捷呢？有关东晋命运的这段历史，过去很少有人认真总结过。我们看到：东晋在淝水之战前，经济上达到了"谷帛殷阜"，政治上达到了"上下同心"，军事上防止了北方少数民族军队的南进，组成一支"百战百胜"的北府新军，靠这一切，东晋才打胜淝水之战。而这些成就是不能脱离东晋的政策来考察的。只要深入一步观察，就知道这是王导、桓温、谢安相继执行的"镇之以静"或"镇以和靖，御以长算"的方针政策，起了主心骨的作用；而这种方针政策之所以有力量，是因为它符合民族矛盾上升时期客观存在的要求。这段历史经验难道不值得我们深思吗？

（原载《江淮论坛》1980年第4期，有改动）

淝水之战新探

大家都说前秦是一个落后民族建立的国家。淝水之战，前秦打败了，是件大好事。我读魏晋史籍，觉得此语并不尽然。本文欲对淝水之战的性质与意义，作一次新的探讨。

一、前秦是一个封建国家

欲明淝水之战的性质与意义，必先对前秦的社会性质有一了解。说前秦是落后的，或言其处于原始社会末期，或言其处于奴隶制阶段，主要依据均为氏族部落制组织情况。这种说法是有问题的。它把一个民族的社会性质和一个国家的社会等同起来，并无视此民族社会的实际情况与其发展。我认为前秦并不是一个奴隶制的或比奴隶制更为落后的国家，而是一个依靠汉族地主建立起来的封建国家。建立前秦的是苻健。据《晋书》卷一百十二《苻洪载记》，苻健依靠的主要力量，是后赵石虎时期，被东徙处于枋头（今河南浚县西南）的"关中豪杰及羌戎"。后赵衰，由苻洪帅之起事。苻洪死，由苻健帅之入关。所谓"关中豪杰"，并非单指氐人而言，其中包括众多的汉族地主。有史可按的如苻健时的宰相王堕，即"京兆霸城"汉人。他如赵韶、阎负、李柔、李威等，当亦为关中汉人。《晋书》卷一百二十《李特载记》有"六郡之豪李、任、阎、赵、杨、上官"之言，这些姓都是关陇一带汉族著姓。由此看出，单言前秦为氐人国家，是不确切的。它应是氐、汉等族共同建立的国家，只是皇族为氐人罢了。氐汉之间的联合并不奇怪。据《三国志》卷三十《乌丸鲜卑东夷传》注引《魏略》：远在汉魏，氐人即与汉人"错居"，"都统于郡国"，"姓如中国之姓（汉姓）"，"多知中国语（汉语）"。生产亦与汉人同，"能织布，善田种"。虽然还有部落组织，但实际已经汉化。前秦既为这样一种民族的贵族联合汉族地主，在封建经济高度发展的中原地区所建立，它不可能不是一个封建国家。

单是根据政权成分，自然不足以说明前秦的国家性质，下面试从前秦的生产关系进行分析。

自苻健建国至苻坚统一北方，前秦实行的经济剥削方法，完全是一种封建剥削。这种剥削较之前代并有所减轻。如苻健的"薄赋""蠲百姓租税"，苻坚的"复魏晋士（兵）籍，使役有常闻"，均可为证。这种剥削表明前秦的主要敌对阶级，应为地主与农民（包括自耕农及农奴性质的佃农）。自苻健至苻坚，战争频繁，但除徙民外，我们看不到有掠夺奴隶的现象，而只看到对奴隶掠夺的禁止。《资治通鉴》卷一百一《晋纪二十三》穆帝升平五年云："刘卫辰（匈奴贵族）掠秦边民五十余口为奴婢，以献于秦，秦王坚责之，使归所掠。"这个记载有助于我们了解前秦对拥有众多奴隶的贵族豪强的严厉打击（这种豪强并不一定为奴隶主）。苻坚曾用王猛（注意，亦为汉人）、邓羌诛杀强德等"贵戚强豪"二十余人，并曾大发贵戚强豪奴隶为官府服役，如"发其王侯已下及豪望富室僮隶三万人，开泾水上源，凿山起堤，通渠引渎"。此举当有利于肃清奴隶制残余。

论者每云前秦生产关系比东晋落后，实际不见得。东晋的生产关系，主要也是地主与农奴、奴隶之间的关系。《晋书》卷八十四《殷仲堪传》说："胡亡之后，中原子女鬻于江东者，不可胜数。"表明有不少北方劳动人民，都被东晋大地主降为奴婢或农奴。北人如此，南人更不待言。不少地主，如京口刁氏，"奴、客纵横"。由于大批劳动人民被地主降为奴婢与农奴性佃客，东晋政府常为兵员来源不足而苦恼。以至"每议出讨"，不得不"多取奴兵"。戴若思出为征西将军，即曾"调扬州百姓家奴万人为兵"。这样的生产关系，与前秦比较，进步在哪里呢？

若谓北方少数民族多，社会落后，当时南方少数民族也不少。据《魏书》卷九十六《僣晋司马睿传》：南方有巴、蜀、蛮、僚（原作獠）、溪、俚、楚、越八族，其中有些族虽已与汉人同化，有些族（如四川僚族、广东俚族），社会却很落后。少数民族的社会性质不能决定国家的社会性质，这是谁都了解的。若谓少数民族的"酋长"做了皇帝，社会就落后，这也不见得。实际像苻健、苻坚，已不是氏族酋长，而是统治北方各族的封建君主了，与是否氏族关系不大了。

二、前秦的社会经济不比东晋落后

说前秦落后，也都说前秦的经济比不上东晋。我觉得也不尽然。

首先要明白前秦统治者苻健、苻坚，完全不同于他们以前的只知掠夺的少数民族统治者。苻健不仅曾"薄赋""蠲百姓租税"，还曾"于丰阳县立荆州，以引南金奇货、弓竿漆蜡，通关市，来远商"。当时"国用充足""异贿盈积"，农业、商业都不差。苻坚通过"修废职""课农桑""鳏寡孤独高年不自存者，赐谷帛有差"以及"凿山起堤，通渠引渎，以溉冈卤之田"等方法，更发展了前秦的农业生产。《高僧传》卷五《释道安传》曾说苻坚时候，北方"民户殷富"。《资治通鉴》卷一百四《晋纪二十六》晋孝武帝太元七年（按即淝水之战前一年）曾谓："是岁秦大熟，上田亩收七十石，下者三十石。蝗不出幽州之境，不食麻豆，上田亩收百石，下者五十石。"《资治通鉴》说的是某一年的情况，《高僧传》说的却不止是一年的情况。把二者综合起来看，可知苻坚时前秦经济的繁荣。

江南经济怎样呢？在东晋时，由于税役之重，农民身份地位之低，江南经济并未得到什么发展。江南经济的开发，要晚到宋文帝之时，且止于荆扬地区。沈约在《宋书》中对此曾有论述。他说："江南之为国盛矣，虽南包象浦，西括邛山，至于外奉贡赋，内充府实，止于荆、扬二州。自汉氏以来，民户凋耗，荆楚……井邑残亡，万不余一也。自（晋安帝）义熙十一年司马休之外奔，至于（宋文帝）元嘉末，三十有九载，兵车勿用，民不外劳，役宽务简，氓庶繁息，至余粮栖亩，户不夜扃，盖东西之极盛也。"根据沈约之言，可以明白江南经济只是晋末至宋初三十几年间发展起来的。至于宋文帝以前东晋孝武帝期间（与苻坚同时）江南情况则不是这样。《晋书》卷六十九《刘波传》记淝水战后，刘波上孝武帝疏云："今政烦役殷，所在凋弊，仓廪空虚，国用倾竭，下民侵削，流亡相属，略计户口，但咸安（简文帝）已来，十分去三。百姓怀浮游之叹，《下泉》兴周京之思。"这说的是淝水战后东晋比较稳定，战乱较少时的事，把这种情况和淝水战前的北方前秦相比，哪个经济情况好，哪个不好，不是很明显的吗？

三、关于淝水之战的性质及前秦失败的原因

论者每谓淝水之战，从前秦来说，是不义的侵略之战。"侵略"二字是否适用，可以研究。这里我只想谈一下苻坚打东晋的动机。《晋书》卷一百十四《苻坚载记下》载有苻坚为打东晋，对释道安说的一段话。他说："非为地不广、人不足也，但思混一六合，以济苍生。天生蒸庶，树之君者，所以除烦去乱，安得惮劳！……且朕此行也，以义举耳，使流度衣冠之胄，还其墟坟，复其桑梓，止为济难铨才，不欲穷兵极武。"从这段话可以看出，苻坚打东晋，目的在统一全国，并不是穷兵黩武、志在劫掠。从苻坚统一北方的过程来看，淝水之战显然不是什么非正义的侵略之战，而是统一战争的继续发展。

既然不是非正义的战争，为什么苻坚又失败了呢？我认为北魏卢渊和宋司马光的话最能道出苻坚失败的原因。卢渊说："苻坚瓦解，当缘立政未至，定非敝卒之力强，十万之众寡也。"司马光说："坚之所以亡，由骤胜而骄故也。"卢渊所谓"立政未至"，指北方统一还不久，民族融合问题还未解决，内部还不稳定。苻坚对少数民族采取的政策是比较好的，他很想通过"和戎"的方法解决民族问题。载记上记载苻坚用鲜卑人慕容晖为

尚书，慕容垂为京兆尹，苻融反对。他写信给苻融说："今四海事旷，兆庶未宁，黎元应抚，夷狄应和，方将混六合以一家，同有形于赤子。汝其息之，勿怀耿介。"所谓"四海事旷，兆庶未宁"，正是指北方统一不久，立政未至。解决的最好办法，苻坚认为是"黎元应抚，夷狄应和"。这种政策，曾为苻坚坚决推行。他不顾苻融之言，起用了慕容暐、慕容垂。云中护军贾迁派兵袭击匈奴刘卫辰，并纵兵掠夺。苻坚听到此事，大怒，说"朕方修魏绛和戎之术，不可以小利忘大信"，即令贾迁尽还所掠。苻坚的这种政策应该肯定，但在短时期内，单是这种"和戎"办法，不可能解决北方一直存在着的尖锐的民族矛盾。在伐晋之前，苻融见"鲜卑羌羯，布诸畿甸""攒聚如林"，也预感有"风尘之变"的危险。苻坚攻打东晋的兵，是征调各族人组成，其中有很大一部分为鲜卑人、羌人。在这种军队内部，可以想见民族矛盾亦不小。东晋在这方面比前秦强。那时谢安为相，继承了王导"网漏吞舟"的政策，调节了各方面的利益，内部比较巩固。苻坚兵虽多而散，后方不稳。东晋兵虽少而繁，后方较稳。加上苻坚骄傲轻敌，不明情况，这样才招致了他在淝水之战中的失败。

四、关于前秦失败不是好事

论者以为淝水之战，前秦失败，保证了江南封建经济文化的发展，是件好事。我认为前秦失败，是件坏事，理由有二：

第一，前秦失败，对北方极为不利。自383年开始到439年北魏太武帝统一北方为止，北方长期四分五裂，战争极多，社会经济遭到极大的破坏。《苻坚载记下》记载，在后燕、后秦建立过程中（这两国是十六国后期两大国，后燕为慕容垂建立，后秦为姚苌建立），河北变得"人相食""百姓死几绝"，关中"人皆流散，道路断绝，千里无烟"。这完全改变了苻坚时"民户殷富"的景象。如果苻坚不失败，这种分裂、混战、残杀的局面，是完全可以避免的。司马光曾谓："使坚治国无失其道，则垂、苌皆秦之能臣也，乌能为乱哉？"这话是对的。慕容垂在苻坚失败之后，还曾几度考虑不能叛秦。《晋书》卷一百二十三《慕容垂载记》谓前秦军在淝水被打败，慕容垂之子慕容宝劝垂杀苻坚。垂不肯，说苻坚以"国士"待他，"每深报德之分未一"，焉能"害之"。设使苻坚不败，垂、苌等不可能造反，北方也不致大分裂，生产不致重遭破坏，民族融合的进程亦不致中断。

第二，前秦的失败推迟了全国的统一，继续阻碍了南北经济文化的交流。我们知道，南北经济文化交流在东汉时已有发展，在西晋时变得很活跃。南方很多著名人物如顾荣、张翰、陆机、陆云等都到了北方。"八王之乱"及永嘉以后，这种交流受到了阻碍。有些人强调因战争逃难带来的交流。须知这种交流绝对比不上和平、统一带来的交流。苻坚失败，南、北由此长期对峙，正常交流不可能进行，这对南北经济的发展都只有害而无利。至于说前秦失败，使江南封建经济文化得以不坠，这只是一个无分析的主观臆断。前秦如果胜利，江南封建体制不可能改变。这一方面是南北封建体制均已确立，苻坚不可能改变；另一方面是前秦本为封建国家，苻坚也不会去改变。意味深长的是，据《苻坚载记下》云：苻坚伐晋，"下书期克捷之日，以帝（晋孝帝）为尚书左仆射，谢安为吏部尚书，桓冲为侍中，并立第以待之"。这表明苻坚如果胜利，东晋统治者并不会失其位，全国将成为南北封建统治者的联合统治。这种统治对江南不会有什么坏结果。而全国统一起来，只会对江南开发更加有利。更何况苻坚比起东晋皇帝来，要贤明得多。

我觉得我们论淝水之战，绝不应该站在汉族的立场、正统的立场上讲话，否则，就不能消除偏见，对苻坚与淝水之战作出正确的评价。

本文所说的意见，不敢说就正确，提出来请大家指正。

（原载《安徽日报》1962年9月29日，有改动）

"太平道"与"五斗米道"

　　《太平经》是我国最原始的道教经典之一，近人已有论述。或以为它是黄巾的革命纲领，或以为它与黄巾无关，而为五斗米道经典[①]。本文试就《太平经》的思想性质及其与黄巾、"太平道"的关系，五斗米道与张鲁汉中政权的性质等问题，提出一些看法，请读者指教。

一

　　统观一百七十卷《太平经》，我觉得它是东汉党锢人物假托神道的一部挽救垂危统治的改良主义著作。何以见得?

　　大家知道，《太平经》与襄楷的关系很密切，《后汉书》卷六十下《襄楷传》记襄楷二次上疏，推荐此书，说它"专以奉天地、顺五行为本，亦有兴国广嗣之术"；有司谓其"假借星宿，伪托神灵，造合私意，诬上罔事"。按襄楷为平原隰阴人，《后汉书》本传记其上疏，是因为"宦官专朝，政刑暴滥，又比失皇子，灾异尤数"。后来，著名的党锢人物陈蕃，曾举他为"方正，不就……每太守至，辄致礼请"。中平年间又"与荀爽、郑玄俱以博士征，不至，卒于家"。很显然，襄楷是一个出身士族名门的

---

　　① 熊德基先生《〈太平经〉的作者和思想及其与黄巾和天师道的关系》一文(载《历史研究》1962年第4期)，指出了在讨论中对《太平经》的某些夸大不当之处。但熊先生完全否定《太平经》，认为此经与黄巾无关，而为天师道(五斗米道)经典，则是可以商榷的。

大地主，政治态度与反对宦官的陈蕃、荀爽等党锢人物相同。宦官有皇帝撑腰，党锢人物在与宦官斗争中处于劣势。在党锢人物看来，利用当时盛行的鬼神图谶思想，说服皇帝，改良朝政，以维护其本身利益，是一个好办法。而《太平经》正可达到这种目的。襄楷上疏，是由他所属的阶级与政治集团所驱使，所谓其假托神道，"造合私意，诬上罔事"，正是表明他遭到了宦官的反对。直到黄巾起义快要爆发，灵帝才"以楷书为然"，这是当时统治阶级准备联合一致镇压黄巾的反映。

何以说《太平经》是一部改良主义著作呢？且看其政治与经济主张。

在政治上，《太平经》针对东汉宦官专权，朝政紊乱，大起义有一触即发之势的情况，提出了改革政治，挽救地主阶级垂危统治的主张。

《太平经》在政治上谈得最多的问题，是帝王统治问题。经中认为帝王是代表天来统治人民的，人民应该"常旦夕忧念其君王"，"常乐帝王垂拱而自治"，"乐使王者安坐而长游"[1]。举凡一切灾变，都认为与"时君"（当今天子）无关，人民不能"以过时君"[2]，当然更不能起来造反。由此可见此经作者，是一个十足的皇权维护者。但在肯定皇权的同时，《太平经》又提出了"天地人三统，相须而立，相形而成"的主张[3]，认为三合同心，共成一家，才能导致太平。

先看其所谓"臣"。《太平经》对贪官污吏表示深恶痛绝。经中曾痛斥"尸禄邪恶贪贼，欺上害下大佞，名为官贼，似人之形，贪兽之情，无益天地阴阳，灾深当诛亡"[4]。在另一处，又痛斥他们"乱（贼）败正治"，为"天地之害，国家之贼也。民之虎狼，父母之恶子也"[5]。我们知道东汉宦官、外戚的贪酷是惊人的，仲长统也曾比之于"饿狼""饿虎"，这同《太平经》的言论是相一致的。这当然不是代表农民说话，而是东汉党锢

---

① 王明：《太平经合校》卷四十七，中华书局，1960年，第132—133页，

② 王明：《太平经合校》卷三十七，中华书局，1960年，第60页。

③ 王明：《太平经合校》卷九十二，中华书局，1960年，第373页。经文中的天、地、人即君、臣、民之意。

④ 王明：《太平经合校》卷七十三至八十五，中华书局，1960年，第302页。

⑤ 王明：《太平经合校》卷九十八，中华书局，1960年，第442页。

人物对"宦官专朝"极端不满的反映。《太平经》主张择臣选士,认为贡士得人,则"有成功而常安";不得人,则"盗贼灾变万种"①。也就是建议东汉皇帝排斥宦官,选用党锢人物。择臣选士可以说是政治上的改良主张之一。

再看其所谓"民"。《太平经》在很多地方都谈到"民",经中说民"乃天地之神统"②,国家"以多民为富,少民为大贫困"③,"治国之道,乃以民为本"④。能够看出"民"的重要,应该说是一种比较进步的思想。怎样"以民为本"呢?《太平经》说"天贪人生,地贪人养,人贪人施"⑤,帝王应"以道服人",不应"以刑杀伤服人"⑥。经中曾把帝王之治分成道、德、仁、义、礼、文、武、辨、法九类,认为最好的是道治与德治,义治"苦乐相半",礼治以下只能招来灾祸⑦。如众所知,东汉中叶以后,各族人民都接连不断地起义,礼教与残酷的镇压,都没有收到效果。《太平经》在这里是向东汉皇帝献策,其目的在于通过"道治""德治",采取一种改良办法,以求缓和与消灭阶级矛盾,防止大起义的发生。《太平经》反对"以刑杀伤服人",主张"人君当急绝兵"⑧,当然,也不是从农民出发,而是从巩固东汉统治出发。还有一点要指出的是,当时大田庄制度正在发展中,"少民"对田庄制度是不利的。经中的"民本"思想、"道治"、"德治"主张,也是与田庄主获取劳动人手的要求相一致的。

"道治""德治"的基本内容是什么呢?这关系到《太平经》的社会经济思想。《太平经》曾把"饮食与男女相须"作为人民的"二大急",把衣

① 王明:《太平经合校》卷一百九,中华书局,1960年,第520—521页。
② 王明:《太平经合校》卷四十,中华书局,1960年,第80页。
③ 王明:《太平经合校》卷六十九,中华书局,1960年,第264页。
④ 王明:《太平经合校》卷四十八,中华书局,1960年,第151页。
⑤ 王明:《太平经合校》卷一百十二,中华书局,1960年,第570页。
⑥ 王明:《太平经合校》卷三十五,中华书局,1960年,第32页。
⑦ 王明:《太平经合校》卷一百二十至一百三十六,中华书局,1960年,第689—690页。
⑧ 王明:《太平经合校》卷六十五,中华书局,1960年,第225页。

服作为"半急"提出①，这是"道治"与"德治"的中心（所谓"天贪人生，地贪人养"）。但不是主张由人民自己起来解决衣食问题，而是由统治阶级恩施（所谓"人贪人施"）。这是最明显的社会改良思想。

《太平经》对于财产也有它的看法。经中认为财产是一种"无根"的、"亦不上著于天，亦不下著于地"的、"中和之有"的浮财②，这就把土地排斥在外。只提出饮食男女与衣服，而不提出土地问题，即可不触动地主阶级的根本依靠。根据"中和之有"的理论，《太平经》认为财产是"浮而往来，职当主周穷救急"；并认为"强取人物"是"与中和为仇，其罪当死"③。这就为改良主张与反对阶级斗争找到了依据。经中特别反对夺取土地，认为"非其土地，不可强种，种之不生"④。《太平经》有关经济与财产性质的理论，实质上是一种反对阶级斗争，保护封建大土地所有制的理论，这是我们应当注意的。根据"中和之有"，《太平经》也提出了某家某人财产很多，只不过"但遇得其聚处"，本非其有的说法。所谓："比若仓中之鼠，常独足食，此大仓之粟，本非独鼠有也。"⑤另外，还提出了神仙"皆食天仓，衣司农"，虽有"阳尊阴卑"的分别，但"粗细靡物金银彩帛珠玉之宝，各令平均"⑥的说法。前者表面上虽对财产私有的"神圣"性质有怀疑，但不反对聚于某一人；后者是一种"天平"思想，但也不可过分夸张，"有功"者仍可"横赐"。要知道在当时叫统治阶级拿出一些东西来"恩施"，也是困难的。这不过是为"周穷救急"制造的理论与神道根据罢了。作者对财产性质的理论，着重点是反对阶级斗争、保护封建土地私有制的。

"太平"的意思何在？根据《太平经》的解释："太者，大也，乃言其积大行如天……平者，乃言其治太平均，凡事悉理，无复奸私也；平者，

---

① 王明：《太平经合校》卷三十六，中华书局，1960年，第44页。
② 王明：《太平经合校》卷六十七，中华书局，1960年，第246页。
③ 王明：《太平经合校》卷六十七，中华书局，1960年，第246，243页。
④ 王明：《太平经合校》卷五十五，中华书局，1960年，第210页。
⑤ 王明：《太平经合校》卷六十七，中华书局，1960年，第247页。
⑥ 王明：《太平经合校》卷一百十二，中华书局，1960年，第579页。

比若地居下，主执平也……平者，正也。"①又说："太者，大也；大者，天也；天能覆育万物，其功最大。平者，地也，地平，然能养育万物。"②由此可知太即大、即天，亦即覆育万物之意；平（或平均）即地、即正，亦即养育万物之意。简言之，"太平"二字实即经中屡屡提到的天地、生养、道德的代名词，是经中的最高政治思想。把太平或大平均解释成平均财产是错误的。但若谓与均产无关，也不对。太平经的"均产"，是地主阶级的"周穷救急"，是"道治""德治"的基本内容。此种均产当然非农民平分财富的心理，不可能是真正地通过统治阶级把一切财产拿来均分，而只是把土地以外的东西拿出一些来，作为缓和阶级矛盾的一种手段罢了。

二

《后汉书·襄楷传》谈到《太平经》，谓"张角颇有其书焉"，表明张角习研过此书。《太平经》无疑反映了农民的某些要求，张角在很多地方都利用了《太平经》。据我的考察，举凡黄巾的神道、口号、组织等等，都是从《太平经》而来。

1.神道

黄巾所奉之神，为"中黄太一"，"太一"为北辰之名，居中。《太平经》所奉之神，亦为"太一"。经中有言："长生大主号太平真正太一妙气、皇天上清金阙后圣九玄帝君……育于北玄玉国、天冈灵境、人鸟阁蓬莱山中、李谷之间，有上玄虚生之母，九玄之房，处在谷阴。"③这是《太平经》所奉的最高神。而所谓人之成神，亦即"上从天太一"④。

---

① 王明：《太平经合校》卷四十八，中华书局，1960年，第148页。
② 王明：《太平经合校》卷一百五十四至一百七十，中华书局，1960年，第718页。
③ 王明：《太平经合校》卷一至十七，中华书局，1960年，第2页。
④ 王明：《太平经合校》卷九十八，中华书局，1960年，第450页。

2.叩头思过、符水咒说治病与大贤良师

黄巾、张角用跪拜首过、符水咒说等办法以疗疾病。按《太平经》，认为"不称天心为过"，故当"退使思过"，以求原省①。"自责过无解已，更为上善人"②，可以祛病消灾。方法是："行有疾苦，心中恻然，叩头医前，补写孝言。"③张角跪拜首过的办法，即据此而来。此外，《太平经》还有"欲除疾病而大开道者，取诀于丹书吞字也"之说④。所谓"取诀于丹书吞字"，即取诀于符水。咒说指"天上神谶语"，《太平经》认为"以言愈病"，无有不愈⑤。这是张角用符水咒说治病的根据。

"师"或"良师"的含义有二：一为助人成道，一为疗人疾病。《太平经》认为："夫人乃得生于父母，得成道德于师，得荣尊于君。"⑥又认为天上神谶语，"良师、帝王所宜用"。原因在于"大医失经脉，不通死生重事，故使要道在人口中，此救急之术也"⑦。助人成道，疗人之疾，可以说是良师的两大职责。大贤良师是师中本领最好的。《太平经》中常见大贤、中贤、小贤的字眼，"得称大师"的，在于他通晓经书，"解天下文也"。《太平经》中的大贤良师，本是为帝王服务的人，而张角则把它改变为面向农民了。

3."黄天太平"

《三国志·孙坚传》载，张角自称"黄天太平"。"太平"二字显然来自《太平经》。前面说过，太平是天地、生养、平正的意思，是经中的政治理想。张角提出"黄天太平"的口号，含有黄巾执平持正、生养万民之意，号召力是很强的。张角称"天公将军"，其弟张宝称"地公将军"，张

---

① 王明：《太平经合校》卷四十八，中华书局，1960年，第153页。

② 王明：《太平经合校》卷一百十一，中华书局，1960年，第551页。

③ 王明：《太平经合校》卷一百十四，中华书局，1960年，第591页。

④ 王明：《太平经合校》卷一百八，中华书局，1960年，第512页。

⑤ 王明：《太平经合校》卷五十，中华书局，1960年，第181页。

⑥ 王明：《太平经合校》卷四十七，中华书局，1960年，第136页。

⑦ 王明：《太平经合校》卷五十，中华书局，1960年，第182页。

梁称"人公将军",与"天主生,地主养,人主成"①相符,也与"黄天太平"的口号相合。"太平""天公"虽为专指政治理想而言,但据《太平经》对财产、衣食问题的看法,显然包含着"均产"(土地除外)的意义。《太平经》是想由上面通过"周穷救急"的改良办法,解决一下财产过分不均问题;张角则是想通过革命斗争,平均财产。他是我国农民用阶级斗争来求均平财产的第一人。我们现在虽然还不能找到黄巾均产的材料,但黄巾有此思想,并且打过地主壁垒(如攻许褚)则是可以肯定的。汉末很多田庄瓦解,不能说与黄巾无关。斯大林指出:"平均主义的根源是个体农民的思想方式,是平分一切财富的心理,是原始的农民'共产主义'的心理。"这种思想并不一定要到唐末、宋初才有。《太平经》中的"天平"思想,虽说是农民思想的一种反映,但要注意的是,黄巾的均产思想并无取消封建土地所有制的意义。

4. "苍天已死,黄天当立,岁在甲子,天下大吉"

张角提出的这个口号,亦根据《太平经》。按五行说,木运(色尚苍)之后为火运(色尚赤,汉以火德王),火运之后为土运(色尚黄)。《太平经》则往往将木火连称,如说"金王则厌木而衰火","火不明则土气日兴"②。其关键在木不在火(所谓木厌则火衰)。关于木土关系,《太平经》在很多地方都提到,意思不外"木王则土不得生","木行大惊骇无气,则土得王起"③。"木绝元气,土得王"④。张角的"苍天已死,黄天当立",即指木已绝,土得王之意。"苍天已死",是指木绝火衰,汉运将尽,非谓汉朝已死。所以提苍死黄立,而不据五行提赤死(即火死)黄立,正是据《太平经》的理论。起义军所以称为"黄巾",与苍黄之说有关⑤。

"岁在甲子,天下大吉",也是有根据的。《太平经》说:"凡物生者,

---

① 王明:《太平经合校》卷九十三,中华书局,1960年,第392页。

② 王明:《太平经合校》卷六十五,中华书局,1960年,第225页。

③ 王明:《太平经合校》卷六十五,中华书局,1960年,第225,227页。

④ 王明:《太平经合校》卷六十九,中华书局,1960年,第270页。

⑤ [唐]释道宣《古今佛道论衡实录》卷二《北周安法师上论事》第十一云:"初,汉末鬼言黄衣当王(即土得王),于是张角、张鲁等始服黄衣,曹氏受命,以黄代赤,故年号黄初。"

皆以甲为首，子为本，故以上甲子序出之也。"①又说"今甲子天正也"②，"天皇起于上甲子"③。甲子既有这样大的意义，选定甲子年起义，而不在此前一年或后一年，在张角看来，当然是最合适的。

5.三十六方

《太平经》提到天上神道组织的时候，说天上"一师四辅……其余公卿有司仙真圣品大夫官等三百六十一，从属三万六千人，部领三十六万，人民则十百千万亿倍也"④。《后汉书·皇甫嵩传》说，张角署置三十六方，"大方万余人，小方六七千"，合计三十六万左右。这种组织无疑是据上引经文而来。

《后汉书·皇甫嵩传》说，方"犹将军号也"。这是一种附会。将军在黄巾谓之"渠帅"。《太平经》谓方为"大方正"之意，能行"太平"之道，"其治即方且大正"⑤。张角三十六方是宗教的部署，与行道有关。

《后汉书》称于吉造作《太平清领书》（即《太平经》），"后张角颇有其书"，这说明了张角与《太平经》的关系。《后汉书·皇甫嵩传》称张角"奉事黄老道"。《资治通鉴》易为"奉事黄、老，以妖术教授，号'太平道'"⑥。"黄老道"为根据黄巾所奉之神而言，"太平道"为根据黄巾的政治理想而言。道教各派都奉黄老，《资治通鉴》易为"太平道"，对黄巾来说，无疑更正确些。

综上所述，说黄巾与《太平经》完全无关，是把二者绝对地对立了起来，没有看到或者不承认黄巾有利用《太平经》的可能；而农民利用宗教的某些教义，是历史上常见的。但说《太平经》是黄巾的革命纲领，则是没有看到二者的本质区别，迷惑于《太平经》的某些词句。

---

① 王明：《太平经合校》卷三十九，中华书局，1960年，第66页。

② 王明：《太平经合校》卷一百十九，中华书局，1960年，第676页。

③ 王明：《太平经合校》卷一百三十七至一百五十三，中华书局，1960年，第707页。

④ 王明：《太平经合校》卷一至十七，中华书局，1960年，第6页。

⑤ 王明：《太平经合校》卷三十九，中华书局，1960年，第68—69页。

⑥ [宋]司马光编著，[元]胡三省音注：《资治通鉴》卷五十八《汉纪五十》"灵帝光和六年"条，中华书局，1956年，第1864页。

于吉时代，只有《太平经》，而无"太平道"。"太平道"是张角创立
的，其出现之初可视为一种直接表现"农民和平民的要求"的"异教"①。
正因为如此，"太平道"后来没有得到什么发展。发展起来成为正统的是
五斗米道。

三

五斗米道创于张陵（又称张道陵、张天师）。教义采用了《太平经》
中的某些说法，但更多的、主要的是由张陵所创造的。《三国志·张鲁传》
说，张陵"学道鹄鸣山中，造作道书，以惑百姓"。《魏书·释老志》说：
"张陵受道于鹄鸣，因传天官章本，千有二百，弟子相授，其事大行。"由
这两条记载可知，五斗米道一开始便有自己的经典，并非纯以《太平经》
为根据。五斗米道在很多方面都是与《太平经》不同的。

五斗米道究竟是什么性质的组织？有无进步性呢？

我认为五斗米道从一开始，就是地主阶级的宗教。首先，从阶级关系
来看，五斗米道是一个剥削"米民"的组织。五斗米之名，出自《化胡
经》②。"米民"指的是五斗米道下层所有信徒。"米民"是不是只交五斗
米呢？是不是交了一次便不要再交了呢？不。李膺《蜀记》说："受其道
者，输米、肉、布、绢、器物、纸笔、荐席、五彩。后生邪浊，增立（或
作复立）米民。"③这条记载说明了两个问题：第一，所交之物甚多，非止
五斗米而已，张鲁之义舍既有米，又有肉，可知李膺《蜀记》之言非虚
妄；第二，"米民"之立，是为了对之进行剥削。正因为如此，所以释玄

---

①《德国农民战争》中说："另一种异教则有完全不同的性质，这种异教乃是农民和平
民的要求之直接表现，并且几乎总是和起义结合着的。"（见《马克思恩格斯全集》卷七，人
民出版社，1959年，第403页）

②［唐］释道宣：《广弘明集》卷九周甄鸾《笑道论》"五谷命凿"十七，大正新修大藏
经本。

③ 可参证《广弘明集》卷八，《古今佛道论衡实录》卷二，《水经注》卷二十七"沔水"条。

光曾指责五斗米道"制民课输，欺巧之极"①。《文心雕龙》的作者刘勰亦曾指责五斗米道上层人物"爵非通侯，而轻立民户（即立米民）；瑞无虎竹，而滥求租税"②。

这种"课输"暴露了五斗米道的阶级本质，表明了五斗米道完全是地主阶级用来剥削农民的一种宗教组织。五斗米道内部师君与米民的关系，实际是地主与佃农的关系。课输是一种常税，课输之物如此之多，亦可知剥削之重。三张（陵、衡、鲁）都是大地主。

五斗米道发展到后来，上层的贪酷是十分惊人的。释玄光称其不仅有正税，而且连看看道经也要拿"金帛"，能拿的"便与其经"，"贫者造之，至死不睹"③。《世说新语·排调》载，东晋二郗（郗愔、郗昙）奉道，"皆以财贿"。《晋书·孙恩传》载，孙恩的叔父孙泰在三吴地区传布五斗米道，"诳诱百姓"，百姓"皆竭财产进子女以求福庆"。

五斗米道内部既有阶级的对立，也就有镇压的手段。五斗米道信徒又名"鬼卒""鬼民"。鬼卒之上有"祭酒""治头大祭酒"，祭酒之上即"师君""天师"。"祭酒"相当于"长吏"④，是承奉师君意旨，来统治"鬼民"的。"鬼"在五斗米道看来，并不是好东西。据说是张鲁"轻于民夷"，故"作此名"⑤。五斗米道"造黄神越章，用持杀鬼；又造赤章，用持杀人"⑥。这是五斗米道上层镇压"鬼卒""鬼民"的法律措施，也即是镇压米民、佃客的法律措施。

下面我们再来看看五斗米道的教义。

张角的"太平道"，有"黄天太平"思想，五斗米道有无其政治理想呢？没有。它在教义或教旨上，只是倡言"却病消灾"与"入圣超凡"。

怎样祛病消灾呢？五斗米道认为人的疾病、灾难，是由人本身的罪过

---

① ［梁］释僧祐：《弘明集》卷八《辩惑论》，明刊本。
② ［梁］释僧祐：《弘明集》卷八《灭惑论》，明刊本。
③ ［梁］释僧祐：《弘明集》卷八《辩惑论》"禁经上价一逆"，明刊本。
④ 《三国志·张鲁传》云："不置长吏，皆以祭酒为治。"
⑤ ［梁］释僧祐：《弘明集》卷八《辩惑论》"解厨篡门·不仁之极三"，明刊本。
⑥ ［梁］释僧祐：《弘明集》卷八《辩惑论》"轻作寒暑·凶佞之极六"，明刊本。

与魑魅作祟造成，只有入道释罪，才可以免除。释罪的主要办法是所谓"合气"以作"种民"的办法。"种民"二字出自《太平经》，《太平经》的"种民"是"从道者"的意思。从道作了"种民"，再努力学道，可为"圣贤"，可以"长生"①。五斗米道的"种民"却有另外的意义。五斗米道提倡合气释罪，合气之后，则赠以"道姑、道男冠、女官、道父、道母、神君、种民"之名②。也就是说，只有合过气，才算是"种民"，才可释罪。关于合气，周甄鸾《笑道论·道士合气》三十五说《真人内朝律》云："真人日礼，男女至朔望日，先斋三日，入私房，诣师所，立功德，阴阳并进，日夜六时。此诸猥杂，不可闻说。"释玄光《辩惑论》"合气释罪三逆"条注亦说："至甲子，诏冥醮录男女媒合，尊卑无别。"这表明所谓合气作"种民"以求释罪，完全是天师道大地主利用宗教迷信麻痹农民、侮辱妇女的一种丑恶表现。后来，五斗米道上层甚至公然养妓妾③。

至于魑魅作祟，则是把人因灾难疾病而生的仇恨转移到鬼怪身上。"斩缚魑魅"或"杀鬼"，也不过是"以快愚情"而已④。

怎样入圣超凡呢？五斗米道有"白日升天"与"尸解"之说，当是出于《太平经》："白日之人，百万之人，未有一人得者也。能得之者，天大神所保信也。余者不得比。尸解之人，百万之人乃出一人耳。"⑤但却不尽相同。五斗米道只承认张陵正月初七"升玄都"，是白日升天，或肉体成仙。而"种民"则只能通过"尸解"成仙（水解、火解、兵解等等）。此种尸解成仙之说有很大的麻痹作用，它把人们的思想引到了死后成仙（即尸解）这一点上。

总之，五斗米道是地主阶级用来剥削、压迫与愚弄农民的宗教组织，教义上没有任何积极的东西，只有消极的影响。主要理论（如五斗米与米民、鬼民、合气等等）都为自己所造，其所吸取于《太平经》的东西，则

---

① 王明：《太平经合校》卷一至十七，中华书局，1960年，第1—4页。

② [梁]释僧祐：《弘明集》卷八《辩惑论》"解厨篡门·不仁之极三"，明刻本。

③ 据《晋书》卷一百《孙恩传》，孙恩投海，"妖党及妓妾谓之'水仙'，从死者百数"。

④ [梁]释僧祐：《弘明集》卷八《灭惑论》，明刻本。

⑤ 王明：《太平经合校》卷一百十四，中华书局，1960年，第596页。

是消极的（如尸解）。

那么，我们又怎样来看待张鲁呢？在黄巾起义的那一年，巴郡有张修的起兵。《后汉书》卷八《灵帝纪》中平元年注引《刘艾记》说："时巴郡巫人张修疗病，愈者雇以米五斗，号为'五斗米师'。"这是五斗米道起兵之始。张修后来投降了益州牧刘焉，为刘焉的别部司马。献帝初平二年（191年），尝与刘焉的督义司马张鲁"合兵掩杀汉中太守苏固"。建安五年（200年），张鲁又杀张修[①]，据有汉中。

张鲁为张陵之孙，张衡之子。张鲁的母亲因"鬼道"关系，常往来于刘焉之家，刘焉遂以张鲁为督义司马[②]。张修的起兵无疑有农民起义的意义。而张鲁则是以刘焉督义司马起家，很难说是农民起义。

张鲁在汉中大行五斗米道，根据上述五斗米道的剥削性质，张鲁政权显然是一个宗教性质的大地主的政权。

张鲁在汉中有两项主要的措施，往往为人所称道，然而经过认真分析，不难看出它的实质：

第一，张鲁曾经设置"义舍"，于其中置"义米肉"，行路人可"量腹取足"。据上述五斗米道的性质可知，这仅是拿出剥削"米民"的一部分租税，蛊惑人民，以利于其统治而已。

《太平经》有天、地、八表、中央，皆有"官舍邮亭"之说，并谓"天设官舍邮亭，得而居之。欲得天力者行道，欲得地力者行德，欲得人力者行人"[③]。张鲁的"义舍"，无疑据此而来，其目的在于"得人力"。就"义舍"本身来说，这对流民是有一定好处的，但如不察其实质，认为张鲁政权为农民政权，则是错误的。

第二，张鲁制定了一种"犯法者三原然后乃行刑"的办法。这诚然是刑法的一种减轻。但要知道，五斗米道内部之有刑法，本身就表明了它有

---

① 关于张修，《资治通鉴》卷五十八《汉纪五十》，考之甚详。裴松之以为张修即鲁父张衡，误。

② [宋]司马光编著，[元]胡三省音注：《资治通鉴》卷六十《汉纪五十二》，中华书局，1956年，第1928页。

③ 王明：《太平经合校》卷一百二十至一百三十六，中华书局，1960年，第698页。

阶级的区别。至于怎样行刑，那只是一种方式问题，不能把这一点也与农民政权联系起来[①]。

张鲁政权在汉中维持了三十年之久，主要原因不在"义舍"与刑法，而在汉中之富庶与得到了巴夷王杜濩、朴胡、袁约等的支持。《三国志》卷八《张鲁传》云，张鲁对"米民"的剥削无疑很重，但"汉川之民，户出十万，四面险固，财富土沃"。这就为他剥削"米民"、维持政权提供了经济条件。张鲁的起兵，得到巴夷王杜、朴、袁等的支持，割据汉中之后，也得到他们的支持。后来，曹操兵到，张鲁成了汉"镇南将军""襄平侯"，五子皆为列侯。杜濩、朴胡、袁约也成了太守。他始终都是一个统治阶级的人物，这不是很明显的吗？

五斗米道的出现，表明道教作为一种宗教，已经完全和地主阶级结合起来。正因为它符合地主阶级的要求，所以后来成为道教（天师道）的正统。两晋地主阶级人物，参加五斗米道的极多。原因就在五斗米道，不仅能够满足大地主的贪欲与升天的梦想，而且有利于他们麻痹农民的反抗意识。

这当然不是说凡是具有五斗米道性质的起兵，都不是农民起义，农民利用宗教形式（包括五斗米道在内）进行起义的很多。问题在于我们一定要具体分析当时的特殊矛盾及五斗米道的影响，不能简单地肯定与否定。

《太平经》就其性质说，是东汉党锢人物为挽救垂危统治、保护封建大田庄制度的一部改良主义著作。

《太平经》是原始的道教经典之一，除此之外，还有很多原始经典，如《化胡经》等。"太平道"是直接表现"农民和平民的要求"的天师道教派之一，在组织与教义上，利用了《太平经》，可以说是天师道的一种异教教派。在封建社会中，"太平道"没有也不可能得到什么发展。

天师道的正统教派是"五斗米道"，此派经典多为张陵所创造，虽然

---

① 杨柄《汉中农民政权与张鲁其人——与张炳耀等同志商榷》（《江汉学报》1962年第9期）一文从祭酒、三原、义舍三点说张鲁政权为农民政权，似未注意考察五斗米道的本质和张鲁政权的产生及维持原因。

吸收了《太平经》中的某些说法，但在主要方面，如五斗米、合气等理论，均为《太平经》所无。五斗米道完全符合地主阶级的要求，是地主阶级的宗教组织。正因为如此，它得到了地主阶级的信仰，发展成为封建社会的正统道教或天师道正统。五斗米道之名保留了很久，直到寇谦之清整道教，此名才收了起来。寇谦之的道教，是五斗米道的发展。只有明白了五斗米道的性质，才能对张鲁起兵的性质有比较正确的认识。

（原载《历史教学》1964年第6期，有改动）

五斗米道与孙恩起兵

在极"左"路线影响下，史学界对五斗米道，对孙恩、卢循作过某些有害的论赞。随着极"左"路线影响的日渐清除，笔者越来越感到对这个问题颇有作进一步探讨的必要。

一、五斗米道的产生和它的实质

秦汉以来黄老学说的发展，把本来不是神的黄帝和老子（主要是老子），抬到了神而且是主要神的地位。五斗米道正是在黄、老的阴影笼罩东汉社会的时候产生的。尽管"白日升天，长生世上"之说早已有之，但把升天、长生当成一种宗教的教义，纳入宗教的理论及其活动之中，却始于张陵。《魏书·释老志》说："及张陵受道于鹄鸣，因传天官章本，千有二百，弟子相授，其事大行，斋祠跪拜，各成法道。有三元九府，百二十宫，一切诸神，咸所统摄。……至于化金销玉，行符敕水，奇方妙术，万等千条。"这里把道经的编撰、道法的造立、道教的传播等，都归到了张陵的名下。

葛洪《抱朴子》内篇《金丹》第四说："复有太清神丹，其法出于元君。元君者，老子之师也。"葛洪所说的"太清元君"，就是《华阳国志》说的"自称太清玄元"的张陵。张陵自称太清玄元，是把自己摆到"老子之师"的地位。天师也就是老子之师，太清玄元。五斗米道之所以又名天师道，其来由此。这种称号和张陵所处的道教创始人的地位，是相适应的。

《后汉书·刘焉传》说张鲁的祖父张陵，"顺帝时客于蜀，学道鹄鸣山中，造作符书，以惑百姓。受其道者辄出米五斗，故谓之'米贼'。陵传子衡，衡传于鲁，鲁遂自号'师君'"。依据这个记载，五斗米道产生在东汉顺帝之时，即公元126—144年。

张陵究竟是什么人？《太平御览》说："太清正一真人张道陵（即张陵），沛国人，本大儒。"《后汉书·刘焉传》说："沛人张鲁，母（张陵之子张衡之妻）有姿色，兼挟鬼道，往来焉家，遂任鲁以为督义司马。"又说："鲁部曲多在巴土。"张陵既是大儒，张鲁既拥有部曲，又充当益州牧刘焉的督义司马，则张家三代（张陵、张衡、张鲁）都是大地主，便毫无疑问了。

《三国志·张鲁传》说张陵时，"从受道者出五斗米"。这便是"五斗米道"名称的来由。而事实上并不是只交米五斗就可以了。

考李膺《蜀记》："受其道者，输米、肉、布、绢、器物、纸笔、荐席、五彩。后生邪浊，增立米民。"这说明了两点：其一，所交之物甚多，非止五斗米而已。如此众多之物，绝非一次所能交纳。其二，"米民"（受道者）之立，旨在剥削。正因为有租米钱税，所以释玄光曾指责五斗米道"制民课输，欺巧之极"。

五斗米只是五斗米道租税中的一种"名义"，实际租税绝不止"五斗"而已。人多不察，往往只从形式上认为只在入道时交米五斗，而没有深入研究它所反映的五斗米道上层与米民的关系，实际是地主和农民的关系的本质。其实，所谓五斗米道，本是东汉中叶地主阶级利用黄老神学创立的一种宗教，而不是农民创立的宗教。

二、五斗米道早期的教义和它的作用

关于五斗米道早期教义，可用《魏书·释老志》中，"上云羽化飞天，次称消灾灭祸"两句话来概括。

何谓"羽化飞天"？《魏书·释老志》说"白日升天"，本是秦始皇以来王所甘心不息的东西，而这也正是张陵学道立教的张本。肉体成仙，是五斗米道的终极要求。这有三个等级。《抱朴子·金丹篇》说："上士得道，升为天官（羽化飞天）；中士得道，栖集昆仑；下士得道，长生世间。"白日升天成为天官是第一等。白日升天或长生世间靠什么？都靠服食丹药。

服食饵药，秦汉方士早已行之。五斗米道有一个发展，即不是去蓬莱寻找什么不死之药，而是到有"正神在其山中"的名山，去"合作"不死的仙丹。他们还把炼丹当作生财之道。《全后汉文·仙道》说炼及"黄白已成，货财千亿"。《抱朴子·金丹篇》说"为神丹既成，不但长生，又可以作黄金"，真可谓一举两得。

下层米民要想成仙，靠什么呢？只有靠"尸解"（刀、兵、水、火之解）。《太平御览·尸解》引《登真隐诀》云："尸解者，当死之时，或刀、兵、水、火，痛楚之切，不异世人也。既死之后，其神方得迁逝，形不能去尔。"还说什么"尸解"者只能成"小仙"。这就是天师道上层对米民的说教。

五斗米道还要人们相信，疾病、灾难是由人本身的罪过与魑魅作祟造成，消灾灭祸的唯一办法是信道。就要在天师道的帮助之下，第一步，通过静室思过和鬼吏请祷，以驱逐或"斩缚"魑魅，代价是交米五斗。经过这一步，便成了五斗米道的"米民"或"鬼卒"。第二步，通过"男女合气"，进一步把自己变成五斗米道的种民。做了"种民"，那就什么灾难也不会降临到你身上了。这叫"合气释罪"。《三国志·张鲁传》注引《典略》，具体记述了张修（衡）在汉中时，所行的静室思过和鬼吏请祷之法。这个办法实际为张陵所创，为张修、张鲁所继承。《典略》说：除叩头、饮以符水之外，"加施静室，使病者处其中思过"，又使人为"奸令"（"鬼吏"），"主为病者请祷"。请祷之法："书病人姓名，说服罪之意，作三通。其一上之天，著山上，其一埋之地，其一沉之水，谓之'三官手书'。使病者家出米五斗以为常，故号曰五斗米师。"这说明五斗米道早期的教义，并没有什么积极的东西。"次称消灾灭祸"，把地主阶级的压迫和剥削造成的农民的苦难，歪曲成由农民自己的"罪过"造成；尸解成仙，把农民对幸福生活的向往，引导到死后灵魂成仙上。"上云羽化飞天"以及御妇人法、男女合气之类，则完全是地主阶级梦想点石成金、玩弄妇女、享乐万年的反映。某些道经虽有一些积极的话（如《太平经》中说的"大平均"），也只有经过农民的改造，变成一种异教（如张角的太平道），才能起到一点积极作用。

三、葛洪对五斗米道的改革和"道风"盛行

在士族掌握政治权力的两晋南北朝时期，为了取得士族的支持，五斗米道进行了改革。首先起来改革五斗米道的，是东晋的葛洪。

据《晋书·葛洪传》，葛洪的从祖葛仙公于"吴时学道得仙"，而吴地所奉，据葛洪自己说，正是李宽从蜀郡传来的五斗米道[1]。葛仙公无疑是一个五斗米道信徒。葛仙公"以其炼丹秘术授弟子郑隐"，葛洪"就隐学，悉得其法"。后来，葛洪又"师事南海太守上党鲍玄"。据《晋书·鲍靓传》，鲍靓（即鲍玄）信的也是五斗米道。这两个师承，都表明了葛洪是一个五斗米道的信仰者。葛洪把五斗米道和儒学结合起来，用道儒合一取代玄儒合一，使之得以在士族中传播。

葛洪说他的老师郑隐，"本大儒士也，晚而好道"[2]。葛洪接受了郑隐的影响，兼修儒学与五斗米道，并阐发了儒学与五斗米道之间的关系。他在内篇《明本》中提出："道者，儒之本也；儒者，道之末也。"葛洪所谓道，即五斗米道之道。他把道教当作了本原，把儒学仁义当作了道教的产物或体现，形成了他自己的一套理论。

---

① [晋]葛洪撰，王明校释：《抱朴子内篇校释》卷九《道意篇》，中华书局，1985年，第173—174页。

② [晋]葛洪撰，王明校释：《抱朴子内篇校释》卷十九《遐览篇》，中华书局，1985年，第332页。

在内篇《对俗》中，葛洪提出："欲求仙者，要当以忠孝和顺仁信为本。若德行不修而但务方术，皆不得长生也。"把修儒学当作了修道成仙的前提或先决条件。只有从"末"（儒学）做起，才能达"本"（成仙）。在内篇《释滞》中，葛洪更进一层，说不仅六经与方术应兼修，而且当官佐时与凌霄轻举应并举。葛洪还说黄帝就是"先治世而后登仙"的，是"能兼之才"[①]。这显然是顺应士族儒门的做官要求。

在内篇《对俗》中，葛洪甚至说："求长生者，正惜今日之所欲耳，本不汲汲于升虚，以飞腾为胜于地上也。若幸可止家而不死者，亦何必求于速登天乎？"原来地主们想长生，正是因为怕死了不能再享受人间的荣华富贵，如果能止家而不死，万年当官享乐，那比飞腾登天强。这种话无疑更能投合士族之所好，触到了士族的要害。

理论既变，道法或道术也就不能不变。《后汉书·襄楷传》提到"道术"的弱点，在于"其敝好巫，故君子不以专心焉"。要使道教适应儒学和士族的需要，巫术在所必革。从《抱朴子》中，我们可以看到，葛洪只强调羽化飞天，长生世间，不讲消灾灭祸。而在飞天和长生上，突出了服食丹药。他引述《黄帝九鼎神丹经》，说黄帝是服了神丹，"遂以仙去"的。他斥责了"不务药石之救，惟专祝祭之谬"。他在外篇《汉过》中，把"左道邪术，假托鬼怪者，谓之通灵神人，卜占小数，诳饰祸福者，谓之知来之妙"，当作"汉过"之一。而汉时三张五斗米道正是"鬼道"，张鲁正是"以鬼道教民"，诳饰祸福。葛洪当然不是否定五斗米道，而是否定与儒学、士族不能相容的那些东西，否定除采药炼丹以求长生之外的五斗米道的方术，包括杂道书、符剑、祝祭等等。

《抱朴子》的出现，标志着五斗米道的教义，由"上云羽化飞天，次称消灾灭祸"，变为了仙药与六经同奉，长生与做官并举。

葛洪在《抱朴子》中公布了很多具体的草木、金丹秘方，诱导人们一面读孔孟之书，去求官逐禄，一面采药炼丹，去得道成仙。"两全其美"

---

① [晋]葛洪撰，王明校释：《抱朴子内篇校释》卷十二《辨问》，中华书局，1985年，第224页。

何乐不为？从东晋起，信仰五斗米道的士族激增。玄风沦替，"道风"盛行，是东晋思想界的显著特点。即以琅邪王氏而论，在西晋时，以王戎、王衍为代表，标榜老庄与圣教"将无同"的玄学。但到东晋时起了变化。从《晋书·王羲之传》可以看出，至少从王羲之这辈起，王氏已是五斗米道的世家了。值得注意的是，此后王氏后人名字上往往带一个"之"字。如羲之之子为玄之、凝之、徽之、操之、献之，孙为桢之、靖之等，这是与王氏成为五斗米道世家同时发生的现象。我疑这"之"字是作为五斗米道的一种符号而用入正名中的，同家讳无关。果尔，则东晋南北朝时期所有不避忌讳，上下辈名字都带上"之"字的，便可能有五斗米道信徒之嫌。因无确证，不敢妄断，谨将这个问题提出。

四、孙恩、卢循起兵的原因和它的性质

只有了解五斗米道的发生与发展，才可以解释《晋书·孙恩传》，判断晋末孙恩、卢循起兵的性质。

《晋书·孙恩传》说："琅邪人孙秀之族也，世奉五斗米道。"孙秀是西晋赵王司马伦的谋士，参加了八王之乱。由此可知孙氏从西晋以来，就是五斗米道世家、地主。晋末，孙恩的叔父孙泰在三吴传道，成了三吴五斗米道的教主。

总之，葛洪把道教和儒学结合起来，使原来在下层中传播的五斗米道，向上层士族中传播开来。孙泰见"天下兵起，以为晋祚将终，乃扇（煽）动百姓，私集徒众，三吴士庶多从之"，准备造反以致被杀死。孙泰被诛之后，徒众以为"兵解"，"蝉蜕登仙"，资给逃到海上的孙恩，孙恩因此"聚合亡命，得百余人，志欲复仇"。这表明孙恩不过是想替叔父报仇，绝无领导农民起义的思想。就在这时，继司马道子当政的司马元显，下令"发东土诸郡免奴为客者，号曰乐属，移置京师，以充兵役"，搞得"东土嚣然"。孙恩"因其骚动，自海攻上虞，杀县令，因袭会稽，害内史王凝之"。孙恩这一含有复仇性质的进攻，尽管产生了影响，但此举还不

能名之为起义。随后"会稽谢鍼、吴郡陆瓌、吴兴丘尫、义兴许允之、临海周胄、永嘉张永及东阳、新安等凡八郡,一时俱起",从而把孙恩推上了八郡起兵领导人的地位。

谢鍼是北方来的住在会稽郡的名士之一,陆瓌是吴郡四姓之一,丘尫是吴兴著姓。他们都是所谓"长生人",这表明他们都是五斗米道上层信徒。这等人起来响应孙恩,正是起来响应他们的教主。

为什么八郡谢鍼等人要反对司马元显发"免奴为客者"当兵呢?因为佃客是地主田庄中的主要劳动力,地主免奴为客,这种客仍在地主田庄之中。司马元显发他们当兵,地主便要丧失一大批劳动力,这是地主所不能甘心的。上升为佃客的奴婢,无疑也不愿意去当兵;加上他们和主人之间还存在着宗教上的从属关系,于是便在田庄主的率领下,都起来响应教主孙恩了。

论述孙恩起兵,决不能只讲"免奴为客者",不讲率领他们的士庶地主谢鍼、陆瓌、丘尫等人,不讲孙恩志在复仇,不讲他们之间宗教上的从属关系。试把这些因素综合起来看,孙恩起兵究竟是农民起义,还是五斗米道上层士庶地主率领徒众起来造反,便洞若观火了。

孙恩既据会稽,谢鍼等人率部前往。"其妇女有婴累不能去者,囊簏盛婴儿投于水,而告之曰:'贺汝先登仙堂,我寻后就汝。'"[1]把妇女的这种行为说成是革命积极性的表现,显然是站不住脚的。因为这不过是在五斗米道"尸解"成仙说麻痹下的一场悲剧。《抱朴子》内篇《遐览》记有《水仙经》,孙恩妖党谓孙恩投海,成为"水仙",妇女把婴儿投到水中,祝愿婴儿先登仙堂,是祝愿婴儿先成"水仙"。这叫"水解",释玄光叫作"水仙惑物,枉杀老稚"[2]。哪有这样的革命积极性呢?

《孙恩传》还记载孙恩投海,成为"水仙"之后,"妖党及妓妾……投水从死者百数"。卢循投水前,"先鸩妻子十余人,又召妓妾问曰:'我今将自杀,谁能同者?'多云:'雀鼠偷生,就死实人情所难。'……于是悉

---

① [唐]房玄龄等:《晋书》卷一百《孙恩传》,中华书局,1974年,第2633页。
② [梁]释僧祐:《弘明集》卷八《辩惑论》"侠道作乱是其四逆",明刊本。

鸩诸辞死者"。如果把孙恩的妖党及妓妾跟着孙恩投海，认为表现了农民誓死不屈的精神，那岂不成了天大的笑话。

南北朝时期，佛教流行，统治阶级转而对佛教大加利用，五斗米道面临存亡问题。《魏书·释老志》载，北朝寇谦之起来改革五斗米道，废除"三张伪法租米钱税及男女合气之术"，"专以礼度为首"。北魏太武帝拓跋焘定道教为国教，道教的地位才稳定下来，但终不能和佛教分庭抗礼。

对于历史上利用道教的起兵，要有分析，要揭示道教的消极影响，科学地分析起兵性质，不能一概视为农民起义。

（原载《江淮论坛》1981年第5期，有改动）

晋、宋时期安徽侨郡县考

　　侨郡县是我国历史沿革中特定时代的特定名词。侨郡县的设置限于东晋和南北朝时期。当时我国北方人口大量南流，为了安置这些流民，南方朝代（主要是东晋和刘宋）陆续设置了许多侨郡县。地处南北之交的安徽，除大量的北方人流入外，本地人也往南流，因而在安徽设置的侨郡县特多。搞清楚安徽的侨郡县对了解安徽的地理沿革、人口变化和经济发展是有意义的。

　　安徽的侨郡县设置在淮南和皖南傍江地区，有的郡和县都是侨置，有的郡是原有的而县却有侨置者，郡县之上又有侨州，情况十分复杂。

　　其一，侨郡县的设置，到宋时基本终止。齐梁以后，流入淮南来的人不多了。郡县虽有一些改建和增置（如梁增置南陵、岳安等郡），但多与侨民无关，不是侨郡。本文断限于晋宋时期，原因也在此。

　　其二，侨郡县可以分为两类，一类拥有实土，一类无实土。无实土的侨郡县后来往往并省。本文专论有实土的郡县，这种侨郡县搞清楚了，问题也就基本解决了。

　　其三，侨郡县的设置始于东晋初年，变化多半发生于晋、宋时代。侨郡县的取消则在隋时完成。其间脉络，不难寻觅。

　　为求清晰，下面根据晋、宋二书所载郡县，分郡详考。

一、扬州淮南郡(侨郡,东晋成帝时侨立)

据《晋书·地理志下》,晋元帝以宣城郡的春谷县,侨立襄城郡和繁昌县。按曹魏曾分豫州颍川郡为襄城郡,西晋继之。襄城郡有繁昌县。东西晋之交,襄城郡繁昌县人流入扬州宣城郡春谷县,晋元帝因此在春谷县侨立襄城郡和繁昌县。其后,襄城郡虽省,繁昌县仍旧保留。春谷县从东晋元帝时起,便变成了繁昌县。而此繁昌县即今宣城地区的繁昌县,只是范围较大而已。它是河南人南流而建立起来的,是皖南的第一个侨县。

繁昌侨县本属宣城郡。《晋书·地理志下》载,东晋成帝时,"苏峻、祖约为乱于江淮,胡寇又大至,百姓南渡者转多,乃于江南侨立淮南郡及诸县",并将宣城郡的繁昌侨县划归淮南侨郡管辖。

按秦于淮南之地置九江郡,汉初一度改为淮南国,晋武帝改为淮南郡。而淮南侨郡则在江南。这个侨郡为分丹阳郡侨置。宋时淮南侨郡辖有于湖、繁昌、当涂、襄垣、定陵、逡道六县,郡治于湖。除于湖外,其他五县均为侨县。析之如下:

于湖:据《宋书·州郡志一》,于湖县为晋武帝太康二年(281年),分丹阳县立。于湖故城在今当涂县南三十八里。

当涂:《晋书·地理志上》载:成帝"又以旧当涂县流人渡江,侨立为县"。旧当涂县在今蚌埠市西,属旧淮南郡。《宋书·州郡志之一》说:当涂侨县(即今当涂县)为"晋末分于湖为境"侨立,而于湖在今当涂县南,可知当涂侨县立在于湖县北境。

襄垣:按襄垣本汉并州上党郡旧县。《晋书·地理志下》说:晋孝武帝时,"上党百姓南渡,侨立上党郡,为四县,寄居芜湖。寻又省上党郡为县"。《宋书·州郡志一》又说:宋"文帝元嘉九年,省上党县并(入)襄垣"。襄垣县侨置在芜湖,而芜湖本汉丹阳郡旧县,自侨置襄垣,芜湖之名遂隐。

定陵:按定陵县本属豫州襄城郡。定陵县人过江,东晋为之侨置定陵县。《宋书·州郡志一》说"后割芜湖为境"。

逡道（逡遒）：按逡遒县本属扬州淮南旧郡。逡遒县人过江，东晋为之侨置逡遒县。《宋书·州郡志一》说"后分芜湖为境"。

由此可知淮南侨郡五个侨县，繁昌为春谷县侨立，当涂为分丹阳郡的于湖县侨立。当涂县南临姑熟溪，因此又名姑熟。襄垣、定陵、逡道（逡遒）三县则侨置于丹阳郡芜湖县境。芜湖县的名称，至东晋时消失了，重新出现要到五代之时。原芜湖县治为襄垣县治。总起来说，淮南侨郡，是由原宣城郡春谷县、丹阳郡于湖县和芜湖县三县构成。

在淮南侨郡中，居住着豫州襄城郡繁昌、定陵等县人，并州上党郡襄垣等县人，扬州淮南旧郡当涂、逡道等县人。

宋、齐之时，北人继续流入淮南侨郡。《宋书·州郡志一》载，宋明帝曾于当涂侨县侨立高平郡（本属兖州），领高平、金乡二县。齐时将高平、下邳（本属徐州）、角城（本在淮泗之交）并入于湖县。则淮南侨郡又有兖、徐二州人流入。

隋平陈后，废淮南侨郡，将襄垣、于湖、繁昌三县并入当涂县，改属丹阳郡，将逡道县并入宣城郡宣城县，将定陵县并入宣城郡南陵县。流入的侨民都变成当涂人、宣城人、南陵人了。

豫、并、兖、徐和淮南人民大批移入淮南侨郡，对今皖南傍江地区的开发起了极重要的作用。这一带是江水的宣泄地带，湖泊较多。丹阳县有丹阳湖，湖水流过黄池，合五丈湖、路西湖诸水，汇为"芜湖"（此湖芜藻特多），流入长江。芜湖县由是得名。这个地区土地是肥沃的，但要开发出来，则需劳动力与技术。东晋南朝时候，大批北方人、淮南人的移入，不仅提供了人力，而且提供了北方的生产技术，此地经济文化因而迅速发展起来。

按于湖本孙吴督农校尉治所，三国时经济虽在起步，而发展则在东晋侨立淮南郡之后。《陈书·宣帝纪》太建四年闰月辛未诏说道："姑熟饶旷……良畴美柘，畦畎相望，连宇高甍，阡陌如绣。"这说的是梁朝以前的情况。这种盛况，是在侨立淮南郡以后逐步发展起来的。诏文中说"连宇高甍"，据殷仲文《南州桓公九井作》注引何法盛《桓玄录》，桓玄曾"出姑熟，大筑府第"，可知东晋便有官僚在姑熟建造巨宅了。当涂县东七十里，古有白纻亭。《太平寰宇记》中说刘宋皇帝曾与群臣会于此地，唱《白纻歌》，白纻亭因此得名。当涂盛产白纻。《宋书·乐志四》有《白纻舞》歌诗三篇，第一篇写到白纻"质如轻云色如银"，舞蹈者穿着白纻舞衣，"高举两手白鹄翔，轻躯徐起何洋洋"，白纻歌舞的出现与当涂经济的发展是有密切的关系的。南齐宣城太守谢朓的《郡内登望》一诗，又有"溪流春谷（繁昌）泉"和"桑柘起寒烟"之句。那时候，自宣城郡治到淮南侨郡繁昌县一带，已经是流水潺湲、桑柘一片。

皖南在晋宋时期只有淮南一个侨郡和五个侨县。梁时才于宣城郡石封之地，置陈留郡（今皖浙之交）。而江淮之间，情况则十分复杂。下面分为侨郡和非侨郡两类，一一探讨。

二、南豫州南谯郡、南梁郡、南汝阴郡、陈留郡、 新蔡郡、安丰郡（侨郡）

据《宋书·州郡志二》，东晋成帝咸和四年（329年），因"豫部歼覆"，遂侨立豫州，以庾亮为侨豫州刺史，治芜湖。后来州治有变动。安帝义熙九年（413年），刘裕"割扬州大江以西、大雷以北，悉属豫州，豫基址因此而立"。宋永初三年（422年），刘裕又"分淮东为南豫州，治历阳，淮西为豫州"，治寿春。南豫州在宋时领有十九郡，其中有许多侨郡。有的侨郡有实土，有的侨郡则无实土。齐时南豫州侨郡县多有并省。今以宋南豫州郡县为准，上溯东晋，下及齐梁，以探明江淮之间南豫州侨郡、侨县的建置情况。

据《南齐书·州郡志上》，晋"孝武宁康元年，桓冲移姑熟，以边寇未静，分割谯、梁二郡见民，置之浣川，立为南谯、梁郡"。又《宋书·州郡志二》"南谯太守"条说："晋孝武太元中，于淮南侨立郡县，后割地志咸实土。""南梁太守"条说："晋孝武太元中，侨立于淮南，安帝始有淮南故地。"据此又可知南谯、南梁二郡在浣川侨立之初，并无实土，后来才割地成为实郡。此二侨郡当今何地？

《隋书·地理志下》"江都郡清流县"条，说此县旧置有"南谯州（南谯郡），开皇初改为滁州郡"，后废。这说明南谯郡置在今滁县地区。"淮南郡寿春县"条又说旧有"梁郡"和"蒙县"（南梁郡侨县之一）。这说明南梁郡置在今寿县一带。《宋书·州郡志一》说此郡郡治睢阳，即原淮南郡寿春县。

南谯郡在宋时领有六县：山桑、谯、铚、扶阳、蕲、城父。按魏晋谯郡有山桑县（在今蒙城县北）、谯县（今亳县）、铚县（今濉溪西南临涣集）、蕲县（在今宿州市南）、城父（在今涡阳县西三十里）。西汉沛郡有扶阳县。南谯郡的设立，表明今滁县一带在东晋孝武帝时期曾有许多淮北人迁入。

南梁郡在宋时领有九县：睢阳、蒙、虞、谷熟、陈、义宁、新汲、崇义、宁陵。按西晋梁国有睢阳县、蒙县、虞县、谷熟县、陈县、宁陵县。颍川郡有新汲县。崇义县，据《宋书·州郡志二》引《永初郡国》，为"羌人始立"。义宁县为宋立。南梁侨郡的设立，表明今寿县一带在晋宋之时曾有大批豫州梁郡人、颍川郡人和少数民族羌人移入。

齐有北谯郡，为分南梁的宁陵县和南谯的谯县、蕲县侨立，郡名新，县仍旧称。

南汝阴郡，据《宋书·州郡志二》，亦为"江左立"（即东晋立）。领有五县：汝阴、慎、宋、阳夏、安阳。按魏晋均立汝阴郡，郡治汝阴县，即今阜阳市。慎、宋二县本属汝阴郡，慎县即今颍上县，宋县在今太和县北。阳夏县本属梁国，今为河南太康县。安阳县在汉本属汝南郡，在晋属司州魏部，当今山东曹县东南。东晋的南汝阴郡，据《隋书·地理志下》"庐江郡合肥县"条，侨置在原淮南郡的合肥县地。合肥既是南汝阴郡的郡治，又是汝阴县的县治，从此合肥改名称为汝阴。

又《宋书·州郡志二》有南陈左郡，大明八年（464年）降格为南陈左县，划入南汝阴郡。此县为以蛮户侨立。

南汝阴郡的设立，表明今合肥一带在晋宋之时曾有许多阜阳人、颍上人、太和人、河南太康人、山东曹县人和豫部蛮民迁入。

《安徽通志》卷五十《舆地志·古迹》"凤阳府"条载，陈留侨郡置于东晋成帝咸康四年（338年），本在淮北谯县之地，后来移置于淮南，废郡在寿州南。《隋书·地理志下》"淮南郡"条，说梁时陈留侨郡在旧安丰县，地理位置与寿州南相当。此郡在宋时领有浚仪、小黄、雍丘、白马、襄邑、封丘、尉氏七县。此七县除白马县原属兖州濮阳国外，其余原属兖州陈留国。雍丘侨县又见《宋书·州郡志二》"历阳太守"条疑为重出。陈留侨郡的设立，表明今寿县以南曾有许多兖州陈留国人、濮阳国人移入。

梁时宣城郡又有陈留侨郡，疑侨居在寿州南的陈留国人，又有继续南流过江到宣城郡界的。在梁朝，陈留侨郡有二，一在旧安丰县地，一在宣城郡石封之地。

新蔡侨郡始置于东晋孝武帝时。孝武帝因豫州汝阴郡新蔡县人流入淮南，于汉九江王黥布故城侨置新蔡郡。宋时新蔡侨郡辖有鲖阳、固始、新蔡、苞信四县。此四县原均为汝阴郡所属县名。《隋书·地理志下》"庐江郡"条说梁新蔡侨县在渒水县，渒水县故城在今霍山县东北。新蔡侨郡的设立，表明今渒水县流域霍山县一带曾有许多河南新蔡、固始等县的人移入。梁尚于渒水县设置了北沛侨郡。

安丰侨郡的情况则较特殊。按魏晋分庐江郡置安丰郡，领有安风、雩娄、安丰、蓼、松滋五县，本在淮南。《晋书·地理志下》"扬州"条说：晋成帝"于寻阳侨置松滋郡"。《宋书·州郡志二》"安丰太守"条说：江左侨立安丰郡。而此安丰侨郡，据寻阳太守松滋伯相条，也侨立在寻阳。则寻阳县在晋有两个侨郡：松滋郡和安丰郡。

晋末安帝时，将安丰、松滋两个侨郡"省为松滋县"。宋末又在寻阳县立安丰郡，领安丰、松滋二县。据《宋书·州郡志二》"寻阳太守"条，寻阳"本县名，因水名县，水南注江"，则寻阳县本在江北。此县两汉属庐江郡，吴属蕲春郡，晋初一度改属武昌郡，后又改属庐江郡。晋惠帝永兴元年（304年），分庐江的寻阳县（在江北）和武昌的柴桑县（在江南）

立寻阳郡，郡治柴桑县。宋寻阳郡领有柴桑、彭泽、松滋三县。此松滋县即原寻阳县，在今宿松一带。

按故安丰郡安丰县在今河南固始县界，故安丰郡松滋县（侯相）在今霍邱县东十五里。安丰侨郡在寻阳的设立，表明今六安一带的人民也有南流到安庆江北一带的。

其他尚有颍川、汝阳等属于"寄治"或"帖治"一类的侨郡，无有实土。还有某些侨郡，如西汝阴郡，《宋书》注明"《永初郡国》《何（志）》《徐（志）》并无此郡"。然而，通过这些虚设的侨郡，毕竟可以看到淮南各地流民的复杂性。

前述这些侨郡，在《宋书》中，只有南谯、南梁、南汝阴三郡，有户口可按。南谯有四千三百三十二户，二万二千三百五十八口。南梁有六千二百一十二户，四万二千七百五十四口。南汝阴有二千七百零一户，一万九千五百八十五口。比较安定繁荣的地方，则只有寻阳郡的寻阳县，即侨立安丰郡处。《南齐书·州郡志上》"豫州"条，说晋庾翼曾"表移西阳、新蔡二郡荒民就陂田于寻阳"，这里陂田颇多，经济未遭到战争的破坏。

三、南豫州历阳郡、临江郡、晋熙郡、边城左郡，徐州钟离郡、马头郡、新昌郡

历阳郡。《晋书·地理志下》说：晋惠帝永兴元年（304年），"分淮南之乌江、历阳二县，置历阳郡"。宋时历阳郡辖有五个县：历阳（今和县）、乌江、龙亢（在今含山县东南）、鄼（在今全椒县西南）、雍丘（本属侨秦郡，此郡侨立在江苏六合一带）。后三县是侨县。龙亢原属谯郡，在今怀远县西。鄼县原属谯郡，今为河南永城县。雍丘原属兖州陈留郡，今为河南杞县。龙亢、鄼、雍丘三个侨县在历阳郡中设立，表明历阳郡（今和县一带）在晋宋时期曾有很多谯郡龙亢人、鄼县人和陈留郡雍丘县人移入。又颍川、汝阳两个无实土的侨郡，寄在南谯、历阳二郡境内，则历阳郡尚有颍川郡人、汝南郡汝阳县人移入。

《南齐书·州郡志上》"南琅邪郡谯县"条又记有"平阳郡流民在临江

郡者"之言。按临江郡为齐分历阳郡立，则历阳郡地又有司州平阳郡人流入。

隋历阳郡只有历阳、乌江两县，三个侨县都省并到此二县中。

晋熙郡为晋安帝分庐江郡建立，宋时领有五个县：怀宁、新冶、阴安、南楼烦、太湖左县。怀宁、新冶二县为晋安帝所立。阴安县本属司州顿丘郡，南楼烦县本属并州雁门郡，晋熙郡的阴安、楼烦，是以这二县的流人侨立的。太湖左县为宋元嘉二十五年（448年），"以豫部蛮民立"，本质上亦为侨县。由此可见，晋熙郡（今安庆地区江北之地）有顿丘郡人、雁门郡人和豫州"蛮民"（廪君"蛮人"）迁入。

晋熙郡在隋为同安郡。侨县阴安、南楼烦消失，太湖左县改为太湖县。

边城左郡，据《安徽通志》卷五十三《舆地志·古迹十》"六安州"条，此郡的废郡在六安州之西。宋时边城左郡领有零娄、开化、史水、边城四县。这四县均为宋元嘉二十五年（448年），"以豫部蛮民立"，性质与晋熙郡太湖左县类似。故知迁入这一带（六安西）的豫州蛮民特多。

边城左郡于隋时并入庐江、弋阳等郡。开化县名保留在庐江郡中。

钟离郡和马头郡在沿淮一带。据《宋书·州郡志一》"徐州刺史"条，东晋安帝于旧淮南郡钟离县地（今为凤阳县），立南兖州钟离郡，于旧淮南郡当涂县地（今蚌埠市西），立南豫州马头郡。宋时划入徐州。宋后废帝元徽元年（473年），又分钟离郡、马头郡、梁郡（南梁郡）、历阳郡、秦郡（六合一带）立新昌郡。

宋钟离郡领三县：燕、朝歌、乐平。郡非侨郡，县却都是侨县。《宋书·州郡志一》明记：燕县，"故属东燕，流寓因配"。朝歌县，本属司州汲郡，"流寓因配"。乐平县，汉属兖州东郡，"流寓因配"。这三个侨县的设立，表明钟离郡（凤阳）一带在晋宋时期有燕、司、兖三州人流入。

宋马头郡领三县：零、虞、济阳。《宋书》注明零县为晋安帝立。虞县为汉旧县，故属梁郡，"流寓因配"。济阳县故属兖州济阳郡，"流寓因配"。由此可知虞、济阳二县是侨县。侨虞县本属南梁郡。这二县侨立于马头郡中，又可知今蚌埠市西至寿县一带在晋宋时期不仅有豫州梁郡人，且有兖州济阳郡人居住。

宋新昌郡领有顿丘、谷熟、酂三县，均为侨县。《宋书》注明顿丘本属侨秦郡。按晋武帝分扶风郡立秦国，东晋于堂邑郡（堂邑，东汉属广陵郡，在今江苏六合县境）侨立秦郡，以居秦国流人。顿丘本县，汉属东郡。晋武帝分淮阳置顿丘郡，将顿丘县作为顿丘郡的郡治。江左流寓，侨立顿丘县，属于秦郡侨郡。到宋后废帝立新昌郡，又将顿丘县划归新昌郡。关于顿丘侨县，《隋书·地理志下》"江都郡清流县"条说："旧曰顿丘，置新昌郡及南谯州，开皇初改为滁州郡。"则顿丘与南谯同在今滁县之地。

谷熟侨县本属南梁侨郡，酂县侨县本属南谯侨郡。新昌郡是将已经侨立的三个侨县合为一郡而命名的。

隋时仍有钟离郡，马头、新昌分别并入钟离与江都，县的名称全部改换了。

这些郡除新昌以外，在宋都有户口可按。历阳郡五县有三千一百五十六户，一万九千四百七十口。晋熙郡五县有一千五百二十一户，七千四百九十七口。钟离郡三县有三千二百七十二户，一万七千八百三十二口。马头郡三县有一千三百三十二户，一万二千三百一十口。其中以历阳郡和钟离郡的户数为多。既有户口可按，表明这些郡的生产与生活基本上稳定。

试把淮南江北郡县综合起来考察，就可知江淮之间因侨置关系，郡县分合频繁。原来的江淮地区，主要的郡只有淮南、庐江、安丰和历阳。东晋以后，淮南郡没有了，江淮地区被分成了南谯（原淮南郡全椒县一带）、南梁（原淮南郡寿春县一带）、南汝阴（原淮南郡合肥县一带）、钟离（原淮南郡钟离县一带）、马头（原淮南郡当涂县一带）五个主要的郡。前三郡都是侨郡，后二郡郡名非侨名，但所属县都是侨县，实质上也是侨郡。庐江郡虽然仍旧存在，但宋时只有三个县，即潜、舒、始新（宋明帝泰始三年立），其他县都分出去了。原庐江郡寻阳县在西晋时已划归寻阳郡，东晋于寻阳县侨立起安丰郡。原庐江郡皖、六等地区，设置起晋熙郡、边城左郡。淠水一带，设置起新蔡郡。原安丰郡也没有了，在此郡之地，侨立起陈留郡。原历阳郡则立起了侨县。

《南齐书·州郡志上》"豫州"条载，淮南江北，"西界荒余，密迩寇虏，北垂萧条，土气强犷，民不识义，唯战是习。捕逃不遑，不谋日会"。在这种情况下，要发展生产是困难的，但不是不能进行。《南齐书·州郡志上》"南豫州"条载，庐江"滨带长江，与南谯接境，民黎租帛，从流送州，实为便利。……郡领灊、舒及始新左县，村竹产，府州采伐，为益不少"。这话表明耕桑和种竹事业，在淮南江北仍旧维持着。从庐江到历阳（南豫州州治）的水路运输，从未断过，租帛不断流入官府。

以宋时为准，总括起来，江左设置在安徽之地的拥有实土的侨郡共有七个：江南的淮南郡（治于湖，今属当涂县），江北淮南的南谯郡（治山桑，今属滁县），南梁郡（治睢阳，今寿县），南汝阴郡（治汝阴，今合肥市），陈留郡（治浚仪，今寿县南），新蔡郡（治鲖阳，今霍山一带），安丰郡（治安丰，今属宿松县）。侨县有五十二个。侨州主要有二，淮东属南豫州（治历阳），淮西属豫州（治寿春）。

由此可以看到晋宋时代北方流民进入安徽和安徽本部人向南流动的大致情况。这种流动形成了此一时代南北各地、各族人民在安徽地区的融合，促进了安徽地区，主要是皖南傍江一带经济和文化的迅速发展。

［原载《安徽师大学报（哲学社会科学版）》1982年第2期，有改动］

论黄白籍、土断及其有关问题

自东晋以迄南朝，出现所谓黄籍与白籍、黄案与白案、选案黄纸与白牒、白贼等名称，解释不一，问题充斥。如黄籍与白籍：或谓土断后给白籍，则《晋令》何以说："郡国诸户口黄籍？"或谓土断后给黄籍，则《资治通鉴》胡三省注何以说："今皆以土著为断，著之白籍也？"或谓"白"与自北南来的侨民有关，有"侨"的意义，则白案、白牒、白贼之白，又作何解释，是否都与"侨人"有关？凡此种种，都是不明白南朝"黄、白"的含义引起。本文旨在作一次考释，解决这些疑难。

一、从咸和二年对户籍的整顿看土断

《南史》卷五十九《王僧孺传》有云：

> 先是，尚书令沈约以为晋咸和初，苏峻作乱，文籍无遗。后起咸和二年以至于宋，所书并皆详实，并在下省左户曹前厢，谓之《晋籍》，有东西二库。此籍既并精详，实可宝惜，位宦高卑，皆可依案。宋元嘉二十七年，始以七条征发。既立此科，人奸互起，伪状巧籍，岁月滋广。以至于齐，患其不实，于是东堂校籍，置郎令史以掌之。

这是一段有关东晋社会经济史的极其重要的文字，未见前辈发掘。这段文字告诉我们，苏峻之乱，文籍荡然无存。成帝咸和二年（327年），曾对户籍重加整理，经过这年整理的户籍称为《晋籍》。所书详实，位宦高卑，皆可依案。从咸和二年起，到宋文帝元嘉二十七年（450年）止，此籍沿用了一百二十四年之久。因为元嘉二十七年以七条征发，以致产生了"伪状巧籍"的问题。齐时患其不实，不得不设官检校。齐所检校的，仍旧是东晋沿用下来的《晋籍》。

抓住这条材料，参看其他材料，很多疑难问题均可迎刃而解；很多不同见解均可得到澄清。

第一，黄、白籍问题。

《南齐书》卷三十四《虞玩之传》记齐高帝萧道成为校籍下过一道诏令，内中说道："黄籍，民之大纪，国之治端。自顷氓俗巧伪，为日已久，至乃窃注爵位，盗易年月……编户齐家，少不如此。"这段话与《南史·王僧孺传》中的话是相衔接的。在《王僧孺传》中，齐所校为《晋籍》，在这段话中，齐所校为"黄籍"。黄籍就是《晋籍》，是晋和南朝包括有爵位的士人和无爵位的庶民在内的、"编户齐家"的、统一的户籍。

再看《太平御览》卷六百六《文部》二十二《札》所引《晋令》之言："郡国诸户口黄籍，籍皆用一尺二寸札，已在官役者载名。"这也告诉我们《晋籍》是黄籍，籍中包括"已在官役"的人户，即属于役门的庶民之户。《晋令》只是未讲它还包括位宦高卑皆可依案的士族罢了。

如此说来，新《辞海》说的"黄籍多为官吏地主等免役户"，显然错了。

明白了黄籍是晋与南朝包括士庶在内的编户齐家的统一的户籍，也就可以明白白籍的性质。

《晋书》卷七十五《范宁传》中说过黄、白籍的分别。传中记范宁的话说：

> 古者分土割境，以益百姓之心；圣王作制，籍无黄白之别。昔中原丧乱，流寓江左，庶有旋反（返）之期，故许其挟注本郡。自尔渐

久，人安其业，丘垄坟柏，皆已成行，虽无本邦之名，而有安土之实。今宜正其封疆，以土断人户，明考课之科，修闾伍之法。难者必曰："人各有桑梓，俗各有南北。一朝属户，长为人隶，君子则有土风之慨，小人则怀下役之虑。"

根据范宁的说法，户籍本来无黄、白之别，郡国诸户口，统统是黄籍。这与上引材料所说一致。因为中原丧乱，北人包括"君子""小人"（士、庶），自拔南奔，流寓江左。江左曾为他们设置侨郡县以居之。起初，认为他们不久就可以返回北方，"故许其挟注本郡"。即在户籍上夹注原来北方的籍贯，从而产生了所谓"白籍"。户籍因而有了黄、白之别。黄籍为土著居民所持，白籍为北方来的士、庶所持，即"侨人"所持。在这个意义上，白籍可称为"侨籍"。凡持白籍的，因被认为是暂时侨居南方，故不编入侨居地闾伍之中，不须向国家交税服役。要改变这种情况，只有"土断"。

如此说来，新《辞海》说的"白籍多为劳动人民，负担赋税和兵役"，又错了。

第二，土断问题。

目前谈土断，都从成帝咸康七年（341年）的"实编户，王公已下皆正土断白籍"谈起。这是因袭《资治通鉴》。因为《资治通鉴》即从这次土断记起。而解释，又都根据胡三省注："时王公庶人多自北来，侨寓江左，今皆以土著为断，著之白籍也。"我只见过一篇文章对"著之白籍"持异议，认为是"著之黄籍"。惜乎此文仍然是在谈咸康七年的土断，以致难以使人信服土断为著之于黄籍。要弄清土断问题，我以为必须从咸和土断着手。这是东晋最早的一次土断。如果不搞清楚这次土断，而纠缠于后来的咸康七年令文的解释，就很难乃至不可能对土断下正确的定义。

人们以为《陈书·高祖纪上》只有"咸和中土断"五字，因此这次土断是不可认识的。其实材料不少，问题在于是否全面占有，是否能将各条材料综合起来进行考察，互相发明。

上引范宁的话告诉我们，土断含义有三：一为"属户"，即变侨人为土著人户，编入当地闾伍之中。二为划一户籍，即取消"许其挟注本郡"的白籍，恢复"籍无黄白之别"的旧制，统一为黄籍。三为"明考课之科"，即取消侨人享有的免税免役特权，与土著人户一样纳税服役。但有爵位的士族人户，可不服役。咸和土断是不是这样呢？

《南史·王僧孺传》的话，为我们提供了一把打开咸和土断王国之门的钥匙。

土断的中心意义是划一户籍。《陈书·高祖纪上》说"咸和中土断"，《南史·王僧孺传》说咸和二年（327年），整理出来一部包括士庶在内的统一的《晋籍》（黄籍）。这两件事其实是一件事。《王僧孺传》说此年整理的《晋籍》，"位宦高卑，皆可依案"，且沿用到南朝。可见在这部《晋籍》中，包括了渡江南来位宦很高的"中州士女"。《陈书·高祖纪上》为我们提供了一个具体的例子。那就是陈霸先的祖先丞相掾颍川陈康，被土断为吴兴郡长城县人。既然包括了渡江南来的王公以下的士族官吏，这部《晋籍》就是经过土断以后的包括侨旧、士庶在内的全国统一的户籍。而第一次咸和中土断的年代，也就可以确定为咸和二年了。因为整理户籍，必须和土断同时进行。否则，无从整理为全国统一的《晋籍》。

咸和二年经过土断整理出来的沿用到南朝的《晋籍》既然是黄籍（见前），则土断便是取消白籍，划一为黄籍。范宁的话于此得到证实。

从咸和二年整理出来的《晋籍》（黄籍）沿用到南朝宋、齐时代来看，咸和土断是一次相当彻底的土断。按北方士庶大规模自拔南奔，在成帝咸和元年（326年）以前。《晋书》卷十五《地理志下》"扬州"条说道："自中原乱离，遗黎南渡，并侨置牧司在广陵、丹徒南城，非旧土也。及胡寇南侵，淮南百姓皆渡江。成帝初，苏峻、祖约为乱于江淮，胡寇又大至，百姓南渡者转多……"这都是咸和元年以前的事。大批侨人住在侨郡县中，持夹注北方原来籍贯的白籍，不交税，不服役，全部负担都落在土著人户即持黄籍的人户身上，这对东晋的政治稳定和财政收支来说，都是个大问题。土断以划一户籍，将侨人纳入课户之中，势在必行。苏峻之乱，文籍无存，只是个契机而已。这次土断范围，包括咸和元年以前所有渡江南来的北人。在这以后，虽然仍有北人南来，但规模要小得多。因为这个缘故，所以这次土断整理出来的《晋籍》（黄籍），基本上定型，可以沿用下去。

明白了咸和二年的土断，也就可以明白咸康七年的"实编户，王公已下皆正土断白籍"的意义了。

自咸和二年（327年）到咸康七年（341年）是十四年。在这十四年中，未见流民大过江。从令文本身来看，着重的是"实编户"三字。这实际是对咸和二年土断的一次核实。当然，在检查中，发现还未土断、还未改易白籍为黄籍的王公、庶人，是要土断的，要把他们的白籍改正为黄籍。这就是令文中"皆正土断白籍"的含义。"正"字与"实编户"的"实"字同义，即核实、质正之意。

胡三省为什么会对咸康七年的令文作出错误的解释呢？因为《资治通鉴》没有记述咸和二年的土断，胡三省不知道在咸康七年以前已经有了一次土断，而且包括了王公以下的官吏在内。他把咸康七年的"实编户"当作了第一次土断，"实"字、"正"字的含义本来是易解的，对他来说，反而难解，竟以"今皆以土著为断，著之白籍"为释了。胡注尚有"宋齐以下有黄籍"之言，表明他把《晋籍》（黄籍）认为是白籍。这又是一个错误。这个错误说明胡三省对黄、白籍并未深入研究，我们岂能盲从？

咸康令文明白提到"王公以下"皆须质正土断和白籍的问题，又一次证明咸和二年的土断包括了中州士女。土断、划一户籍的目的，是要叫侨人纳税服役，士族既然是土断的对象，那么，他们在土断后，虽可不必与庶人一样，"怀下役之虑"，但必须交税。《晋书》卷二十六《食货志》载，孝武帝时，有"王公以下口税三斛"之制。王公要交税，当然不是从孝武帝开始，而是从咸和二年第一次土断开始。西晋有荫亲属之制，官吏和他们的亲属多者九族，少者三世，都可以免税。土断是对西晋税制的一次大改革。从咸和二年第一次土断起，东晋官吏及其亲属由可以免税的特权阶级转化为纳税阶级。土断的积极意义在此。明乎此，再读《隋书·食货志》所说的"都下人多为诸王公贵人左右、佃客、典计、衣食客之类，皆无课役"，就可知是咸和二年土断以前的情况，非整个东晋的情况。

咸和二年，丞相仍是王导。他是土断的发明人。

二、白籍何时消亡，此后土断何指？

《晋书·范宁传》所记范宁的话，是对孝武帝说的。从他的话中可以看到，孝武时期仍有持白籍的流寓江左的侨人。自咸和二年（327年）到孝武太元年间，已经经过咸和二年的土断，咸康七年（341年）的"实编户"，哀帝兴宁二年（364年）的庚戌土断。何以仍有持白籍的侨人存在呢？细看有这样几种人仍持白籍。

一是新来的侨人。像孝武帝宁康年间，便有"上党百姓南渡"，孝武帝"侨立上党郡为四县，寄居芜湖"①。这些新来的侨人，未经土断，自然保持侨人的身份，持白籍，不交税，不服役。要改变这种情况，须待安帝义熙九年（413年）的土断。

二是"迁徙去来，公违土断"②的人们。土断表明侨人将丧失免税免役特权。在土断之日，侨人每每夹带白籍，迁徙去来，逃避土断，成为不合法的侨人。而新来的持白籍的合法侨人的存在，又给了这种人逃避土断以极大的方便。即使屡经土断与验实，也不可能消除这种"杂居流寓"（刘裕语）的现象。

三是特许不在断例的流人。在义熙九年（413年）的土断令文中，我们可以读到"唯徐、兖、青三州居晋陵者，不在断例"③的话。这三州居住在晋陵郡中的人，持白籍，不交税服役，便被认为是合法的了。可这三州居住在晋陵的人，早来的已经经过咸和二年、咸康七年、兴宁二年的几次土断与验实。现在刘裕又特许他们不在断例，等于承认这个地方的土断

---

① [唐]房玄龄等：《晋书》卷十五《地理志下》，中华书局，1974年，第463页。

② [梁]萧子显：《南齐书》卷三十四《虞玩之传》，中华书局，1972年，第609页。

③ [梁]沈约：《宋书》卷二《武帝纪中》，中华书局，1974年，第30页。

"渐用颓弛"的事实，正式、公开恢复他们的侨人身份。刘裕这样做，与北府集团的军人多是徐、兖、青三州人，过江后住在晋陵郡有关，其结果是使一部分北方来的流民，超然独立于土断之外，合法地保持住了侨人的身份和证明侨人身份的白籍。

白籍是要消亡的，但它的消亡要到北人停止或基本停止南流、侨邦全部罢除、白籍被认为是不合法的户籍之时。这个时候的到来在南齐永明初，最后界限在梁天监元年（502年）。

土断在东晋是反复进行的，总的趋势是侨人、白籍、侨郡县在不断地减少。到南齐时，我们可以看到两个同时存在又相互关联的现象。

一个是大力进行土断，罢除侨邦。

宋时流人的南来和侨郡县的设置，基本终止。齐时转入朝廷与地方协力进行土断与罢除侨邦的阶段。《南齐书》卷二十四《柳世隆传》记载：

> 上（齐高帝）欲土断江北，又敕世隆曰："吕安国近在西，土断郢、司二境上杂民，大佳，民殆无惊恐。近又令垣豫州（垣崇祖）断其州内，商得崇祖启事，已行竟，近无云云，殊称前代旧意。卿视兖部中可行此事不？若无所扰，春便就手也。"

吕安国土断郢、司二州，垣崇祖土断豫州，柳世隆土断兖州，把所有杂居流寓的人（杂民）都包括在土断范围之内。易言之，无论是不是南来的北人，无论有没有白籍在手，凡是杂居流寓的，一律土断为当地的人户，持黄籍，交税服役。齐高帝说吕安国、垣崇祖土断得很好，也就是很彻底，很全面。

《南齐书》卷十四《州郡志上》"南兖州"条又记：

> 永明元年，刺史柳世隆奏："尚书符下土断条格，并省侨郡县。凡诸流寓，本无定憩，十家五落，各自星处。一县之民，散在州境，西至淮畔，东届海隅。今专罢侨邦，不省荒邑，杂居舛止，与先不

异。离为区断,无革游滥。谓应同省,随界并帖。若乡屯里聚,二三百家,井甸可修,区域易分者,别详立。"

柳世隆的意思是:土断,专罢侨邦,还不足以解决杂居流寓的问题。应当把名为一县,实际地跨一州,县民十家五落,各自星处的荒邑,一齐省掉。被省掉的县,县民由邻近的县分别管理,以革游滥。柳世隆的意见被采纳了。侨邦既罢,荒邑又省,这是永明元年(483年)出现的事。

南齐一面大力进行土断,一面大力罢除侨邦与荒邑,是一个重要的迹象。它说明白籍至南齐基本上退出了历史舞台。在永明以后,我们能看到的侨邦,只有刘裕特许的不在断例的南徐州。到天监元年(502年)"土断南徐州诸侨郡县"[①],罢除这最后一个侨邦,白籍也就最后消亡。

另一个现象是大规模检校黄籍,防止庶民在黄籍上为他们的祖先窃注爵位,冒充士族,逃避徭役。

南齐设官严厉检校黄籍,正可说明白籍的过时,说明经过南齐历行土断与罢除侨邦,庶民已经不能再利用白籍来逃避税役,不得不转而在黄籍上想办法。庶民之所以能在黄籍上"窃注爵位,盗易年月",冒充士族,是因为宋时大家族制度已遭破坏,家庭成了基本的社会单位,士族有了升沉、贫富之分。这个问题,我在《南朝田庄制度的变革》一文中,曾经详论,此处不赘述。黄籍发生问题的时间,虞玩之说得最具体。他说过:"宋元嘉二十七年八条(《南史·王僧孺传》作"七条")取人,孝建元年书籍,众巧之所始也。"[②]即在公元450年到454年的五年时间内。孝建初,已经有人利用黄籍"改书"的机会,改注籍状了。随着白籍日益成为过时的东西,黄籍问题遂越来越严重。而黄籍问题越来越严重,反过去,又可说明白籍在社会生活中作用的日益缩小。永明四年(486年)起义的"却籍者",都是黄籍被认为有诈伪,退还命其明洗改写的人户。这在《虞玩之传》中记述甚明。至于其领导人唐寓之被称为"白贼",与白籍并无

① [唐]姚思廉:《梁书》卷二《武帝纪中》,中华书局,1973年,第37页。

② [梁]萧子显:《南齐书》卷三十四《虞玩之传》,中华书局,1972年,第608页。

关系。本文第三部分将详释之。我把白籍问题的最后解决时间，断在天监元年（502年），是因为南齐还遗留了一个侨邦南徐州，到这年才罢除。或谓梁朝尚有侨郡县，事实上只有一些侨郡县的名称还保留罢了，增置的如南陵、岳安等郡都不是侨郡。

既然白籍已成为过去，对南朝后期的土断又应如何解释呢？

在宋齐违乡寓境的人们当中，我们已可看到一种新的"侨户"，他们原是持黄籍的南方土著人户，为逃避赋役，离开本乡，跑到别的地方居住。宋后废帝元徽元年（473年）申土断之制的诏令，有"岁馑凋流，戎役惰散，违乡寓境，渐至繁积"①的话。《南齐书·沈文季传》云率领却籍户起义的唐寓之，"富阳人……侨居桐庐，父祖相传图墓为业"。这是违乡寓境的一个实例。趋势是北方来的侨人越来越少，本是南人，在南方迁徙来去，违乡流寓的侨户越来越多。梁时郭祖深尝说：杨、徐规避徭役的人们，"又惧本属检问，于是逃亡他境。侨户之兴，良由此故"②。他的话说明梁时所谓"侨户"，意义已非北方来的侨人，而纯是南方违乡寓境的人户。这种人户本持黄籍，逃亡他乡，虽称侨户，只不过是未在他乡立户而已，并无白籍在手。南朝后期"土断"，便是土断这种人。陈文帝天嘉元年（560年），曾下令"来岁不问侨旧，悉令著籍，同土断之例"③。所谓"同土断之例"，是说土断本是对北方的侨人和侨邦而言。梁武帝天监元年（502年），既土断了齐时余下的最后一个侨邦——南徐州侨郡县，北方侨人既都已变成土著居民，现在所谓土断，就不是本来意义上的土断北方侨人，而是土断南方违乡寓境的侨户了。因此文帝才说"同土断之例"。这次土断是：不问是不是他乡来的侨户，不问是不是当地的旧人，一律著籍或重新著籍，凭新的黄籍交税服役。

总括起来说，侨字的意义，在东晋指居住在侨郡县中自拔南来的北人；在宋、齐指杂居流寓的人户，其中有北人，也有南方违乡寓境的人

① ［梁］沈约：《宋书》卷九《后废帝纪》，中华书局，1974年，第180页。
② ［唐］李延寿：《南史》卷七十《循吏传》，中华书局，1975年，第1722页。
③ ［唐］姚思廉：《陈书》卷三《世祖纪》，中华书局，1972年，第51页。

们；在梁、陈，因为侨邦、白籍问题在齐梁之交已经最后解决，所指为南方本地的逃亡人户。如果不明白侨字含义的变化，就会把东晋以至南朝的各次土断等同起来，就会认为北方流民和白籍一直都是建康朝廷感到困扰的问题，到陈朝犹未已。

三、释黄案、白案、选案黄纸、白牒与白贼

《南齐书》卷十六《百官志》"尚书右丞"条：南齐立黄、白二案，"白案，右丞上署，左丞次署；黄案，左丞上署……右丞次署。……应须命议相值者，皆郎先立意。应奏黄案及关事，以立意官为议主"。或谓黄、白案之分，即黄、白籍之分。这是误解。须知白籍问题到南齐时已基本解决，黄籍已成为"国之大宝"了。

按《六臣注文选》卷四十，沈约在《奏弹王源》中说"源官品应黄纸，臣辄奉白简以闻"，沈约奏弹王源，为诸弹案之一。按照王源的官品，应用黄纸立案。而"诸弹案"，据《南齐书·百官志》：尚书左丞"掌宗庙郊祠、吉庆瑞应、灾异、立作格制、诸案弹、选用除置、吏补满除遣注职"，可知为左丞所掌事务之一。黄案又为左丞上署。则凡尚书左丞所掌事务应立文案的，均用黄纸，均为黄案。之所以用黄纸，称黄案，据沈约与《南齐书》之说，与官品及文案性质有关。

白案是右丞上署。据《南齐书·百官志》，尚书右丞所掌，有"兵士、百工补役死叛考代年老疾病解遣……民户移徙、州郡县并帖、城邑民户割属"等，属于兵士、百工、民户的事务。其余官吏，则只掌"刺史、二千石、令、长、丞、尉被收及免赠、文武诸犯削官事"。证之以沈约《奏弹王源》所说"源官品应黄纸，臣辄奉白简以闻"，可知白案在南朝为有关兵士、百工、民户及犯官的文案。立案用白简（白纸），因称白案。

简单说来，黄案即黄纸所立文案，白案即白纸所立文案。黄白案之分，包含的是官品之分、官民之分、在职官吏与犯罪官吏之分，而不是黄籍与白籍之分、土著与侨人之分。

明白了黄白案的意义，也就可以明白选案黄纸与白牒的意义了。

南朝用官之式，吏部先在白牒上录拟选用的人的姓名，由吏部尚书与参掌人共同签署上奏，由皇帝敕可或不可。"若敕可，则付选，更色别，量贵贱，内外分之，随才补用。"确定之后，改"以黄纸录名"，由"八座通署"，再行上奏，由皇帝敕可。既敕，即出付典名之官，由典名以所录之名，贴鹤头板，整威仪，送往得官之家。这是通常的手续。如有特诏授某人以官，即宣付诏诰局，作诏章，草奏闻，由皇帝敕可，再用黄纸写给门下省。门下须答诏，请付外施行。皇帝再画可，然后交付选司行召。但得诏官的不必皆待选司行召①。所以用黄纸，是因为皇帝已经敕可，或有特诏授某人以官，得官已无问题。这种"选用除置"之案，为黄案之一。

吏部拟选用某人为官，都是先用白牒录名，由吏部尚书与参选人共同签署上奏。如敕可，改用黄纸录名；如敕不可，可以再次铨量奏请，仍用白牒②。梁蔡撙奏用琅邪王筠为殿中郎，因未由参掌人通署，武帝将白牒推之于地，谓"卿殊不了事"。用白牒，是因为所选尚未敕可，只能立为白案③。

《资治通鉴》卷一百一十九宋营阳王景平元年注，以为"东晋时已用黄纸写诏"，谓之"诏黄"。南朝宋时，已"选案黄纸"④。至齐时，"其纸已为黄、白二色"，而有黄案与白案之分。梁、陈继之。渊源脉络，基本可寻。此源亦可证黄、白案与黄、白籍无关。

或谓《南齐书·幸臣传·刘系宗》称唐寓之为"白贼"，《沈文季传》又称唐寓之"侨居桐庐"，则白贼之白，当与侨居、白籍有关。这是一种似是而非的看法。问题出在未详检旧籍，未考察白贼的含义。

按《魏书》卷五十九《萧宝夤传》记萧宝夤在关中杀《水经注》的作者郦道元，上表诡称郦道元为"白贼所害"。《资治通鉴》注以为此白贼指

---

① [唐]魏征、令狐德棻：《隋书》卷二十六《百官志上》，中华书局，1973年，第748页。
② [唐]魏征、令狐德棻：《隋书》卷二十六《百官志上》，中华书局，1973年，第748页。
③ [唐]李延寿：《南史》卷二十九《蔡撙传》，中华书局，1975年，第775页。
④ [梁]沈约：《宋书》卷五十七《蔡廓传》，中华书局，1974年，第1572页。

"白虏鲜卑"或"白地之贼"。无论正确与否，此白贼与侨居、白籍绝无关系，是一目了然的。又《南史》卷三十二《张畅传》记北魏尚书李孝伯来南，说到青、徐水路有"白贼"，并谓"今之白贼亦不异黄巾、赤眉"。据此可以断定：白贼之白，意义与白民、白丁之白相同，而与侨无关。唐寓之被称为白贼，是因为他"父祖相传以图墓为业"，他本人是一个身无官爵的白民或白丁，而不是因为他曾侨居桐庐，更不是因为他持有白籍。像他这样一个原在富阳持黄籍的编户齐家，后来离开富阳到邻县桐庐侨居，何白籍之有？至于却籍户之籍，前面讲了，那是道地的黄籍。

小　结

黄籍是两晋南朝包括士族和庶民在内的编户齐家的统一的户籍。士族的黄籍，注有位宦高卑，庶民无之。士族可凭黄籍上的爵位证明为士族，免去徭役。庶民已在官役的，可以在黄籍上注明何人。白籍则是在特定时期产生的、有特定含义的户籍。它出现在东晋初，为自拔南奔的侨人所持有。他们大都住在侨郡县中。之所以谓之为白籍，是因为夹注有北方原地的籍贯，好作将来回到北方入籍的凭证。持白籍的不交税，不服役。自元帝到成帝初，北人的大规模南奔，给东晋的社会经济带来了严重的问题，因而有咸和二年（327年）的土断。这是一次相当彻底的土断，在这次土断中整理出来的黄籍称为《晋籍》。它是南方土著人民和以土著为断的北方侨人的统一的户籍，此籍一直沿用到宋元嘉二十七年（450年）。咸康、兴宁、义熙年间的阅实编户与依界土断，是咸和二年土断的整顿与补充。侨人一经土断，白籍即换成黄籍。南齐大力进行土断，罢除侨邦，是白籍行将消亡的反映。其最后消亡，可以梁天监元年（502年）罢除最后一个侨邦南徐州为标志。此后所谓土断，是土断杂居流寓的人户。这些人原来都持黄籍，都是南人，为逃避当地税役而亡奔他乡，虽有侨居、侨户之名，但非本来意义上的持白籍的北方流人。至于《南齐书》中所见黄案、白案、白贼，与黄、白籍并无关系。黄案是用黄纸所立的文案，源自东晋末年的"诏黄"。白案是用白纸所立的文案，产生于宋、齐之时。白贼则是南朝、北朝都有的一个对平民与农民起义的贬词，非指起来造反的侨户，更非指起来造反的北方侨人。

（原载《中国魏晋南北朝史学会成立大会暨首届学术讨论会论文集》，1984 年 6 月，后收入中国魏晋南北朝史学会编《魏晋南北朝史研究》，四川省社会科学院出版社，1986 年，有改动）

江东侨郡县的建立与经济的开发

永嘉之乱，流民南奔，东晋在长江流域设置了许多侨郡县以居流人，并由侨郡县授给流人以表示侨人身份的特殊户籍，持此籍可以免税免役，直到土断被改换户籍为止。侨郡县以江东沿江地区为最多，这对江东沿江地区乃至内地经济的开发具有重要的意义。江东侨郡县建置的情况如何？江东政权对待侨民的政策牵涉些什么问题？侨民对江东经济的开发究竟起到何种作用？凡此都有待于探讨。下面分三个部分作一次论述。

一、江东的侨郡县与侨民

江东侨郡县的设置比较复杂。就其分布看来，都在扬州的丹阳与毗陵二郡之境，西自芜湖（属丹阳），东至无锡（属毗陵）一线，但有的有实土，有的虽然派出了太守、县令，而无实土，称为"寄治"。有的郡与县设置在甲地，侨人则居住在乙地，如此等等。今就本文需要与前人论述未详的，作一考察。

东晋在丹阳郡所设的侨郡县，分布在都城建康与江乘、于湖、芜湖三县之地。

据《宋书·州郡志一》"扬州刺史"条，东晋在建康侨立过魏郡、广川、高阳、堂邑四郡与肥乡、元城、广川、北新城、博陵、堂邑六县。中间有并合，至宋元嘉二十一年（444年）前，仍保留了一郡（魏郡）五县

（肥乡、广川、北新城、博陵、堂邑）。元嘉二十一年以其民并建康，从此，这四个郡的侨民都变成了建康人。

魏郡等四郡侨置在建康，史书记载甚明。但建康是不是只有这四个侨郡呢？非也。另有四郡，因记载不明，被人们忽略了。《宋书·州郡志一》"南徐州刺"史条有南濮阳、南鲁郡、南济阳、南济阴四郡。《南齐书》谓此四郡无实土。郡治设在哪里？《南齐书·州郡志上》南濮阳郡鄄城下，记有"建武三年，省济阳郡，度属"鄄城县之言。南济阳郡考城下，又记有"郡省，度属鲁，寻又省"之言。可知此三郡郡治当在一地。《南齐书·高逸传》又记濮阳鄄城人吴苞"于蒋山南"立馆，鲁国孔嗣之"隐居钟山"。而济阳郡后被度属濮阳郡的鄄城县，考城后被度属鲁郡，不久省去。由此可知，南濮阳、南济阳、南鲁郡始建必在建康之地。推之于南济阴，亦当侨立在建康。又江东名族有济阳考城江氏、蔡氏。西晋济阳为县，属陈留国。此济阳郡显为东晋侨立。江、蔡二氏都是侨民，都住在建康。此亦可证济阳等郡立在建康。

然则，东晋在建康侨立过八个郡：魏郡、广川、高阳、堂邑、南濮阳、南鲁郡、南济阳、南济阴。加上南琅邪郡还有一半在建康境内，共八个半郡。这些郡在西晋分属于司（魏郡属之）、冀（广川、高阳属之）、徐（堂邑、琅邪属之）、兖（濮阳、济阳、济阴属之）、豫（鲁郡属之）五个州。建康此都，东晋以后居民的复杂性由此可见。此问题关系到建康城市经济的发展，未可等闲视之。

东晋在江乘县侨立过南琅邪、南兰陵、南东海、南东平四郡。其后，南东海郡出居京口，南东平郡被罢除，保留了南琅邪、南兰陵二郡。

南琅邪侨郡郡治设在江乘，郡境则跨有江乘、建康二县之地。此郡因"琅邪国人随元帝过江千余户"[1]而建，本无土地。成帝咸康七年（341年），桓温领南琅邪郡，"镇江乘之蒲洲金城上，求割丹阳之江乘县境立

---

[1] ［梁］沈约：《宋书》卷三十五《州郡志一》"南琅邪太守"条，中华书局，1974年，第1039页。

郡"①，才有了实土。南琅邪郡领有临沂、阳都、费与即丘四个侨县。临沂为分江乘之地侨立，阳都、费、即丘三县为割临沂及建康之地侨立，"费县治宫城之北"②。到宋孝武帝大明五年（461年），阳都、费、即丘都被省去，临沂则被保留，与江乘同为南琅邪郡的属县。南琅邪郡的郡治在齐武帝永明年间，由金城徙治白下（临沂）③。江乘县治在建康之东，北临长江。由江乘县分出的临沂，直据建康之北，又名白下城。此县是徐州琅邪郡过江流民聚居之地，虽属南琅邪，实跨有原丹阳郡建康之地。江东名族琅邪临沂王氏与颜氏都居于建康，王氏居地为享誉历史的乌衣巷。这并非由于王导官高一品，同族蒙荫造成，而是侨郡县的设置使然。

南兰陵郡的设置地，人们以为在晋陵郡的武进县，依据的是《南齐书》所载：萧道成之先、兰陵郡兰陵县中都乡中都里人萧整，"过江居晋陵武进县之东城里"。萧道成陵墓亦在武进。然而，《晋书·地理志下》"徐州刺史"条明言南兰陵郡设置在江乘。《南齐书·地理志》无南兰陵郡，而将兰陵县置于南琅邪郡下，南琅邪郡在江乘。同书《文学传》记丘巨源为兰陵人，"宋初土断属丹阳，后属兰陵"。由此可以确定：南兰陵郡始建必在丹阳郡江乘县之境，至宋不变。此郡在齐被废，县则仍存，改属在江乘县建立的南琅邪郡下，无实士。对于当时的流民，有一个现象要注意。流民虽然合籍、合乡、合县或合郡流动，但不无支流。侨郡县建立后，虽然大都合籍麇居，但不无分居于他地的人。即使原来住在一地，后来也不是无人迁居他处。更有甚者，很多侨郡县虽然建立，但并无实土，侨民居地就更加分散。然无论住在何地，在土断以前都保有侨民身份，享受侨民优待。此可解释兰陵郡兰陵县虽然被侨立于丹阳郡江乘县，兰陵萧氏何以又住在晋陵郡的武进。

---

① [梁]沈约：《宋书》卷三十五《州郡志一》"南琅邪太守"条，中华书局，1974年，第1039页。

② [梁]沈约：《宋书》卷三十五《州郡志一》"南琅邪太守"条，中华书局，1974年，第1039页。

③ [梁]沈约：《宋书》卷三十五《州郡志一》"南琅邪太守"条，中华书局，1974年，第1039页。

东晋在丹阳郡的于湖与芜湖二县，设置了淮南侨郡。此郡设于晋成帝时，废于隋文帝平陈。郡名保留了二百六十余年之久。淮南侨郡领有于湖、当涂、繁昌、襄垣、定陵、逡道（逡道）六县。当涂、繁昌为分于湖为境，于湖县仍旧存在，但县境缩小了。襄垣、定陵、逡道为分芜湖为境。芜湖县名自东晋淮南侨郡设立，历南北朝与隋唐，不再存在。宋明帝泰始五年（469年），侨立高平郡"于淮南当涂县界"①，领高平、金乡、睢陵三县。高平郡之立，表明当涂至宋明帝，有了淮南、高平两个侨郡。宋良吏高平张祐，齐文学高平檀超，都是出身于当涂的高平郡侨民。

东晋在毗陵郡设置的侨郡县比较复杂。毗陵被分为二：南东海郡与晋陵郡。在南东海郡中，又远不止设置南东海一个侨郡。原属毗陵郡的丹徒、武进二县，被划归南东海管辖。在此二县之境，设置了众多侨郡，而丹徒、武进二县仍存。很多侨郡无实土。这些侨郡设在何县，侨民又住在何处，都需要说明。

从史书考察，东晋在丹徒县设立的侨郡，计有南东海、南泰山、南东莞、南平昌、南清河五郡。重要的是设置在丹徒京口里的南东海郡。据《宋书·州郡志一》"南徐州刺史"条，南东海郡及其属县郯、朐与利城，本为"割吴郡海虞县（常熟）之北境"侨立。南东海郡尚有祝其、襄贲等县，则"寄治曲阿（属晋陵郡）"。穆帝永和中，南东海郡及其所属郯、朐与利城三县，移居丹徒县的京口里。郡治与三县县治都在京口。这三县"并为实土"。郯县为"分丹徒之岘西为境"，朐县为"分郯西界为土"。利城实土何在，《宋书》不载。《南齐书·孝义传》有晋陵利城人吴欣之，似此县在晋陵郡之地。寄治于晋陵曲阿的祝其、襄贲等县则无实土，流民当仍在曲阿散居。以此，不能说南东海郡及其属县都侨立在京口或丹徒。

南泰山、南东莞、南平昌、南清河四郡都无实土。南泰山郡"寄治丹徒"，《宋书》有明文。其他三郡所寄之地何在？南东莞。《宋书·刘穆之传》记刘穆之为东莞莒人，"世居京口"。《刘秀之传》记刘穆之从兄之子

---

① ［梁］沈约：《宋书》卷三十五《州郡志一》"兖州高平太守"条，中华书局，1974年，第1061页。

东莞莒人刘秀之，亦"世居京口"。《南齐书·高逸传》记著名史学家、两晋全书的第一个作者东莞莒人臧荣绪，"与关康之俱隐在京口，世号为二隐。康之字伯愉，河东人，世居丹徒"。由此推断南东莞郡必立在丹徒之京口。南平昌，《宋书·孟怀玉传》记孟怀玉为平昌安丘人，"世居京口"。《南齐书·州郡志上》"南平昌郡"条在安丘与新乐县下，都记有"郡省，属东莞"之言。由此推断，南平昌郡亦必立在丹徒之京口。南清河，《南齐书·州郡志上》"南清河郡"条记有"南徐州领冀州"的话。南徐州州治立于京口。《宋书·恩幸传》记南东海丹徒人戴明宝，孝武帝时带南清河太守，前废帝时，又为南东莞太守。则南清河郡亦当立于丹徒京口之地。

东晋在武进县侨立了临淮、淮陵、南彭城、南沛、南下邳五个郡。这五个郡都无实土。《晋书·地理志下》"徐州"条写道："（元帝）分武进立临淮、淮陵、南彭城等郡，属南徐州。"这三郡因无实土，侨民散居。可注意的是彭城刘氏。《宋书·武帝纪上》说宋武帝刘裕本为彭城县人，先世过江，"居晋陵郡丹徒县之京口里"。人们不明白南彭城郡既侨立在武进县，彭城刘氏何以居于丹徒县之京口。只要读一下《南齐书》所说南彭城郡无实土的话，就可以了解刘裕先世何以不住在武进，而住在丹徒的京口了。这个情况与南兰陵郡侨立于丹阳郡的江乘，而萧道成之族却住在南东海的武进，是相同的。南兰陵郡同样无实土。东晋侨立无实土的郡县，设官分职，目的主要在管理流民的户籍。

《宋书·州郡志一》于"南彭城太守"条下，记东晋又立有南下邳与南沛二郡。南沛郡于宋孝武帝时并入南彭城。则南彭城实包有南沛与南下邳。二郡无实土，此又可解释宋时沛郡刘粹何以"家在京口"[①]。南沛郡有杼秋县，《宋书·州郡志一》"南沛太守"条谓此县治于晋陵郡的无锡县。后属南彭城。

综上所述，可知自今繁昌（繁昌）东经芜湖（襄垣、定陵、逡道）、当涂（当涂、于湖）、马鞍山（当涂）、南京（建康、临沂、江乘）、镇江

---

① ［梁］沈约：《宋书》卷四十五《刘粹传》，中华书局，1974年，第1379页。

（丹徒、郯、朐）、丹阳（曲阿、延陵、襄贲、祝其、厚丘、西隰）、常州（武进、晋陵、利城），到无锡（无锡）一线，江左侨立过淮南（当涂）、高平（当涂）、魏郡（建康）、广川（建康）、高阳（建康）、堂邑（建康）、南濮阳（建康）、南鲁（建康）、南济阳（建康）、南济阴（建康）、南琅邪（江乘）、南兰陵（江乘）、南东平（江乘）、南东海（丹徒）、南泰山（丹徒）、广平（丹徒）、南东莞（丹徒）、南平昌（丹徒）、南清河（丹徒）、临淮（武进）、淮陵（武进）、南彭城（武进）、南沛（武进）、南下邳（武进）二十四个侨郡，以居流人。淮南、高平属于南豫州，魏郡、广川、高阳、堂邑属于扬州，余均属于南徐州。淮南、南琅邪、南东海有实土，余均无实土。

户数，今以毗陵郡考之。西晋毗陵郡有丹徒、武进、曲阿、延陵、毗陵、既阳、无锡七县，户一万二千。江左于毗陵郡之地，设置了南东海、南东莞、临淮、淮陵、南彭城、南清河、南平昌、南泰山及晋陵九郡。户数为南东海五千三百四十二，南东莞一千四百二十四，临淮三千七百一十一，淮陵一千九百零五，南彭城一万一千七百五十八，南清河一千八百四十九，南平昌二千一百七十八，南泰山二千四百九十九，晋陵一万五千三百八十二。合计四万六千零四十八户，较西晋毗陵增加了三万四千零四十八户。

又西晋丹阳郡领有建邺（建康）、江乘、于湖、芜湖、永世、溧阳、句容、湖熟、秣陵、江宣、丹阳十一县，户五万一千五百。江左于丹阳郡之地设置了丹阳（户四万一千零一十）、淮南（户五千三百六十二）、南琅邪（户二千七百八十九）、南兰陵（户一千五百九十三）、南高平（户一千七百一十八）、南济阴（户一千六百五十五）、南濮阳（户二千零二十六）、济阳（户一千二百三十二）、南鲁（户一千二百一十一）九郡，户五万八千五百九十六。较之于西晋丹阳郡增加了七千零九十六户。这七千零九十六户，主要是建康、江乘、于湖、芜湖增加的户数。

见于《宋书》的淮南、南东海、南琅邪、南兰陵、南东莞、临淮、淮陵、南彭城、南清河、南高平、南平昌、南济阴、南濮阳、南泰山、南济阳、南鲁十六个侨郡，共有四万八千二百五十二户，可以说都是侨户。

江东沿江一带侨郡县与侨民多矣。他们是江东沿江经济开发的一支具有决定性的力量。

二、江左政权对待侨民的政策

东晋在江东沿江地区侨立郡县，目的不仅在于安插流民，而且在于发展生产。这要有政策，无政策不能达到目的。总起来看，在土断以前，凡侨郡县的侨民，都由侨郡县发给一种特殊的、与郡国诸户口所持不同的、可以证明侨民身份的户籍，姑名之曰"侨籍"。凡持侨籍的，都可以享受免税与免役的优待。

关于侨籍，自胡三省注解《资治通鉴》晋成帝咸康七年的令文：实编户，"王公以下至庶人皆正土断、白籍"（被称为第二次土断），为"今皆以土著为断，著之白籍"以来，人们都以为侨民在土断之后，所持为白籍，土断前为持黄籍或无户籍。实则不然。

按《陈书·高祖纪》记有"咸和中土断"一语，此为东晋第一次土断，这次土断因为《陈书》记载简略，《资治通鉴》又无记载，故很少有人注意。殊不知这次土断意义重大。

人们都知道土断是为了划一户口，与户籍的整理同时进行。土断后，侨民即失去了原有的侨民身份，所持户籍，与郡国诸户口即与土著所持户籍相同。与咸和土断同时，东晋对户籍进行过一次整顿，整理出了一部统一的户籍，被称为《晋籍》。此籍沿用到了宋元嘉时期，因文帝另立"七条"之科，才发生了"伪状巧籍"的问题。齐时不得不于"东堂校籍"，所校仍为咸和第一次土断时整理出来的《晋籍》。这在被忽略的《南史》卷五十九《王僧孺传》中，记述得十分明白。录之以见。

先是，尚书令沈约以为晋咸和初，苏峻作乱，文籍无遗，后起咸和二年以至于宋，所书并皆详实，并在下省左户曹前厢，谓之《晋籍》，有东西二库。此籍既并精详，实可宝惜，位宦高卑，皆可依案。宋元嘉二十七年，始以七条征发。既立此科，人奸互起，伪状巧籍，岁月滋广。以至于齐，患其不实，于是东堂校籍，置郎令史以掌之。

此传明言齐所检校的是自咸和沿用下来的《晋籍》，此《晋籍》又是哪一种户籍呢？《南齐书》卷三十四《虞玩之传》记齐高帝为检校户籍（晋籍）所下的诏令说：

黄籍，民之大纪，国之治端。自顷氓俗巧伪，为日已久，至乃窃注爵位，盗易年月……编户齐家，少不如此。

《晋籍》之为黄籍可以知矣。

要整理出一部侨、土统一的《晋籍》（黄籍），必须与土断同时进行。《晋籍》既为咸和二年（327年）整理，便可以反推咸和中土断亦必在咸和二年。如此说来，侨民以土著为断，就非"著之白籍"，而为著之黄籍。这与《晋令》所说"郡国诸户口黄籍"，完全一致。

然则，白籍为何籍？《晋书·范宁传》曾说到黄、白籍，因为人们不明白土断将侨民著之于黄籍，所以也不理解范宁的话。范宁说户籍本"无黄白之别"，永嘉乱离，北人"流寓江左，庶有旋反之期，故许其挟注本郡"。即许其在户籍上夹注原来北方的籍贯，从而在黄籍之外产生了所谓"白籍"。户籍也因而有了黄、白之分。黄籍为土著民户所持，白籍为北方来的侨民所持。在这个意义上，白籍就是侨籍。凡持白籍的侨人，不编进侨居地闾伍之中，不列入官府考课之科。要改变这种情况，范宁认为只有"正其封疆，以土断人户"，取消侨人的白籍，使之改持黄籍，与郡国土著户口所持户籍一致。

写到这里，就可说一下咸康七年（341年）令文的断句了。《资治通鉴》中华书局点校本的读法是："王公以下至庶人皆正土断、白籍。"以"土断"与"白籍"为"正"字的宾语，这不可解。看来是受了胡三省注的影响。据我所知，人们大都沿用这种读法，不明其误。正确的读法应是："王公以下至庶人皆正土，断白籍。""正土"，即范宁所说"正其封疆"；"断白籍"，即范宁所说取消侨人白籍，改授黄籍，恢复籍无黄白之制。这种读法完全合乎史实。

人们往往狃于土断二字不可分开，其实土断包含了正其乡土与断其白籍二义，非一义。这又是一次土断。咸和二年土断后，北人南来未曾中止，按照政策又有侨郡与白籍出现，需要再次土断。"实编户"，表明此次土断也曾整理户籍。这是对咸和二年土断整理出来的《晋籍》的补充与修正，非另起炉灶。

侨民不可能永远保持侨民身份，永远持白籍，不交税服役。问题在于：自郡县侨立到土断进行，中间有多少年可以享受免税免役的合法权利。以咸和二年（327年）第一次土断为界，我们来看看在这次土断以前建立起来的侨郡县的侨民，享受了多少免税免役的权益。

南东海郡。《宋书·州郡志一》记元帝初，便割吴郡海虞县北境，侨立了南东海郡。元帝第一个年号为建武，建武元年（316年）下距咸和二年（327年）土断，为十一年。则南东海郡的侨民，享受了十一年的持白籍、不交税服役之权。南琅邪郡。《宋书·州郡志一》记"晋乱，琅邪国人随元帝过江千余户，太（大）兴三年立怀德县。丹阳虽有琅邪相而无此地"。这千余户琅邪国人随元帝过江之初，虽然不交税服役，但不合法。侨郡县的建立有一个作用，即解决侨民的户籍问题，允许侨民在户籍上"挟注本郡"，从而使侨民有了自己的侨籍——白籍，不交税服役便成了合法的应享的权利了。如从大兴三年（320年）设置琅邪相（即侨立南琅邪郡）算起，至咸和二年土断，中经八年，也就是说南琅邪郡的侨人，享受了八年持白籍、不交税服役的权利。南兰陵、南东平、南彭城、临准、淮陵等侨郡，也都是元帝所建，时间与南东海、南琅邪二郡的建立同时。南沛、南清河、南下邳、南东莞、南平昌、南济阴、南濮阳、南太平、南泰山、南济阳、南鲁等侨郡，在明帝太宁年间建立。这些郡在咸和二年土断以前，侨民都分别享受了几年、十几年的持白籍、免除税役的优待。

由此可见，建置在丹阳江乘县与毗陵丹徒、武进二县即建置在自今南京东至无锡沿江一线所有的侨郡县中的侨民，在咸和二年第一次土断前，凭所持白籍与政策规定，都曾免除税役多则十一年，少则以太宁元年（323 年）计算，也有五年。这对江东自建康以东至无锡一线侨郡县的开发，无疑是有益的。

建康八个侨郡中的魏郡、广川、高阳、堂邑四郡与于、芜二湖的淮南侨郡，建置则在咸和二年（327 年）第一次土断至咸康七年（341 年）第二次土断之间。《晋书·地理志下》载，建康四郡侨立于咸康四年（338 年），下距咸康七年第二次土断，为四年。在这四年中，四郡侨民自当持白籍，合法享受免除税役的权利。这于建康城市经济的发展极为有利。淮南侨郡建于何年？《晋书·地理志下》"扬州刺史"条记"成帝初，苏峻、祖约为乱于江淮，胡寇又大至，百姓南渡者转多，乃于江南侨立淮南郡及诸县"。考之帝纪，苏峻、祖约反于咸和二年十一月，一发而不可收拾。咸和三年（328 年）二月，苏峻攻入台城。五月，逼迁成帝于石头。九月，苏峻败死。咸和四年（329 年）二月，苏逸再败，成帝始回台城。因兵火之后，宫阙灰尽，以建平园为宫。咸和五年（330 年）夏五月，羯人石勒将刘征攻到南沙，进入吴郡海虞。淮南侨郡之建，不可能在苏峻败死、成帝回台城、胡寇进入海虞之前。最早也当在咸和五年，即在咸和二年第一次土断后三年。自咸和五年建立淮南侨郡至咸康七年第二次土断，是十二年。在这十二年中，淮南侨郡中的侨民自当持白籍，合法免除税役。这对于、芜二湖水泽地带的开发，起了显著的促进作用。

由于流民不断南来，依例侨郡县不断建立，持白籍的可以享受免税免役权利的侨民不断出现，东晋又需要土断。因而还有第三次，第四次。像并州上党郡百姓南渡，东晋为之侨立上党郡四县，寄居芜湖，事在孝武帝宁康二年（374 年），即在兴宁二年（364 年）第三次土断后十年。正乡土，断白籍，要到义熙九年（413 年）第四次土断了。这种政策实际上也起到吸收北方流人南奔的作用。据《宋书·武帝纪》，义熙九年的土断尚有一个特殊规定："唯徐、兖、青三州居晋陵者不在断例。"此晋陵指原西晋的毗陵，包括江左的晋陵与南东海等侨郡在内。这一带的侨郡县与侨民最多。"不在断例"，是特许不予土断，证明身份的白籍与享有的免税免役权利不变。这与刘裕和北府集团的出身居处有关。但对晋陵（原毗陵）的开发，却更为有利。

三、江东沿江地区与内地经济的开发

首先，我们可以看到建康城市经济的发展。建康在东晋与南朝，不仅是一个政治中心，而且是一个繁荣的商业城市。《隋书·食货志》说建康淮水北，"有大市百余所，小市十余所"。《地理志下》又说：

> 丹阳旧京所在，人物本盛，小人率多商贩，君子资于官禄。市廛列肆，埒于二京。人杂五方，故俗颇相类。

所谓资于官禄的"君子"，包括拥有丞相王导的琅邪王氏在内。所谓进行商贩活动的"小人""人杂五方"，包括建在建康、江乘的魏郡、广川、高阳、堂邑、琅邪、兰陵这些侨郡中的下层流民在内。正因为他们住在建康，所以建康人杂五方。"俗"为营商之俗，"俗颇相类"，说的是建康五方之民都在进行商业活动。

江左商税本轻。《食货志》写到买卖税值百抽四。侨居于建康的北方流人，在土断前所可免除的赋税中，包括商税。连百分之四的买卖税以及津税、市税都不须交纳。《隋书》的作者发出了慨叹："以此人竞商贩，不为田业。"面对城市经济的兴起，作者惶惑了。建康坐落于秦淮河北。此河与长江交汇处有石头津，上游有方山津，过津可通江南运河，水上交通便利。商人从三江四海收购货物至建康市场上出卖，日盛一日。建康舟船与邸店之多，令人叹为观止。且看史籍记载：《晋书·五行志上》记晋安帝元兴三年（404年），"涛水入石头，商旅方舟万计，漂败流断，骸胔相望"。《南史·邵陵王纶传》记梁武帝中大通四年（532年），扬州刺史萧纶

"遣人就市赊买锦采丝布数百疋，拟与左右职局防阁为绛衫、内人帐幔。百姓并关闭邸店不出"。将这两件事结合起来看，可知东晋南朝建康商旅与邸店繁盛到了何种程度。《南齐书》有一则史料，记宋明帝命刘休"于宅后开小店"（本传），使其妻王氏于店中亲卖扫帚、皂荚。刘休为南沛郡人，这可以说是北人在建康开商店的一个实例。店可开在宅后，又可知建康到处可以开店，非独在市上。陈张正见《日中市朝满诗》云："尘飞三市路，盖入九重城。"作为政治中心的建康，又是一个名副其实的商业城。

建康作为一个繁荣的商业城市出现于长江南岸，不是孤立的事件。它是江东沿江地区经济开发所结的一个硕果。与它成为商业城市的同时，江左南东海侨郡与晋陵郡之地，右淮南侨郡之地，都步入了开发之途。在这两地发展起来的，是农业经济。农业经济发展了，城市经济也会跟着发展，城市经济的发展又会促进农业经济的发展。东海侨郡的京口，淮南侨郡的当涂，也都有成为商业城市的趋势。下说南东海与晋陵之地。

《隋书·地理志下》写到了徐州的民俗。其言云：

> 《禹贡》："海、岱及淮惟徐州。"彭城、鲁郡、琅邪、东海、下邳，得其地焉。……考其旧俗，人颇劲悍轻剽，其士子则挟任节气，好尚宾游，此盖楚之风焉。……莫不贱商贾，务稼穑。

概括起来说，徐州民俗一是劲悍轻剽，挟任节气，好尚宾游；二是大都贱商贾，务稼穑。此二特点决定了原毗陵郡徐州侨民的发展方向：当兵与务农。北府兵的主要成分即徐州流民，这里不谈，只谈务农。

为清晰起见，须重说一下地理。西晋的毗陵（晋陵）郡至东晋分为南东海和晋陵二郡。南东海的属县有丹徒与武进，京口属于丹徒。江左南东海、南东莞、南平昌、南清河、南泰山、南广平等侨郡，立于丹徒。南东海、南东莞、南平昌、南清河在京口。临淮、淮陵、南彭城等侨郡，立于武进。晋陵郡的属县有曲阿、延陵（分曲阿立）、无锡。南东海郡的属县利城在晋陵郡之地，祝其、襄贲等县寄治曲阿。南沛郡立于武进，属县杼秋则在无锡。除了南东海，其余侨郡并无实土，侨民形成散居状态。故南东海与晋陵二郡，仍可看作一个地区来论述。即作为原毗陵（晋陵）郡来论述。

《元和郡县图志》卷二十五说到原毗陵郡"地广人稀，且少陂渠，田多恶秽"。到南朝初年不同了。《宋书·徐耕传》记晋陵延陵人徐耕于宋文帝二十一年（444年）大旱民饥之时，到县陈辞：

> 此郡虽弊，犹有富室，承陂之家，处处而是，并皆保熟，所失盖微。陈积之谷，皆有巨万，旱之所弊，实钟贫民，温富之家，各有财宝。

他自认是温富之家，愿率先以谷千斛，助官赈贷。同传又记："（孝武帝）大明八年，东土饥旱，东海（南东海）严成、东莞（南东莞）王道盖各以谷五百斛助官赈恤。"从此传所记可以看出侨民与南东海、晋陵二郡经济开发的关系。严成、王道盖之先，是立于丹徒京口的南东海与南东莞二郡侨民，一看即知。徐耕之先，是不是侨民，虽无可取证，但延陵为自曲阿分出，曲阿曾作南东海郡祝其、襄贲等县寄治之地。侨民往往散居。检《宋书》徐姓人物，徐羡之、徐湛之为南东海郡郯县人。徐爰为开阳县人，开阳原属琅邪，后属南彭城。徐广、徐豁为南东莞郡人。徐耕为移居晋陵延陵的徐州侨民的后裔，经士断为延陵人，是极有可能的。《徐耕传》记晋陵"承陂之家，处处而是"，表明晋陵之地的水利事业，至宋已有极大的发展。南东海与晋陵比邻，京口东通吴、会，南接江湖，水利的发达不可能例外。水利事业的发展，反映了农业经济的发展，徐耕、严成、王道盖都是"陈积之谷，皆有巨万"的富户。

南东海、晋陵二郡即原毗陵（晋陵）郡农业经济的开发，水利的发达，富户的出现，并非一朝一夕的事。其开端在东晋初期南东海等侨郡县的建立，侨民持有郡县允许持有的白籍，享有税役豁免权。特别是义熙九年（413年）土断，将此一地区的侨民划在土断之外，侨民身份与豁免权从此被合法地保留下来。《陈书·孔奂传》有云："晋陵自宋、齐以来，旧为大郡，虽经寇扰，犹为全实。"全实，表明此郡至宋、齐全被开发出来了。《隋书·地理志下》尝谓京口"亦一都会也"。徐州流民虽贱商贾，但他们勤于稼穑，发展成了"承陂之家，处处而是"，毕竟为当时正在变得日益发达的江东商业，提供了丰富的农、绵产品。而京口本身，也就继建康之后，成为一个都会，一个濒临长江而又有江南运河可通吴、会的商业城。《晋书·刁逵传》载，晋末有一个刁逵，"兄弟子侄并不拘名行，以货殖为务"，发了大财，"有田万顷，奴婢数千人"，横行不法，博得了"京口之蠹"的臭名。此例反映了京口商业的发展。

现在我们再向西来看淮南侨郡。

淮南侨郡本为水国，湖水弥漫。当涂等县境内，有丹阳湖，在当涂县东南，周回三百里；有芜湖水，在当涂县西南，源出丹阳湖，西北流入大江；有姑熟水，在当涂县南；有慈湖，在当涂县北。此郡在淮南及豫、并二州流民尚未进入、侨郡县尚未建立之前，可以说是一片待开发的处女地。自流民进入、侨郡县建立之后，情况不同了。陈宣帝于太建四年（572年）闰十一月辛未，发布一通诏令，内中提到姑熟，"良畴美柘，畦畎相望，连宇高甍，阡陌如绣。自梁末兵灾，凋残略尽"[①]，真是好一片美丽风光！如果单从这个诏令所写，我们还只能说梁时姑熟（当涂）被开发出来，既有良畴美柘，又有连宇高甍。试再看齐永明体诗人谢朓的《宣城郡内登望》：

> 山积陵阳阻，溪流春谷（繁昌）泉。威纡距遥甸，巉岩带远天。切切阴风暮，桑柘起寒烟。

"桑柘起寒烟"之句，表明自宣城到陵阳、繁昌，"良畴美柘"，齐时便已连成一片。再上推到宋，当涂盛产白纻布，《太平寰宇记》记当涂东七十

---

① [唐]姚思廉：《陈书》卷五《宣帝纪》，中华书局，1972年，第82—83页。

里有白纻亭，宋帝尝与郡臣会此，唱《白纻歌》。《宋书·乐志四》有《白纻舞》歌诗三篇，其一云：

> 高举两手白鹄翔，轻躯徐起何洋洋，凝停善睐容仪光，宛若龙转乍低昂，随世而变诚无方，如推若引留且行，宋世方昌乐未央。……质如轻云色如银，袍以光躯巾拂尘，制以为袍余作巾，四坐欢乐胡可陈，清歌徐舞降祇神。

"质如轻云色如银"的白纻布，是唐朝的贡品，南朝宋时已在当涂生产，既可裁舞衣，又可制巾袍。

我们说：丹阳于湖、芜湖之地，由于晋时流民的进入，侨淮南郡与侨县的建立，以及土断前对持白籍的侨民有免税免役的规定，到南朝，经济已经开发。

要注意淮南侨郡经济的开发，也非单在农业方面。《隋书·地理志下》"扬州刺史"条曾将宣城郡与毗陵等郡并列，说"其俗亦同。然数郡川泽沃衍，有海陆之饶，珍异所聚，故商贾并凑"。隋宣城郡宣城县，包有原淮南侨郡当涂（分于湖为境）、逡道（分芜湖为境）二县，"商贾并凑"的话，说明淮南侨郡的商业也发展起来了。当涂的麻织品白纻布便是抢手的热门货。

由上可知，自江左政权设立侨郡县，给予侨民以持白籍、免除税役的权利，在江东沿江地区，形成了淮南、建康、南东海与晋陵几个经济开发区。这几个开发区连成一线，一旦开发，是要对附近地区造成影响的。这就是开发的向南进展，使得江东内地的经济也逐步发展起来。这种影响，亦须一论，以进一步明晰东晋建立侨郡县开发区的作用。

江东沿江地带自淮南侨郡到晋陵郡一线之南，为宣城郡、丹阳郡（郡南的丹阳、永世、溧阳等县）与义兴郡。再南为新安郡与吴兴郡。先从西边的宣城郡与新安郡说起。

齐诗人谢朓在宣城（治宛陵）做太守时，既写过"山积陵阳阻，溪流春谷泉""切切阴风暮,桑柘起寒烟"的诗句,又写过"暖暖江村见,离离海树出""连阴盛农节,笞笠聚东菑"的诗句。从这些诗句中"桑柘"、"江村"、农节连阴、农夫戴笠耘于东菑的话来看,宣城郡(治宛陵)的开发,在齐时已与淮南侨郡相连。新安处于万山丛中,本山越所居,吴时虽已立郡,但仍闭塞不通。东晋时期,随着经济开发的向南延伸,新安发生了变化,新安人出来经商了。《晋书·五行志中》云,海西公时,司马晞设宴会,"辄令倡妓作新安人歌舞离别之辞,其声悲切"。《知新录》谓:"盖新安居万山之中。土少人稠,非经营四方,绝无治生之策。"说得较为偏颇。但从海西公时,司马晞于宴会上令倡妓作新安人歌舞离别之辞,可知新安人经营四方,在东晋中期即已开始,非独明清。

按南东海、南琅邪、淮南等侨郡,均建立于东晋初期,农、商到东晋中期已经取得较大的发展。不然,安帝之时,建康就不会出现涛水入石头,漂败商旅方舟万计的事件。侨郡农、商的发展,无疑为新安人经营四方创造了前提。

丹阳郡南境丹阳、溧阳、永世等县的开发,可从齐初丹阳尹萧子良之言得知一二。《南齐书·竟陵文宣王子良传》记建元三年(481年),萧子良上表,谓丹阳郡"萦原抱隰,其处甚多,旧遏古塘,非唯一所"。他说的"旧遏古塘",是指江左晋宋以来所修的水利。"非唯一所",即有很多。他具体说道:

> 近启遣五官殷泲、典签刘僧瑗到诸县循履,得丹阳、溧阳、永世等四县解,并村耆辞列,堪垦之田,合计荒熟有八千五百五十四顷。修治塘遏,可用十一万八千余夫,一春就功,便可成立。

四县田八千五百五十四顷,无论荒熟,都是已经开发出来的土地。所谓荒,是指晋宋以来所造水利,有失修者,田因而变荒。修治塘遏,据他估计,用十一万余夫,一春便可成功。荒田便都可回变为熟田。丹阳郡境内山多,特别是南边。丹阳、溧阳、永世等四县能开发出八千五百五十四顷可耕地，并不为少。因此，我们可以说：随着丹阳郡北境即建康等地侨郡县的设立以及经济的开发，丹阳南境各县在经济上很快也跟上来了。

丹阳郡南境之东为义兴郡。义兴郡东南为吴兴郡。义兴郡为晋惠帝时割吴兴之阳羡并长城之北乡而建，后有分立。宋初又分宣城之广德、吴兴之故鄣、长城、阳羡、义乡五县在义兴立绥安县。此郡属于南徐州。这一带有侨民迁入。《陈书·高祖纪上》记陈霸先为长城下若里人。其先世居豫州颍川郡。永嘉之乱，陈达南迁，出为长城令，遂家于长城。咸和中土断，故为长城人。此即一例。

《宋书·二凶传》记刘濬于元嘉二十二年（445年）上言，谈吴兴经济情况，提及义兴。他说：

> 彼邦（吴兴郡）奥区，地沃民阜，一岁称稔，则穰被京城，时或水潦，则数郡为灾。……州民姚峤比通便宜，以为二吴、晋陵、义兴四郡，同注太湖，而松江沪渎壅噎不利。故处处涌溢，浸渍成灾……寻四郡同患，非独吴兴。

在刘濬看来，二吴（吴郡、吴兴）、晋陵与义兴四郡的情况正同。好的地方是："地沃民阜，一岁称稔，则穰被京城。"差的地方是：四郡之水虽同注太湖，而松江沪渎壅噎，为四郡同患。他的话可以表明义兴、吴兴差可与晋陵比肩。义兴与吴兴的开发，当然也有吴郡与会稽沿海地区的影响，非独晋陵。此则非本文范围。

综上所述，可知江东地区尤其是沿江地区经济的开发，与江东政权对待流人的政策：建立侨郡县，承认流人为侨人，给予侨人以侨籍——白籍与免税免役的权利关系至为密切。论江南经济开发的文章，我所见到的颇为不少，惜乎语焉不详，且不中肯綮，故立论如上，以就正于史学界同仁。

（原载《中国史研究》1992年第3期，有改动）

南朝时代江南的田庄制度

南朝时代，江南田庄的发展，虽然上承东汉魏晋，但已不同于汉魏，也不同于同时代的北朝。它与江南经济的开发、庶族的兴起、门阀的衰落、宗族的解体以及商业的发展等相适应。

一、南朝时代江南的田庄是怎样发展起来的?

六朝时期江南最早得到开发的是三吴（吴郡、会稽、吴兴）地区。魏晋著名的吴郡四姓顾、陆、朱、张，会稽四姓虞、魏、孔、贺，都在这里。吴郡四姓居吴县；会稽四姓中，魏氏不显，虞氏居余姚，孔氏、贺氏居山阴。当时三吴田庄，又以此数县为盛。

东晋以后，北方士族过江，在江东建立的田庄主要也在三吴地区。如王氏，《世说新语·任诞篇》"王子猷居山阴"条注引《中兴书》记载，王子猷"弃官东归，居山阴"，可知王氏家业必在山阴。不过，此地属会稽四姓中孔、贺的势力范围，所以王羲之说"比当与安石东游山海，并行田视地利"[1]，表明王氏田庄的增殖后来面向临海。谢安"家于会稽上虞县"，谢灵运之父谢瑍、祖谢玄，"并葬会稽始宁县"，二地均有"故宅及墅"。上虞、始宁都在会稽四姓势力之外，是陈郡谢氏田产所在地。谢灵

---

① [唐]房玄龄等:《晋书》卷八十《王羲之传》,中华书局,1974年,第2102页。

运"尝自始宁南山伐木开径，直至临海"，则临海也是谢氏田产增殖的地方。这可以说明，东晋以后，由于过江北方士族参加了掠夺，三吴田庄制已有了进一步的发展。原来有田庄的地方，如山阴，田庄多起来了，没有田庄或很少田庄的地方，新的田庄建立起来了。

东晋时，晋陵、丹杨等地也逐渐得到了开发，南北地主也在这些地区建立或扩大自己的田产基地的。如《晋书·刁逵传》记载晋陵有南迁来的北方地主刁氏，"奴客纵横，固吝山泽"，被称为"京口之蠹"。

到南朝时，随着庶族地主在政治上的抬头，田庄制度又有了急剧的发展。

先看三吴。《宋书》卷五十七《蔡兴宗传》说："会稽多诸豪右，不遵王宪，又幸臣近习，参半宫省，封略山湖，妨民害治。"这里，封略山湖的，既包括原来家居会稽地区的南北士族地主，又包括新起的"幸臣近习"，即新起的在政治上得势的庶族地主、商人。二者竞相掠夺，遂使这一地区土地的集中达到了高峰。

需要着重指出的是，庶族地主、商人随着政治地位上的提高，其经济势力也得到了极大的扩张。南朝田庄的发展，与庶族地主、商人参加土地掠夺是分不开的。他们除了在三吴地区与士族地主竞争外，更多的是在晋陵、丹杨等地建立自己的田庄。

宋时徐湛之，"产业甚厚，室宇园池，贵游莫及"[1]。到彦之"初以担粪自给"，但传至到㧑时，"资藉豪富，厚自奉养，供一身一月十万。宅宇山池，伎妾姿艺，皆穷上品"[2]。徐湛之、到㧑均为刘裕北府（晋陵京口）集团人物。由此二例可说明宋时北府人物，都拥有田庄，变成了江南大地主。

另外宋有沈庆之，吴兴武康人，原来"躬耕陇亩"，后来做了大官，在建康清明门外，"有宅四所，室宇甚丽"。又"有园舍在（建康）娄湖"。他晚年即居娄湖，"广开田园之业"，"奴僮千计"。宋恩幸阮佃夫，会稽诸

①［梁］沈约：《宋书》卷七十一《徐湛之传》，中华书局，1974年，第1844页。
②［唐］李延寿：《南史》卷二十五《到㧑传》，中华书局，1975年，第676页。

暨人，"元嘉中，出身为台小吏"，他的"宅舍园池，诸王邸第莫及"。齐有恩幸吕文显（临海人）、茹法亮（吴兴人）等，"并造大宅"，在丹杨"聚山开池"的庶族地主经济力量的扩张，正如梁武帝时褚緭所说："建武（齐明帝年号之一）以后，草泽底下，悉化成贵人。"[1]由于这些草泽贵人参加了对土地的掠夺，所以到宋、齐之时，江南田庄已由三吴发展到晋陵、丹杨一带。

齐、梁时期，浙南、闽中、南州（赣江）地区也得到了开发，出现了大地主。南离会稽不远的永嘉郡，开发要早一些，宋时已有"大族"。梁时东阳有留异，晋安有陈宝应，豫章有熊昙朗，临川有周续，据《陈书》本传，留氏"世为郡著姓"，陈氏是"闽中四姓"之一，熊氏也是"著姓"，周续"所部渠帅，皆郡中豪族"。这些"著姓""豪族"的出现，是三吴经济进一步向西发展到南川地区的结果，说明齐、梁时代这一带的田庄也有了发展。

湘沅地区在齐时还被称为"湘川之奥，民丰土闲"，田庄制度似未得到什么发展。

二、南朝时代江南的田庄有什么特点？

第一，南朝时代江南的田庄不是聚族而居，而是家族地主的私产。

南方顾、陆等地，最初是聚族而居的，但到了东晋、南朝就不同了。《宋书》卷八十二《周朗传》说："今士大夫以下，父母在而兄弟异计，十家而七矣。庶人父子殊产，亦八家而五矣。凡甚者乃危亡不相知，饥寒不相恤，又嫉谤谗害，其间不可称数。"这至少表明到了南朝刘宋时代，南方的宗族制度已经瓦解。

这从士族分居及各家贫富升沉的不同也可以进一步来证明这一点。例如，《南齐书》卷三十三《王僧虔传》说："王氏分枝居乌衣者，位官微

---

[1] ［唐］姚思廉：《梁书》卷二十《陈伯之传》，中华书局，1973年，第312页。

减。"《南史》卷二十一《王弘传》附《王僧祐传》载有王经赠王俭诗："汝家在市门，我家在南郭。汝家饶宾侣，我家多鸟雀。"可知南朝著名士族如琅邪王氏，即是以家庭为单位实行分居的，并且各家贫富升沉迥异。南方土著的士族是不是也突破了宗族聚居的传统而分居了呢?《南史》卷七十四《张昭传》说他曾经结网捕鱼以供其父；卷七十七《陆验传》说他曾经贫苦落魄，贷郁吉卿钱米，以为商贩。在吴郡张氏、陆氏中出现以打鱼、经商为业的，证明他们也不是宗族组织，而是一个个互不相涉的同姓家庭。

第二，南朝时代江南田庄的规模缩小，接近于庄园。

南朝地主占有的土地无疑很多，但往往不在一个地方，像谢混及其妻晋陵公主，田业、园宅便有"十余处"。一个比较完整的田庄，有墅（或宅宇）、园池、水陆田、果园以及山泽。墅是田庄的中心，是庄主居住的地方。园池是庄主游乐的地方。宋孔灵符的"永兴墅"，是一个典型的田庄。《宋书》卷五十四《孔灵符传》说他"于永兴立墅，周回三十三里，水陆地二百六十五顷，含带二山，又有果园九处"。这个周回三十三里的田庄，中间是墅，墅外有水陆田、九处分散的果园以及含带进来的山二座。像这样的田庄可以说是一个庄园。沈庆之的"娄湖园舍"，也是一个庄园。把这种田庄和东汉大地主"田亩连于方国"、东吴大地主"田池布千里"比较起来，规模是小的。

封固山泽，是南朝田庄制度发展中的一个特点。这从三吴开始，后来蔓延到晋陵、丹杨。宋孝武帝两次下令，禁占山泽，其中都提到"江海田池"一语。江海田池，就是三吴到丹杨一带的田池。对名山大泽的占固，也就是对江海田池的占固。据《宋书》卷五十四《羊玄保传》，孝武帝大明初年规定了占山的顷数。而孝武帝第二次下令禁占山泽，是在大明七年（463年），可见限制未起作用。

第三，南朝时代，在江南田庄中，只看到佃客和奴隶，不见或很少见有部曲。

南朝田庄内部的阶级关系集中表现在家族地主和"附隶"（或称"属

名"）、奴僮的关系上。"附隶"即依附于庄主的佃客。东晋之初，大姓多以流民为佃客。其后，屡经土断，并不能禁。自晋孝武以至陈朝，由于江南苦于徭役与征敛，佃客有增无减，晋虽曾规定过官品占有客户数，但也不起作用。

南朝有所谓"却籍户"，南齐虞玩之上表说：自（宋）泰始三年（467年）至元徽四年（476年），扬州等九郡"共却七万一千余户"。经齐高帝检籍，"所正者犹未四万"。因为检籍问题，还曾引发了以富阳人唐寓之为首的暴动。此种"却籍户"，大多为被庄主占有的附隶。唐寓之的起兵，正是庄主反对检籍掀起的一次武装斗争。

佃客被称为"附隶"或"属名"，表示他们是附属于庄主的、没有人身自由的农奴。地租据《隋书·食货志》说是"与大家（庄主）量分"。其实，佃客无课役，而庄主总是把自己应负的课役转嫁到佃客身上，加重了佃客的负担，因此并不是据"量分"（或云对半分）。

奴僮即奴隶，主要来自北方流民。淝水之战后，"中原子女鬻于江东者，不可胜数"，直到南朝后期，北人之为奴婢还是个大问题。侯景乱梁，即曾"募北人先为奴者，并令自拔，赏以不次"，以扩大自己的势力。

南朝荒年很多，因荒被掠卖为奴的流民及南方本地人民也有不少。例如，齐时义兴吴达之的从祖弟吴敬伯，"夫妻荒年"即曾被"略卖江北"①。

南朝江南田庄主拥有的奴隶，有的多达数千人。像宋刘义康，私置奴僮达六千余人，沈庆之的奴僮以千计。

奴隶包括僮仆、艺妓。沈庆之曾说："耕当问奴，织当访婢。"②刘谳之又说："方欲教奴学耕，使婢执杼。"可见奴隶也被庄主用来生产。

至于南朝部曲，有两种现象可以密切注意。一是南朝史料经常提到将帅私募部曲的事。如《南齐书》卷二十七《李安民传》说：自宋明帝泰始年间起，"将帅以下，各募部曲，屯聚京师"。《南史》卷七十《郭祖深传》

---

① [唐]李延寿：《南史》卷七十三《吴达之传》，中华书局，1975年，第1825页。
② [梁]沈约：《宋书》卷七十七《沈庆之传》，中华书局，1974年，第1999页。

说：梁时擢用勋旧，"皆募部曲"。侯景作乱以前，"江表将帅，各领部曲，动以千数"。这种部曲是募来的，是将帅用来扩大自己的势力的，用来打仗的，是屯聚在某一个地方的，不同于汉魏田庄中的部曲。从将帅各募部曲以及勋旧一经擢用则皆募部曲之言，还可看出南朝非将帅及一般地主是没有部曲的。

二是原来拥有部曲的名宗大族，随着宗族的瓦解，部曲也已解散。梁时侯景作乱，沈约之孙沈众曾要求还吴兴，招募"故义部曲"以讨贼，表明沈氏部曲早已解散。吴郡陆子隆曾"于乡里聚徒"以讨侯景，"聚徒"之言表明陆氏部曲也必解散。部曲在江南的田庄中是极少见的。

拥有部曲的将帅，并不用部曲来生产。《梁典总论》所谓"大半之人，并为部曲，不耕而食，不蚕而衣"，是正确的。梁时张孝秀"去职归山，居于东林寺，有田数十顷，部曲数百人，率以力田尽供山众"[①]。这只是个别现象。张孝秀本无佃客奴僮，去职之后不得不利用原来的部曲。部曲也不是都可以带走的。

第四，南朝时代江南田庄虽然仍是一种耕织结合的自然经济，但是看不到像东汉田庄中一样的手工业和农业加工，也看不到"闭门成市"的现象。

南朝有所谓"邸店"，商业在邸店中进行。《梁书》卷二十五《徐勉传》有"或使创辟田园，或劝兴立邸店，又欲舳舻运致，亦令货殖聚敛"之言，表明田庄与邸店是分开的。《宋书》卷五十七《蔡兴宗传》称会稽"王公、妃主，邸舍相望"。《南史》卷五十三《邵陵王纶传》称梁武帝中大通四年（532年），萧纶为扬州刺史，"遣人就市赊买锦采丝布数百疋，拟与左右职局防阁为绛衫、内人帐幔。百姓并关闭邸店不出"。又可见邸店的集中。

南朝地主多兼营商业，开设邸店。邸店的出现，是江南商品经济发展的反映。但邸店又是为封建田庄制服务的。会稽王公妃主，多立邸舍，

---

① ［唐］姚思廉：《梁书》卷五十一《张孝秀传》，中华书局，1973年，第752页。

"子息滋长，督责无穷"。有的贵族地主甚至出"悬钱立券"，以夺人田宅，弄得"都下东土，百姓失业非一"。

总括起来说，南朝时代江南的田庄制度，是随着江南的开发与庶族地主、商人的兴起而发展起来的，是建立在家族而非宗族地主对佃客、奴隶的剥削与压迫的基础之上的。它脱出了东汉田庄宗族组织与宗法控制的范畴，脱出了东汉田庄拥有部曲的军事意义范畴，脱出了东汉田庄拥有专门手工业与商业、完全自给自足的经济范畴，规模在缩小，性质在变化。这是一个进步。但田庄中的佃客仍然是农奴，奴隶也大量存在，这与东汉田庄没有什么区别。

（原载《历史教学》1965 年第 11 期，有改动）

南朝田庄制度的变革

通常，把魏、晋、南北朝的田庄主土地占有形态，看作是没有变化的同一种形态。要有变化，那也是从唐朝开始。我认为南朝的田庄主土地占有形态，和唐朝是一个类型，和汉、魏已有不同。唐朝的庄园制度源自南朝。南朝田庄制度的变革，是中古土地制度的一个重大变化。本文对这个问题作一些初步探索，以就正于史学界同仁。

一、南朝大家族制度（宗族组织）的破坏及其原因

这个问题，不仅是了解南朝土地制度变化的一个关键问题，而且是了解我国古代社会基本结构变化的一个重要问题。

众所周知，汉魏田庄主是"聚族而居"的，社会经济的基本单位是一个个名宗、大族，而非个体家庭。直到东晋和北朝，北方仍然是"百室合户，或千丁共籍"[1]，甚至"一宗近将万室"[2]。这种宗族或大家族，内部虽有阶级的区分，但却是原始社会氏族制度的孑遗，是时代的累赘、社会的肿瘤。

恩格斯说过，"作为社会经济单位的个体家庭"是"文明时代"的特

---

① ［唐］房玄龄等：《晋书》卷一百二十七《慕容德载记》，中华书局，1974年，第3170页。

② ［唐］杜佑：《通典》卷三《食货三》引《关东风俗传》，中华书局，1988年，第62页。

征之一①。可是，中国在进入阶级社会之后，氏族制度的孑遗——大家族制度，却作为社会经济的基本单位长期留存下来。这是一种特殊性，但它必将为个体家庭所代替。变化的来临，时间就在南北朝时期，而非通常所说的在隋末农民大起义之后，地点则限于南方。这有许多史料可以为证。

《宋书》卷八十二《周朗传》中有一段话：

> 今士大夫以下，父母在而兄弟异计，十家而七矣。庶人父子殊产，亦八家而五矣。凡甚者乃危亡不相知，饥寒不相恤，又嫉谤谗害，其间不可称数。

这是一条极为重要的史料。它说明：在刘宋，包括士大夫和庶人在内，异计、殊产的，十家就有七八家，而非两三家；个体家庭在南方已经替代大家族，成了社会组织的基本单位。"百室合户"的时代在南方过去了。

我们可以从南朝史料中举出很多实例，来证明《周朗传》的话。例如：

名族琅邪王氏：《南史》卷二十一《王弘传》附《王僧祐传》记有赠王俭诗一首，诗云："汝家在市门，我家在南郭。汝家饶宾侣，我家多鸟雀。"《南齐书》卷三十二《王延之传》写到王延之的生父王昇之，官至都官尚书，很有财产。但王延之因"出继伯父秀才粲之"，家境反而非常"清贫，居宇穿漏"，这证明名族如琅邪王氏，到了南朝，便不再是聚族而居，"同宗共财"，而崩解为一个个独立的个体家庭了。因此才有"汝家""我家"之分，才有王俭、王僧祐、王昇之、王粲之各家升沉贫富的不同。

陈郡名族谢氏也是这样。《宋书》卷五十八《谢弘微传》说：谢弘微的父亲谢思为武昌太守，"家素贫俭"。谢弘微出继叔父谢混，"所继丰泰"。由此可知谢思、谢混兄弟各自成为一个个体家庭。

著名于孙吴时期的南方本地的"名宗大族"，到南朝时候，是不是也

---

① 恩格斯著，张仲实译：《家庭、私有制和国家的起源》，人民出版社，1954年，第174页。

分解成了个体家庭呢？回答是肯定的。例如吴兴沈氏，据《陈书》卷十九《沈炯传》，沈炯说过："臣门弟侄故自无人，妾丘（叔母）儿孙又久亡泯，两家侍养，余臣一人。"沈炯的叔母丘氏本来是一个独立的个体家庭，因为儿孙亡故，所以才由沈炯兄弟两家侍养；而沈炯兄弟本来也是各自成为一个个体家庭，因为弟家后来也没有人了，所以才由沈炯一家侍养。

…………

史料如此丰富、明白，到南北朝时期，在南方，大家族制度已经分崩离析，个体家庭已经成为社会经济的基本单位，这难道还有什么可以怀疑、否认的吗？

社会基本结构由大家族变为个体家庭，是个重大变化。这个变化为什么会发生在南朝呢？据我的初步考察，大致有这样三个原因：

其一，西晋永嘉之乱，宗人的南北分飞。

怀帝永嘉七年（313年），西晋都城洛阳被匈奴刘氏攻陷，"中州士女避乱江左者十六七"[①]。避乱，原有的田庄要抛弃，宗族也很难保持不散亡。《晋书》卷三十六《卫瓘传》附《卫玠传》记述卫玠南来，很是具体，从中可以看到北方士族南迁的一般情况。此传说：

> 玠以天下大乱，欲移家南行。母曰："我不能舍仲宝（卫璪）去也。"玠启谕深至，为门户大计，母涕泣从之。临别，玠谓兄曰："在三之义，人之所重。今可谓致身之日，兄其勉之。"乃扶舆母转至江夏……遂进豫章。

卫氏是河东名族，大乱来时，卫玠只有辞别兄长，独携母亲渡江，田庄、宗族对他来说都不存在了。

王、谢也概莫能外。《世说新语·品藻》说："王丞相（王导）二弟不过江，曰颖，曰敞。"《晋书》卷四十九《谢鲲传》说：谢鲲"以时方多

---

① [唐]房玄龄等：《晋书》卷六十五《王导传》，中华书局，1974年，第1746页。

故，乃谢病去职，避地于豫章"。他们都是辞亲别友，携带老弱，甚至只身南来的。

也有人想把宗族搬到南方去，但很困难。例如褚裒，"率数千家"，想过江来，可是"道断不得前"。又想去东方，"与道险不得进"。勉强"进至汝水柴肥口，复阻贼"。看来率众同行办不到了，"乃单马至许昌见司空荀藩"，最后是只身过江的[1]。像祖逖那样"率亲党数百家避地淮泗"，后来北伐，"仍将本流徙部曲百余家"[2]，是极少数。

宗族既然没有携来，哪有"聚族而居"可言呢？

恩格斯说："没有一种巨大历史的灾难是没有历史的进步来作补偿的。"[3]永嘉之乱，是一种巨大的历史灾难。但是，在社会结构上，南逃士庶地主的宗族组织却由此为个体家庭所代替，这就是一种补偿。

其二，东晋税法的改革，聚族而居已无利可图。

西晋允许官吏荫亲属，"多者及九族，少者三世"；西晋的"户调之式"，不分大户、小户，调额相同。这是适应聚族而居的税制，最有利于拥有巨大宗族组织的大地主。这种税法不改革，宗族组织就不可能解散，大家族制度就不会崩溃。

从东晋成帝咸和年间开始，著名政治家王导、谢安相继对这种税法进行了整顿。

咸和年间，王导进行了两次税法改革：一是《陈书》卷一《高祖纪》上记载的"咸和中土断"。原来南来的北方人，拥有"侨民"身份，免除赋税负担。现在，住在哪块土地上就断为哪块土地上的人，与原有居民一样纳税。二是咸和五年（330年），实行了"初税田亩三升"的度田收租制[4]，从而改变了西晋的税法。

《成帝纪》咸康七年（341年）有："实编户，王公已下皆正土断白

① [唐]房玄龄等：《晋书》卷七十七《褚裒传》，中华书局，1974年，第2031页。
② [唐]房玄龄等：《晋书》卷六十二《祖逖传》，中华书局，1974年，第1694—1695页。
③《马克思恩格斯书简》，人民出版社，1963年，第79页。
④ [唐]房玄龄等：《晋书》卷七《成帝纪》，中华书局，1974年，第175页。

籍。"这是第二次土断，把"王公已下"纳入土断范围中去，列入了户籍。这个记载很重要，它表明在度田收租制下，王公以下不能免税。西晋官吏可以荫亲属的制度，至此也废除了。

孝武帝太元元年（376年），在谢安主持下，又"除度田收租之制，公王以下，口税米三斛，蠲在役之身"①。在这种税制之下，除了在役的庶人以外，王公以下聚族而居的大地主，都要按族中人口数目交纳口税。宗族越庞大，人口越多，交的口税也就越多。宗族或大家族制度，对南北权豪来说，至此无利可图。把宗族分解成为个体家庭，反而对他们有利了。

邓之诚看到了"南方大家族制度至六朝时代已渐少，盖宋齐屡次搜括进帐，不容合居也"②。这是一个卓识。可他没有看到东晋时期已经是"屡次搜括进帐，不容合居"。

其三，农民的起义，打击了大家族制度。

东晋较大的农民起义，虽然来得较晚，但对南北权豪的打击却很沉重。隆安三年（399年）的江东八郡农民起义，是由"东土诸郡免奴为客者"发动的，也就是由南北权豪田庄中的劳动者发动的。起义群众杀了一大批权豪，破坏了很多田庄，这就使得宗族制度很难维持下去。《南齐书》卷五十四《顾欢传》说，顾欢的祖父顾赳，于"晋隆安末避乱徙居"，到顾欢是三代，自成一个个体家庭。顾欢小时"家贫，父使驱田中雀"。隆安中最大的"乱"事无过于八郡农民起义。顾赳的徙居和因此造成的家境穷困，至少可以表明吴郡四姓之一的顾氏，在晋末，在农民起义的打击下，宗族组织也已瓦解为一个个贫富不同的个体家庭了。

以上三个原因，最重要的仍是农民起义。没有农民的起义，南方原有的宗族组织不可能摧毁，过江士族的宗族残余也不可能荡尽，甚至有可能死灰复燃。至于王导、谢安改革税法，那也正是因为他们考虑到了阶级斗争和民族斗争的现状。但不能忽视其他两个原因。

---

① [唐]房玄龄等:《晋书》卷九《孝武帝纪》,中华书局,1974年,第227页。
② 邓之诚:《中华二千年史》卷二,商务印书馆,1934年,第354页。

二、南朝田庄中部曲组织的消亡

以聚族而居为基本特征的汉魏田庄，都有部曲（家兵）。随着宗族的瓦解，本宗部曲组织在南朝田庄中消失了。南朝史料中所见部曲，其性质已非家兵，而为国家的军队。这个变化，意义也是深远的。

何以见得？

《陈书》卷十八《沈众传》说："侯景之乱，众表于梁武，称家代所隶故义部曲，并在吴兴，求还召募以讨贼。"部曲被称为"故义"，且须"召募"，说明吴兴沈氏部曲早已解散。

这并不奇怪，根据上引《陈书·沈众传》之言，吴兴沈氏宗族组织早已分解为一个个独立的个体家庭，本宗部曲也就不可能存在下去，而只能成为"故义"。

部曲随着宗族组织的解散而解散，在南朝是一个很自然的趋势，是普遍的现象。问题在于田庄主有没有利用他们所拥有的新的客户组织新的部曲。

南朝的田庄主使用奴、客劳动。客亦名"附隶""门义"。《宋书·王弘传》说："有奴、客者类多役使。"这里是奴和客对举。同书《阮佃夫传》说："佃夫仆从、附隶，皆受不次之位。"这里是仆从（奴）和附隶对举。同书《谢灵运传》又说：谢灵运"奴僮既众，义故门生数百，凿山浚湖，功役无已"。这里是"奴僮"和"义故门生"（门义）对举。可见客即是附隶或门义。

客（附隶、门义）主要来自失去土地的异姓农民。《宋书》卷五十二《袁湛传》附《袁豹传》说："居位无义从之徒，在野靡并兼之党，给赐非可恩致，力役不入私门，则游食者反本，肆勤自劝。"游食，即丧失土地的农民，被居位和在野的兼并之党拉去当"义从之徒"，以致"力役入于私门"。义从之徒，即门义，亦即附隶、客户。

客（附隶、门义）不替田庄主充当部曲。《宋书》卷八十七《殷琰传》

说："琰素无部曲，门义不过数人。"这里，部曲和门义对举，可知门义绝非部曲。殷琰只有门义，没有部曲，说明客不再有为田庄主充当部曲的义务。

为什么人们总是说南朝田庄中仍有部曲呢？一是不明白南朝宗族组织已为个体家庭所代替，二是未深究南朝史料中所见"部曲"二字的含义。只要仔细考察一下，我们就会发现，南朝所谓部曲，已经不是地主田庄中的私兵，而是"国兵"了。

先说见于刘宋时期的部曲。

《南齐书》卷二十七《李安民传》说："宋（明帝）泰始以来，内外频有贼寇，将帅已下，各募部曲，屯聚京师。"这是一种什么部曲呢？是"内外多虞"时期，由将帅招募而来，"屯聚京师"，以备非常的部曲。它显然是作为国家的军队而存在的。

这种部曲既由将帅招募而来，将帅能不能据为己有呢？不能。

《宋书》卷六十三《沈演之传》记载宋明帝下诏宣布沈演之的罪状，有一条是："又辄听募将，委役还私，托注病叛，遂有数百。"沈演之"托注病叛"，把国家允许他招募来的部曲的一部分拉去为他私人充役，被宋明帝视为犯罪，表明这种部曲绝非帅所得而私。

将帅死了，或者不当将帅了，是否可以像孙吴那样，由子弟"世袭领兵"呢？也不能。鲍照在《东武吟》中写道："将军既下世，部曲亦罕存。"我们可用《南齐书》卷三十八《萧景先传》来笺证这两句诗。传中说：萧景先率军镇压雍、司二州蛮人，军未还都，萧景先病死。死前遗言："周旋部曲还都，理应分张。其久旧劳勤者，应料理，随宜启闻乞恩。"这话的意思是：他要"下世"了，他的部曲还都，理应解散，而不能由他的儿子世袭领兵。如果需要留一些"久旧劳勤"的人来料理家事，可以"随宜启闻乞恩"。即要上奏皇帝，乞恩批准。这不正是"将军既下世，部曲亦罕存"吗？

宋前废帝时，太尉沈庆之深虑危祸，居娄湖园舍，闭门谢客。在沈庆之的娄湖园舍中，没有部曲。他的"诸旧部曲，布在宫省"①，将帅离职，部曲也不能带走。

由此可知宋时所谓部曲，全是国家的士兵，而非田庄主的私兵，是国家所有，而非私人所有。

这种性质，无论在齐朝，在梁朝，还是在陈朝，都没有改变。

建元元年（479年），齐高帝萧道成下令："自今以后，可断众募。"将帅招募部曲，由此一度被废止。断募的原因，萧道成说得很明白："设募取将，悬赏购士"，本来就是事"出权宜，非曰恒制"，而自刘宋时期允许将帅各募部曲以来，"浸以成俗，且长逋逸，开罪山湖"②，有很多流弊。断募显然是在防止将帅利用招募部曲的机会假公济私，损害朝廷的利益。断募，表明部曲在齐朝，性质也是国兵，而非私兵。

梁时又允许将帅各募部曲。《南史》卷七十《郭祖深传》说：梁"朝廷擢用勋旧……而此勋人投化之始，但有一身，及被任用，皆募部曲"。《陈书》卷三十一《鲁广达传》说：侯景乱梁之前，"江表将帅各领部曲，动以千数"。何之元《梁典总论》更说：梁时"大半之人，并为部曲，不耕而食，不蚕而衣"。把这三条材料综合起来看，可以了解：勋旧未经朝廷擢用，是没有部曲的，有的只是"一身"，而所谓勋旧，不说全部，至少多数都是田庄主。经朝廷擢用之后，勋旧才可以去招募部曲。梁时部曲诚然多得很，可这众多的部曲都是"不耕而食，不蚕而衣"，即由国家负担其衣食。这仍旧是"国兵"，与宋时部曲性质相同，与汉魏田庄中的部曲性质迥异。

那么，《梁书·处士传·张孝秀传》说：张孝秀"去职归山，居于东林寺，有田数十顷，部曲数百人，率以力田，尽供山众"，应作何解释呢？其一，张孝秀去职之前，他的部曲是"不耕而食"的国兵；去职之后，虽然据有部曲数百人，但不是据为私兵，而是据为"力田"的劳动人手。而一经变成劳动人手，性质也就不再是部曲，而是佃客，只不过仍然叫作

---

① ［梁］沈约：《宋书》卷七十七《沈庆之传》，中华书局，1974年，第1996页。

② ［梁］萧子显：《南齐书》卷二《高帝纪下》，中华书局，1972年，第33页。

"部曲"罢了。其二，宋明帝允许沈演之招募部曲，沈演之"委役还私，托注病叛"，萧景先遗言需要一些久旧劳勤的部曲料理，可"随宜启闻乞恩"，情况与张孝秀类似。

陈朝部曲性质，一同于梁。《陈书》卷二十九《蔡征传》说：陈后主"有敕，遣征收募兵士，自为部曲"。后来，蔡征"有怨言，事闻后主，后主大怒，收夺人马"，蔡征的部曲又告丧失。这件事情说明陈朝将帅要募部曲，仍然须得国家允许；募来之后，也有可能随时被国家收夺。这仍是国兵，而非私兵。

南朝部曲是国家的军队，不是田庄主的私兵，文献记载是那样明白，还有什么可以怀疑的呢？家兵的国兵化，是历史发展的必然趋势。这种趋势在南朝比在北朝来得要早得多。转折点便是南方宗族部曲组织的解散，个体家庭成为社会经济的基本单位。客户不再充当私家部曲，不仅意味着客户义务和人身束缚的减轻，而且意味着中央集权的加强。

三、南朝田庄中剥削方式的变化

众所周知，汉魏田庄主对佃客（依附农民）榨取的是实物地租。直到东晋初年，田庄主剥削佃客的方式仍然是"其佃谷皆与大家量分"[1]。可是，到了南朝初年，在田庄中出现了一种新的剥削客户的办法。谢灵运的《山居赋》说他在会稽修营别业，"山作水役，不以一牧。资待各徒，随节竞逐"。接着，他列举了"陟岭刊木，除榛伐竹"等许多山作、水役及采拾之事。一年四季，"各随其月"（见自注）。劳动力是他所说的"徒"，也就是他的义故门生或门徒义附。劳动报酬是他所说的"资待"。《山居赋》中"资待各徒，随节竞逐"八字，说明在谢灵运的会稽始宁山庄中，实行的是一种新的剥削雇佣劳动的方法（资待），而非"其佃谷皆与大家量分"；说明谢灵运山庄中的"徒"，已非汉、魏田庄中的徒附或依附农民，

---

① ［唐］魏征、令狐德棻：《隋书》卷二十四《食货志》，中华书局，1973年，第674页。

而是具有雇佣性质的农民；还说明"资待"的出现，提高了客户的劳动积极性。

这种剥削方式并非仅出现在谢灵运的会稽山庄中。《宋书》卷五十四《孔季恭传》附《孔灵符传》记载：孔灵符主张把会稽山阴县的"无资之家"，迁到余姚等三县界去开垦湖田。太宰刘义恭反对，理由之一是："寻山阴豪族富室，顷亩不少，贫者肆力，非为无处。"范文澜在《中国通史简编》第二编中将"贫者肆力"释为"贫民佣耕"，是正确的，因为在谢灵运的会稽山庄中，采用的便是佣耕。正是因为佣耕已经广泛地被田庄拥有者所采用，非个别现象，刘义恭才会说："贫者肆力，非为无处。"

尤有进者，梁武帝在大同七年（541年）十一月的一通诏令中，说到豪族富室占取公田，"给贫民种粮共营作"①，即雇贫民耕种。梁武帝说：这"不在禁例"。据此可知，佣耕在梁朝就完全不是一庄、两庄的事了。

以"资待"为特征的雇佣方式取代或正在取代农奴式的剥削方式，是田庄制度的又一重大变化。这种剥削方式的出现，与南朝田庄的特点有着密切关系。

第一，在经营上，南朝田庄含山带水，经济作物和加工产品较多，并非专营农业。田庄主几乎无不需要"爒爈种养竹木杂果为林苃"，无不需要加工修作"陂湖江海鱼梁鰌鮆场"②。因此，"山作及水役采拾诸事"，成了田庄中的重要劳动。谢灵运在《山居赋》中所着力描写的他的山居之优美，竹园、果园之繁茂，便是他"资待各徒"从事山作与水役得来。南山"夹渠二田"，不过是他的山庄中的一业而已。在这种以山作、水役劳动为重要特点的田庄（应名之为庄园）中，再实行"其佃谷皆与大家量分"的旧的剥削办法，显然是不合适的，难于行通的。

第二，由于商品经济的发展，田庄的闭锁性被冲淡。无此条件，要改变旧的剥削形式，也是不可能的。

到南朝，商业有了较大的发展。行商让位于坐商，城市商业很发达。

---

① ［唐］姚思廉：《梁书》卷三《武帝纪》，中华书局，1973年，第86页。
② ［梁］沈约：《宋书》卷五十四《羊玄保传》，中华书局，1974年，第1537页。

南朝许多城市，商店林立，货物琳琅满目。而开设这种商店的，多半就是那些田庄主。

还在东晋的时候，城市商业即有发展。以山阴为例，王彪之在《整市教》中说：山阴"或店肆错乱，或商估没漏，假冒豪强之名，拥护贸易之利。……属城承宽，亦皆如之"①。可见山阴及其属城店肆很多。城市店肆，成了商业活动的主要场所或主要形式。开设这种店肆的，就是在会稽"封略山湖"的豪右②，也是刘义恭说的那些拥有许多土地的山阴的"豪族富室"。

南朝的商业甚至发展到了这样的程度，《南史》卷五十三《邵陵携王纶传》说：梁武帝中大通四年（532年），萧纶为扬州刺史，"遣人就市赊买锦采丝布数百疋，拟与左右职局防阁为绛衫、内人帐幔。百姓并关闭邸店不出"。这是"罢市"，在我国历史上尚是第一次。

城市商店里"锦采丝布"既然那么多，难怪谢灵运在《山居赋》中要说"亦桑贸衣"了。把此语与《邵陵携王纶传》"遣人就市赊买绵采丝布"对照起来看，就知道田庄主既要开店出售田庄产品，又要从别人所开商店中购进自己需要的东西。这就为田庄主"资待各徒"提供了经济或物质条件。

第三，还应明白：南朝的田庄尚处在开创阶段，处在发生、发展阶段，山作、水役、采拾、农耕，百事待举。旧的宗族已经解散，田庄主需要新的劳动力。东晋以来，为了开创或创辟田园，"南北权豪，竞招游食"③。用旧的剥削本宗佃客的办法，是不能使新招来的失去土地的农民把田园开创出来的，必须改变剥削方式。何况由于商品经济的发展，田庄主已经有了改变剥削方式而采用佣耕的条件。

除了佣耕（雇佃）以外，还有一种新的剥削方式——租佃，也在南朝出现了。梁武帝在大同七年（541年）十一月的诏令中，曾说"豪家富室

① [唐]徐坚等：《初学记》卷二十四，中华书局，1962年，第593页。
② [梁]沈约：《宋书》卷五十七《蔡兴宗传》，中华书局，1974年，第1583页。
③ [唐]房玄龄等：《晋书》卷八十八《颜含传》，中华书局，1974年，第2286页。

多占取公田，贵价僦税，以与贫民”。梁武帝认为这“伤时害政，为蠹已甚”。他命令“自今公田悉不得假与豪家”，但“已假者特听不追”。富室给贫民种粮共同营作的，则不在禁列。

“僦”是“租赁”的意思。所谓“贵价僦税，以与贫民”，就是把土地出租给贫民，收取很高的租税。这是一种剥削租佃农民的办法，说明南朝的田庄主已经有把土地出租给农民经营的。

根据梁武帝的诏令，佣耕或雇佃，无论是对私田或是对所假公田来说，都不在禁列。租佃，对私田无禁，禁的是把所假公田租赁给农民。而田庄中的雇佣劳动，早在刘宋时期即已出现，租佃的产生当亦不会太晚。

雇佃和租佃是南朝田庄主剥削客户的两种新的方式。加上客户不再充当家兵，表明客户的地位在南朝已有显著改善。这对江南的开发有十分重要的意义。

变化了的南朝田庄的基本结构，和唐朝庄园的基本结构是相似的，与仍然停留在聚族而居，奴役本宗徒附、部曲阶段的北朝田庄，则大不相同。因此，我们说：唐朝的庄园制度，源自南朝。南朝田庄制度的变化，是我国中古土地制度的一个重大变化。

［原载《安徽师大学报（哲学社会科学版）》1980年第2期，有改动］

南朝的阶级分化问题

一、士族的分化

南朝的阶级分化尤其是士族的分化，是一个大问题。这个问题搞清楚了，南朝历史中的很多现象，例如庶族何以能冒充士族便能得到解释。

士族的含义问题似乎解决了，其实没有解决，很多问题便出在这里。梁朝沈约《奏弹王源》中提到两个人，一为南郡丞王源，曾祖王雅为右仆射，祖王少卿为侍中、常侍，父王璪为东宫官。沈约说他"胄实参华"，故他是士族出身。二为满璋之，此人无官爵，自称是"高平旧族，宠奋胤胄"。按满宠为曹魏太尉，满奋为满宠之孙，西晋惠帝元康中官至尚书令、司隶校尉。[1]沈约认为，满璋之如果真是高平旧族，宠奋胤胄，他便是士族。可是，满奋子孙无闻于东晋，他是不是满奋之后很难说，结论是满璋之"士庶莫辨"。这告诉我们，所谓士族，系指先人之有爵位者。而所谓先人，可以是父、祖、曾，也可以是远祖。至于本人，可以是官，也可以不是官。南朝庶族之所以能冒充士族，也就是因为只需远祖有爵位，便构成士族。据《南史·王僧孺传》，庶人如在黄籍上"窃注"远祖为某代、某人、某官，他就"昨日卑细，今日便成士流"。如需父、祖、曾有官爵

---

① [晋]陈寿撰，[宋]裴松之注：《三国志》卷二十六《满宠传》，中华书局，1959年，第721—726页。

才是士族，那便不可能冒充。

由此可知，同为士族也并非一个样子。这就牵涉士族的分化问题。在魏晋时期，所谓士族，指的是世族。作为世族，必世代都是高官。左思《咏史诗》所说"世胄蹑高位"是也。当时世族均聚族而居，享有荫亲属多至九族，少者三世的权利（西晋时）。但东晋以后，情况变了。宋初周朗说道："今士大夫以下，父母在而兄弟异计，十家而七矣。庶人父子殊产，亦八家而五矣。凡甚者乃危亡不相知，饥寒不相恤，又嫉谤谗害，其间不可称数。"①这说明至迟到东晋末年，刘宋初年，大家族制度已为家庭制度所代替。大家族制度的分解，导致了士族的分化，士族间的门第被严格区别开来。可以名为世族的屡代高官的士族还有，但已不多。有的士族既无一官半职，经济上也穷到了一无奴、二无客的程度，《宋书·王弘传》即有所谓"无奴之士"，或"无奴、客"之士。这种分化，表明士族独占政治舞台的时代已经结束，庶族兴起的时代已经来临。

南朝门第名目繁多，含义并不是都搞清楚了的。为了说明士族的分化，有逐一考察或辨正的必要。

首先是"四姓"。对"四姓"的解释，过去的说法很不一致，我以为唐朝柳芳的解释是正确的。"尚书、领、护而上者为甲姓，九卿若方伯者为乙姓，散骑常侍、太中大夫者为丙姓，吏部正员郎为丁姓。凡得入者，谓之四姓。"②这四姓虽然都是衣冠士子，即都是士族，但因为官品高低不同而有甲、乙、丙、丁的区别。这种区别正是士族分化的反映。

南朝史料中常见"甲族"，即四姓中的甲姓，而甲族又非地位均等，其中复有门第的区别。《南史·张缵传》谓秘书郎"为甲族起家之选"，《隋书·百官志上》谓尚书"令仆子起家秘书郎"，《新唐书·柳冲传》又谓"尚书、领、护而上者为甲姓"，据此可知甲族即是甲姓。《新唐书·柳冲传》说道："制凡三世有三公者曰膏粱，有令、仆者曰华腴。"膏粱是甲

① ［梁］沈约：《宋书》卷八十二《周朗传》，中华书局，1974年，第2097页。
② ［宋］欧阳修、宋祁：《新唐书》卷一百九十九《柳冲传》，中华书局，1975年，第5678页。

族中最高的门第。凡为膏粱必须有三世为三公。宋武帝尝谓王昙首与从弟王球"并膏粱世德"。像王昙首，曾祖王导，晋丞相；祖王洽，晋中领军将军；父王珣，晋司徒；兄王弘，宋太保，故为膏粱。就膏粱必须有三世为三公来说，膏粱是世族。膏粱之下为华腴。就华腴必须有三世为尚书令或尚书仆射来说，华腴也是世族。能称为膏粱、华腴的，在南朝极少。且曾是膏粱、华腴的，因为后代无人再为三公、令仆，膏粱、华腴之名随之丧失。这也反映了士族的分化。

我们再来看南朝所谓素门、素族、素士。"素"字是相对于"膏腴"二字而言的。士族包括甲族在内，凡门第未达到膏粱、华腴的，均可称为素门、素族。而素士即素门或素族出身的士人。

齐时王骞曾自称"吾家本素族"①。按王骞曾祖即王昙首，官至侍中；祖王僧绰，官至吏部尚书；父王逊，官至晋陵太守。王昙首时期，王家尚是膏粱，但到王昙首以后，三代不再是三公了，也就不能再称作膏粱，故王骞谓"吾家本素族"，此所谓素族，即相对于膏粱而言。王氏至王骞，就他的曾祖官至侍中，祖官至吏部尚书来说，仍为甲族。再如宋时蔡兴宗，尝谓"吾素门平进"②，而其父蔡廓位终祠部尚书，仍是甲族。梁时何点，《南史》本传说他"家本素族，亲姻多贵仕"③，《梁书》本传又说他"家本甲族，亲姻多贵仕"。可知何点虽称素族，但亦属于甲族之列。《资治通鉴》卷一百三十胡注以为蔡兴宗自称"素门"，"可乎"？这是不理解素门含义所致。

甲族以下的士族，也可称为素族或素门。宋孝武帝曾使王华"访素门，嫁其（桓修）二女"。王华为堂弟王琨娶大女，王华"宋世贵盛"，而王琨门户已衰。又为颍川旧族庾虔娶小女④。宋时谢瞻尝谓："臣本素士，

---

① [唐]李延寿：《南史》卷二十二《王昙首传》附《王骞传》，中华书局，1975年，第596页。

② [梁]沈约：《宋书》卷五十七《蔡兴宗传》，中华书局，1974年，第1579页。

③ [唐]李延寿：《南史》卷三十《何点传》，中华书局，1975年，第787页。

④ [唐]李延寿：《南史》卷二十三《王琨传》，中华书局，1975年，第627页。

父、祖位不过二千石。"①这里所谓素门、素士,都是士族,但非甲族。

素族、素门、素士的出现,说明士族中的上层有分化。南朝又有所谓寒门、寒士、寒素,这些名称的出现,则标志着士庶的同流,是士族进一步分化的反映。

寒门中包括士族(寒士)和庶族。《南史·张缵传》说:"缵本寒门,以外戚显重。"按张缵之父张弘籍与梁武帝母张尚柔为姊弟,祖张穆之为晋司空张华的六世孙,可知寒门张氏属于士族。②沈约提及的满璋之,如果真是西晋满奋之后,也是士族,不过属于寒门之列。《南史·陈庆之传》又说"梁世寒门达者唯庆之与俞药",武帝尝谓"俞氏无先贤,世人云俞钱"。陈、俞二人出身均为庶族。由此又可知,寒门包括庶族出身的人物。寒门士族和寒门庶族既同属寒门,权利虽有不同,但门第毕竟等同,这反映了士族在南朝向庶族跌落的趋势。

寒门士族或寒士有两类人,一类是本为寒门的士族,如张缵,他如宋豫章邓琬,自称"身南土寒士"③;梁徐勉,武帝说他是"寒士",他耻以"先为戏"④。一类是原本高门,后来降为寒门,如宋谢灵运,本为甲族,后以罪徙广州,子谢凤相随,谢凤子谢超宗为萧齐南郡王中军司马,被褚渊斥为"寒士"⑤。谢超宗之所以被称为寒士,是因为祖父罪徙,门第已寒。由此可以推知,凡为高门而"婚宦失类"的,均可称为寒士。《晋书》卷八十四《杨佺期传》,谓杨佺期为汉太尉弘农华阴人杨震之后,"自云门户承籍,江表莫比,有以其门地比王珣者,犹恚恨,而时人以其晚过江,婚宦失类,每排抑之"。所谓"排抑",即认为他虽是杨震之后,而婚宦失类,门第已寒,故不使预在同列。这说明士族是在不断分化的,而越分化,门第也就越寒微,以至出现《宋书·王弘传》所谓无官爵、无奴客之士。这种士除了凭黄籍证明为士族外,谁也不知他们是士族。

---

① [梁]沈约:《宋书》卷五十六《谢瞻传》,中华书局,1974年,第1558页。
② [唐]姚思廉:《梁书》卷七《太祖献皇后张氏传》,中华书局,1973年,第156页。
③ [梁]沈约:《宋书》卷八十四《邓琬传》,中华书局,1974年,第2130页。
④ [唐]李延寿:《南史》卷六十《徐勉传》,中华书局,1975年,第1479页。
⑤ [唐]李延寿:《南史》卷十九《谢超宗传》,中华书局,1975年,第543页。

寒门中门寒身素的，被称为"寒素"。而被称为寒素的，出身可以是无官爵、有奴客或无奴客的士族，也可以是无官爵、有奴客或无奴客的庶族。何点尝"称济阳江淹于寒素"①，而江淹自称"下官本蓬户桑枢之民，布衣韦带之士"②。前一语谓门寒，后一语谓身素。再如满璋之，即使是士族，也只能称为寒素。士庶如同属寒素，就很难说还有什么界限。梁武帝曾将"牛监、羊肆、寒品、后门"③连称，他所谓寒品、后门（即寒门）是包括寒士在内的。在梁武心目中，寒士和牛监、羊肆便属于同一个类别。

明乎此，就更可了解庶族冒充士族之所以可能了。冒充士族也就是冒充寒士。而最寒的寒士，政治经济状况与庶族是没有差别的。有奴客的庶族比之无奴客的士族，其实更高一著。

在地方上，即在郡上姓上，也可以看到士族的分化。南朝郡上姓第一者，称为右姓，第二者称为次门。这两种门第都是士族。柳芳所谓以"士人差第阀阅为之"④是也。例如吴姓，以朱、张、顾、陆为大，它们都是吴郡的右姓。次门名称的出现，反映了郡上士族的分化。值得注意的是，次门在南朝有被抑为役门的危险。像南阳郡次门宗越，虽是次于右姓的门第，但仍属士族，本可免役，可因为南阳多杂姓，安北将军赵伦之镇襄阳，使长史范觊之"条次氏族，辨其高卑，觊之点（一作黜）越为役门，出身补郡吏"⑤，从而丧失了免税、免役的特权。

南朝士族中各种门第的出现，说明了士族分化程度的深刻性。

二、庶族的分化

南朝庶族的分化与士族的分化，不同点在于：士族的分化是从上到下

---

① [唐]姚思廉：《梁书》卷五十一《何点传》，中华书局，1973年，第733页。

② [唐]姚思廉：《梁书》卷十四《江淹传》，中华书局，1973年，第247页。

③ [唐]姚思廉：《梁书》卷二《武帝纪中》，中华书局，1973年，第49页。

④ [宋]欧阳修、宋祁：《新唐书》卷一百九十九《柳冲传》，中华书局，1975年，第5678页。

⑤ [梁]沈约：《宋书》卷八十三《宗越传》，中华书局，1974年，第2109页。

的变化，庶族的分化则是从下到上的变化。

庶族的上升是要有途径的，这条途径集中表现为勋阶。

赵翼谓"江左世族无功臣"[1]。南朝功臣大都是庶族出身、积有勋阶的人物。南朝有所谓"勋门"，即指有勋阶的武人门第。勋门不分士、庶，而以出身庶族的为多。宋卞延之为上虞令，会稽太守孟颛以令、长裁之，卞延之愤然脱帻投地，说道："卿以一世勋门而傲天下国士。"[2]按孟颛兄孟昶为卫将军[3]，二品，一世勋门指孟昶而言。孟昶出身于平昌庶族。齐戴僧静"勋阶至积射将军、羽林监"[4]，虽为五品亦系勋门。其祖戴饰，"宋景平中，与富阳孙法先谋乱，伏法，家口徙青州"。表明戴僧静出身于庶族。梁钟嵘曾说：齐永元时期诸军官，"勋非即戎，官以贿就"，以至"骑都塞市，郎将填街"。以贿赂得勋官的，有素族士人、吏姓寒人、侨、杂、伧、楚。[5]而吏姓寒人、侨、杂、伧、楚占了多数。虽为贿赂而来，但既成勋官，便为勋门。

下以曾被黜为役门的宗越和出身"三五门"的武念为例，具体说明庶族的向上变化。

宗越被黜为役门，出身补郡吏。役门在南朝指为官府服役的庶人，包括地主、工商业者、自由农。《南史·钟嵘传》有"吏姓寒人"，《南史·施文庆传》又称施文庆"家本吏门"。吏姓即吏门。吏有使的意义，吏姓或吏门为役门的一种，专为官府提供使役。《宋书·周朗传》谓"贫者但供吏"。《南史·陶潜传》说陶潜为彭泽令，"公田悉令吏种秫稻"。吏姓或吏门为"供吏"门户的总称。宗越被黜为役门，补郡吏，被当作役门中的吏门来使用。后来他被太守夏侯穆擢为队主，居然积勋至扬武将军，领台队。扬武将军为"五武将军"之一，官居四品。恢复次门是他担任扬武将

---

① [清]赵翼撰，王树民校证：《二十二史札记校证》卷十二《江左世族无功臣》，中华书局，1984年，第253页。

② [唐]李延寿：《南史》卷七十二《卞彬传》，中华书局，1975年，第1767页。

③ [唐]李延寿：《南史》卷十九《谢灵运传》附《孟颛传》，中华书局，1975年，第541页。

④ [梁]萧子显：《南齐书》卷三十《戴僧静传》，中华书局，1972年，第555页。

⑤ [唐]姚思廉：《梁书》卷四十九《钟嵘传》，中华书局，1973年，第694页。

军以后的事。

越州里武念，"本三五门"，南朝征役以三、五为限，家有二丁、三丁者发一人，四丁、五丁者发二人，一丁不发。凡役门又可称为"三五门"。三五门"三五属官，盖惟分定"①，规避的其罪当死。武念为三五门，似无出头之日。可萧思话为雍州刺史，"大府以念有健名，且家富有马，召出为将"。到宋明帝即位之初，这个出身三五门的武念，居然做到了南阳太守。死后追赠为冠军将军（三品），南阳、新野二郡太守（五品），封绥安县侯（三品）②。

他们能不能向士族转化呢？按照"寒士"标准，是可以向士族转化的。梁武帝谓徐勉："卿寒士。"这是因为徐勉的祖父徐长宗，本为宋武帝霸府行参军，七品；父徐融本为南昌相，五品③。如果宗越、武念之子再做官，照徐勉之例，宗家、武家不就变成了寒门士族吗？而南朝有勋阶的军人，多半是像宗越、武念这种出身于役门的庶族。所谓"士庶缅绝""士庶天隔"，在这里被冲破了。

我们还可以见到一种现象，南朝史料中所见文官，总是加上一个武官头衔。《岳氏愧郯录》谓：南朝自一品下到九品的官吏，皆以将军为品秩，谓之"加戎号"。梁制虽亲王起家，未加戎号（有戎号者未必将兵），不开府，不置佐、史官，可以见一世以戎号为重。所谓加戎号，即加勋位或勋阶，据此以定实际品秩。梁孔子祛兼中书通事舍人，八品，加戎号步兵校尉，成六品勋位或勋阶，据此以定俸秩。陈沈不害为国子博士，四品，加戎号羽林监，成七品勋位，据此以定俸秩④。齐永明末年，于太常下置诸陵令，用二品、三品勋，设主簿、户曹各一人⑤。即相当于二品、三品勋官的待遇。勋位或勋阶在南朝，为官吏的实际品秩，是一个值得注意的问

---

① ［梁］萧子显：《南齐书》卷四十六《顾宪之传》，中华书局，1972年，第808页。

② ［梁］沈约：《宋书》卷八十三《宗越传》附《武念传》，中华书局，1974年，第2113页。

③ ［唐］李延寿：《南史》卷六十《徐勉传》，中华书局，1975年，第1479页。

④ ［唐］李延寿：《南史》卷七十一《孔子祛传》及《沈不害传》，中华书局，1975年，第1744,1754页。

⑤ ［梁］萧子显：《南齐书》卷十六《百官志》，中华书局，1972年，第316页。

题，它表明了勋阶的重要性。而"江左世族无功臣"，有军功、勋阶的多为庶族出身的人物。文官（多士族）要加勋阶以定品秩，则文武同流、士庶同流，又从这里得到了一个反映。

综上所述，可知南朝门第之多，不是说明士庶缅绝，而是说明阶级特别是士族在急剧分化中。大家族制度遭到破坏，士族分化有了贫富的不同，是造成南朝门第众多的基本原因。两晋是世族统治的朝代，到南朝，世族中的膏粱、华腴，寥若晨星。至于政治上无官爵，经济上穷到无奴、无客的士族，是不乏其人的。他们都成了寒士。而庶族通过军功，获得勋阶与官职，几代后亦可跻身于寒士之列。士庶在门第上沟通起来了。加上以贿赂获勋阶者，以"窃注爵位"、伪状巧籍、冒充士族者不断出现，士庶在南朝已经或正在合流。梁朝所以制九流常选，不通一经不得入仕，选举"无复膏粱、寒素之隔"[1]，原因正在这里。总而言之，南朝阶级的分化，不表明社会的停滞与倒退，而表明社会在进步。

[原载《安徽师大学报（哲学社会科学版）》1983年第2期，有改动]

---

① [元]马端临：《文献通考》卷二十八《选举考一》，中华书局，1986年，第268页。

从南北朝社会经济与政治的差异看南北门阀

唐代北方门阀如崔、卢、李、郑，仍有其势力；南方门阀，除个别见于《新唐书·宰相世系表》外，则无何地位。其原因何在？

要了解门阀制度史中这一问题，必须对两晋南北朝时期南北政治经济的不同特点有一认识。

一、关于南北社会经济的不同

北方社会的基本组织是宗族，南方则为家族，北方重农，南方重商。宗族之与农业结合，家族之与商业结合，是南北社会一个显著不同的特点。

颜之推在《颜氏家训》中曾指出南北风俗的不同。其言云：

> 江左不讳庶孽，丧室之后，多以妾媵终家事……河北鄙于侧出，不预人流。是以必须重娶，至于三四，母年有少于子者。

又云江南风俗：

> 高秩者，通呼为尊，同昭穆者，虽百世犹称兄弟。若对他人称之，皆云"族人"。河北士人，虽三二十世，犹呼为从伯从叔。梁武

> 帝尝问一中土人（按指夏侯亶）曰："卿北人，何故不知有族？"答
> 云："骨肉易疏，不忍言族耳。"

颜氏之言，表明北方士人重嫡、重宗、重族，南方士人则否。这种不同，
是南北社会组织不同的反映。

北方门阀是按宗族、地区关系组织起来的。这种情况，历两晋南北朝
不变。《晋书》卷一百二十七《慕容德载记》中有"百室合户""千丁共
籍"之言。《通典》卷三《食货典》"乡党"条引宋孝王《关东风俗传》，
具体谈到当时：

> 瀛、冀诸刘，清河张、宋，并州王氏，濮阳侯族，诸如此辈，一
> 宗近将万室，烟火连接，比屋而居。

一个宗族，是一个血缘单位，也是一个经济、军事与经学单位，势力极为
强固。军事、经学可以不论，下就经济言之。

按《魏书》卷六十八《甄琛传》说，琛表曰："今伪弊相承（指南
朝），仍崇关廛之税；大魏恢博，唯受谷帛之输。"可知北方依靠的是农
业。又按《资治通鉴》卷一百五十七《梁记十三》武帝大同三年记，高欢
对鲜卑之言：

> 汉民是汝奴，夫为汝耕，妇为汝织，输汝粟帛，令汝温饱。汝何
> 为陵之？其语华人则曰：鲜卑是汝作客，得汝一斛粟，一匹绢，为汝
> 击贼，令汝安宁。汝何为疾之？

可知北方农业直至北齐，仍操在汉人之手，也就是操在宗族、门阀之手。
在北朝，北方汉族农民几乎全由宗主掌握。《宋书》卷四十六《王懿传》
中说："北土重同姓，谓之骨肉，有远来相投者，莫不竭力营赡。若不至
者，以为不义。"无数农民即是在这种宗法观念影响下，投入了宗主的怀

抱。魏孝文帝均田制度虽然形成了一批自耕农，但此制不久便被破坏。北齐之时，仍然是"编户之人，不得一垄"①。农业的重要，宗族与农业的结合，给北方门阀制度打下了深厚的社会经济基础，为任何少数族政权所不能动摇。

北方刘渊起兵建国直至魏、齐，政治上实行"胡汉分治"。十六国时期有"单于台"，魏有"护军"，与郡县为二系统②，管军队。胡汉分治，基本上也就是军民分治、军事与经济（农业）分治。之所以出现这种分治，是因为经济掌握在汉族宗主之手。少数族贵族不能动摇它，只能承认它，依靠它。

南方不同。据《宋书》卷八十二《周朗传》载：

> 今士大夫以下，父母在而兄弟异计，十家而七矣。庶人父子殊产，亦八家而五矣。凡甚者乃危亡不相知，饥寒不相恤，又嫉谤谗害，其间不可称数。

这至少表明到了南朝刘宋时代，南方大家族（宗族）制度已经瓦解。南方门阀制度是以家族（家庭）为基础，而非以宗族为基础。此点关系南方门阀的没落，甚为重要，有详论必要。

《南齐书》卷三十三《王僧虔》传说：

> （僧虔）迁御史中丞，领骁骑将军。甲族由来多不居宪台。王氏分枝居乌衣者，位官微减。僧虔为此官，乃曰："此是乌衣诸郎坐处，我亦可试为耳。"

又《南史》卷二十一《王弘传》附《王僧祐传》载王经赠王俭诗云："汝

① [唐]杜佑：《通典》卷二《食货二·田制下》，中华书局，1984年，第15页。
② [北齐]魏收：《魏书》卷一百一十三《官氏志》，中华书局，1974年，第2975页。"太安三年五月，以诸部护军各为太守。"在太安之前，魏仍为军民分治。

家在市门，我家在南郭。汝家饶宾侣，我家多鸟雀。"卷二十三《王华传》附《王琨传》云："华从父弟也……华宋世贵盛，以门衰提携琨，恩若同生，为之延誉。"据此数条，可知南朝著名士族如琅邪王氏，即是以家庭为单位，实行分居的。各家有贫富升沉的不同。

南方土著士族如朱、张、顾、陆等姓，在南朝也是分居的。吴郡张昭结网捕鱼以供其父[①]，陆验贫苦落魄，贷郁吉卿钱米，以为商贩[②]。打鱼、经商是一种自由的职业。在张氏、陆氏中出现以此为业者，证明他们不是宗族组织，而是一个个互不相涉的同姓家族。

南方宗族没有得到发展，有以下几个原因。

第一，南朝主要的财政依靠，是商不是农。前引《魏书·甄琛传》所云"今伪弊相承，仍崇关廛之税"，表明南朝政府的主要收入是商税而非租调，并可表明南朝商业的发达。南方士族兼有地主与商人两种身份。宋孝武帝在所下"节俭诏"中，有"贵戚竞利，兴货廛肆"之言[③]。《梁书》卷二十五《徐勉传》记载徐勉显贵之后，"门人故旧，亟荐便宜，或使创辟田园，或劝兴立邸店，又欲舳舻运致，亦令货殖聚敛"，最可表明经商是当时贵族地主的一致要求。而经商是与自给自足的宗族田庄组织不相容的，其时已有不少"货卖奴婢、马、牛、田宅"，竞趋商贾，"不为田业"者[④]。在这种情况下，宗族必然瓦解为一个个家族。琅邪王氏聚居商业最为发达的建康，宜其不以宗族结合，而为分居异爨的独立的家庭。家庭与商业的结合是南方门阀的一个最重要的特征。

南朝重商，是因为江南广大地区当时还处在开发过程中。我在《六朝时代江南的开发问题》[⑤]一文中，曾论及其范围、程度。经营农业，并不如营商利益大。

第二，东晋南朝政府为了增加兵员与租调的来源，常与贵族地主争夺

---

① [唐]李延寿：《南史》卷七十四《张昭传》，中华书局，1975年，第1851页。

② [唐]李延寿：《南史》卷七十七《陆验传》，中华书局，1975年，第1936页。

③ [梁]沈约：《宋书》八十五《谢庄传》，中华书局，1974年，第2169页。

④ [唐]魏征、令狐德棻：《隋书》卷二十四《食货志》，中华书局，1973年，第689页。

⑤ 万绳楠：《六朝时代江南的开发问题》，《历史教学》1963年第3期。

奴隶、佃客。"以奴为兵"的建议，是东晋刁协所献①。东晋"调兵不出三吴"，"每议出讨，多取奴兵"②。为了"发奴为兵"，必须"隐实户口，料出无名"，"以充军实"③。贵族地主奴隶的来源与人数，由此很难稳定。宋亦如此，刘道济伐蜀，因"蜀土侨旧，翕然并反"，曾"免吴兵三十六营以为平民，分立宋兴、宋宁二郡"④，表明其所统仍是发自三吴的奴兵。

东晋南朝政府为保障赋税来源，屡屡土断人户。晋哀帝隆和元年（362年）三月庚戌，"天下所在土断"⑤。兴宁二年（364年）三月庚戌，又"大阅户人，严法禁，称为庚戌制"⑥。安帝义熙九年（413年），又因刘裕奏，"依界土断"⑦。土断对贵族地主私置奴隶、佃客来说，也是一个阻碍。宗族组织与宗主拥有大量的奴、客是分不开的。南方士族在这方面的条件显然不及北方士族，要维持与扩大宗族组织，是不太可能的。

南方士族既然立脚于家庭与商业之上，聚居于都邑，其社会经济基础自然不及北方士族雄厚。这种士族及由此而形成的士族制度，容易腐朽，经不起风浪。《宋书》卷七十七《颜师伯传》称其"多纳货贿，家产丰积，伎妾声乐，尽天下之选。园池第宅，冠绝当时"。颜师伯的情况可以代表一般南方士族的情况。由于生活的骄奢淫恣，士族出身的人物往往"无年"⑧，有的惧马如虎，他们只希望"依流平进"⑨，取得名位高而无实权的"仆射"等官的地位。南方政权落入新兴的庶族地主之手，侯景之乱，出身士族的人物"坐死仓猝"，原因都在此。

---

① ［唐］房玄龄等：《晋书》卷六十九《刁协传》，中华书局，1974年，第1842页。

② ［元］马端临：《文献通考》卷一百五十一《兵考三》，中华书局，1986年，第1317页。

③ ［唐］房玄龄等：《晋书》卷七十三《庾冰传》，中华书局，1974年，第1928页。

④ ［梁］沈约：《宋书》四十五《刘粹传》附《刘道济传》，中华书局，1974年，第1381页。

⑤ ［唐］杜佑：《通典》卷三《食货三》，中华书局，1984年，第21页。

⑥ ［唐］房玄龄等：《晋书》卷八《哀帝纪》，中华书局，1974年，第208页。

⑦ ［唐］杜佑：《通典》卷三《食货三》，中华书局，1984年，第21页。

⑧ ［梁］沈约：《宋书》卷八十五《谢庄传》，中华书局，1974年，第2172页。

⑨ ［唐］李延寿：《南史》卷二十二《王昙首传》附《王骞传》，中华书局，1975年，第596页。

二、关于南北政治的不同

两晋南北朝时期，表现在政治上，北方主要是种族斗争，南方主要是士庶斗争。前者对北方门阀，影响不大；后者对南方门阀，则有重大影响。

南北政权何以迭相转移？这是东晋南北朝政治史中的一个问题。我觉得北方各族政权的转移，一方面是由于胡汉没有融合，无社会经济基础；一方面也是由于各少数族间甚至一个少数族内部矛盾重重，以致战争迭起，当一个族所依靠的本族军事力量被另一个族打垮的时候，这个族的政权即随之转移。重要的原因是后者而非前者。南方政权的转移，则与江南的开发及庶族地主商人兴起的过程相适应。庶族地主商人利用阶级矛盾，通过本身斗争，削弱了门阀力量，壮大了自己的势力。下面先谈北方。

进入中原的少数族，因民族问题未决，实行胡汉分治，而在"胡治"之中，主要又靠本族亲信力量。前赵刘聪大定百官，其于胡人，"置辅汉，都护，中军，上军，辅军，镇、卫京，前、后、左、右、上、下军，辅国，冠军，龙骧，武牙大将军，营各配兵二千，皆以诸子为之"。又置"单于左右辅，各主六夷十万落，万落置一都尉"。其于汉人，则置"左右司隶，各领户二十余万，万户置一内史，凡内史四十三"[①]。

其后刘曜又置单于台于渭城，拜大单于，置左右贤王已下，皆以胡、羯、鲜卑、氐、羌豪杰为之。[②]

这表明前赵所依靠的主要是匈奴屠各力量。前赵之亡，不亡于胡汉斗争而亡于匈奴内部及匈奴与羯之间的斗争。我们知道前赵有陈安的反叛，过去都认为陈安的反叛是包括汉族人民在内的大起义。考陈安底下将领有刘烈、赵罕、赵募、刘牙、赵牢、路松多等。刘烈、刘牙二人与刘曜同

① [唐]房玄龄等：《晋书》卷一百二《刘聪载记》，中华书局，1974年，第2665页。
② [唐]房玄龄等：《晋书》卷一百三《刘曜载记》，中华书局，1974年，第2698页。

族。路松多为"黄石屠各"①。赵氏据姚薇元先生考证亦属匈奴贵族②。陈安的起兵显然是由于匈奴贵族内部矛盾引起的，很难说是包括汉族人民在内的大起义。陈安起兵之后前赵力量削弱，抵不住羯人石勒的进攻。洛阳一战，刘曜底下由刘岳、刘黑、呼延谟（呼延即呼衍，亦匈奴贵种）等率领的匈奴主力为石勒子石季龙击溃，前赵遂不得不败亡。前赵亡于少数族内部之间的斗争，而不亡于胡汉斗争，是可以肯定的。

后赵之亡，亡于凉州戍卒的叛变与所依靠的羯族主力二十余万被冉闵所杀。为梁犊领导的凉州戍卒是"故东宫谪卒"。按石勒始称大单于，以石季龙为单于元辅，都督禁卫诸军事。后又世子弘为太子，署其子石宏为大单于③。所谓"故东宫谪卒"，当系以单于名义领导下的少数族兵无疑。戍卒中的将领梁犊、頡独鹿微等均非羯族人，而冉闵所诛羯人二十余万，都住在邺城，又可知后赵排斥外族，只信本族。与前赵一样，后赵之亡显然是由于少数族本身问题未决造成的。

前燕、前秦之亡亦亡于少数族本身问题的未决。《晋书》卷一百十一《慕容晔载记》称苻坚军队至邺，"散骑侍郎徐蔚等率扶余、高句丽及上党（羯族所居）质子五百余人夜开城门，以纳坚军"。这种人当是在大单于名义领导下的前燕少数族兵。前燕之亡，他们有责。前秦苻坚"分三原、九嵕、武都、汧、雍氏十五万户于诸方要镇"④，而使"鲜卑、羌、羯，布诸畿甸"⑤，造成了内部的不稳。淝水之战，梁成率领的氐族主力（梁氏为略阳氐），为刘牢之击溃。慕容垂率领的鲜卑兵独全，前秦因此分裂。

北魏前期，少数族与统治者之间的矛盾仍极尖锐。这从盖吴起兵即可知之。盖吴起兵，亦被称为各族人民大起义。按盖氏为杏城大姓，属卢水胡的羯族。《魏书》卷四下《世祖纪第四下》太平真君六年（445年）三月有云："酒泉公郝温反于杏城，杀守将王幡。县吏盖鲜率宗族讨温，温弃

① ［唐］房玄龄等：《晋书》卷一百三《刘曜载记》，中华书局，1974年，第2685页。
② 姚薇元：《北朝胡姓考》，中华书局，1962年，第282—283页。
③ ［唐］房玄龄等：《晋书》卷一百五《石勒载记下》，中华书局，1974年，第2746页。
④ ［唐］房玄龄等：《晋书》卷一百十三《苻坚载记上》，中华书局，1974年，第2903页。
⑤ ［唐］房玄龄等：《晋书》卷一百十四《苻坚载记下》，中华书局，1974年，第2913页。

城走，自杀，家属伏诛。"可知盖氏原站在北魏政府一边。盖吴与盖鲜同族，其起兵反魏，也很难说是起义的。盖吴部下白广平可能是龟兹白氏[①]，为"部落帅"。路那罗属匈奴贵种屠各。"与盖吴通谋"的耿青、孙温二垒，是保险屯聚的汉族地主，"西通盖吴"的河东蜀（叟）薛永亦是大姓[②]。这次起兵显然仍是一次由各少数族豪酋领导的反对当权的拓跋贵族的斗争。

以上所述表明了十六国政权的转移及北方的纷扰，在于胡汉分立，"胡族"之间亦未趋融合。要稳定政局，必须调整民族关系。怎样调整？就中原现实情况及各族人民的要求看，舍"汉化"之外，别无他途。只有"汉化"，才能消除汉族与少数族之间、各少数族之间的对立。魏孝文帝的一系列措施，正由此产生。

"汉化"是有阶级性的，就各少数族上层来说是封建地主化、士族门阀化，就各少数劳动者来说，是农民化，农奴化。这里谈一下均田制度。

有一种说法是，均田制把全国土地都拿来分配，好像触动了北方汉族门阀的利益。实际并非如此。北宋刘恕曾说："后魏均田制度，似今世佃官田及绝户田出租税，非如三代井田也。"[③]刘恕之言是正确的。汉族门阀土地当时不可能拿来分，能分的只能是官田、绝户田。

我觉得北魏均田制度，主要是在少数族中实行的一种制度。北方农业经济原本掌握在用宗族组织起来的汉族门阀之手，少数族统治根本未加动摇，也动摇不了。对汉族门阀及其所属佃客、奴婢来说，均田制意义并不大。但对少数族来说，则是关系到他们农业化、封建化的一个大问题。《魏书》卷八《世宗纪》有"以苑牧公田，分赐代迁之户"，"以苑牧之地，赐代迁民无田者"之言，可以反证孝文帝居代所行均田制，主要是把官田、绝户田分给各少数族人。《魏书》中屡见拓跋族统治者掠夺"生口"

---

① 姚薇元《北朝胡姓考》认为白广平属匈奴白氏。

② 薛氏自蜀迁至河东汾阴，屡世为强宗。

③ ［宋］王应麟撰，翁元圻注：《困学纪闻》卷十六《历代田制考》，商务印书馆，1959年，第1256页。

及尝赐奴隶的记载[①]。贵族拥有大量奴婢，如高阳王雍，有"僮仆六千"[②]。均田制关于奴婢受田一同良丁的规定，正在使拥有大量奴婢的各族贵族，成为与汉族门阀一样的封建大地主。而"良丁受田"的规定，又使各少数族游牧人口有了变成农民的可能。《魏书》卷四十八《高允传》尝谓"京师（代）游食者众"，卷六十《韩麒麟传》亦谓"今京师（代）民庶，不田者多，游食之口，三分居二"。这种游民就其大多数来说，不可能是汉族农民，而只能是少数族非农业人口。良丁受田，正是分给他们。

汉族门阀荫户是否由三长搜括出来，仍是疑问。三长制建立在宗主督护制的基础之上，做三长的也就是宗主，"一宗将近万室"是关东一直存在的情况。强调均田制在与汉族门阀争夺对劳动力的控制，是不符合当时社会条件，也不符合孝文帝"汉化"意图的。

为了融合胡汉，孝文帝的第二步即迁都洛阳，实行改制。在孝文帝所改之中，我觉得最重要的是采用汉族门阀制，制定姓氏。除宗族十姓外，与汉族大姓崔、卢、李、郑相等的有勋臣八姓：穆、陆、贺、刘、楼、于、嵇、尉。我同意姚薇元先生的考证，这八姓并不都是鲜卑族。贺（贺赖）、刘本匈奴族，嵇（纥奚）氏出自蠕蠕[③]。孝文帝"汉化"政策是不限于鲜卑族的。由于门阀制的采用，在各少数族中也出现了"以贵承贵，以贱袭贱"[④]的现象。北方各族社会组织与汉族一致起来，达到了各族之间彼此融合又与汉族融合的结果。这种融合是有阶级性的。

综上所述，可知北方门阀制度史不是门阀衰落的历史，而是发展的历史。不是汉族门阀受制于少数族的历史，而是少数族"汉化"、门阀化的历史。北魏末年六镇起兵与尔朱荣之乱，对各族门阀有一些打击，但不

① 如拓跋焘始光二年(425年)平赫连昌"以昌宫人及生口"班赍将士。神䴥三年(430年)"获乞伏炽磐质子及定车旗，簿其生口财畜，班赐将士"。延和元年(432年)讨冯文通，掳获生口，班赐将士。

② [北魏]杨衒之：《洛阳伽蓝记》卷三《城南·高阳王寺》，中华书局，1963年，第13页。

③ 姚薇元：《北朝胡姓考》，中华书局，1962年，第38，51，222页。

④ [北齐]魏收：《魏书》卷六十《韩麒麟传》，中华书局，1974，第1343页。

大。北方门阀势力的初步削弱，在隋末农民大起义之后。

南方不同。细考旧史，南方斗争最激烈的是统治阶级内部的斗争，次则为阶级斗争，种族斗争微乎其微。我认为在黄巾起义失败，政权、族权及神权（道教、佛教）联合统治形成之后，农民的武装起义转入低潮。南北都是如此。北如陈安、盖吴，南有孙恩、卢循，并不能看作农民大起义。农民与地主的阶级斗争是封建社会的基本矛盾，但并非每个时期都是激烈的，都处于高潮。黄巾起义之后，农民斗争高潮的到来，要到南北民族融合后经济恢复发展之时。具体来说，在隋末。

东晋南朝时代无论是统治阶级内部的激烈斗争或者分散的小规模的农民起义，都直接影响到门阀与门阀制度。在南方不是门阀制的发展，而是门阀的庶族化、门阀制度的衰落。

东晋南朝统治阶级内部斗争至为激烈，而每一次这样的斗争都削弱了门阀的势力。东晋初苏峻之乱，建康陷落，峻"驱役百官，光禄勋王彬等皆被捶挞，逼令担负登蒋山。裸剥士女，皆以坏席苫草自鄣，无草者坐地以土自覆，哀号之声，震动内外"[①]。东晋末年孙恩自海上攻上虞，"吴郡陆瓌、吴兴丘尫、义兴许允之、临海周胄、永嘉张永及东阳、新安等凡八郡一时俱起"，"吴兴太守谢邈，永嘉太守谢逸，嘉兴公顾胤，南康公谢明慧、黄门郎谢冲、张琨，中书郎孔道，太子洗马孔福，乌程令夏侯愔等皆遇害"[②]。这两次起兵都含有庶族地主反对门阀的意义。苏峻为长广掖人，父为安乐相[③]。出身不高。孙恩系琅邪小吏孙秀之后。陆、丘为三吴大姓，张氏为永嘉八族之一。许氏、周氏为晋时发展起来的当地土著大姓。按南方门阀以家族家庭为单位看，陆瓌、丘尫等无疑都是庶族地主，非门阀。他们起来斗争，矛头指向当权门阀，是很自然的。这两次斗争虽然被镇压下去，但门阀受到的打击是沉重的。南朝时候，新起的庶族地主掌握了实权，门阀只能"依流平进"了。

①［唐］房玄龄等：《晋书》卷一百《苏峻传》，中华书局，1974年，第2629,2630页。
②［唐］房玄龄等：《晋书》卷一百《孙恩传》，中华书局，1974年，第2632页。
③［唐］房玄龄等：《晋书》卷一百《苏峻传》，中华书局，1974年，第2628页。

南朝梁武帝末年的侯景之乱，也可说是一次士庶斗争。侯景为北来降将，其陷建康，悉驱逼"城内文武，裸身而出"，"交兵杀之"。"富室豪家，恣意裒剥，子女妻妾，悉入军营。""筑土山，不限贵贱，昼夜不息，乱加殴捶，疲羸者因杀之以填山。"①南方门阀王、谢等家，又一次受到沉重打击。

这种士庶斗争所以能影响到南方门阀，是因为南方门阀多居都邑。特别是建康，为门阀王氏、谢氏的大本营。都邑一破，门阀厄运即至。从苏峻、侯景之乱，我们可以看得很清楚。但要注意，这种斗争只能加害于门阀人身，还不可能摧毁其经济基础，南方门阀经济基础的破坏，是阶级斗争的结果。

我们知道，南方门阀王氏、谢氏的庄园在浙东会稽、临海一带，顾、陆、朱、张、虞、魏、孔、贺的庄园在三吴（吴郡、吴兴、会稽）。南方阶级斗争主要爆发于门阀庄园集中之地。无疑，这对门阀的经济基础有极大的破坏作用。

东晋南朝在苏南浙东出现的战事，大多数为农民起义。宋时著名的田流起义在浙东，《南齐书》卷二十九《周山图传》称田流为"临海亡命"，"逃窜会稽鄞县边海山谷中，立屯营分布要害"。其后，"将党与出行，达海盐（属吴郡），放兵大掠而反。是冬杀鄞（属会稽）令耿猷，东境大震"。临海、会稽一带是王、谢及会稽四姓虞、魏、孔、贺庄园所在地区。王羲之尝求田问舍于临海②，孔灵符大庄园在会稽③。田流的起义对他们是有影响的。齐时以富阳人唐寓之领导的"却籍户"的起义，曾进占富阳、桐庐、钱塘、盐官（均属吴郡）、诸暨（属会稽）、余杭（属吴兴），袭东阳郡，"焚郭邑"④。梁时宣城人吴承伯起义之后，曾进攻吴兴⑤。会稽也

① [唐]姚思廉：《梁书》卷五十六《侯景传》，中华书局，1973年，第843页。
② [唐]房玄龄等：《晋书》卷八十《王羲之传》，中华书局，1974年，第2102页。
③ [梁]沈约：《宋书》卷五十四《孔季恭传》，中华书局，1974年，第1533页。
④ [梁]萧子显：《南齐书》卷四十四《沈文季传》，中华书局，1972年，第777页。
⑤ [唐]姚思廉：《梁书》卷十五《谢朓传》附《谢览传》，中华书局，1973年，第265页。

有农民起义①。接连不断的农民起义，其规模并不算大，却屡屡出现在门阀经济势力雄厚之处，击中了门阀的要害。就是这样，门阀赖以存在的基础动摇了。一方面是人身遭到迫害，一方面是经济基础遭到破坏，无怪南方门阀到南朝末年便已衰微。

总括本文，可以得出如下结论：

在北方，在社会经济上，重农、重宗族，农业掌握在汉族门阀宗主之手。各族政权的转移，一方面是由于胡汉的独立，无经济基础；一方面是由于各少数族的对立，无政治基础。各族政权转移之时，受到打击的主要是本族军队。汉人宗族门阀一直保存下来。为了稳定政局，必须解决民族融合问题。融合必须以"汉化"为基础，在这种要求下，北方门阀制度不是动摇而是有发展。旧的汉人的宗族门阀制有了扩大与加强，新的少数的贵族门阀制在魏孝文帝改制之后出现。北方门阀制度史是旧门阀加强的历史，是新门阀出现的历史。唯其如此，所以北方门阀在唐朝仍有其势力。

在南方，在社会经济上，重商、重家族、重家庭，门阀兼有地主与商人两种身份。门阀产业与所居地（如王、谢）不在一起，经济基础比较薄弱。在政治上，主要斗争为士庶之间、农民与地主之间的斗争，这些斗争的矛头均指向门阀。在士庶斗争中，门阀人身遭到了迫害。在农民斗争中，门阀庄园遭到破坏。南方门阀制度史，是门阀的没落史。分出去的大姓，很多变成了贫困的庶族，王经、王琨即是这种人。仍保持门阀地位在政治上只能"依流平进"，并无实权。随着人身、庄园遭受打击，到隋唐，从总体来看，已没有南方门阀的地位。

［原载《安徽大学学报（哲学社会科学版）》1963年第1期，有改动］

---

① ［唐］李延寿:《南史》卷五十一《梁长沙宣武王懿》附《萧猷传》，中华书局，1975年，第1269页。

六朝时代江南的开发问题

大家知道江南经济是在六朝时代发展起来的，但发展的范围、程度、时间、缘由、特征、影响等如何，尚有待于进一步研究。本文试就这些方面做一次探讨。

据我的考察，六朝时代，江南获得开发的地区只有四个：一为三吴地区（南到晋安），二为丹阳、晋陵地区，三为南川地区，四为湘沅地区。这四个地区开发的先后和开发的范围、程度都不一致。

一、三吴（吴郡、吴兴、会稽）地区

三吴在汉代已有开发，六朝时，进入发展期，并向南推移，达到晋安一带。汉代曾在会稽大兴水利；后汉时，进一步发展，在会稽、山阴二县有溉田九千余顷的镜湖，句章县有汉旧陂，表明北方进步生产技术当时已较多地传入会稽一带。按前汉会稽（治吴）二十六县，共有二十二万三千余户，一百零三万余口[①]。后汉析会稽为二郡，合计二十八万七千余户，一百一十八万七千余口。较之前汉，又增六万四千余户，十五万余口[②]。由此可以看出两汉会稽一带，基本上已经开发。

---

① ［汉］班固撰，［唐］颜师古注：《汉书》卷二十八《地理志上》，中华书局，1962年，第1590页。

② ［宋］范晔撰，［唐］李贤等注：《后汉书·郡国志四》，中华书局，1965年，第3488页。

孙吴末年，会稽、吴郡生产续有发展。吴初，据魏文帝言，"江表唯长沙名有好米"①，但到吴末就不同了，《抱朴子·吴失篇》说会稽、吴郡出现了"田池布千里"的大地主。左思《吴都赋》说吴郡吴县：

> 其四野则畛畷无数，膏腴兼倍。原隰殊品，窊隆异等，象耕鸟耘，此之自与。稌秀菰穗，于是乎在……国税再熟之稻，乡贡八蚕之绵……窥东山之府，则瑰宝溢目。觇海陵之仓，则红粟流衍。

这表明吴中很多土地均已开垦，很多优良品种，亦已引种，产量、质量都有提高。这种发展，和吴时江北居民大量过江及使用少数族劳动力，是分不开的。《三国志》卷二《孙权传》载，建安十八年（213年），自庐江、九江、蕲春、广陵一次"东渡江"的民户，即达"十余万"户。

东晋南朝时代，三吴地区经济仍在发展中。如三吴以吴兴为落后，东晋即在乌程县（郡治）筑荻塘，"溉田千顷"。宋末又在乌程县筑吴兴塘，"灌田二千余顷"②。会稽郡一些落后县分也已开发。晋孔愉曾修复会稽句章县汉旧堰，"溉田二百余顷，皆成良业"③。宋孔灵符为会稽太守，上书迁山阴县"无资之家于余姚（属吴兴）、鄞、鄮、（均属会稽）三县界，垦起湖田"④。

与三吴临近的南边郡县临海、东阳，开发较晚，梁时在临海郡乐安县"堰谷水为六陂以溉田"。梁陈之际，临海出现了拥有"资财巨万"的土豪⑤。东阳有著姓留异，曾为陈世祖"转输粮馈"⑥。这些富有的土豪的出

---

① [唐]徐坚：《初学记》卷二十七《五谷第十》，中华书局，1962年，第662页。

② [唐]李吉甫撰，贺次君点校：《元和郡县图志》卷二十五《江南道一·湖州·乌程县》，中华书局，1983年，第605页。

③ [唐]房玄龄等：《晋书》卷七十八《孔愉传》，中华书局，1974年，第2053页。

④ [梁]沈约：《宋书》卷五十四《孔季恭传》附《孔灵符传》，中华书局，1974年，第1533页。

⑤ [唐]姚思廉：《陈书》卷三十三《儒林传·王元规传》，中华书局，1972年，第448页。

⑥ [唐]姚思廉：《陈书》卷三十五《留异传》，中华书局，1972年，第484页。

现，表明其时三吴已有较大的开发。

三吴一带的开发，也影响到了闽中。按吴于闽中置建安郡，晋武帝太康三年（282年），又分建安立晋安郡①，"东晋南渡，衣冠士族，多萃此地"②。梁末侯景之乱，又有不少"遭乱移在建安、晋安、义安郡者"③。梁陈时候，有所谓"闽中四姓"。三吴一次饥馑，"晋安独丰沃"④。这表明由于汉人的迁入，闽中经济此时亦有了发展。

三吴地区是东晋南朝政府最重要的经济基地。所谓"以区区吴越，经纬天下十分之九"⑤，"百度所资，罕不自出"⑥。但我们要注意，三吴在六朝时虽已开发，但生产并不能得到确切的保障。宋文帝元嘉时，三吴一带号称"地广野丰，民勤本业，一岁或稔，则数郡忘饥"。特别是会稽，"带海傍湖，良畴亦数十万顷，膏腴上地，亩直一金"⑦。但一遇干旱，则无法抗拒。宋前废帝时，"东诸郡大旱……饿死者十有六七"⑧。孝武帝"大明七年八年，东诸郡大旱，民饥死者（又）十六七"⑨。吴兴在萧齐之时，仍称"埆土"⑩。梁时"吴兴累年失收，民颇流移。吴郡十城，亦不全熟"⑪。会稽一次饥荒，"死者十七八"⑫。以三吴河湖之多，天灾一临，人民大批饿死，充分表明三吴的开发，在六朝时程度仍极有限。

① [唐]房玄龄等：《晋书》卷十五《地理志下》，中华书局，1974年，第462页。
② [宋]李昉：《太平御览》卷一百七十《州郡部十六》，中华书局，1960年，第831页。
③ [唐]姚思廉：《陈书》卷三《世祖纪》，中华书局，1972年，第58页。
④ [唐]姚思廉：《陈书》卷三十五《陈宝应传》，中华书局，1972年，第486页。
⑤ [唐]房玄龄等：《晋书》卷八十《王羲之传》，中华书局，1974年，第2096页。
⑥ [梁]萧子显：《南齐书》卷四十《竟陵文宣王子良传》，中华书局，1972年，第696页。
⑦ [梁]沈约：《宋书》卷五十四传论，中华书局，1974年，第1540页。
⑧ [梁]沈约：《宋书》卷七《前废帝纪》，中华书局，1974年，第143页。
⑨ [梁]沈约：《宋书》卷三十一《五行志二》，中华书局，1974年，第912页。
⑩ [梁]萧子显：《南齐书》卷四十六《顾宪之传》，中华书局，1972年，第809页。
⑪ [唐]姚思廉：《梁书》卷八《昭明太子传》，中华书局，1973年，第168页。
⑫ [唐]姚思廉：《陈书》卷三十五《陈宝应传》，中华书局，1972年，第486页。

二、丹阳、晋陵地区

丹阳、晋陵一带，是孙吴屯田区域。考《宋书》卷三十五《州郡志一》，吴在丹阳郡屯田的地方，有溧阳、湖熟（典农都尉治）、于湖（督农校尉治）、江乘（典农都尉）。晋陵本属吴郡，吴时分吴郡无锡以西为毗陵（即晋陵）典农校尉。新都都尉陈表、吴郡都尉顾承曾率所领人"会佃毗陵，男女各数万口"[①]。这一带由此初步得到开发。

丹阳、晋陵的初步开发，应是山越人民的功劳。因为在吴初这里还是山越人民聚居之地。《吴书》卷十九《诸葛恪传》谓其"地势险阻，与吴郡、会稽、新都、鄱阳四郡邻接。周旋数千里，山谷万重。其幽邃民人，未尝入城邑，对长吏，皆仗兵野逸，白首于林莽。逋亡宿恶，咸共逃窜"。孙权拜诸葛恪为抚越将军，领丹阳太守，征服山越。将所有出降的山越人民，分给诸将为兵，诸葛恪自领万人。孙吴用以屯垦的士兵，即是这些山越人。

丹阳、晋陵的进一步开发，则在东晋时，这与永嘉以后流民大批南渡有关。考东晋、南朝在江东所置侨郡县，几乎都设在此二郡之境。《晋书》卷十五《地理志下》"徐州"条说：

> 是时幽、冀、青、并、兖五州及徐州之淮北流人相帅过江淮，（元）帝并侨立郡县，以司牧之。割吴郡之海虞北境，立郯、朐、利城、祝其、厚丘、西隰、襄贲七县，寄居曲阿（属晋陵郡），以江乘置南东海、南琅邪、南东平、南兰陵等郡，分武进立临淮、淮陵、南彭城等郡，属南徐州（治京口，属晋陵）。

"扬州"条又说：

---

①［晋］陈寿撰，［宋］裴松之注：《三国志》卷五十二《诸葛瑾传》，中华书局，1959年，第1236页。

成帝初，苏峻祖约为乱于江淮，胡寇又大至，百姓南渡者转多。乃于江南侨立淮南郡及诸县，又于寻阳侨置松滋郡，遥隶扬州。咸康四年，侨置魏郡、广川、高阳、堂邑等诸郡并所统县，并寄居京邑（即建康、原属丹阳）。改陵阳为广陵。孝武宁康二年，又分永嘉郡之永宁县置乐城县。是时上党百姓南渡，侨立上党郡为四县，寄居芜湖（属丹阳郡）。

由此可见，东晋时两次流民大过江，除有少数人住在寻阳（属宣城郡）、陵阳（属庐江郡）、永嘉等地外，极大部分都在丹阳、晋陵二郡之境。大批北方流民的迁入，对二郡经济的发展有不可估量的作用。下面介绍一下晋陵的情况。

晋陵虽经孙吴大规模屯垦，然东晋以前，仍是"地广人稀，且少陂渠，田多恶秽"①。自流民过江，寄居曲阿、武进等地，不少荒地渐次开出。水利灌溉，亦有发展。东晋张闿出补晋陵内史，因"所部四县，并以旱失田"，"乃立曲阿新丰塘，溉田八百余顷，每岁丰稔"。这项工程共动用"二十一万一千四百二十功"②。像这种较大的水利工程的兴建，对当地农业生产的发展有重要促进作用。《陈书》卷二十一《孔奂传》称："晋陵自宋齐以来，旧为大郡，虽经寇扰，犹如全实。"这表明晋陵郡在晋、宋之时，基本都已经开发。由于生产的发展，晋宋时代，晋陵出现了富有的大地主。元嘉二十一年（444年）大旱民饥，晋陵延康人徐耕"以千斛助官赈贷"而为县令③。像这样富有的人当属不少。

丹阳地区的开发，似不及晋陵。齐建元三年（481年）萧子良上表谈到丹阳的情况说：

---

① [唐]李吉甫撰，贺次君点校：《元和郡县图志》卷二十五《江南道一·新丰湖》，中华书局，1983年，第592页。

② [唐]房玄龄等：《晋书》卷七十六《张闿传》，中华书局，1974年，第2018页。

③ [梁]沈约：《宋书》卷九十一《徐耕传》，中华书局，1974年，第2251页。

京尹虽居都邑，而境壤兼跨，广袤周轮，几将千里。萦原抱隰，其处甚多，旧遏古塘，非唯一所。而民贫业废，地利久芜。近启遣五官殷沵、典签刘僧瑗到诸县循履，得丹阳、溧阳、永世等四县解，并村耆辞列，堪垦之田，合计荒熟有八千五百五十四顷；修治塘遏，可用十一万八千余夫，一春就功，便可成立。[1]

从萧子良所说的"萦原抱隰，其处甚多，旧遏古塘，非唯一所"及荒熟情况看，丹阳一带在晋宋之时，亦必开发。但"地利久芜"，又表明这一带生产并不发达。晋陵的"大旱饥"，丹阳生产的停顿，也可说明此二郡的开发，在当时程度也有限。

三、南川（赣江）地区

南川地区，包括豫章、鄱阳、临川、庐陵等郡，豫章为汉旧郡，鄱阳、庐陵等郡为孙吴之时自豫章分出。

豫章一带少数民族很多。鄱阳是山越所居，豫章有山越，也有僚人（即樊弧蛮）[2]。豫章立郡虽早，但到汉末开发仍旧不大。据《三国志》卷四十六《孙策传》记载，孙策遣从弟偕告籴于豫章太守华歆，"歆郡素少谷，遣吏将偕就海昏上缭，使诸宗帅（海昏属豫章郡；宗帅即山越之帅，为宗族组织）共出三万斛米以与偕。偕往历月，才得数千斛"。这表明豫章的农业生产在汉末还不发达。

汉献帝建安八年（203年），孙权西伐黄祖，不过豫章，使吕范"平鄱阳、会稽"，程普"讨乐安（属鄱阳）、建昌（属豫章）"，太史慈"领海

---

① [梁]萧子显：《南齐书》卷四十《竞陵文宣王子良传》，中华书局，1972年，第694页。

② [唐]李延寿：《南史》卷四十七《胡谐之传》，中华书局，1975年，第1176页。《胡谐之传》中有"谐之家人语僚音不正"之言，谐之为豫章南昌人，故知豫章有僚人。

昏"，黄盖、韩当、周泰、吕蒙等"守剧县令长，讨山越悉平之"①。这次大用兵，就其目的来说，在压迫山越，"帅之赴役"②。但也使山越人民有了摆脱宗帅控制，与汉民接近，接受汉化的可能。东晋以后，山越名称不见，表示他们都已汉化。这对生产的发展有利。有些汉族的官吏也能注意生产。东晋孙盛作南昌令，"先婚配境内，然后督其农桑"③。这对增加人口，促进生产，都有积极作用。唯其如此，所以到了刘宋时代，豫章一带的生产面貌已经改观。据《资治通鉴》卷一百二十八《宋纪十》"孝武帝孝建元年春正月"条，臧质"擅用溢口、钩圻米"。句注："溢口米，荆、湘、郢三州之运所积也。钩圻米，南江之运所积也。《水经注》：'赣水自南昌历郴丘城下，又历钩圻邸阁下，而后至彭泽。'"则刘宋时豫章一带，已发展成江东政权的另一经济基地。

陈宣帝时，曾因南川失稔，下令缓收豫章六郡田租④。所谓六郡，指豫章、鄱阳、临川、庐陵、南康及寻阳。沿赣江一带，到南朝晚期都已开发。豫章"稻米之精者，如玉映澈于器中"⑤，"一年蚕四五熟"⑥，表明生产技术也有很大的提高。

随着经济的发展，豫章等郡也出了一些富有的人物。如豫章南昌人熊昙朗、临川南城人周迪等都是。下面还将论及。

《宋书》卷九《后废帝纪》元徽四年五月云："江、荆诸州，税调本少……天府所资，唯有淮海。"南川地区属江州，此语表示南川的开发远不及三吴。较好的地方恐只有豫章。

---

① [宋]司马光编著，[元]胡三省音注：《资治通鉴》卷六十四《汉纪五十六》"献帝建安八年"条，中华书局，1956年，第2052页。

② [晋]陈寿撰，[宋]裴松之注：《三国志》卷六十《周鲂传》，中华书局，1959年，第1389页。

③ [宋]李昉：《太平御览》卷八百二十二《资产部二》，中华书局，1960年，第3661页。

④ [唐]姚思廉：《陈书》卷五《宣帝纪》，中华书局，1972年，第87页。

⑤ [宋]李昉：《太平御览》卷八百二十一《资产部一》，中华书局，1960年，第3658页。

⑥ [唐]魏征、令狐德棻：《隋书》卷三十一《地理志下》，中华书局，1973年，第887页。

四、湘、沅地区

湘、沅地区包括长沙（汉置）、零陵（汉置）、桂阳（汉置）、衡阳（吴置）、湘东（吴置）、邵陵（吴置）、武陵（汉置）等郡。为槃瓠蛮聚居之地。干宝《晋纪》云："武陵、长沙、庐江郡夷，槃瓠之后也，杂处五溪之内。"所谓五溪，即雄溪、樠溪、西溪、潕溪、辰溪，因其居地，又谓之"五溪蛮"，或称谿（溪）人。槃瓠蛮所居，不止长沙、武陵，其分布南到零陵，北到天门、宜都。

湘水长沙、零陵一带，在汉魏时已经开发。魏文帝说"江表唯长沙名有好米"，表明汉末长沙生产已经较好。西晋惠帝时，益州刺史罗尚为流民所困，晋南蛮校尉、荆州刺史刘弘，"以零陵米三万斛给之，尚赖以自固"[①]，表明三国、西晋时，零陵生产亦必有发展。

长沙、零陵一带的开发，主要应是蛮族人民的功绩。《后汉书》卷八十六《南蛮传》提到长沙武陵蛮"田作贾贩"。《宋书》卷九十七《夷蛮传·荆雍州蛮传》提到虏获蛮牛马。这一带的蛮族人民在汉魏时期，可能脱离火耕水耨，采用了牛耕。这一带的开发与后汉时北人大批南迁，亦不无关系。按前汉长沙国十三县，户仅四万三千四百七十，口二十三万五千八百二十五[②]。零陵郡十县，户二万一千零九十二，口十三万九千三百七十八。零陵郡附近的桂阳郡十一县，户二万八千一百一十九，口十五万六千四百八十八[③]。后汉长沙郡十三城，户二十五万五千八百五十四，口一百零五万九千三百七十二。零陵郡十三城，户二十一万二千二百八十四，口一百万一千五百七十八。桂阳郡十一城，户十三万五千零二十九，口五

---

① [唐]房玄龄等:《晋书》卷六十六《刘弘传》,中华书局,1974年,第1766页。

② [汉]班固撰,[唐]颜师古注:《汉书》卷二十八《地理志下》,中华书局,1962年,第1639页。

③ [汉]班固撰,[唐]颜师古注:《汉书》卷二十八《地理志上》,中华书局,1962年,第1594—1596页。

十万一千四百零三。①大批汉族人民的迁入，在生产上必将发生重大作用。蛮族人民所以比较早地采用了进步生产技术，当亦与此有关。有些汉族官吏也能注意生产。范允为孙吴桂阳太守，俗不蚕种，"允令属县教民益种桑柘、养蚕桑、织履。复令种苎麻，数年之间，人大赖其利，衣履温暖"②。

沅水地区只有下游的武陵较好。武陵的开发，亦在汉时。其地以辰溪"最为沃壤，良田数百顷，特宜稻，修作无废"③。郡南有"古江堤"，刘宋时刘悛曾予修复④。此江堤可能为汉时所修。不过武陵在后汉时人口未增多少，十二城仅四万六千六百余户，二十五万九百余口⑤。生产当比不上湘水的长沙、零陵。

东晋、南朝时代，湘、沅地区的生产，似未得到什么发展。刘宋依靠的经济基地，除三吴外，西边所靠主要是南川。齐时湘州仍被称为"民丰土闲"⑥。齐武帝永明二年（484年）立常平仓，"市积为储"，湘州出钱二百万，不及江州（五百万）的一半，是最少的一个州⑦。可知直至南齐，它还是个穷地方。

湘州特别是长沙以南，少数民族问题至南朝末年还未解决。陈时衡州部民曾"相聚寇抄"⑧，统治者采用了残酷镇压的办法。"潇湘以南，皆逼为左右，墅里殆无遗者。其中脱有逃窜，辄杀其妻子"⑨。这种情况表明除长沙数点之外，湘州开发又远不及南江。

---

① ［宋］范晔撰，［唐］李贤等注：《后汉书·郡国志四》，中华书局，1965年，第3482—3485页。

② ［宋］李昉撰：《太平御览》卷八百二十三《资产部三》，中华书局，1960年，第3667页。

③ ［北魏］郦道元：《水经注》卷三十七，商务印书馆，1933年，第71页。

④ ［梁］萧子显：《南齐书》卷三十七《刘悛传》，中华书局，1972年，第649页。

⑤ ［宋］范晔撰，［唐］李贤等注：《后汉书·郡国志四》，中华书局，1965年，第3484页。

⑥ ［梁］萧子显：《南齐书》卷十五《州郡志下》，中华书局，1972年，第287页。

⑦ ［唐］杜佑：《通典》卷十二《食货十二》，中华书局，1984年，第70页。

⑧ ［唐］姚思廉：《陈书》卷二十五《裴忌传》，中华书局，1972年，第317页。

⑨ ［唐］姚思廉：《陈书》卷三十六《始兴王叔陵传》，中华书局，1972年，第494页。

东晋之后，就湘州来说，北人南流与少数族汉化似乎都停滞了。湘州郡县无流寓并省者，民族矛盾至陈时仍很尖锐，这当是湘川地区未能进一步发展的原因。

五、江南的开发与江东政治演变的关系

从以上所述可以看出，六朝时代江南各地区开发的时间与程度都是不平衡的。大致说来，会稽、长沙等郡至晚在汉末即已开发；而会稽郡又以山阴县开发为早，鄞、郯等县较晚。晋陵、丹阳在东晋时始开发，豫章、晋安则更迟，至宋、齐时始开发。就开发程度来说，扬州发展较快，其中又以会稽、吴郡、晋陵、丹阳等较发达；江州次之，发展起来的只是沿赣江的豫章、鄱阳等六郡；湘州又次之，比较发达的只是沿湘水的长沙、零陵、桂阳及沅水下游的武陵等几个地方。江南各地区的渐次开发，对六朝政治的演变有着明显的影响，兹简论于下：

（一）江南的开发，首推吴郡、会稽。汉魏之时，吴中四姓顾、陆、朱、张与会稽四姓虞、魏、孔、贺等已经壮大。为北方士族建立起来的孙吴与东晋政权，不得不引进他们。但二者之间是有矛盾的。当妨害到江东大姓利益的时候，江东政治也就跟着发生变化。孙吴之亡与东晋初期变乱，都可以此来解释。

据陆凯言，孙皓以前，孙吴"外仗顾、陆、朱、张，内近胡综、薛综。是以庶绩雍熙，邦内清肃"。但到孙皓时，在政治上排斥大姓，"外非其任，内非其人。陈声曹辅，斗筲小吏"，均加重用[1]。有的大姓如会稽贺姓，还遭到残杀[2]。经济上也妨害到大姓利益。孙皓使黄门"开立占募"[3]，不利于大姓以农民为部曲、奴、客。孙吴之亡，失去江东大姓拥

---

① [晋]陈寿撰，[宋]裴松之注：《三国志》卷六十一《陆凯传》，中华书局，1959年，第1406页。

② [唐]房玄龄等：《晋书》卷六十八《贺循传》，中华书局，1974年，第1826页。

③ [晋]陈寿撰，[宋]裴松之注：《三国志》卷五十八《陆抗传》，中华书局，1959年，第1360页。

护，是一个重要原因。《晋书》卷五十七《吾彦传》记载薛莹答晋武帝孙皓何以亡国之言云："归命侯臣孙皓之君吴，昵近小人，刑罚妄加，大臣大将，无所亲信。人人忧恐，各不自安，败亡之衅，由此而作矣。"吴亡之前，内部上下已经瓦解，因此晋兵一到，有如摧枯拉朽。

东晋初期，有所谓王敦、苏峻、祖约之乱。以往被认为是军阀的反叛，实际是江东大姓为保卫其本身利益所作的斗争。

王敦起兵，是由于刘隗免扬州良人奴及以流民、出客充部曲引起。吴末东吴大姓"僮仆成军"①。晋时"南北权豪，竞招游食"②，"中原子女鬻于江东者不可胜数。"③刘隗与南方权家争奴客部曲，必然会导致他们的反对。按王敦为北人，其谋主沈充、钱凤却都是吴兴人④。王敦于武昌起兵，沈充帅众应之。王敦前锋次石头，周札（义兴人）开城门应之⑤。自举兵以迄入建康，无不有吴人响应。这次战乱，与其说是王敦想争帝位，不如说是吴人因反对北人竞争奴客，威胁到本身利益而激发的叛变。

王、沈、钱等后败于苏峻。苏峻破王敦军，可视为北人对吴人的反击。后来苏峻结祖约为乱，攻入建康，"驱役百官"，"裸剥士女"⑥，遭到了南北大族的一致反对。苏峻之平，三吴大姓起了重要作用。《晋书》卷七十六《顾众传》说：

> 苏峻反，王师败绩。众还吴，潜图义举……前陵江将军张悊（与顾众俱为吴县人）为峻收兵于吴，众遣人喻悊，悊从之。众乃遣郎中徐机告（蔡）谟曰："众已潜合家兵，待时而奋。又与张悊克期效节。"谟乃檄众为本国督护，扬威将军仍旧。众从弟护军将军飏为威远将军、前锋督护，吴中人士同时响应。

---

① [晋]葛洪：《抱朴子·外篇》卷三十四《吴失》，上海古籍出版社，1990年，第264页。
② [唐]房玄龄等：《晋书》卷八十八《颜含传》，中华书局，1974年，第2286页。
③ [唐]房玄龄等：《晋书》卷八十四《殷仲堪传》，中华书局，1974年，第2193页。
④ [唐]房玄龄等：《晋书》卷九十八《王敦传》，中华书局，1974年，第2560页。
⑤ [唐]房玄龄等：《晋书》卷六《元帝纪》，中华书局，1974年，第155页。
⑥ [唐]房玄龄等：《晋书》卷一百《苏峻传》，中华书局，1974年，第2629—2630页。

同卷《张闿（丹阳人）传》又说："（闿）又与吴郡内史蔡谟、前吴兴内史虞潭（会稽人）、会稽内史王舒等招集义兵，以讨峻。"假如没有顾众等人的活动，没有"吴中人士同时响应"，苏峻之乱要平定下去是很困难的。

从孙吴的灭亡与东晋初期王敦、苏峻之乱，可以了解东吴新起大姓在政治上有举足轻重的作用。政权如果要稳定，必须调和北方旧贵族与三吴新起的士族之间的经济与政治利益，必须使他们合作起来。王导正是看到了这一点，所以"为政务在清静"①，宁使"网漏吞舟"，不"以察察为政"②。揆其实质，即听任大姓占有奴客，不加过问。这种政策如果违反，像庾冰"网密刑峻"，收捕逃亡人户，庾翼北伐，"辄发良人，不顾忿咎"，"发所统六州奴及车牛驴马"③，就会遭到反对，引起纷扰。如果得到遵守，像谢安"镇以和靖"，"不存小察"④，就能稳定政局。

（二）也就在东晋时候，晋陵、丹阳得到开发，会稽、吴郡也续有发展，产生了另一批新的地主。他们要求参加政权，于是江东政治从淝水战后开始起了变化。

考察一下南朝皇室及其所依靠人物的家世出身，是非常有意义的。据《宋书》卷一《武帝纪》上，刘裕本彭城人，曾祖混"始过江居晋陵郡丹徒县之京口里"，官至武原令。混生东安太守靖，靖生郡功曹翘，即刘裕之父。可知刘裕出自晋陵新起的地主家庭。与刘裕一党的著名人物，如刘穆之"世居京口，少好书传，博览多通"，江敳以为府主簿⑤。何无忌为刘牢之之甥，做过州从事，太学博士⑥。檀凭之做过参军、太守、将军，"与刘裕有州闾之旧"⑦。显然他们也都出自晋陵新起地主家庭。自

---

① ［唐］房玄龄等：《晋书》卷六十五《王导传》，中华书局，1974年，第1746页。
② ［唐］房玄龄等：《晋书》卷八十三《顾和传》，中华书局，1974年，第2164页。
③ ［唐］房玄龄等：《晋书》卷七十三《庾翼传》，中华书局，1974年，第1933页。
④ ［唐］房玄龄等：《晋书》卷七十九《谢安传》，中华书局，1974年，第2074页。
⑤ ［梁］沈约：《宋书》卷四十二《刘穆之传》，中华书局，1974年，第1303页。
⑥ ［唐］房玄龄等撰：《晋书》卷八十五《何无忌传》，中华书局，1974年，第2214页。
⑦ ［唐］房玄龄等撰：《晋书》卷八十五《檀凭之传》，中华书局，1974年，第2217页。

淝水战后，在东晋政治中有极重要地位的所谓"北府"集团，实际是在晋陵开发过程中形成的一个新的地主集团。据《南齐书》卷一《高帝纪》上，萧梁皇室也是晋陵地主。梁武帝是南兰陵中都里人，萧道成族弟。萧道成底下的人，像周盘龙属南东平（江乘分出）[①]，王敬则属晋陵南沙[②]，陈显达属南彭城（武进分出）[③]，都不出晋陵一带。宋、齐都可说是晋陵地主朝代。不过宋为京口集团所建，齐则扩大了范围而已。这当与宋时晋陵的进一步开发有关。梁稍有不同，梁武帝自襄阳起兵，有雍州流民的力量。

在宋、齐、梁三代，替皇帝在政治上掌握实权的，不是王、谢、顾、陆等旧的南北士族，而是职掌中书通事舍人与制监局的"恩幸"小人。据《南史》卷七十七《恩幸传》，宋朝的恩幸戴法兴为会稽山阴人，父硕子以贩绖为业。阮佃夫为会稽诸暨人，明帝选为"主衣"。徐爰则为南琅邪（原属丹阳江乘）开阳人。齐朝恩幸纪僧真、刘系宗均为丹阳人，茹法亮（面首富室）、梅虫儿为吴兴人，吕文显为临海人，茹法珍为会稽人。梁武帝恩幸周石珍本"建康之厮隶"，世以贩绢为业。陆验、徐骥并吴郡吴人，因商贩至千金。他们中没有一个出身于旧贵族，没有一个是北方人，都是丹阳、会稽等地的商人地主。这是东晋南朝时代，丹阳开发及会稽等地的经济有进一步发展的结果，也是丹阳及会稽等地商业发展的结果。这批人是作为丹阳、会稽等地新的商人地主的代表参加政权的。

无疑，宋、齐、梁政权的性质，完全与东晋以后晋陵、丹阳的开发及会稽等地的进一步发展相适应。

（三）南朝政治发展到梁武帝时，因南川、闽中的开发，局势又起了变化。这一带南方土著展开了争夺政治地位的斗争。《陈书》卷三十五史臣论云：

---

① ［梁］萧子显：《南齐书》卷二十九《周盘龙传》，中华书局，1972年，第543页。

② ［梁］萧子显：《南齐书》卷二十六《王敬则传》，中华书局，1972年，第479页。

③ ［梁］萧子显：《南齐书》卷二十六《陈显达传》，中华书局，1972年，第488页。

> 梁末之灾沴（指侯景之乱），群凶竞起，郡邑岩穴之长，村屯坞壁之豪，资剽掠以致强，恣陵侮而为大。高祖应期拨乱，截定安辑，熊昙朗、周迪、留异、陈宝应虽身逢兴运，犹志在乱常。

乍一看，似乎范围很广，实际不脱离南川、浙南、闽中范围。"熊昙朗在豫章，周迪在临川，留异在东阳，陈宝应在建、晋。"①熊昙朗为豫章南昌人，侯景之乱，聚少年据丰城而起。周迪为临川南城人，侯景之乱，宗人周续起兵临川，周迪招募乡人从之，周续后并于迪。"所部渠帅，皆郡中豪族。"留异为东阳长山人，陈宝应为晋安侯官人。这些人之所以能一时并起，一方面在他们"世为郡著姓"，一方面在他们当时已拥有较大的经济力量。《陈书》卷三十五《周迪传》谓其"民下肆业，各有赢储"。《留异传》谓陈世祖平定会稽，留异"转输粮馈"。《陈宝应传》谓其时"东境饥馑，会稽尤甚，死者十七八……晋安独丰沃"。陈宝应寇临安、永嘉等郡，"载米粟与之贸易"。他们显然都是极其富有的大地主。这种情况，与梁前南川、浙南、闽中的开发完全一致。

陈霸先（吴兴长城下若里人）自高要起兵平侯景，得到始兴侯安都、欧阳颁和新建黄法氍等人之助。这些人也是南朝晚期新起的豪族。

梁末南川等地豪族既然在经济上壮大起来，要求参政，陈朝建立之后，自不能排斥这些人。《陈书》卷二十《华皎传》称陈朝"南州守宰，多乡里酋豪"，表明陈时江东政权，基本落入了南州新起的豪族之手。

综上所述，江东政治可分为三个阶段。自孙吴建国至东晋淝水战前为第一阶段。这是南北士族共同统治时期。南方士族不出吴中与会稽诸大姓。自淝水战后至梁武帝末为第二阶段。这个阶段加入了晋陵、丹阳及会稽等地新起的地主商人，并以他们为主。陈为第三阶段。这个阶段又加入了南州主要是南川新起的本地的豪族地主，并以他们为主。江东政治的这

---

① ［唐］姚思廉：《陈书》卷二十一《萧乾传》，中华书局，1972年，第278页。

种发展，与六朝江南经济开发次第，是相适应的，表明了政治与经济不可分割的关系。因此，如果我们不加区别地说南朝也是世族或士族政权，显然是不妥当的。

（原载《历史教学》1963 年第 3 期，有改动）

魏末北镇暴动是阶级斗争还是
统治阶级内部的斗争

　　一般认为北镇暴动是一次各族人民联合大起义,《历史研究》1964年第1期刊载唐长孺、黄惠贤二先生《试论魏末北镇镇民暴动的性质》一文,对此曾作申述。按范老在《中国通史简编》中没有说这次暴动是起义,我是同意范老的意见的。这是历史上一个较大的问题,也是关系到如何运用阶级观点与历史主义判断一次起兵性质的问题,弄清楚尤其必要。

　　唐、黄二先生在论证方法上似有问题,文中为证明北镇暴动"主要是反对土地兼并,反对奴役的阶级斗争",用了极大篇幅叙述北镇某些豪强集团对此次暴动的抗拒和镇压,显然,这只是从外部去研究,不能说明问题的实质。魏末北镇是各种矛盾的集中点,除了细民与豪强、后魏朝廷的阶级矛盾外,还有豪强与豪强、豪强与朝廷以及民族之间的矛盾。要了解北镇暴动的性质,我们必须考察它由什么矛盾引发? 控制在哪一阶级之手? 即从其内部去研究。如果是由细民这一阶级发动并左右,那当然是阶级斗争或人民起义;如果是由豪强这一阶级发动并左右,那就不是人民起义,而只能是统治阶级内部的斗争。事物的性质,由在这个事物中矛盾着的主要矛盾方面所决定,我想,这一点谁都理解。下面分两部分论述。

一、北镇暴动是由豪强发动并左右的

这里要分析的是北镇暴动的领导者、将领及士兵的成分，如果此三者特别是后二者主要出自豪强，暴动为他们服务，则与人民起义风马牛不相及。

我们知道，北镇暴动的发动者与领导者，最重要的人物是破六韩拔陵和葛荣。先看他们的出身。

按《北齐书·破六韩常传》曾说破六韩氏为"匈奴单于之裔"。匈奴有"右谷蠡王潘六奚没于魏，其子孙以潘六奚为氏，后人讹误，以为破六韩"。破六韩氏"世领部落"，破六韩常的父亲孔雀即一"世袭酋长"。破六韩拔陵为孔雀的"宗人"，起事之后，以孔雀为"大都督、司徒、平南王"[1]，据此传所述，则知直到孔雀、拔陵，破六韩氏始终是匈奴贵姓，并未衰落。破六韩拔陵出自豪强而非细民，是十分明显的。

葛荣是什么人呢？魏、齐、周三书虽无记载，《梁书·侯景传》却载明："怀朔镇将葛荣因收集之，攻杀吐斤洛周，尽有其众。"可知他是后魏统治阶级人物——镇将之一。

我们再看他们底下的将领。

破六韩拔陵底下的有名大将是卫可孤、王也不卢，曾攻拔武川、怀朔二镇，据姚薇元先生考证[2]，匈奴有卫氏、王氏，卫氏为汉时亡归匈奴的卫律之后，其地位在匈奴诸姓中当不为低。王氏则属于匈奴贵种屠各[3]。卫可孤、王也不卢的出身，显然亦非细民。

除卫、王二人外，在破六韩拔陵之下，尚有破六韩孔雀、斛律金等人。斛律金为朔州敕勒部人，高祖倍侯利"道武时率户内附，赐爵孟都公。祖幡地斤，殿中尚书。父大那瑰，光禄大夫，第一领民酋长"。斛律

---

[1] ［唐］李百药：《北齐书》卷二十七《破六韩常传》，中华书局，1972年，第378页。

[2] 姚薇元：《北朝胡姓考》，中华书局，1962年，第288页。

[3] ［唐］房玄龄等：《晋书》卷九十七《匈奴传》，中华书局，1974年，第2549—2550页。

金"初为军主",拔陵起事,"拥众属焉,陵假金王号"[①]。他们也都非细民出身。

至于葛荣底下的将领,出于豪强,有明文可查的,则很多。为清楚起见,特据旧史,举六条如下:

《北齐书》卷十九《任延敬传》:

> 广宁人也(广宁属朔州,朔州即怀朔镇),伯父桃,太和初,为云中军将,延敬随之,因家焉。延敬……初从葛荣为贼,荣署为王,甚见委任。

同书同卷《张保洛传》:

> 代人也,自云本出南阳西鄂,家世好宾客,尚气侠,颇为北土所知。……葛荣僭逆,以保洛为领左右。

同书卷二十《张琼传》:

> 代人也……魏世自荡寇将军为朔州征房府外兵参军,随葛荣为乱。

同书卷二十五《王纮传》:

> 太安狄那人也(太安属怀朔),为小部酋帅。父基颇读书,有智略,初从葛荣反,荣授基济北王、宁州刺史。

同书卷二十七《可朱浑元传》:

---

① [唐]李百药:《北齐书》卷十七《斛律金传》,中华书局,1972年,第219页。

自云辽东人，世为渠帅，魏时拥众内附。曾祖护野肱，终于怀朔镇将，遂家焉。……值鲜于修礼作乱，元拥众属焉。葛荣并修礼，复以元为梁王。

《周书》卷一《文帝纪上》：

代武川人也。……（其先）陵率甲骑五百归魏，拜都牧主，赐爵安定侯。天兴初，徙豪杰于代都，陵随例迁武川焉。……（太祖宇文泰）少随德皇帝（宇文肱）在鲜于修礼军，及葛荣杀修礼，太祖时年十八，荣遂任以将帅。

以上所列举任延敬、张保洛、张琼、王基（王纮父）、可朱浑元以及宇文泰等人，据其家世出身可知均为北镇豪强。他们随从葛荣，不是被署为王（如任延敬、王基、可朱浑元），便是为领左右（张保洛）、为将帅（宇文泰），掌握了极大权力。这些人除可朱浑元外，都一直坚持到最后，本传有明文可查。他们绝非混入，而同是暴动的发动者或操纵者。

葛荣手下其他将领，如详参旧史，出于豪强的人还有很多，例如广宁石门人韩贤[1]，当与破六韩拔陵同宗。代人贺若统（隋名将贺若弼之祖），"往事葛荣，已为将帅"，其父伏连为魏云州刺史[2]。

高欢集团亦曾随从葛荣。《北齐书·神武纪》说他出于渤海著姓高氏，是大畜牧主娄氏女婿，出处虽不一定可信，但他是豪强则为我们公认。杜洛周反于上谷，高欢"乃与同志从之"。后因"丑其行事，私与尉景、段荣，蔡俊图之，不果而逃。……遂奔葛荣，又亡归尔朱荣于秀容"。唐、黄二先生据《北齐书·蔡俊传》，说蔡为杜洛周所掳，非投奔杜洛周，由

---

[1] ［唐］李百药：《北齐书》卷十九《韩贤传》，中华书局，1972年，第247页。
[2] ［唐］令狐德棻等：《周书》卷二十八《贺若敦传》，中华书局，1971年，第473页；［唐］魏征、令狐德棻：《隋书》卷三十九《贺若谊传》，中华书局，1973年，第1159页。

此推断"高欢这批人绝非自愿投入"杜洛周军。旧史"被拥"或"被掳"字眼不可深信，因为他们都是齐、周将领。像高欢这些人，参加过暴动，是绝无问题的。其实，我们也可用《神武纪》"乃与同志从之"之言，旁证《蔡俊传》"初为杜洛周所掳"之言的不可靠。唐、黄还曾将《神武纪》"丑其行事"一语，解释成为"即看不惯起义的行动"，安知"丑其行事"不是与杜洛周发生利害矛盾呢？如果真是"看不惯起义的行动"，为什么又投奔葛荣呢？高欢野心极大，就是后来投靠了尔朱荣，也非甘随尔朱氏走，他不是把尔朱氏也打了下去吗？

最后考察一下暴动士兵中究竟以何种人为主？

按后魏原来用以驻防六镇的兵，都是高门子弟，与驻防州、县者不同。镇将则都是"亲贤"。魏广阳王元深曾说：

> 昔皇始（道武帝年号）以移防为重，盛简亲贤，拥麾作镇，配以高门子弟，以死防遏。[1]

魏兰根曾说：

> 缘边诸镇，控摄长远，昔时初置，地广人稀，或征发中原强宗子弟，或国之肺腑，寄以爪牙。[2]

其言正是指此。

须指出的是，孝文帝迁都洛阳之后，此种贵族性的军队并未改变。孝明帝曾说孝文帝"将迁嵩洛"，"选良家酋附，增成朔垂，戎捍所寄，实惟斯等"[3]。这是一个明证，虽然也有犯罪及"流进"之人，被"配徙边镇"，但绝非主要。罪犯极少，可以不论。关于后者，据《魏书·高祖纪

---

[1] ［北齐］魏收：《魏书》卷十八《广阳王建传》，中华书局，1974年，第429页。
[2] ［唐］李百药：《北齐书》卷二十三《魏兰根传》，中华书局，1972年，第329页。
[3] ［北齐］魏收：《魏书》卷九《肃宗纪》，中华书局，1974年，第237页。

上》延兴二年九月诏："流迸之民，皆令还本，违者配徙边镇。"可知不还本的才被配边，而此种人是不多的。可以断言：直至魏末北镇暴动发生前，在镇户中，占主要或支配地位的是豪强户；在镇兵中，占主要或支配地位的是豪强兵。暴动将领是这种人，士兵亦以这种人为主。

或谓：镇兵中虽然主要是豪强兵，但葛荣围相州时，"众号百万"，当有大批细民参加，这岂不是农民起义了吗？我们要注意葛荣为尔朱荣打败，《资治通鉴》卷一百五十二《梁纪八》只称"数十万众，一朝散尽"，没有说"百万"。从《北齐书·神武纪》"葛荣众流入并、肆者二十余万"之言来看，恐只有此数。胡三省注《资治通鉴》说："自破六韩拔陵、杜洛周之败，其众尽归葛荣，皆六镇人也。"又说："葛荣部众皆六镇人。"按破六韩拔陵失败后，北镇降人即有"二十万人"，被置于"冀、定、瀛三州就食"①，葛荣所部显然就是这二十多万六镇人。胡三省的话是正确的。我们不能根据"号称百万"，即说有大批细民或农民参加。事实上是"杜洛周、鲜于修礼为寇，瀛、冀诸州人多避乱南向"②，后在邢杲率领下起义。

暴动军队士兵中当然也有细民，但他们并不能左右暴动，相反他们为豪强所左右，我们知道，葛荣攻陷信都，"逐出居民，冻死者十六七"③；攻陷沧州，"居民死者十八九"④，"所至残掠"⑤。这不是什么农民军纪律的好坏问题，而是豪强在暴动中占据主导地位的反映。瀛、冀诸州人民的逃亡与遭残杀，表明暴动军队实质上是一支与细民对立的豪强军。

既然暴动为北镇豪强发动并左右，既然这支军队自上到下、自始至终

① ［北齐］魏收：《魏书》卷十八《广阳王建传》，中华书局，1974年，第431页。
② ［北齐］魏收：《魏书》卷十四《高凉王孤传》附《上党王天穆传》，中华书局，1974年，第355页。
③ ［宋］司马光编著，［元］胡三省音注：《资治通鉴》卷一百五十一《梁纪七》"武帝大通元年"条，中华书局，1956年，第4731页。
④ ［宋］司马光编著，［元］胡三省音注：《资治通鉴》卷一百五十二《梁纪八》"武帝大通二年"条，中华书局，1956年，第4740页。
⑤ ［宋］司马光编著，［元］胡三省音注：《资治通鉴》卷一百五十二《梁纪八》"武帝大通二年"条，中华书局，1956年，第4751页。

都是一支豪强军，我们有什么理由说它是阶级斗争、人民起义呢？

二、北镇暴动是对孝文帝以洛阳为重心，推行"汉化"的一次反动

上面是从暴动军队本身的阶级性加以论述，已可证明北镇暴动是一次豪强对后魏朝廷的斗争，即统治阶级内部的斗争，现在，我们再把它提到历史上，考察其起因和后果，以进一步明了其实质。

按孝文帝迁洛之前，贵族子弟从军的，都能享受到一定的优待，人多乐为。此元深所谓"不但不废仕宦，至乃偏得复除，当时人物，忻慕为之"①是也。但"自孝文（帝）定鼎伊洛，务欲以夏变夷"时起，形成了一种"崇文鄙武"之风②。代北武人，"进仕路难"③。其时官吏以文、武分清、浊，武人每被排抑，"不使预在清品"④。宣武帝授常侍明亮为"勇武将军"，明亮说："臣本官常侍，是第三清，今授臣勇武，其号至浊。且文武又殊，请更改授。"⑤可见孝文帝以后后魏武职之轻，亦可见武人地位的降低，至若一入兵籍，则"地隔宦流，处世无入朝之期，在生绝冠冕之望"⑥。这必然会引起武人的不满。

我们知道孝文帝在洛阳仿照南朝，采用了士族制和九品中正制，这种制度被用到鲜卑及其他各族内部，在洛阳及州郡的各族贵族子弟，只要是非军户，都可以通过此制获得"上品"，致身清流。而在边境为兵的贵族子弟，却"一生推迁，不过军主"⑦。甚至，为"有司乖实，号曰府户（即营户、军户），役同厮养，官婚班齿，致失清流"⑧。本来，凡是贵族

① [北齐]魏收：《魏书》卷十八《广阳王建传》，中华书局，1974年，第429页。
② [元]马端临：《文献通考》卷一百五十一《兵考三》，中华书局，1986年，第1318页。
③ [北齐]魏收：《魏书》卷八十一《山伟传》，中华书局，1974年，第1793页。
④ [北齐]魏收：《魏书》卷六十四《张彝传》，中华书局，1974年，第1432页。
⑤ [北齐]魏收：《魏书》卷八十八《明亮传》，中华书局，1974年，第1904页。
⑥ [北齐]魏收：《魏书》卷九十四《抱嶷传》，中华书局，1974年，第2023页。
⑦ [北齐]魏收：《魏书》卷十八《广阳王建传》，中华书局，1974年，第430页。
⑧ [唐]李百药：《北齐书》卷二十三《魏兰根传》，中华书局，1972年，第330页。

子弟都是"门齐身等"的，而现在却"泾渭奄殊"[①]，眼见洛阳"本宗旧类，各各荣显，顾瞻彼此，理当愤怨"[②]。这就是六镇兵变的基本原因。当时看到这一点的，大有人在。魏兰根建议李崇上表，请"改镇立州，分置郡县。凡是府户，悉免为民，入仕次叙，一准其旧"[③]。即要变镇为州，变军户为民户，以便在他们中间施行九品中正制，使之有做官的机会。但未被采纳。

旧史中这些话是否可信呢？可信。那时，武人的不满情绪不仅在边镇存在，在洛阳也存在。孝明帝神龟二年（519年，北镇暴动前三年），洛阳的禁卫军羽林、虎贲即已进行过一次暴动。这次暴动是因为张仲瑀上封事，"求铨别选格，排抑武人，不使预在清品"[④]引起的。它是迁到洛阳的代北武人的一次兵变，是北镇大暴动的前奏。

北镇武人所受的排斥，比之洛阳武人，有过之无不及。洛阳武人起来暴动，他们继之而起，是不足为怪的。由破六韩拔陵杀高阙戍主所引发的六镇暴动，就其基本原因来说，应是以鲜卑族为主的高门子弟，因不堪"官婚班齿，致失清流"的一种没落贵族性质的兵变，目的在恢复已经失去的仕宦特权及贵族地位。葛荣属于对后魏不满的武将一类，破六韩拔陵属于贵族子弟兵一类，兵将之间当时虽亦有矛盾，但不应强调，他们在一个同样的原因和目的前结合了起来。

这是谈起因，根据起因已可了解北镇暴动是对孝文帝以洛阳为重心，推行"汉化"的一次反动。下面再从后果进一步论证。

北镇暴动的后果是魏的分裂，齐、周的建立。如果是大起义，无疑会推动历史进步，实际不然，我们知道北齐完全依靠北镇变兵，"以成大业"[⑤]，而在北齐，不仅看不到有什么进步，反而在很多方面较之后魏都有逆转。在北齐政治上握有实权的，不是鲜卑族即是鲜卑化的其他各族武

① [北齐]魏收：《魏书》卷七十八《孙绍传》，中华书局，1974年，第1724页。
② [唐]李百药：《北齐书》卷二十三《魏兰根传》，中华书局，1972年，第330页。
③ [唐]李百药：《北齐书》卷二十三《魏兰根传》，中华书局，1972年，第330页。
④ [北齐]魏收：《魏书》卷六十四《张彝传》，中华书局，1974年，第1432页。
⑤ [唐]魏征、令狐德棻：《隋书》卷二十四《食货志》，中华书局，1973年，第675页。

人豪强，他们"共轻中华朝士"①。社会风气也有改变，颜之推说：

> 齐朝有一士大夫尝谓吾曰："我有一儿，年已十七，颇晓书疏。教其鲜卑语及弹琵琶，稍欲通解，以此伏事公卿，无不宠爱，亦要事也。"②

将这种情况同孝文帝变胡俗比较，岂不是一个逆转？特别严重的是，在社会经济上也有倒退现象。孝文帝曾放免奴隶，促进鲜卑各族封建化。北齐不同，《北史·周武帝纪》记载周武平齐，曾下令"自伪武平三年以来，河南诸州人伪齐破掠为奴婢者，不问公私，并放免之"，可知北齐掠人为奴的事，必不为少。北齐统治者对奴婢的态度不同于孝文帝，高欢时，孙腾曾愿免奴婢千人，高欢"大怒，解其司徒"③。也就是在北齐统治者的影响下，当时人多以畜奴婢为能事。颜之推说："邺下有一领军，贪积已甚，家僮八百，誓满一千。"④奴婢的增加，对孝文帝以来各族封建化的发展来说也是一个逆转。北齐后来曾公布施行均田制，但等于一纸空文。其时"强弱相凌"，兼并之风极盛，造成所谓"肥饶之处，悉是豪势……编户之人，不得一垄"⑤的现象。官僚都极为贪纵，杜弼曾"以文、武在位，罕有廉洁"⑥言之于高欢。凡此只能有一个解释，即北镇暴动是一次"反汉化"的，在当时来说是反动的暴动。因此，北齐虽然是依靠北镇暴动兵将建立的，却看不到有任何进步或让步的迹象，而只看到社会经济和政治的逆转。如果说北镇暴动是人民起义，以上情况便无法解释。

---

① [唐]李百药：《北齐书》卷二十一《高昂传》，中华书局，1972年，第295页。

② [南北朝]颜之推撰，王利器集解：《颜氏家训集解》卷一《教子第二》，中华书局，1993年，第21页。

③ [唐]李百药：《北齐书》卷十八《孙腾传》，中华书局，1972年，第234页。

④ [南北朝]颜之推撰，王利器集解：《颜氏家训集解》卷一《治家第五》，中华书局，1993年，第45页。

⑤ [唐]杜佑：《通典》卷二《食货二·田制下》，中华书局，1984年，第15页。

⑥ [唐]李百药：《北齐书》卷二十四《杜弼传》，中华书局，1972年，第347页。

北周与北齐有所不同。我们知道，六镇变兵后来都从尔朱氏手下转入高欢之手，宇文泰自不得不向关中汉族地主求助。关中地区又有氐、羌各族大起义，此为北周比北齐进步的原因。但宇文泰时仍有"反汉化"的措施，如将"所统军人"改称鲜卑姓①，即是一例。齐、周的"反汉化"措施，实际都是与北镇武人阶级本质和暴动要求相适应的。

总的来说，我们从北镇暴动的兵将阶级成分、暴动原因、表现、后果等各方面来看，都没有理由把这次暴动说成是人民起义或阶级斗争，而只能说是统治阶级内部的斗争，是北镇被排抑的武人豪强，对孝文帝以洛阳为重心，推行"汉化"的一次反动的兵变。如果要细分一点，那么，也只能说开始时，即在破六韩拔陵暴动时，稍有不同。破六韩拔陵及其兵将，虽都是镇人，但拔陵本人和他的大将卫可孤、王也不卢，都是内附的匈奴人。他的起兵，虽是统治阶级内部的斗争，不过多少带有民族斗争的意味。也正因为他们都是匈奴人，所以才遭到如唐、黄二先生所说的当地很多豪强武装的抵抗。但就暴动的发展，暴动的主要方面亦即葛荣领导的暴动来说，则民族斗争的意义便告消失。那时，大批豪强都涌到葛荣底下，完全成了没落性贵族同后魏朝廷的斗争，成了统治阶级内部的斗争。如果说还有一点民族斗争的迹象的话，那也只表现在"反汉化"方面而已。

对魏末矛盾，应具体分析。那时，阶级矛盾固然很严重，统治阶级内部矛盾也很严重，民族矛盾也不能说完全过去。如果不具体分析，就可能弄不清在什么地区、什么问题上，到底是由哪一种矛盾引起，或哪一种矛盾是主因。在北镇，有细民同豪强、同后魏封建政权之间的阶级矛盾，有豪强同豪强、同后魏政权之间的统治阶级内部的矛盾，也有少数族之间及它们同后魏政权之间的民族矛盾，这几种矛盾都可能爆发。我们知道："对于具体情况作具体的分析，是'马克思主义的最本质的东西、马克思主义的活的灵魂'。"②如果发生情况，就必须对这种情况本身作具体的分析，掌握其发展规律，找出其主要方面，才可能弄清问题实质。

① [唐]令狐德棻等：《周书》卷二《文帝下》，中华书局，1971年，第36页。

② 《毛泽东选集》第三卷《学习和时局》，人民出版社，1991年，第939页。

　　这里要指出，唐、黄二先生说：河阴大屠杀之事，"除了尔朱荣的政治野心外，也正是反映了北镇豪强对洛阳政权的矛盾"。这是对的。但又说："这件事客观上是对人民有利的。"这就不对了，以胡太后为首的元氏亲贵、门阀官僚，虽然很腐化，但他们代表的毕竟是孝文帝以来鲜卑贵族中的"汉化"一派，比之契胡尔朱荣和北镇豪强，是统治阶级中较进步的阶层。唐、黄二先生在这件事情上似乎也没有作阶级分析并放到当时的历史条件中去考察，因此，同样得出了错误的结论。

（原载《史学月刊》1964年第9期，有改动）

魏晋南北朝时代的思想主流是什么

魏晋南北朝时代的思想主流仍然是儒家思想。

说此时代"学风之主潮"是"正始之音"①,说"梁武帝始崇经学,儒术稍振,然谈玄之习已成,所谓经学者,只为谈辩之资"②,这是不正确的。

汉武帝罢黜百家,推崇儒术,是儒家思想在封建时代、在中国思想界取得支配地位的开始。不过汉代儒学发展到东汉末年与曹魏时代,由于农民的大起义、社会的大动荡,曾经一度趋向于破产,产生了所谓玄学。但这种玄学一产生,就受到了当时以司马氏为首的、已经在政治上取得了极大势力的大族的抑压,从而抬不起头。到西晋统一中国之后,儒家思想又成为支配的思想。那时所谓玄学,本质上和儒家思想是没有什么分别的。东晋以后,佛、道二教发达,也不能代替儒教的地位,它们只不过是统治者用来麻痹人民,使之服从儒家伦理主义、名教主张的工具而已。谨析之如下。

《晋书》卷四十三《王戎传》附《王衍传》说:

> 魏(齐王)正始中,何晏、王弼等祖述老庄,立论以为:"天地

---

① 侯外庐等:《中国思想通史》卷二下册,生活·读书·新知三联书店,1951年,第564页。

② 邓之诚:《中华二千年史》卷二,中华书局,1954年,第261页。

万物皆以无为本。无也者，开物成务，无往不存者也。阴阳恃以化生，万物恃以成形，贤者恃以成德，不肖恃以免身。故无之为用，无爵而贵矣。"

这段记载标志着儒学地位的动摇，玄学开始产生。

何晏、王弼虽是玄学家，是玄学的首创者，不过还未完全摆脱儒学，他们只是打开了一条通向老庄玄学之路。《世说新语·文学篇》注引何晏《道德论》说："自儒者论，以老子非圣人，绝礼弃学，晏说与圣人同，著论行于世也。"同篇又载王弼之言："圣人体无，无又不可以训，故言必及有；老庄未免于有，恒训其所不足。"可见他们虽然"祖述老庄"，但他们仍认儒学为圣人之学，仍未摒弃儒学，他们只是想把老庄之学抬到与儒学同等的地位，把老庄抬到"与圣人同"的地位。他们所借的理由即王弼所谓"圣人体无"，与老庄无为之说正同。他们是开始破坏儒家思想与儒学地位的人，是以儒合道的人。

何晏、王弼之说经过阮籍、嵇康等人的发展便成了真正的玄学。与何晏、王弼不同，阮籍、嵇康等完全摒弃了儒学，他们标榜自然，蔑视礼法。阮籍《大人先生传》把法礼的君子骂为裈中之虱[1]，嵇康则"不涉经学"[2]，"每非汤、武而薄周、孔"[3]，"越名教而任自然"[4]。照这样发展下去，可以想见儒家思想是要彻底破产的。

这种玄学自然主义之所以出现于曹魏末年，与东汉末年农民大起义以及曹魏初期政策不能脱离关系。

东汉末年的农民大起义不仅在政治上打击了封建地主阶级的统治，而且也打击了作为封建社会思想形态的代表的儒家思想的统治，使得有些人

---

[1] ［唐］房玄龄等：《晋书》卷四十九《阮籍传》，中华书局，1974年，第1362页。

[2] 戴明扬校注：《嵇康集校注》卷二《与山巨源绝交书》，人民文学出版社，1962年，第117页。

[3] 戴明扬校注：《嵇康集校注》卷二《与山巨源绝交书》，人民文学出版社，1962年，第122页。

[4] 戴明扬校注：《嵇康集校注》卷六《释私论》，人民文学出版社，1962年，第234页。

得以从儒家礼教思想的束缚中解放出来，转慕自然，老庄之学因此也就可能产生。

汉末建安时代，中原的实际统治者曹操是蔑视礼法的，他用人"唯才是举"①，而不管此人是否"负污辱之名，见笑之行，或不仁不孝"②。作为曹氏初期政权基础的并不是世家大族，"拔出细微，登为牧守者不可胜数"③。曹操之所以如此，除了时代的影响以外，与他的家世、出身也有关系。曹操的父亲曹嵩是宦官曹腾的养子，陈琳替袁绍所草檄文骂曹操为"赘阉遗丑"，以曹氏的出身与当时的世家大族比较，社会地位显然是低下的。这种社会地位决定了曹操与儒家名教思想关系的淡薄，并决定了他能够接受时代的影响，蔑视礼法。

曹魏政策对儒家礼教思想的破坏与玄学自然主义的产生起了很大的促进作用。夏曾佑在《中国古代史》中曾提到曹操在建安时下达的求贤令与玄学产生的关系，他说曹操：

> 明言廉士不足用，盗嫂受金，皆可明扬仄陋，其用意可知。文帝因之，加以任达……于是六艺隐而老庄兴，经师亡而名士出，秦汉风俗，至此一变。④

笔者是同意的。正是由于汉末农民起义与曹魏政策的影响，从汉末到魏末经过长期酝酿之后，遂得在正统儒学之外，在封建社会，出现了所谓玄学。

但也就在曹魏末叶，在玄学思想刚刚成熟的时候，世家大族已经攫取到政权。司马氏为当时大族的首领。司马懿的祖先历代仕汉，他的高祖父

---

① [晋]陈寿撰，[宋]裴松之注：《三国志》卷一《武帝纪》，中华书局，1959年，第32页。

② [晋]陈寿撰，[宋]裴松之注：《三国志》卷一《武帝纪》注引《魏书》，中华书局，1959年，第49页。

③ [晋]陈寿撰，[宋]裴松之注：《三国志》卷一《武帝纪》注引《魏书》，中华书局，1959年，第54页。

④ 夏曾佑：《中国古代史》，生活·读书·新知三联书店，1955年，第388页。

司马钧做过征西将军，曾祖父司马量做过豫章太守，祖父俊做过颍川太守，父防做过京兆尹，屡代簪缨，门高族旺[1]。在曹魏末年以司马氏为首的世家大族与曹氏展开了激烈的争夺最高统治权的斗争。在这一斗争中，曹氏显然居于劣势。在思想方面，已经兴起的在政治上取得了优势的大族是决不会让玄学自然主义发展下去的。我们知道大族是在东汉时代土地兼并剧烈的情况下出现的，它与儒家经学有不可分割的关系，违背名教、标榜自然的玄学是与大族的利益、大族所奉行的儒学相违的，因此，就在当时，那些"弃经典而尚老庄，蔑礼法而崇放达"[2]的人物，或有此倾向的，大都受到了以司马氏为首的大族的打击，如何晏在魏齐王嘉平元年（249年）为司马懿所杀，稽康在魏常道乡公景元三年（262年）为司马昭所杀。自何晏、王弼祖述老庄到稽康被杀前后不过十几年，玄学的命运实际已经结束。

大家知道，自司马氏代魏建立晋朝以迄南北朝，政权完全为大族掌握，这是在东汉与三国时代，在土地兼并与战争的过程中，中小地主与自耕农日益消灭，大地主与佃农界限日益明显，阶级分化至三国末晋初已臻于完成的反映，是大族在经济上已成为垄断力量的反映。在大族完全掌握了政权的情况下，表现在思想上，自晋以后，老庄玄学实际已毫无地位，儒家的思想复成为支配的思想。然则，晋以后所谓玄学到底是什么东西呢？

《晋书》卷四十九《阮籍传》附《阮瞻传》说："（瞻）见司徒王戎，戎问曰：'圣人贵名教，老庄明自然，其旨同异？'瞻曰：'将无同。'戎咨嗟良久，即命辟之。"认为老庄明自然与孔孟贵名教旨意没有什么不同就是两晋玄学式清谈的基本内容。不过，这与何晏、王弼所说的圣人体无，以儒合道，借以破坏儒学不同，这时候的玄学重在以道合儒，重在贵名教。严格来说，其本质上并不是老庄玄学而是儒家思想。《通典》卷八十

---

[1] ［唐］房玄龄等：《晋书》卷一《宣帝纪》，中华书局，1974年，第1页。

[2] ［明］顾炎武撰，黄汝成集释：《日知录》卷十三，中州古籍出版社，1990年，第306页。

载晋康帝奔丧诏说："孝慈起于自然，忠孝发于天成。"这很可说明两晋统治阶级的思想家所谓自然与名教"将无同"的真正目的与意图。他们不过是想把儒家名教观念说成是起于自然，是天成，借以使人民能服从名教，服从当时的社会秩序，甘心受大族的剥削与奴役而已。

今人谈魏晋玄学的，一般都注意到了当时所谓儒道同合这一点，特别是《中国思想通史》的作者曾指出何晏、王弼以儒合道与王戎等以道合儒的不同，惜未能再深入一步，与当时社会政治紧密联系，指出其本质到底是什么。《中国思想通史》的作者认为，汤用彤先生所说的何晏特标道、德二论，有道、儒二元思想甚是[1]。何晏、王弼在该书作者看来是魏晋儒道同合派的代表，然则不仅何晏有道儒二元思想，整个魏晋玄学都有道儒二元思想了。笔者以为何晏、王弼的思想本质上是属于道家体系的，而王戎等即晋以后玄学家思想则属于儒家体系。二元说甚易模糊魏晋玄学性质或面目。

自然，这时候的儒家思想和春秋、战国以及两汉时代的儒家思想是有所不同的。春秋战国时代儒家思想可以说没有什么神秘色彩，与鬼神、大道、自然谈不上什么关系。到了汉代，儒学渗入了天道迷信成分。这从董仲舒的天人合一说法以迄谶纬之学的出现均可看出。董仲舒说："圣人副天之所行以为政，故以庆副暖而当春，以赏副暑而当夏，以罚副清而当秋，以刑副寒而当冬。"[2]"明于天性……然后知仁谊……然后重礼节。"[3]这也就是说当时统治阶级所奉行的政治制度、等级秩序、伦理观念等都是天所规定的，人民应该服从。换句话说，即是在替当时的封建统治阶级所有一切统治人民的措施找出天然的根据，人民知道"天性"或天意如此，自然不敢反抗。西汉末年与东汉时代的谶纬之学进而把儒学与上帝的启示

---

[1] 侯外庐等：《中国思想通史》卷二下册，生活·读书·新知三联书店，1951年，第588页。

[2] ［汉］董仲舒：《春秋繁露义证》卷十三《四时之副第五十五》，中华书局，1992年，第353页。

[3] ［汉］班固撰，［唐］颜师古注：《汉书》卷五十六《董仲舒传》，中华书局，1962年，第2516页。

合而为一，用预言来解释儒家经典，使得儒学蒙上了一层更浓厚的神秘色彩，迷信成分很大。王充《论衡》的发表，即是对这种迷信化的儒学的一个严厉反击。魏末何晏、王弼能抬出玄学，与儒学的迷信化、儒学的走下坡路、在人民中间渐次失去信仰，也不无关系。到了晋代，大族掌握了政权，自然不会再去采用这种迷信化的儒学作为维系他们统治的工具，于是便出现了所谓自然与名教没有什么不同的儒学（即一般所谓玄学）。这时候的儒学承汉代的发展，剔除了迷信成分，认为儒家礼教观念是自然意志的体现，与老庄明自然之说结合了起来。其实这与董仲舒的说法本质上并没有什么不同，晋以后玄学可以说是董仲舒学说的继承与发展，是汉代儒学的继承与发展。

明白了这一点，我们就可以了解晋以后玄学与真正的玄学是绝对不同的。正因为如此，故阮籍斥王戎为俗物，嵇康和与"天地四时之消息"一体的山涛绝交。在封建时代，特别是在大族掌握政权的年代，是绝对不会让真正的玄学思想流行的，它所需要的是儒学，阮籍沉沦，嵇康被杀，而王戎、山涛等则官至司徒，掌邦国之教，原因也在此[1]。

下面我们再把晋代几个著名的玄学家的思想略加分析，以见当时的玄学实为儒学。

先谈郭象。关于郭象的思想，《中国思想通史》中已有详细的论述，这里要指出的是郭象的庄注（或以为向秀注，二人思想实同一体系）基本原则是用儒家思想去解释老庄思想，去发挥儒家名教观念起于自然的理论。如《庄子》卷一《齐物论》中有这样一段话：

> 若皆私之，则志过其分，上下相冒，而莫为臣妾矣，臣妾之才而不安臣妾之任则失矣。故知君臣、上下、手足、外内乃天理自然，岂直人之所为哉！……夫臣妾但各当其分耳，未为不足以相治也。……夫时之所贤者为君，才不应世者为臣，若天之自高，地之自卑，首自

---

[1] 参见［唐］房玄龄等：《晋书》卷四十三《山涛传》，中华书局，1974年，第1223—1227页。

在上，足自居下，岂有递哉？

这不是明明白白告诉我们君臣、上下、手足、内外之分在于天理、自然，不是明明白白告诉我们统治者与被统治者之分在于"天之自高，地之自卑"吗？郭象的这种以儒家名教观念去解释老庄思想的言语贯穿在整个庄注与其他著作中，他是一个儒学宣传者明甚。他之所以把儒学与老庄之学结合，一如其他晋代玄学家，在于使儒学能更好地为当时的大族封建政治服务。根据他的《论语集解义疏》，他认为人民对统治阶级建立的政制、规定的名分，内心不一定服从，要使人民内心服从，一定要使人民"得其性""体其情"，他以为"得其性则本至，体其情则知耻，知耻则无刑而自齐，本至则无制而自正"[1]。换句话说，要使人民服从礼法，服从封建统治，最根本的办法是能使人明于天性，如果人人能明于天性，了解封建统治者的意志就是天或自然的意志的话，是可"无制而自正"的，即是可最圆满地达到下不犯上的目的的。

又如庾峻，史传明言他"惧雅道陵迟，乃潜心儒典"[2]。他的儒学也是和老庄之学结合起来的，他指出当时名士"节虽离世而德合于主，行虽诡朝而功同于政"[3]。又如殷浩和他的外甥韩伯，《晋书》本传对殷浩有"咸谓教义由其兴替，社稷俟以安危"[4]之言，韩伯认为"体有而拟无者，圣人之德，有累而存理者君子之情，虽所滞不同，其于遣情之累，缘有弊而用，降己之道，由私我而存，一也"[5]。可见他们都是以道合儒。

分析了魏晋玄学本质，我们就足以理解晋代思想主流为儒家思想而非老庄思想了。在封建社会时代，在思想形态方面，作为主流的儒家思想，是绝不可能在一个很长的时期被截断而代之以玄学的。两汉魏晋思想绝不可能是两个不同的体系而必定是一脉相承的。

① [魏]何晏集解，[梁]皇侃义疏：《论语集解义疏》卷一，中华书局，1985年，第14页。
② [唐]房玄龄等：《晋书》卷五十《庾峻传》，中华书局，1974年，第1392页。
③ [唐]房玄龄等：《晋书》卷五十《庾峻传》，中华书局，1974年，第1393页。
④ [唐]房玄龄等：《晋书》卷七十七《殷浩传》，中华书局，1974年，第2049页。
⑤ [唐]房玄龄等：《晋书》卷七十五《韩伯传》，中华书局，1974年，第1994页。

现在我们再来看看两晋的社会风气，以进一步认清笼罩整个社会的实为"儒风"而非"玄风"。

《晋书》卷六十《张辅传》说：

> 梁州刺史杨欣有姊丧，未经旬，车骑长史韩预强聘其女为妻，辅为中正，贬预以清风俗，论者称之。

《晋书》卷七十《卞壶传》说：

> 时淮南小中正王式继母前夫终，更适式父。式父终，丧服讫，议还前夫家。前夫家亦有继子，奉养至终，遂合葬于前夫。式自云父临终母求去，父许诺，于是制出母齐衰期，壶奏曰……（式）亏损世教，不可以居人伦诠正之任……（诏）式付乡邑清议，废弃终身。

据此我们可以知道当时自朝至野整个社会都为儒家礼教观念所统治，不合儒家礼法或名教的做法，譬如王式、韩预的做法即为当时社会所不齿，清议所不容。中正是掌握选举的官吏，从这里我们也可以看出当时选举与儒教的关系，不是儒门是不可能入选的。

在晋代，专门宣传儒家思想与专治儒学的也不乏其人。如裴頠著有《崇有论》，反对放荡不尊儒术[①]。江惇著有《通道崇检论》，宣传"依礼而动"[②]。孙盛著有《易象妙于见形论》《老子非大贤论》，反对老、易一源说，崇儒抑道[③]。范宁亦曾著论斥责何晏、王弼蔑弃典文，不尊礼度[④]。这

---

① [唐]房玄龄等：《晋书》卷三十五《裴秀传》附《裴頠传》，中华书局，1974年，第1044页。

② [唐]房玄龄等：《晋书》卷五十六《江统传》附《江惇传》，中华书局，1974年，第1539页。

③ [唐]房玄龄等：《晋书》卷八十二《孙盛传》，中华书局，1974年，第2147页。

④ [唐]房玄龄等：《晋书》卷七十五《范汪传》附《范宁传》，中华书局，1974年，第1984页。

些可以说是专门宣扬儒家思想，反对老庄玄学的人。再如杜预、孔安国等则为在儒家经学上极有成就的人物。

综上观之，我们怎能说此时代学风的主潮是"正始之音"呢？怎能说到梁武帝时"始崇经学，儒术稍振"呢？

两晋儒学之所以披上玄学外衣，使人迷惑，与当时垄断大地主的统治不能脱离关系。两晋政权为大地主垄断，他们在经济上肆行兼并，残酷剥削农民，在生活上极为奢侈腐化。为了保持他们在经济与政治上的地位，为了掩饰他们在生活上的穷奢极欲，宣传一种与老庄之学能够结合起来的儒学，对他们来说是恰当的、有利的。显然，说忠孝天成或者本于自然，比单单宣传忠孝等一类儒家伦理主义、名教思想，易收腐蚀人心，使人甘心服从他们的统治，受他们的剥削而不犯上作乱之效。同时，他们本身也可借清谈自然、玄理获得名士的称号，借纵情放达逞其豪华淫逸的生活。就是这样经过两晋士人的发展，自两汉以来，儒学玄化的过程到晋代乃告完成。

下举一例说明当时儒学玄化与社会经济的关系：

竹林七贤之一的王戎本身即是一个大地主，史载他广收园田水碓，周遍天下[1]，他主张儒道"将无同"，正是为了保障他的这种巨富地位。举一反三，其他名士，可以想见。

"名士风流"，这四个字如果我们能仔细考察一下它的含义就不难发现，所谓"名士"不过是儒士的代名词而已，"风流"不过是穷奢极欲的代名词而已。

东晋以后，佛、道二教逐渐发达，信仰佛教或道教的人越来越多，但对封建社会起着支配作用的还是儒家思想。佛、道二教之所以能得到发展，也不过在于统治阶级想借宗教思想来支持名教思想、支持封建秩序，借以巩固对人民的统治而已。说当时"思想界被道家、佛教占领了"[2]，同样是不正确的。下面试先分析一下此时代佛、道二教的实质，次论儒学。

---

① 参见[唐]房玄龄等：《晋书》卷四十三《王戎传》，中华书局，1974年，第1231页。

② 中国历史研究会：《中国通史简编》，山东人民出版社，1952年，第331页。

佛教在当时宣传五戒、十善与轮回报应之说。宋文帝时，何尚之对五戒、十善之说在政治上所能起的作用曾有详切解释，他说：

> 百家之乡，十人持五戒，则十人淳谨矣；千室之邑，百人修十善，则百人和厚矣。传此风训，以遍寓内，编户千万，则仁人百万矣……雅颂之兴，理宜倍速，即陛下所谓坐致太平者也。①

这即是说统治者可以利用五戒、十善之说作为麻痹人民反抗意识的工具。《宋书》卷九十七《蛮夷传》记载宋明帝恢复佛寺诏又有这样的话："妙训渊谟（指佛教），有扶名教。"这又说明了佛家宗旨与为统治阶级服务的儒家名教在本质上并没有什么区别，佛教在当时和支配封建社会的儒家礼教实际已经结合在一起。梁武帝时代，南朝佛教发展达到了极点，武帝说老子、周公、孔子是如来佛的弟子，自己曾三度舍身佛寺为奴，把提倡佛教当成了主要的政治任务。

南朝如此，在北朝，佛教同样也是被统治阶级当成维护封建统治、维护名教观念的工具。这从《魏书·释老志》"释迦如来……助王政之禁律，益仁智之善性"之言可以知之。

在东晋南北朝时代，一些信奉佛教的有名高僧，也并不是完完全全的佛教信徒。从《续高僧传》一书我们知道当时有很多高僧便兼讲儒经。如慧远、释昙济、释僧旻、释智琳等都是②。慧远常讲礼经，尝说：

> 释氏之化，无所不可，适道因自教源，济俗亦为要务。世主若能剪其诡伪，奖其验实，与皇之政并行四海，幽显协力，共敦黎庶，何成、康、文、景独可奇哉？使周、汉之初，复兼此化，颂作刑清，倍当速耳。③

---

① ［梁］释僧祐：《弘明集》卷十一，上海商务印书局，1929年，第113—114页。
② 唐长孺：《魏晋南北朝史论丛》，生活·读书·新知三联书店，1955年，第344页。
③ ［梁］释僧祐：《弘明集》卷十一，上海商务印书局，1929年，第113页。

这是以佛合儒，与王戎等以道合儒本质上正相同。说慧远等为佛教信徒反不如说他们是儒教信徒。

至于道教，当时虽亦有发展，但还不能与佛教分庭抗礼。晋时道教在佛教影响下，教义开始理论化与系统化，出现了所谓道经，也谈天堂、地狱、因果报应。显然，在维护封建统治、维护礼教思想方面，道教与佛教正起了同样的作用。

可以代表道教教义的为葛洪所撰的《抱朴子》一书，该书认为道教与儒学也是可以结合起来的。此书内篇卷十《明本》曾说："道者，儒之本也；儒者，道之末也。"《疾谬》《诘鲍》等篇曾痛斥放任不检，非薄君主。这与王戎等以老庄之道合孔孟之儒本质上也是相同的。

以上所谈是当时佛、道二教的性质，现在我们再来谈谈南北朝儒学思想的地位。先谈南朝。

《南齐书》卷三十九《刘瓛传》论说："江左儒门，参差互出。"沈垚《落帆楼文集》卷八《与张渊甫书》又说："六朝人礼学极精，唐以前士大夫重门阀，虽异于古之宗法，然与古不相远，史传中所载多礼家精粹之言。"我们知道，六朝时代依然是大族统治时代。当时世家大族与儒学特别是"礼学"实有不可分割的关系。江左门阀，大都为"儒门"。儒家礼教思想实为当时的统治理想。上引史料可以说明这一点。

儒学在南朝特别在梁武帝以后更是发达，《南史》卷十七《儒林传》序说："天监四年，乃诏开五馆，建立国学，总以五经教授，置五经博士各一人……于是怀经负笈者云会矣。"如果说梁武帝以前，儒学在于门阀，则梁武帝以后，儒家之学便已成为一般地主阶级子弟所学的东西了。我们要特别注意这时候的儒学已与宗教（主要为佛教）密切结合起来，梁武帝谓孔子为如来佛学生，慧远谓"适道因自教源，济俗亦为要务"，表明儒学的玄化比两晋时代更进了一步。以道（老庄玄学）合儒，对于人民的影响还不是很大的。以佛合儒，儒家名教观念便能深入人心。因为佛教在当时不仅为上层统治阶级所信仰，而且也为一般老百姓所信仰，把儒家伦理主义说成是佛意如此，就更能替儒学找到群众基础，更能巩固当时的大族统治。

在北朝，儒风亦始终未替。不过，在北朝儒家思想中玄学成分、宗教成分异常稀少，这是与南朝有所不同的。赵翼说：

> 六朝人虽以词藻相尚，然北朝治经者尚多专门名家。盖自汉末郑康成以经学教授，门下著录者万人，流风所被，士皆以通经绩学为业，而上之举孝廉，举秀才，亦多于其中取之。故虽经刘石诸朝之乱，而士习相承，未尽变坏。……其所以多务实学者，固由于士习之古，亦上之人，有以作兴之。①

这里赵翼的说法是对的。我们知道，永嘉以后，中原之地，沦于异族，原来在北方的世家大族如王、谢等相率南迁，清谈之习也被带到了南方。留在北方的大姓如崔、卢、李、郑等原来多筑坞堡以自固，后来多与异族统治者合作。这些大姓，也是儒门，经学为其家传世业，自汉末以迄永嘉不变。异族入主中原以后，受汉族经济、文化影响，逐渐封建化。为了巩固对中原的统治，对汉族大地主他们自然乐于利用，对能维护封建统治的儒家思想也自然乐于接受；而北方大族、儒门，为了确保其经济地位，也甘心屈辱投降，甘心替异族统治者宣扬儒学。这样，由于"士习之古"，由于"亦上之人，有以作兴之"，"士皆通经绩学为业"，儒家思想在北朝也就占据了统治地位。

这里我们要特别注意魏孝文帝以后儒家思想在北朝的发展。《资治通鉴》卷一百三十八"齐武帝永明十一年十月王肃见魏主于邺"条说："魏主或屏左右，与肃语，至夜分不罢，自谓君臣相得之晚。寻除辅国将军，大将军长史。时魏主方议兴礼乐，变华风，凡威仪文物，多肃所定。"在魏孝文帝时，北方异族主要是鲜卑族已经进入封建社会，"兴礼乐"已成为当时的现实需要，王肃北奔，助孝文帝"兴礼乐"，制定"威仪文物"，适应了当时的需要，而儒学、儒家思想也因此在北朝获得了更大的发展。

---

① [清]赵翼著，王树民校注：《廿二史劄记校证》卷十五《北朝经学》，中华书局，1984年，第312—314页。

自北魏分裂以迄北周统一中国北方，儒家思想的地位是不变的。《北齐书》卷四《文宣帝纪》谓：天保元年"八月诏郡国修立黉序……往者文襄皇帝所建蔡邕石经五十二枚，即宜移置学馆，依次修立"。这说明了北齐之重儒学。《北史》卷十《周武帝纪》曾更明确地提出"以儒教为先，道教次之，佛教为后"的说法，说明了北周之重儒学。

整个北朝治经名家也很多，北魏时，以徐遵明为大宗，周隋间以刘炫、刘焯为大宗。他如李周仁、刘子猛、房虬、鲜于灵馥、卢景裕、崔瑾、李铉、祖隽、熊安生、刘轨思、郭懋等均以经学知名于世。当时治经者各有师承，其业既成，则各有所著以开后学。[①]这就在当时社会上组成了一个经学网，通过这样的一个网，可以说当时朝野均为儒家思想控制。

总之，在魏晋南北朝时代，在思想方面，还是为儒家伦理主义、名教思想所支配，而不是为老庄玄学、佛教或道教思想所支配，观上所云，是可了解的。儒家思想在其时之所以仍然处于支配的地位，是由于那时还是封建社会，由于政权掌握在世家大族手中。在封建时代，在大族掌握政权之时，与之相适应的为当时大族封建政权服务的思想形态，除儒家思想之外，不可能是其他思想。作为中国封建时代思想主流的儒家思想是从来也没有中断过的，也不会中断。自然在这个时代的儒家思想与以前的儒家思想也有所不同，它是由汉代儒学发展而来，它是由当时的统治阶层加以改造使之适合于当时统治的儒学。儒学在汉代经过董仲舒的发展，已经开始与天道结合，但逐渐走向迷信化。魏末出现的老庄玄学，只是昙花一现。晋代统治阶层为适应当时的时代情况，巧妙地将儒学与玄学结合起来，即以道合儒，这一方面既可掩饰当时大族穷奢极欲的生活，另一方面又是有利于大族统治的。汉代儒学发展到汉末，由于迷信化的结果，不能范围人心，而晋代儒学由于与老庄玄学结合并剔除了迷信成分，遂又为士人所信任，成为维护大族统治的有力工具。南北朝时代，由于佛道二教的发达，

---

① 参考［唐］李延寿：《北史》卷八十一《儒林传上》、卷八十二《儒林传下》，中华书局，1974年，第2703—2775页；［清］赵翼著，王树民校注：《廿二史劄记校证》卷十五《北朝经学》，中华书局，1984年，第312页。

统治阶层看到宗教最足以麻痹当时人心，于是在以道合儒的基础上，更把儒学思想与宗教思想结合起来；儒家伦理主义、名教思想得到了宗教的支持，乃更进一步深入一般人民心目之中，而儒学的玄化、神秘化、迷信化的成分也因之增加。不过，这时候儒学的迷信化与汉代不同，汉代儒学的迷信化无理论做根据，时间一长，不能说服人；这时候的迷信化却因有宗教理论做根据，在一般人民心目中反觉自然了。只有在异族统治下的北朝儒学中，玄学成分、迷信成分才较少，北朝儒学可以说是实学。但不管儒学内容在魏晋南北朝时代还有什么不同，此时代思想界由儒家伦理主义、名教思想统治；说此时代思想界被老庄玄学、佛道二教占领，是不符合当时的社会情况与政权性质的。

（原载《史学月刊》1957 年第 8 期，有改动）

从陈、齐、周三方关系的演变看隋的统一

南北朝晚期，统一代替分裂，已经成了各族人民的共同要求，成了历史发展的必然趋势。这种必然性论者已多，无须再述。但为什么由继承北周的隋朝来统一，而不由北齐或者陈朝来统一，则鲜见论述。本文试就陈、齐、周三方复杂的外交、军事等关系及其演变过程，来说明南北统一何以会由隋朝来完成。南方上及梁朝，北方上及东西魏。

一、侯景乱梁前后，梁与东西魏关系的变化

当北魏分裂成为东西魏，高欢、宇文泰兵连祸结的时候，南方存在一个"治定功成，远安迩肃"①的强大的梁朝。梁的政治中心与东魏接近。从《梁书》《齐书》《周书》三书可以看到，自梁武帝大同二年（536年）东魏请求与梁通好起，到太清元年（547年）侯景降梁止，十二年间，东魏曾八次遣使聘于梁朝。而每次遣使聘梁，都与东西魏的战争有关。天平三年（536年）十二月，与遣使聘梁同时，高欢自晋阳西征宇文泰。此役窦泰战死，高昂攻克上洛。天平四年（537年）七月遣使聘梁，十月，高欢自蒲津渡河发起了沙苑之战。此役以东魏军溃而结束。元象元年（538年）五月遣使聘梁，七月，高欢派侯景、高昂围西魏将独孤信于洛阳的金

---

① ［唐］姚思廉：《梁书》卷三《武帝纪下》，中华书局，1973年，第97页。

墉城，西魏文帝及宇文泰亲往援救。八月战于河阴，高欢大获全胜，俘虏数万。然大将高昂等亦死之。此后，兴和元年（539年）十一月，二年（540年）七月，三年（541年）四月和十二月，东魏均曾遣使聘梁。兴和四年（542年）九月，高欢又围西魏晋州刺史韦孝宽于玉璧，打了五十天没有把玉璧打下来。这说明高欢遣使聘梁，与梁通好，是为了解除后顾之忧，以求全力对付西边的强敌。高欢这个政策是成功的，当他与宇文泰打得不可开交时，梁朝未曾出动军队北进。他虽然打过败仗，但到齐文宣帝即位之初，西魏"河南自洛阳，河北自平阳以东，遂入于齐"[1]。

从史书中看不到梁朝遣使报聘于东魏，说明梁朝自恃其强大，无求于高欢。我想这可以解释梁朝何以接受侯景的投降。至于西魏，此时与梁尚无聘问关系。

高欢死，侯景降梁，给梁与东魏的关系蒙上了阴影。但为了对付西魏，东魏仍旧需要与梁通好。梁曾因侯景的请求，派萧渊明去打东魏。萧渊明兵败被擒。《南史》卷五十一《梁宗室传》记载了东魏对梁朝的态度，内中有这样的话：

> 高澄礼明甚重。谓曰："先王（高欢）与梁主和好十有余年……不谓一朝失信，致此纷扰。"因欲与梁通和，使人以明书告武帝。

《梁书》卷五十六《侯景传》还记载了萧渊明"遣使还述魏人请追前好"。梁朝并不想因为侯景的原因与东魏决裂。高澄既已表明态度，梁遂"与魏连和"修复旧好。这说明结好梁朝是高欢父子的国策。

关于侯景之乱，我想指出的是，此乱平定之后，梁朝的疆域仍然是东到吴越，西及巴蜀，南包越州。给梁朝或者说给南朝带来难于弥补的损害的，最初不是侯景，而是那个"不急莽、卓之诛、先行昆弟之戮"的梁元帝萧绎。论隋朝的统一最初应追溯到梁元。他在西魏与北齐之间摇摆，完

---

① ［唐］令狐德棻等：《周书》卷二《文帝纪下》，中华书局，1971年，第33页。

全是从他的皇帝地位能否确保，有无威胁着眼的。

太清三年（549年），侯景包围台城，萧绎不发兵去打侯景，却发兵去打他的侄儿湘州刺史萧誉，这引起了萧誉之弟雍州刺史萧詧的疑惧。萧詧攻打江陵，虽未取得胜利，但叔侄从此冤结不解。大宝元年（550年）正月，萧绎"使少子方晷质于魏（西魏），魏不受质而结为兄弟"①。这是梁和西魏的第一次通好，求好的是梁元帝。他的目的是想借结好于西魏，来打湘、雍二州，消灭萧誉与萧詧，求结外援，以平内忧。梁朝外交上的这个转变是偶然性的，而这个偶然事件却给梁朝带来了巨大的损害，远非侯景之乱所可望其项背。

就在梁元帝与西魏"结为兄弟"的这个月，"西魏克安陆，执司州刺史柳仲礼，尽有汉东地"②。四月，梁元帝克湘州，斩萧誉。雍州刺史萧詧为自身计，自称梁王，蕃于西魏。西魏兵不血刃，又取得了雍州。等到梁元帝觉察到了西魏的野心，派人联结北齐欲制裁西魏的时候，不料发生益州刺史武陵王萧纪称帝的事件。萧纪率军沿江东而下，梁元帝大惧，移书于西魏求教，"又请伐蜀"。宇文泰大喜过望，说道："蜀可图矣。取蜀制梁，在兹一举。"③承圣二年（553年），益州终于落入西魏之手。对西魏来说，它取得益州完全出于侥幸。对梁来说，益州的陷落，主要责任不在萧纪的东进，而在梁元帝的请求西魏出兵伐蜀。

萧纪虽败，益州却丢给了西魏，梁元帝于心未免不甘。他"密与齐氏通使"，对西魏"将谋侵轶"④。承圣二年（553年）闰十一月，梁元帝曾遣使聘齐。承圣三年（554年），他派人到西魏，"请据旧图以定疆界"，"言辞悖慢"。他以为既与北齐通好，就可以向西魏索回失去的土地了。可宇文泰反而认为"古人有言'天之所弃，谁能兴之'，其萧绎之谓乎"⑤。他派于谨领兵会合萧詧，攻打江陵。梁元帝本来以为西魏"有齐氏之患"，

① ［唐］李延寿：《南史》卷八《梁本纪下》，中华书局，1975年，第235页。
② ［唐］李延寿：《南史》卷八《梁本纪下》，中华书局，1975年，第230页。
③ ［唐］令狐德棻等：《周书》卷二十一《尉迟迥传》，中华书局，1971年，第349页。
④ ［唐］令狐德棻等：《周书》卷十五《于谨传》，中华书局，1971年，第247页。
⑤ ［唐］令狐德棻等：《周书》卷二《文帝纪下》，中华书局，1971年，第35页。

"力不能分"。此刻于谨来攻，完全出乎他的意料。他采取了于谨所料的下策——"据守罗郭"①来对付西魏军。结果城陷身死，荆州又被西魏夺取，此战暴露了西魏的落后性，江陵男女数万口，被"分为奴婢，驱入长安"②，小弱者皆遭杀害。以西魏这样一个原来在三方中最落后也最弱小的政权，所以能不费力气从梁朝手上夺得长江中上游，就是因为梁朝出了一个利欲熏心、只图皇帝地位的元帝萧绎。

不过，梁朝虽然由于元帝的失算，丢失了长江中上游，但就力量对比而言，仍然不弱于西魏或北齐。这时候的三方，尚是谁也不能灭掉谁。西魏立萧詧于江陵，也就是估计到他不可能继续向长江下游进兵灭掉梁朝，不如树立一个傀儡作为缓冲。西魏原来只有一个敌人北齐，现在它为自己又树立了一个敌人梁朝。西魏既然成了齐、梁的共同敌人，齐、梁联合起来对付西魏应是势之所趋，时之所需。可是，一个偶然的事件又发生了，梁朝及继起的陈朝走上了相反的道路——与齐为敌，以周为友。

二、王僧辩之死，陈、齐关系的恶化

梁元帝建都江陵。承圣三年（554年）十一月，江陵被西魏攻陷，梁元帝身死。太尉、扬州刺史王僧辩和司空、南徐州刺史陈霸先，以梁元帝第九子江州刺史萧方智为太宰、承制，奉迎还建康。次年三月，北齐文宣帝高洋派高涣送来了萧渊明，要求立为皇帝。高洋给了王僧辩一封信，信中说道：

> 如闻权立支子（萧方智），号令江阴，年甫十余，极为冲藐，梁蕪未已，负荷谅难。……彼贞阳侯（萧渊明），梁武犹子，长沙（萧懿）之胤，以年以望，堪保金陵。故置为梁主，纳于彼国。便诏上党

① ［唐］令狐德棻等：《周书》卷十五《于谨传》，中华书局，1971年，第247页。
② ［唐］姚思廉：《梁书》卷五《元帝纪》，中华书局，1973年，第135页。

> 王涣总摄群将，扶送江表，雷动风驰，助扫冤逆。①

北齐派兵护送萧渊明回建康，要求立为梁朝的皇帝，企图压迫王僧辩在建康建立一个亲齐的政权。梁兵在东关失利，王僧辩决策：立萧渊明为帝，立萧方智为太子。北齐天保六年（555年）六月壬子诏提到此事时，曾说：

> 比送梁主，已入金陵。藩礼既修，分义方笃。越鸟之思，岂忘南枝。凡是梁民，宜听反国，以礼发遣。②

北齐以为它的"藩国"已经在建康出现了，因此把陷在北齐境内的梁民发遣还梁。如果齐、梁联盟真正由此建立，那倒是西魏最怕的事。可是这时的梁朝又出现了一个意外事件，陈霸先从京口秘密起兵，偷袭建康，杀死王僧辩，废掉萧渊明，立了萧方智。接着，又废掉萧方智，自己登上皇帝宝座。而梁朝故将多是王僧辩的旧部，他们几乎一齐起来反对陈霸先。北齐把陈霸先也看作大敌，用军队支持梁朝故将的反陈斗争。从此陈齐交恶，战争自陈武帝一直打到陈宣帝。中间虽欲修好，却是单方面的愿望，无成功的可能。结果是两败俱伤，好了西魏、北周，这正如列宁所说："据说，历史喜欢作弄人，喜欢同人们开玩笑。本来要到这个房间，结果却走进了另一个房间。"③

王僧辩是平定侯景之乱的主帅。陈霸先杀害王僧辩，把一个刚刚获得安宁的梁朝又变成了乱邦。以前，搞历史的常说梁末陈初的变乱是由侯景之乱引起，陈霸先则是个扫平战乱的"有作为的皇帝"。这并不符合史实。下面一些史料，我想可以说明他只是一个引起梁陈之交南朝全境变乱的祸

---

① [唐]姚思廉：《梁书》卷四十五《王僧辩传》，中华书局，1973年，第632页。

② [唐]李百药：《北齐书》卷四《文宣帝纪》，中华书局，1972年，第60页。

③《列宁全集》第二十卷《资产阶级知识分子反对工人的方法》，人民文学出版社，1958年，第459页。

首，是继梁元帝之后影响南朝命运的第二个关键性的人物。

东境：

《南史》卷六十四《杜龛传》说："龛，僧辩婿也，始为吴兴太守……及僧辩败，龛乃据吴兴拒之。"《陈书》卷一《高祖纪上》说："震州刺史杜龛据吴兴，与义兴太守韦载同举兵反。"又《南史》卷六十四《张彪传》说："及侯景平，王僧辩遇之甚厚，引为爪牙，与杜龛相似，世谓之张、杜。贞阳侯践位，为东扬州刺史。"王僧辩被害，张彪据会稽起兵。这些史实均可说明，三吴遍地烽火，只是因为陈霸先杀了王僧辩才烧起来的。

金陵附近：

《南史》卷六十三《王僧辩传》说王僧辩被害，在建康的徐嗣产、徐嗣宗、徐嗣先（王僧辩之甥），"抽刀裂眦，志在立功"。他们逃到秦州，就兄秦州刺史徐嗣徽，"密结南豫州刺史任约与僧辩故旧，图陈武帝"。徐嗣徽并向北齐请兵，"齐文宣帝授为仪同，命将应赴"，从而爆发了被《隋书·食货志》称作"金陵之战"的陈齐间的一场恶战。

西境：

《南史》卷六十四《王琳传》说，王琳"平景之勋，与杜龛俱为第一"，后为湘州刺史。"陈武帝既杀王僧辩，推立敬帝（萧方智），以侍中、司空征琳。不从命，乃大营楼舰，将图义举。"王琳起兵，带甲十万，打下郢州之后，立了萧庄为梁朝的皇帝。他也得到了北齐的支援，成为陈武帝、陈文帝西边的大敌。

南境尚有萧勃自广州起兵北上，屯军南康，前锋打到豫章，得到南江州刺史余孝顷的响应。

由此可知，陈霸先搞政变，实是梁朝故境烽烟遍燃的导火线。这有两个巨大的影响：一是南朝的国力在内战中进一步削弱，二是陈齐双方从此成为仇敌。本来要建立的梁齐的联盟，到头来变成了陈周的联盟，周借此灭掉了北齐。

下面着重说一下陈齐双方冤结不解的关系，以明未来南北的统一何以必由隋朝完成。

梁敬帝绍泰元年（555年），秦州刺史徐嗣徽起兵附齐。徐嗣徽乘陈霸先东打杜龛、韦载的机会，率精兵五千，突入建康，袭据石头城。齐军渡江袭据姑熟，派翟子崇、刘仕荣、柳达摩领兵万人，于胡墅用船只运米粟三万石、马千匹入石头，接济徐嗣徽。徐嗣徽留柳达摩守石头城，自率亲属心腹往采石，迎接北齐援军。柳达摩和陈霸先在秦淮河北打了一仗，"百姓夹淮观战，呼声震天地"。后来，徐嗣徽在江宁浦口为侯安都袭破，柳达摩在石头城与陈霸先达成和议，陈霸先送齐人北归，然而事情并未了结。次年，北齐又派萧轨等率众十万出栅口，袭据芜湖。从芜湖进至秣陵县故治，在秦淮河上建立桥栅，引渡兵马。陈霸先采取了断齐军粮运的打法，截击北齐运粮船只。"齐军大馁，杀马驴而食之。"[1]陈、齐二军后在玄武湖北、幕府山南发生恶战，齐师失利，齐将萧轨、东方老、王敬宝、李希光、裴英等四十六人皆被俘斩，徐嗣徽、徐嗣宗兄弟亦死之。这一仗，虽然齐军遭遇惨败，但陈齐关系不可能再修复，战争还会打下去。

敬帝太平二年（557年）八月，王琳起兵于湘州。十月，陈霸先自立为帝，曾"遣使称藩朝贡"[2]于北齐，但并未消除北齐的敌意。陈永定二年（558年）十一月，王琳派人到北齐，请回出质于齐的永嘉王萧庄，立之为帝。次年，陈武帝死，文帝立，王琳奉萧庄顺江东下，次于濡须口。北齐派扬州道行台慕容俨率众临江，为王琳声援。王琳因水师在梁山江面失利，与萧庄奔齐。齐孝昭帝复用王琳为扬州刺史，在寿阳建立起一个"将观衅而动"[3]的反陈据点。

有一点可注意，陈齐交恶始于梁绍泰元年（555年），第二年（556年）为西魏恭帝三年，此年西魏六官建成，大规模改革开始。陈齐的交恶，使西魏的改革赢得了时间。

齐武成帝即位，鉴于齐陈的交恶只对北周有利，颇想改善齐陈关系。河清元年（陈天嘉三年，562年）二月，武成帝"诏散骑常侍崔瞻聘于

---

① [唐]李延寿：《南史》卷九《陈本纪上》，中华书局，1975年，第263页。

② [唐]李百药：《北齐书》卷四《文宣帝纪》，中华书局，1972年，第64页。

③ [唐]李延寿：《南史》卷六十四《王琳传》，中华书局，1975年，第1562页。

陈"①。其后又多次遣使聘陈，但有两个障碍使得他这种努力终成为白费。一是陈文帝天嘉之初，陈周已经和好、通聘（见后），陈已有所恃，齐陈关系要变好是很困难的；二是到陈宣帝时，陈欲收复被北齐占领的淮南以至淮北的境土，陈周既和，淮南的收复不是没有可能。太建五年（573年），宣帝派吴明彻略地北边，齐陈终于又打起来了。

即在太建五年（573年），陈收复了淮南之地。淮南收复后，陈有两个选择：第一，与齐言和，共同对付北周，这是北周向东进逼所造成的形势对齐陈二国的要求。第二，进攻淮北，继续与北齐为敌。这对北周进攻北齐，然后再对付陈朝来说，是求之不得的大好事。陈宣帝选择了后者，而这种选择完全出于他个人的主观欲望。这个偶然性直接导致了陈朝的灭亡。

三、周、陈关系与吕梁覆车

陈既然与北齐交恶，向北周求好，就成了陈的要求。而周以它夺取长江中上游的历史，证明了它自己就是江左政权的大敌。

向文帝进陈周和好之策的，是从北周归来的毛喜。西魏打下江陵之时，俘虏了正在江陵做官的毛喜和陈顼（后来的陈宣帝），带往关右。陈文帝即位，"喜自周还，进和好之策，朝廷乃遣周弘正等通聘"②。可此时的北周，仍旧觊觎南朝的领土，并不想与陈友好。天嘉元年（560年），北周派独孤盛、贺若敦由水陆两路东进，由于被陈将侯稹、侯安都打败，才想到与陈和好的问题。天嘉三年（562年），西魏放回了陈顼，毛喜"于郢州奉迎"。文帝见陈顼只身回国，又"遣喜入关，以家属为请"。周家宰宇文护曾挽着毛喜的手说："能结二国之好者，卿也。"毛喜迎回了陈顼妻及其长子陈叔宝。可注意的是，这年初，齐武成帝曾派散骑常侍崔瞻聘陈，北周之所以表示愿与陈结好，看来只不过是要在陈齐之间打下一个楔子而

---

① ［唐］李百药：《北齐书》卷七《武成帝纪》，中华书局，1972年，第90页。
② ［唐］姚思廉：《陈书》卷二十九《毛喜传》，中华书局，1972年，第388页。

已，对陈并未放弃军事手段。天嘉四年（563年），北周曾联合突厥的军队进逼北齐，遭遇失败①。废帝光大元年（567年），"周将长胡公拓跋定率步骑二万入郢州，与华皎水陆俱进"②，为陈将淳于量、吴明彻所破。这两次军事行动可以说明北周愿与陈结好的动机与实质。

自陈废帝光大二年（568年）至宣帝太建四年（572年）的五年间，是陈、齐、周三方相对和平时期，使臣往来频繁。这是经过上述两次军事较量之后，北周感到陈、齐二方尚难撼动所产生的结果。兹据《陈书》（附及《齐书》《周书》二书）帝纪，条列以见。

光大二年（568年）九月，周人至齐通和，齐斛斯文略报聘于周。十一月，齐李纛使于陈。

太建元年（569年）五月，齐人聘于陈。

太建二年（570年）五月，齐人至陈吊皇太后（文沈皇后）崩。

太建三年（571年）正月，齐刘环隽使于陈。四月，陈遣使至齐连和，齐人聘陈。九月，陈人聘于齐。十月，周人聘于陈。

太建四年（572年）四月，周人聘于齐。八月，周人聘于陈。九月，陈人聘于齐。

由上列可见齐人聘陈次数最多，也最频繁，周人聘陈则要到太建三年（571年）十月间。

太建五年（573年），陈宣帝兴兵伐齐，当时，"公卿互有异同"③。从《陈书·毛喜传》来看，毛喜只赞成夺取淮左。可是，在太建五年夺得淮左之后，宣帝却未停止军事进攻。《北齐书》卷八《后主纪》武平五年（太建六年，574年）夏五月丁亥，记"陈人寇淮北"。《陈书·吴明彻传》记太建七年（575年），吴明彻"进攻彭城，军至吕梁，齐遣援兵前后至者数万，明彻又大破之"。从太建五年起，陈齐关系由和平又转入战争，而且再没有停止的时候。这帮了北周的大忙。太建九年（577年）正月，北

---

① ［唐］李百药：《北齐书》卷七《武成帝纪》，中华书局，1972年，第90页。

② ［唐］姚思廉：《陈书》卷四《废帝纪》，中华书局，1972年，第68页。

③ ［唐］姚思廉：《陈书》卷九《吴明彻传》，中华书局，1972年，第162页。

周所以能灭掉北齐，有一个非常重要的但为治史者所忽略的原因，那就是太建五年以来，陈宣帝对北齐发动的无止境的战争。北周灭齐之时，吴明彻还在淮北作战。齐的灭亡，实际是亡于陈、周二国的联合进攻。

陈齐开战，好了北周，这在周将韦孝宽所上的平齐三策中说得很清楚。第一策说：

> 长淮之南，旧为沃土，陈氏以破亡余烬，犹能一举平之。齐人历年赴救，丧败而反，内离外叛，计尽力穷。传不云乎："仇有衅焉，不可失也。"今大军若出轵关，方轨而进，兼与陈氏共为掎角……必当望旗奔溃，所向摧殄。[①]

此策清楚说道：陈人历年攻打北齐，使北齐陷入了"内离外叛，计尽力穷"的境地。北周若乘着这个机会攻齐，有陈朝为掎角，必可灭齐。周武帝平齐，即是按照韦孝宽的第一策去做的，他成功了。而陈朝充当周武帝灭齐的帮凶、掎角、先锋，对陈宣帝来说，却是不自觉的。若无这个历史的偶然性，周不可能亡齐，随后出现的隋朝也不可能亡陈。

北齐新亡，陈不能立即与北周打仗，这是谁都懂得的道理。何况，周、陈已从太建三年（571年）起，通使聘问。可历史却在继续作弄着陈宣帝，周刚刚灭齐，他便对毛喜说："我欲进兵彭、汴，于卿意如何？"毛喜说得好：

> 窃以淮左新平，边氓未义，周氏始吞齐国，难与争锋。岂以弊卒疲兵，复加深入。且弃舟楫之工，践车骑之地，去长就短，非吴人所便。臣愚以为不若安民保境，寝兵复约，然后广募英奇，顺时而动。斯长久之术也。[②]

---

① ［唐］令狐德棻等：《周书》卷三十一《韦孝宽传》，中华书局，1971年，第540页。
② ［唐］姚思廉：《陈书》卷二十九《毛喜传》，中华书局，1972年，第390页。

毛喜所说的"安民保境，寝兵复约"，与周再结旧好，然后"广募英奇，顺时而动"，实在是一个上策。可陈宣帝却不听他的话，"诏明彻进军北伐"①，于是又与北周打了起来。这个本来应当而且可以避免的偶然性，是南朝削弱与沦丧的最直接的原因。

吴明彻进至吕梁，周徐州总管梁士彦率众拒战不利，退兵守城。城临清水（泗水），吴明彻筑堰"堰清水以灌之，列船舰于城下，以图攻取"。周派上大将军王轨率诸军赴救。王轨"潜于清水入淮口，多竖大木，以铁锁贯车轮，横截水流，以断其船路"。吴明彻知事不济，遂破堰退兵。他以为堰破后，水军可"乘决水之势，以得入淮"，未料"比至清口，川流已阔，水势亦衰，舟舰并碍于车轮，不复得过"。王轨率兵围而蹙之，"（吴）明彻及将士三万余人，并器械辎重，并就俘获。陈之锐卒，于是歼焉"②。

此战历史上称为"吕梁覆车"。《陈书》的作者指出："吕梁覆车，大丧师徒矣。江左削弱，抑此之由。"③"吴明彻居将帅之任，初有军功，及吕梁败绩，为失算也。斯以勇非韩、白，识异孙、吴，遂使蹙境丧师，金陵虚弱，祯明沦覆，盖由其渐焉。"④作者说吕梁覆车是江左削弱、祯明（陈后主年号）沦覆的原因，是个卓识。但诿过于吴明彻则不公道，这是陈宣帝造成的。《周书·王轨传》所说"陈之锐卒，于是歼焉"，说明了陈军事上从此一落千丈。淮南守不住了，太建十一年（579年），周将梁士彦克寿阳、霍州，南北兖、晋三州及盱眙、山阳、阳平、马头、秦、历阳、沛、北谯、南梁九郡之民，"并自拔向建邺"。周又克谯、北徐二州。至此，陈费了大力气从北齐手上夺回的淮南之地，又都给了北周。

吕梁覆车后的南北形势是：陈朝只占有长江以南的土地，军队主力被全部歼灭；北周占有的土地则北抵突厥，南抵长江，实力远远超过陈朝。

---

① ［唐］姚思廉：《陈书》卷九《吴明彻传》，中华书局，1972年，第163页。
② ［唐］令狐德棻等：《周书》卷四十《王轨传》，中华书局，1971年，第712页。
③ ［唐］姚思廉：《陈书》卷五《宣帝纪》，中华书局，1972年，第100页。
④ ［唐］姚思廉：《陈书》卷九《吴明彻传》，中华书局，1972年，第165页。

十分清楚，北周只要再作一两次重大攻击，就完全可以灭掉陈朝，统一无须等待隋朝。但为什么北周没有统一呢？这是由于北方突厥的兴起，从周武帝起，便采取了先安定北疆而后灭陈的政策。北周政权后来为杨坚夺取，周变成了隋，杨坚成了隋朝的开国皇帝隋文帝。隋文帝在突厥问题基本得到解决，北疆基本稳定之后，出兵很容易地便灭掉了陈朝，实现了南北统一。可隋的统一，基础却是在北周时期奠定的。

综上所述，可知统一之所以由北不由南，而北又不由北齐而由北周及其继承者隋朝，是因为本来要与北齐结好的南朝，却偏偏走上了联周反齐之路。这个转变开始于梁元帝，发展于陈武帝。陈宣帝的伐齐及伐周的政策，是这个转变的尾声，也是齐、陈灭亡的前奏。

以往研究隋时南北的统一，往往偏向于从民族融合、经济发展等方面去研究它的必然性，偏向于强调隋文帝个人的作用，忽视了从陈、齐、周三方去研究它们的外交、军事等关系的发展变化，因此，很难说明南北的统一，何以由原来三方中最为落后、最为弱小的北周的继承者隋朝来实现。外交关系是研究历史变化的重要一环，研究分裂时期的历史时，尤其不可忽略。

[原载《安徽师大学报（哲学社会科学版）》1985年第4期，有改动]

论隋炀帝

　　最近由于对曹操的讨论，使我联想起隋炀帝这个人物，似乎也有重新认识的必要，隋炀帝一向都被说成是一个暴君，完全被否定。实际他对我国隋唐封建社会的发展是有过功劳的。本文想就他的活动作一比较详细的论述，看看我们究竟是应该肯定他还是否定他？我觉得我国历史上很多人物都因为我们思想上犯了绝对主义的错误，没有把他们的真实面貌搞清楚。因此，对整个历史的发展知道得也较片面或者有出入。

　　首先，隋炀帝在结束南北朝分裂局面，使我国重新得到统一方面，就有过贡献。我国由南北分裂走向统一，自然有它的历史条件，这就是南北经济的发展、民族的融洽、人民对统一的要求等。但这并不排斥杰出人物的活动。文帝开皇九年（589年），兴兵伐陈，炀帝（当时是晋王）是这支伐陈大军的统帅。根据史籍记载，隋军共有五十一万八千多人，所至"秋毫不犯"[①]，以不到一个月的时间，迅速荡平了南方的陈朝。在陈的首都建康，炀帝还曾以陈的官员"施文庆受委不忠，曲为谄佞，以蔽耳目；沈客卿重赋厚敛，以悦其上，与太市令阳慧朗、刑法监徐析，尚书都令史暨慧皆为民害，斩于石阙下，以谢三吴"。府库资财，则"一无所取"，以此

---

　　① [宋]司马光编著，[元]胡三省音注：《资治通鉴》卷一百七十六《陈纪十》"长城公祯明二年十二月"条，中华书局，1956年，第5499页。

博得"天下皆称广（即炀帝）以为贤"①的荣誉。平陈是炀帝政治生活中的第一件大事，这件事情不仅表明了炀帝在结束南北分裂局面中所起的作用，而且也表明了炀帝原是一个很有军事与政治才能的人。当时军民人等对他是拥护的。

在国家统一之后，炀帝还做了不少巩固这个新统一的国家的工作。就边防来说，隋文帝基本上没有做什么事情，隋代在这方面采取的一系列措施都在炀帝时候。

先拿北方的突厥来讲，它是隋最大的威胁。炀帝很注意防御突厥的侵略，总计自大业元年（605年）至大业十二年（616年），他曾三次"北巡"，出塞至突厥边境。大业三年（607年），曾开凿两条"驰道"，一条穿过太行山，直抵今山西太原西北②，另一条从榆林以北，至突厥牙帐，东到河北蓟县，宽一百步，长达三千里③。这两条驰道的开凿，显然是由于国防的需要，而不是为了他个人的"游幸"方便。炀帝还曾增筑西起榆林，东到紫河段的长城，后来又增筑自榆林谷迤东的长城④。突厥所以未能在隋时与唐初骚扰与侵入中国，炀帝的防御措施发挥了重要作用，唐太宗平突厥也利用了炀帝所开的道路。对炀帝否定的人，认为开驰道、修长城都是炀帝的暴政，是不公平的，我们应该将这看作是他对民族的贡献。

再拿西北的吐谷浑来讲，隋初据有今青海与新疆南部，不时与隋为敌，文帝时曾打到甘肃庆阳，不仅是隋西北的一个威胁，而且也是隋与西域通商往来的一个阻碍。炀帝派兵打败了吐谷浑，"部落来降者十万余口"⑤，炀帝在这一带设置了且末、西海、河源、鄯善四郡，"谪天下罪人

---

①[宋]司马光编著，[元]胡三省音注：《资治通鉴》卷一百七十七《隋纪一》"文帝开皇九年丙戌"条，中华书局，1956年，第5510页。

②[唐]魏征、令狐德棻：《隋书》卷三《炀帝纪上》、卷四《炀帝纪下》，中华书局，1973年，第68,71,89页。

③[宋]司马光编著，[元]胡三省音注：《资治通鉴》卷一百八十《隋纪四》"炀帝大业三年"条，中华书局，1956年，第5632页。

④[唐]魏征、令狐德棻：《隋书》卷三《炀帝纪上》，中华书局，1973年，第70页。

⑤[唐]魏征、令狐德棻：《隋书》卷八十三《吐谷浑传》，中华书局，1973年，第1845页。

为戍卒"①，屯田驻守。让投降部落与迁去的罪人在一起生产，这不仅解决了隋西北边患，维护了和西域的交通，也使得青海与新疆南部一带得到了开发。

炀帝对外用兵最为人诟病的是打高句丽，我无意替炀帝打高句丽翻案，但是有一些情况我们不能不加以注意，我国古代王朝边患往往来自北方与东北，自汉时匈奴破灭，鲜卑、乌桓兴起之后，东北已成为历代王朝外患的一个重要来源。曹操打败乌桓以后，来自东北的外患，主要就是高句丽了。魏正始中，高句丽曾入寇安平，为毌丘俭所破。南北朝末年，高句丽成了一个地跨东北与朝鲜的强大国家。隋文帝时，其王元曾率靺鞨之众万余骑寇辽西，成为隋东北边境的一个严重威胁。高句丽与突厥的来往很密切，这不能不增加炀帝对高句丽的疑虑。炀帝以及后来的唐太宗、唐高宗三番四次花那么大的力量去打高句丽，显然不能单用"侵略"二字去解释，简单化是不能揭示历史真相的。

在炀帝对外用兵中，恐怕只有侵略林邑（即占婆）是师出无名。从总的方面来看，巩固新政权无疑是他对外用兵主要的一面。

炀帝不仅对我国的统一与巩固有贡献，而且对我国社会经济、政治与文化的发展也有贡献。

在社会经济方面，最突出的是大运河的开凿。这条运河从大业元年（605年）开始挖掘，以不到六年的时间便完成了。它沟通了海河、黄河、淮河、长江、钱塘江五大河流，北至北京，南到杭州，对隋以后南北物资的交流、经济的发展起过极为重要的作用。否定炀帝的人，认为这条运河的开凿也是炀帝暴政之一，理由是炀帝之所以开凿这条运河，目的在"游幸江都"，或者滥用民力，使得民不聊生。我们评价一种措施是否正当主要应该看它对后代有无好的影响，对社会发展有无帮助，而不应只看采取这种措施的人的主观愿望。就拿主观愿望来说，炀帝开凿这条运河也不见得就是为了"游幸江都"。实际那时国家统一还不久，很需要有这样一条

---

① [宋]司马光编著,[元]胡三省音注:《资治通鉴》卷一百八十一《隋纪五》"炀帝大业五年癸丑"条,中华书局,1956年,第5645页。

运河来沟通南北，以适应国家统一与经济发展的要求。据《隋书·炀帝纪》记载，炀帝并不只巡游过江都，还曾巡游过西北各地，到过突厥与吐谷浑边境。这种巡游我不否认有"玩"的成分，但主要应是出于政治与军事的考虑。炀帝曾对给事郎蔡征说过这样的话："自古天子有巡狩之礼，而江东诸帝多傅脂粉，坐深宫，不与百姓相见，此何理也？"蔡征以"此其所以不能长世"相对。可见他外出巡游是有政治目的的，不能单以"玩"字来解释。

至于谈到滥用民力，那是实有其事。使用民力过度，妨碍生产自然不好。但不能因为这样就把开运河这件事否定掉，斥之为暴政。古代各王朝土木工程没有一件不是使用民力过度的，秦始皇、隋炀帝的大兴土木是两个突出的例子。只要这种土木工程对当时与后代有利，我认为就应该肯定。如果简单斥为暴政，劳民伤财，那古代就不应该有什么土木工程建筑了。如果没有那些大大小小的工程，社会也谈不上能有什么发展。有些同志也不否认古代某些土木工程的意义，但对秦始皇、隋炀帝存在偏见，好的也说成是坏的，或者只承认是人民的功劳，不能实事求是、恰如其分地评价。这种偏见必须改变，不然，对历史的研究是有害无利的，它不可能揭示历史真相。

人民出版社出版的吴枫的《隋唐五代史》曾肯定炀帝兴土木是"滥用民力"，是"残暴统治"，并从而认定炀帝是一个暴君。与吴枫有同样看法的人，恐怕不少。炀帝究竟是不是一个只知役使人民的暴君，我认为大有疑问，这不仅因为修驰道、长城、运河不能表示他就是一个暴君，而且从以下材料我们也看不出他是一个暴君。

按隋代税制，原以一夫一妇（一床）为单位，女的受田也要课税。炀帝时，以"户口益多，府库盈溢，乃除妇人及奴婢、部曲之课"[1]。这无疑减轻了受田农民的负担。

又隋代原规定十八岁以上为成丁，每年需要服役一个时期。炀帝即

---

[1] ［唐］魏征、令狐德棻：《隋书》卷二十四《食货志》，中华书局，1973年，第686页。

位，规定"男子以二十二成丁"①，自十八至二十一岁就可不再服役，这无疑也减轻了农民的负担。

又大业五年（609年），炀帝根据裴蕴的建议下令清查户口，"若一人不实，则官司解职。乡正里长，皆远流配。又许民相告，若纠得一丁者，令被纠之家，代输赋役"②，将依附于豪族或逃避赋税的六十四万一千五百余人变成了直接纳税者。这是对豪门大族的沉重打击，在增加政府收入、减轻农民负担、促进生产的发展方面都有积极意义。

这些减轻农民负担的事是一个"暴君"所能做的吗？

炀帝对农民不能说是残暴，但对大族却是真的不留情的。上述检查户口是一个例子。还有两个例子可以说明这个问题，一是制定"魏、周官不得为荫"的办法③，二是征讨高句丽军需所出，据史籍记载，也大多取之于有钱的人。大业七年（611年）第一次打高句丽，曾下诏"课天下富人，量其资产，出钱市武马，填元数。限令取足"④。大业九年（613年）第二次打高句丽，又曾下令"课关中富人，计其资产出驴，往伊吾、河源、且末运粮"⑤。像这样一个对人民能体谅，对大族坚决打击的人，我们有什么理由硬给他戴上一个暴君的帽子呢？

以上说的是社会经济问题，开运河、减轻农民负担、打击大族，都能表明炀帝在隋唐封建社会经济的发展方面有过重要贡献。如果说有缺点，恐怕只是营建洛阳、宫殿没有什么道理（炀帝有把洛阳建成一个经济与政治中心的意图）。

在政治文化方面，炀帝也做过很多整顿和改革，其中有不少也是具有积极意义的东西，对促进统一、发展经济与文化都有重要作用。今拣其要者论述如下：

第一，他是我国封建时代最轻的法律"大业律"的创制者。隋文帝对

① ［唐］魏征、令狐德棻：《隋书》卷二十四《食货志》，中华书局，1973年，第686页。
② ［唐］魏征、令狐德棻：《隋书》卷六十七《裴蕴传》，中华书局，1973年，第1575页。
③ ［唐］魏征、令狐德棻：《隋书》卷三《炀帝纪上》，中华书局，1973年，第72页。
④ ［唐］魏征、令狐德棻：《隋书》卷二十四《食货志》，中华书局，1973年，第687页。
⑤ ［唐］魏征、令狐德棻：《隋书》卷二十四《食货志》，中华书局，1973年，第688页。

古代法律曾进行过一次整顿，但"禁网深刻"。炀帝即位，复"除十恶之条"，修成"大业律"凡五百条十八篇公布施行①，很多苛刻的罪名与刑名都被废除。有人说炀帝时乱事多，刑法过轻是一原因。苛法在炀帝时确是不存在的，这对人民来说是一件好事。说炀帝是暴君的不知注意过"大业律"否？

第二，他是我国封建时代科举考试制度的创立者。文帝废除了为大族服务的九品中正制，改为荐举，但流弊甚多，"谮诉纷纭"②。炀帝"始置进士之科"③，通过考试来选拔人才。这就是科举制度的创始。炀帝创立科举制，对两晋南北朝以来把持政权的大族是一个严重的打击。对隋唐文化的发展有很大的促进作用，这是无可否认的。

第三，他是后世所谓类书的第一个修撰者。炀帝"好读书著述"，在做晋王的时候，曾设置"王府学士至百人，常令修撰"。"自经术、文章、兵、农、地理、医、卜、释、道乃至蒲博、鹰狗、皆为新书"，"共成三十一部，万七千余卷"④。明《永乐大典》及后来的《古今图书集成》即仿此成书。那时东、西两都藏书极多。东都观文殿所藏之书，都经过炀帝的整理。每一本有"五十副本，分为三品，上品红琉璃轴，中品绀琉璃轴，下品漆轴"。没有目录的如佛、道经典著作，曾"别撰目录"。殿后妙楷台与宝迹台还藏有炀帝所搜集的魏晋古迹、名画⑤。西京嘉则殿原有藏书三十七万卷，炀帝命"秘书监柳顾言等诠次，除其复重猥杂，得正御本三万七千余卷，纳于东都修文殿"⑥。这种大规模的修撰与整理，对古代书籍的保存，对文化的发展都有重要作用。

---

① [唐]魏征、令狐德棻：《隋书》卷二十五《刑法志》，中华书局，1973年，第716页。

② [唐]杜佑：《通典》卷十四《选举二》，中华书局，1984年，第81页。

③ [后晋]刘昫等：《旧唐书》卷一百一十九《杨绾传》，中华书局，1975年，第3430页。

④ [宋]司马光编著，[元]胡三省音注：《资治通鉴》卷一百八十二《隋纪六》"炀帝大业十一年"条，中华书局，1956年，第5694页。

⑤ [唐]魏征、令狐德棻：《隋书》卷三十二《经籍志》，中华书局，1973年，第908页。

⑥ [宋]司马光编著，[元]胡三省音注：《资治通鉴》卷一百八十二《隋纪六》"炀帝大业十一年"条，中华书局，1956年，第5694页。

第四，他是南北朝绮靡文风的第一个扭转者。隋书说他"初习艺文，有非轻侧之论"。但到后来，都"一变其风"，"并存雅体，归于典制"。"当时缀文之士，遂得依而取正焉"。也就是因为他对南北朝文风的改变有不能否认的初创功劳，隋书的作者虽然指控他"意在骄淫"，但又不得不承认他"词无浮荡"①。

炀帝开始以诗赋取士，在他的影响下，社会上初步形成了一种爱好诗赋的风气。见称于当时的文人很是不少，像范阳卢思道、安平李德林、河东薛道衡、赵郡李元操、巨鹿魏澹、会稽虞世基、河东柳䛒、高阳许善心等，"或鹰扬河朔，或独步汉南，俱骋龙光，并驱云路"②。唐时文风之盛，诗赋的发达，基础不能不追溯到隋炀帝时候。

对培养人才的学校，炀帝也极重视。隋文帝曾以生徒"多而未精"，除国子学留学生七十人外，"太学四门及州县学并废"③。炀帝即位，将各级学校恢复，规模"盛于开皇之初"④。

最后，还需要指出的是隋炀帝在我国与亚洲各国关系的发展方面亦有很重要的贡献。炀帝是一个很注意发展中外关系的人，由于他的努力，那时中国与西域、南海等各国都建立了和平友好关系，贸易来往很频繁，对促进我国与西域、南海各国经济文化的发展都有不小的作用。

炀帝曾派李昱出使波斯，后来波斯也派使臣随李昱来中国"贡方物"。又曾派韦节、杜行满出使西域，他们到过罽宾国、王舍城与史国⑤，发展了隋朝与西域的关系。特别是炀帝命裴矩至张掖掌握与西域的贸易，曾招致康国、安国等三十余国遣使入贡，炀帝曾特设"西戎校尉"，专门接待

---

① ［唐］魏征、令狐德棻：《隋书》卷七十六《文学传》，中华书局，1973年，第1730页。
② ［唐］魏征、令狐德棻：《隋书》卷七十六《文学传》，中华书局，1973年，第1730—1731页。
③ ［唐］魏征、令狐德棻：《隋书》卷二《高祖纪下》，中华书局，1973年，第47页。
④ ［唐］魏征、令狐德棻：《隋书》卷七十五《儒林传》，中华书局，1973年，第1707页。
⑤ ［唐］李延寿：《北史》卷九十七《西域传》，中华书局，1974年，第3207页。

他们。①中国与西域各国的商业贸易由此发展起来，很多西域商人到长安和洛阳来做生意。特别是洛阳的丰都，西域商人极多，是中西商旅荟萃之所。②这不仅增进了汉族与西域各族的友谊，也丰富了彼此的物质与精神生活。西域的文化如音乐当时曾被大量吸收，炀帝九部乐中，西域乐占一半以上。③

炀帝还曾派常骏等人于大业三年（607年）出使南海赤土诸国，使我国与南海各国的关系也大大得到了发展。从这一年起至隋亡为止，南海赤土（马来半岛）、真腊（柬埔寨）和婆利（婆罗洲）等十余国都曾先后遣使通中国。④

炀帝还曾派朱宽、陈稜等先后经略"流求"（台湾）。台湾在三国时已和大陆产生关系，但这种关系的发展却在隋炀帝以后，宋时台湾已成了我国领土的一部分，属泉州晋江县，这与炀帝的经略有不可分的关系。

炀帝还曾派裴世清出使日本。大业三年（607年），日本遣使来中国求佛法，炀帝令裴世清还报，后来日本国王与裴世清同来"贡方物"。这使我国与日本的关系也得到了发展，中国文化开始传到日本，中日两国人民的友谊也逐渐增进。

隋炀帝时代，我国与西域南海各国关系的发展为唐代我国变成亚洲各国经济与文化的交流中心创造了初基，这一点我们是不能忽略的。

综上所述，说"炀帝是一个暴君"，斥责他用"暴力手段，残酷地压榨广大人民群众"，"炫耀他们的豪华和威武，以满足他们无耻的欲望"⑤，是极片面和无道理的。炀帝是一个很有才能和气魄的政治家、军事家与文学家，他在内部与对外方面所进行的各种活动，如灭掉陈朝、防御突厥、

---

① 参见[唐]魏征、令狐德棻：《隋书》卷六十七《裴矩传》，中华书局，1973年，第1580页；[唐]李延寿：《北史》卷九十七《西域传》，中华书局，1974年，第3207页。

② [唐]杜宝：《大业杂记》，中华书局，1991年，第6页。

③ [唐]魏征、令狐德棻：《隋书》卷十五《音乐志下》，中华书局，1973年，第337页。

④ [唐]李延寿：《北史》卷九十五《赤土传》《真腊传》《婆利传》，中华书局，1974年，第3159—3164页。

⑤ 吴枫：《隋唐五代史》，人民出版社，1958年，第32页。

开凿大运河、减轻农民负担、打击大族、减轻刑律、开创科举制、修撰大类书、改变南北朝文风、发展中外关系等种种措施，不仅起到了完成我国统一事业的作用，也起到了促进我国经济、政治与文化发展、促进中外关系发展的作用。它为初唐我国封建社会鼎盛时期的来临准备好了条件。自然炀帝也有不少值得非议的地方，如在大兴土木与对外战争中，使用民力的不得当；如讲究豪华，营建宫殿；如打高句丽与林邑；如滥杀大臣与对后母陈宣华夫人表示爱情；等等，都是他的过失。但将炀帝的功与过作一比较，我看他的功显然是大于他的过的。力役过重，造成了农民对他的不满；打击豪族，又造成了官僚地主对他的不满。隋亡于农民起义与官僚地主造反，隋炀帝本人也被宇文化及所缢，从社会的进一步发展来说是有利的，因为唐代统治者接受了教训，避免了炀帝的某些错误，继承了炀帝所有值得继承的东西，从炀帝本人来说，却是一个悲剧。

（原载《史学月刊》1959 年第 9 期，有改动）

武则天与进士新阶层

一、关陇与山东两集团的消亡

陈寅恪先生曾说初唐存在着关陇集团和山东豪杰两大力量。关陇集团是自西魏北周以来，以府兵制为纽带的有悠久传统的集团。唐朝皇室李氏出于北周号为"八柱国家"的李虎（李渊祖父），唐太宗长孙皇后之兄长孙无忌为隋朝右骁卫将军长孙晟的少子，他们均属于关陇集团。山东豪杰可溯源于隋末农民大起义。东郡翟让、贝州窦建德、齐郡杜伏威等这些起义军的领袖人物，都是山东豪杰，李密降唐，唐朝得到了一批瓦岗军的旧人，其中，如曹州徐世勣（李勣）、巨鹿魏征，成为唐朝的名将与名相，而他们二人同为山东豪杰。这批豪杰出身于寒门，非山东的传统士族。关陇集团，陈先生论之甚详。这里须说的是山东豪杰与李世民的关系，以明此集团的存在。

《旧唐书》卷五十三《李密传》记李密曾说："我之所部，并是山东人。"卷六十七《李勣传》说李勣从翟让起兵，李密投唐，"其旧境东至于海，南至于江，西至汝州，北至魏郡，勣并据之，未有所属"。随从李密降唐的魏征作书与李勣，劝他归唐。李勣遂以"众数十万"[1]来附。李勣随

---

① ［后晋］刘昫等：《旧唐书》卷七十一《魏征传》，中华书局，1975年，第2546页。

从秦王即后来的太宗李世民征伐，"太宗为上将，勣为下将"①，由此成了李世民底下山东豪杰集团的领袖人物。

秦王发动玄武门兵变，之所以能除去政敌李建成、李元吉，实由于得到了关陇与山东两个集团的支持。这一胜利，导致了太宗朝关陇与山东两根政治支柱的出现。此问题未见论述。因与本文主旨有关，特略及之。《旧唐书》卷六十五《长孙无忌传》说武德九年（626年）六月四日，"无忌与尉迟敬德、侯君集、张公谨、刘师立、公孙武达、独孤彦云、杜君绰、郑仁泰、李孟尝等九人，入玄武门讨建成、元吉，平之"。连同长孙无忌一共十人。十人中长孙无忌为关陇集团的领袖。其他九人，前三人在《旧唐书》中有传。侯君集为幽州三水人，属于关陇集团。尉迟敬德与张公谨则属于山东豪杰集团。尉迟敬德为朔州善阳人，从刘武周起兵，本为山东豪杰之一，后归李世民。玄武门之变，"建成既死，敬德领七十骑蹑踵继至"②，射死了李元吉。张公谨为魏州繁水人，亦为山东豪杰。初未知名，"李勣骤荐于太宗……乃引入幕府"。玄武门之变，"公谨与长孙无忌等九人伏于玄武门以俟变"。李建成、李元吉之党来攻玄武门，"公谨有勇力，独闭门以拒之"③。尉迟敬德拿来了李建成、李元吉的头，其党才散去。参与玄武门之役的山东豪杰，尚有齐州历城人秦叔宝，本传称他"从诛建成、元吉"④；济州东阿人程知节，本传称他"从太宗讨建成、元吉"⑤；齐州临淄人段志玄，本传称他"竟与尉迟敬德等同诛建成、元吉"⑥。还有一个张亮，郑州荥阳人，在瓦岗军中隶于李勣，在与李建成、李元吉的斗争中，李世民曾派他到洛阳去，"阴引山东豪杰以俟变"⑦，做好外围布置。

①［后晋］刘昫等：《旧唐书》卷六十七《李勣传》，中华书局，1975年，第2485页。

②［后晋］刘昫等：《旧唐书》卷六十八《尉迟敬德传》，中华书局，1975年，第2499页。

③［后晋］刘昫等：《旧唐书》卷六十八《张公谨传》，中华书局，1975年，第2506页。

④［后晋］刘昫等：《旧唐书》卷六十八《秦叔宝传》，中华书局，1975年，第2502页。

⑤［后晋］刘昫等：《旧唐书》卷六十八《程知节传》，中华书局，1975年，第2504页。

⑥［后晋］刘昫等：《旧唐书》卷六十八《段志玄传》，中华书局，1975年，第2505页。

⑦［后晋］刘昫等：《旧唐书》卷六十九《张亮传》，中华书局，1975年，第2515页。

正是因为玄武门之变，关陇与山东二集团站在唐太宗一边，所以，在贞观二十三年之间，这二集团终于成了唐朝政治上的两根支柱。官吏由此而分，不是隶属于关陇，便是隶属于山东。领袖人物，关陇即为长孙无忌，许敬宗称他"作宰相三十年"①；山东豪杰即为李勣，他曾说："我山东一田夫耳，攀附明主，滥居富贵，位极三台。"②唐太宗五十二岁时病重，将高宗李治托付给长孙无忌和李勣。高宗即位，长孙无忌以太尉同中书门下三品，李勣以开府仪同三司、同中书门下参掌机密，旋又册封他为尚书左仆射，这仍是贞观时期关陇与山东二集团并峙之势。

数年后，发生了变化。这要从武才人说起。贞观十一年（637年），唐太宗听说已故荆州都督武士彟之女年方十四，十分美貌，召入后宫为才人，赐名武媚。高宗为太子时，尝因入侍太宗，"见才人武氏而悦之"③。贞观二十三年（649年），太宗死了，武才人随太宗嫔御至感业寺（或云安业寺）为尼。高宗即位，皇后王氏为北周府兵名将王思政的孙女。皇后的从祖母又是唐高祖李渊之妹同安长公主。她的出身，说明她本是关陇集团的人。她做皇后，受到了关陇集团首领人物长孙无忌的拥戴。王皇后有一个致命伤，就是不生儿子。高宗的长子陈王李忠的母亲姓刘，出身微贱，且不得宠。得宠的是萧淑妃。萧淑妃也生了一个儿子。王皇后把萧淑妃看作了唯一的情敌，生怕她的儿子被立为太子。王皇后的舅舅同中书门下三品柳奭（柳为关中大姓之一）为皇后设谋，由皇后劝高宗立李忠为太子，以间萧淑妃。高宗果然立了李忠为太子，可是对萧淑妃的宠爱未衰。太宗忌日，高宗去感业寺烧香，见到武媚，武媚哭了，高宗也哭了。事为王皇后所知，王皇后阴令武媚蓄发，并劝高宗接她回宫，意在"间淑妃之宠"④。讵料武媚入宫后，获得了高宗专房之宠，被封为昭仪。王皇后、

① ［后晋］刘昫等：《旧唐书》卷六十五《长孙无忌》，中华书局，1975年，第2455页。

② ［后晋］刘昫等：《旧唐书》卷六十七《李勣传》，中华书局，1975年，第2489页。

③ ［宋］司马光编著，［元］胡三省音注：《资治通鉴》卷一百九十九《唐纪十五》"高宗永徽五年"条，中华书局，1956年，第6284页。

④ ［宋］司马光编著，［元］胡三省音注：《资治通鉴》卷一百九十九《唐纪十五》"高宗永徽五年"条，中华书局，1956年，第6284页。

萧淑妃都被冷落。王皇后后悔死了，反过来联合萧淑妃，共潜武昭仪。宫廷斗争进入了白热化阶段。一日，宫廷内外突闻高宗决定废王皇后，立武昭仪，人们受到了极大的震动。从表面上看，这似乎仅仅是关系到王皇后和武昭仪两个人的事，但从实质上看，却是关陇与山东两集团之间矛盾的一次大爆发。关陇、山东二集团，占优势的是关陇。王皇后是关陇集团的人。武昭仪呢？据《太平广记》卷一百三十七《征应类》"武士彟"条说：

> 唐武士彟，太原文水县人。微时，与邑人许文宝以鬻材为事，常聚材木数万茎，一旦化为丛林，森茂，因致大富。士彟与文宝读书林下，自称为厚材，文宝自称枯木，私言必当大贵。及高祖起义兵，以铠胄从入关。故乡人云：士彟以鬻材之故，果逢构夏之秋。

《旧唐书》卷六《则天皇后纪》又说：

> 则天皇后武氏讳曌，并州文水人也。父士彟，隋大业末，为鹰扬府队正。高祖行军于汾晋，每休止其家。义旗初起，从平京城。

可知武昭仪之父武士彟籍隶山东，本为一木材商，以投机致富。隋末做过不入流的小军官队正。后从李渊，因得起家，做到荆州都督。骆宾王在《讨武氏檄》中，谓武氏"地实寒微"，与出身关陇名家的王皇后，实有天渊之隔。武昭仪的籍贯与出身决定了她只能归入山东豪杰集团，而不可能受到关陇集团的青睐。现在，高宗要废王皇后，立武昭仪，这绝非关陇集团所能容忍。长孙无忌把依附于他的尚书右仆射、知政事褚遂良推了出来，当高宗的面争道："皇后出自名家，先朝所娶，伏事先帝，无愆妇德。先帝不豫，执陛下手以语臣曰：'我好儿好妇，今将付卿。'陛下亲承德音，言犹在耳。皇后自此未闻有愆，恐不可废。臣今不敢曲从，上违先帝之命，特愿再三思审。愚臣上忤圣颜，罪合万死，但愿不负先朝厚恩，何顾性命。"①说罢，他竟"致笏于殿陛"，并说："还陛下此笏。"解巾叩头流血。高宗大怒，命左右牵出。在场的长孙无忌这时不得不出来救褚遂良，声言："遂良受先朝顾命，有罪不可加刑。"其实褚遂良的"极言"，本出于他的指使。

长孙无忌、褚遂良的极力反对，使高宗动摇了。他对李勣说：册立武昭仪，"事若不可，当且止也"。李勣却说："此乃陛下家事，不合问外人。"②此语表示了对高宗的明显支持。这是山东豪杰集团的支持。有了这个支持，高宗没有了顾虑，终于废掉了王皇后，立了武昭仪。临轩册命武昭仪为皇后的人，便是李勣。

武昭仪被立为皇后，在永徽六年（655年）。同年，褚遂良被贬授潭州都督。次年改年号为显庆，废皇太子李忠为梁王。如果权力仍在高宗手上，事情或许可到此终止。但是，"帝自显庆已后，多苦风疾，百司表奏，皆委天后（武后）详决。自此内辅国政数十年，威势与帝无异，当时称为'二圣'"③。话说得很明白，自武昭仪被立为皇后的第二年起，高宗因苦于风疾，百司表奏，便都交给武后决定了。说是"二圣"，实际上武后已代替高宗处理国政，当了"天子"。这就决定了关陇集团的命运。《旧唐书·高宗纪》显庆二年载："侍中、颍川县公韩瑗左授振州刺史，中书令兼太子詹事、南阳侯来济左授台州刺史，皆坐谏立武昭仪为皇后，救褚遂良之贬也。"韩瑗为雍州三原人，属于关陇集团。来济"与褚遂良朋党构扇"④，同附关陇。

这还犹可，再过两年，灾难终于降临到关陇集团首领人物、做宰相三十年的长孙无忌头上。

《旧唐书·长孙无忌传》记武后以长孙无忌"不助己，心甚衔之"。显庆四年（659年），以赞成高宗"废皇后王氏而立武昭仪"得为中书令的许

①［后晋］刘昫等：《旧唐书》卷八十《褚遂良传》，中华书局，1975年，第2739页。
②［后晋］刘昫等：《旧唐书》卷八十《褚遂良传》，中华书局，1975年，第2739页。
③［后晋］刘昫等：《旧唐书》卷六《则天皇后纪》，中华书局，1975年，第115页。
④［后晋］刘昫等：《旧唐书》卷八十《来济传》，中华书局，1975年，第2743页。

敬宗,忽上封事,"称监察御史李巢与无忌交通谋反。帝令(实际上是武后令)敬宗与侍中辛茂将鞫之",竟铸成长孙无忌谋反一案。长孙无忌的官爵被削夺,人被流放于黔州。这还不够,许敬宗又奉令派中书舍人袁公瑜等到黔州,"重鞫无忌反状",而袁公瑜一到黔州,便逼令长孙无忌自缢,连家产也被籍没。至此,关陇集团彻底瓦解。

武后代替高宗管理政务,高宗欲有所为,武后不会顺着他,高宗心中未免不甘。有个同东西台三品上官仪,"本陕州陕人",属于关陇集团,见状上言于高宗,请废武后。高宗即命上官仪草诏,左右奔告于武后,武后来了,诏草犹在高宗处。武后自诉,并质问高宗:"我错在哪里,你竟要废我?"高宗竟说:"我初无此心,皆上官仪教我。"①武后于是命许敬宗上奏上官仪与故太子李忠谋为大逆,下狱杀之。

自诛上官仪后,高宗每次上朝,武后便"垂帘于御座后"。原来,高宗将百司表奏,委武后详决,武后并不坐朝。现在坐朝了。这种形式上的变化,表明武后的权力又上升了一步。当时的国政已完全落入武后之手。高宗有意连这种"垂帘于御座后"的形式也不要,索性"令天后摄国政",因中书侍郎郝处俊之谏而止②。

徐敬业谋反,是山东豪杰集团步上关陇集团后尘的标志。在平定徐氏反叛中,武则天曾对撰写《讨武氏檄》的作者骆宾王发出了"人有如此才,而使之流落不偶乎"③的感慨。从此,在武后思想中产生了必须大量拔擢有才华的人为重要官吏的想法,这种想法一旦付诸实施,将导致唐朝官吏结构的改变。同时,徐敬业之反,也使武则天认识到无论关陇集团还是山东豪杰,都是自己的敌手。只有把这些人全部铲除,选拔新的人才,自己的地位才能巩固。于是,她重用酷吏,严厉打击唐宗室贵戚。这一切为进士新阶层的出现,铺平了道路。

---

① [宋]司马光编著,[元]胡三省音注:《资治通鉴》卷二百一《唐纪十七》"高宗麟德元年"条,中华书局,1956年,第6342页。

② [后晋]刘昫等:《旧唐书》卷五《高宗纪》,中华书局,1975年,第100页。

③ [宋]司马光编著,[元]胡三省音注:《资治通鉴》卷二百三《唐纪十九》"则天后光宅元年"条,中华书局,1956年,第6424页。

二、进士新阶层的出现

关陇、山东二集团消亡之日，即进士新阶层兴起之时。此事应上溯到永徽六年（655年）。此年，武则天被立为皇后，关陇集团的大厦开始崩颓。

《文献通考》卷二十九《选举考二》载有《唐登科记总目》，所记高祖、太宗、高宗、则天皇后四朝登科人数极为清晰，从中可以看到进士作为一个新阶层究竟于何代出现。特录之并作一分析。

高祖武德元年，上书拜官一人。二年、三年、四年不贡举。五年：秀才一人，进士四人。六年：进士四人。七年：秀才二人，进士六人。八年：秀才一人，进士五人。九年：秀才二人，进士七人。共计上书拜官一人，秀才六人，进士二十六人。

太宗贞观元年：秀才二人，进士四人。二年不贡举。三年：秀才二人，进士五人。四年：秀才一人，进士九人。五年：秀才一人，进士十五人。六年：秀才一人，进士十二人。七年：秀才二人，进士十三人。八年：秀才一人，进士九人。九年：进士六人。十年：进士十一人。十一年：秀才一人，进士八人。十二年：秀才一人，进士十一人。十三年：秀才二人，进士十七人。十四年：秀才一人，进士五人。十五年：秀才一人，进士十四人。十六年不贡举。十七年：进士十五人。十八年：秀才一人，进士二十四人。十九年：秀才三人，上书拜官一人。二十年：秀才一人，进士三人。二十一年：进士七人。二十二年：进士九人。二十三年：秀才一人，进士八人。共计秀才二十二人，进士二百零五人，上书拜官一人。

高宗永徽元年：秀才一人，进士十四人。二年始停秀才举。三年、四年不贡举，应制及第三人。五年：进士一人。六年：进士四十三人，应制一人。显庆元年：进士三人。二年：进士二十二人。三年：进士十七人，诸科一人。四年：进士二十人。五年：进士十四人，上书拜官一人。六年：进士五人，召拜官一人。龙朔二年：进士八人。三年不贡举。麟德元年：进士三人，诸科三人。二年：进士并落下。乾封元年：幽素举十二人。二年：进士五人。总章元年：进士二十六人。二年不贡举。咸亨元年：进士五十四人。二年、三年不贡举。四年：进士七十九人。上元元年：进士五十七人，重试及第十一人。二年：进士四十五人，别敕二人，续试三人。仪凤元年不贡举，诸科四人。二年不贡举，上封拜官一人。三年不贡举，诸科一人。调露元年不贡举。二年：进士一人。永隆二年：进士一人。开耀二年：进士五十五人，重试及第十八人。永淳二年：进士五十五人。嗣圣二年：进士十三人，重试三十六人。

武后光宅元年：进士十六人，上书拜官并诸科九人。二年：进士五十九人。垂拱元年：进士二十二人，再取五人。二年：进士四人。三年：进士六十五人。四年：进士二十四人，诸科三十人。永昌二年：进士神都（洛阳）六人，西京（长安）二人。二年：进士神都十二人，西京四人。三年：进士十六人。长寿二年：进士十八人，减策及第二人。三年不贡举。诸科二人。延载二年：进士二十二人。证圣元年不贡举，诸科一人。天册万岁二年：进士二十七人，南郊举及第三人。万岁通天二年：进士二十七人，诸科十人。三年不贡举，诸科二人。圣历元年：进士二十二人。二年：进士十六人，诸科一人。三年：进士二十人。久视二年：进士十九人，诸科二人。大足元年：进士二十七人。二年不贡举，诸科十人。长安二年：进士二十二人。三年：进士三十一人，诸科四人。四年：进士四十一人，续奏四人。

中宗神龙元年：进士六十一人，重试及第十二人，诸科二十九人。共计秀才一人，进士一千一百九十七人（包括重试及第、再取、减策及第者在内）。应制四人，诸科并上书拜官等一百六十一人。续试、重试续奏未言及第者四十三人。

就进士言之，高祖时二十六人。太宗时二百零五人。高宗与武后时一千一百九十七人。如自永徽六年（655年）武氏被立为皇后，高宗委政于武后算起，至武后卒年为止，录取的进士为一千一百五十七人。此数为高祖时进士人数的四十四点五倍，为太宗时进士人数的五点六倍。

尤有甚者，通检《旧唐书》列传，不见武德进士。贞观进士二人，敬播列于《儒学传》，郭正一列于《文苑传》，名不显。唯自武则天为皇后以来，以进士出身而成为名臣、名文学家的不乏其人。兹据《旧唐书》略举以见。

卷八十八《韦承庆传》，说他"弱冠举进士"，"自天授以来，三掌天官选事"。则天朝，至凤阁侍郎、同凤阁鸾台平章事，兼修国史。中宗朝为黄门侍郎，仍兼修国史。同卷《苏颋传》，说他"弱冠举进士"，累迁左台监察御史。长安中，奉诏按覆来俊臣等旧狱，雪冤者甚众。至玄宗开元四年（716年），"迁紫微侍郎，同紫微黄门平章事，与侍中宋璟同知政事"。卷九十四《苏味道传》，说他被本州举为进士。圣历初迁凤阁侍郎，同凤阁鸾台三品。与李峤齐名，时人谓之"苏李"。此人即"苏模棱"。处事"但模棱以持两端可矣"，即出其口。同卷《李峤传》，说他"弱冠举进士"。"则天深加接待，朝廷每有大手笔，皆特令峤为之。"圣历初，与姚崇偕迁同凤阁鸾台平章事。卷九十六《宋璟传》，记宋璟于开耀二年（682年）举进士，累转凤阁舍人。至玄宗开元，为侍中，迁尚书右丞相，与张说、源乾曜同日拜官。与姚崇同为开元名相。卷九十七《郭元振传》，说他也是进士出身，却做了名将。大足元年（701年），迁凉州都督、陇右诸军州大使。在凉州五年。中宗时，迁左骁卫将军，兼检校安西大都护。睿宗时，为同中书门下三品，代宋璟为吏部尚书，转兵部尚书。卷九十八《卢怀慎传》，说他少举进士。玄宗开元时，"与紫微令姚崇对掌枢密"。同卷《源乾曜传》，说他举进士。玄宗开元时拜左丞相，在政事十年。卷九十九《崔日用传》，说他以进士举。武则天时为监察御史，玄宗时为吏部尚书。同卷《张九龄传》，说他是曲江人，登进士第。曲江即今广东韶关。按《高宗纪》显庆四年（659年）春二月乙亥，记"上亲策试举人，凡九百人，惟郭待封、张九龄五人居上第，令待诏弘文馆，随仗供奉"。而《唐登科记》记显庆四年唯录取进士二十人。则张九龄当于此年进士及第。张说常谓张九龄"后来词人称首"。玄宗时为中书令，又迁尚书右丞相。

卷一百《王志愔传》，说他"少以进士擢第"。他做过左台御史、大理正、左御史中丞、大理少卿、按察使，为监察方面的人才。卷一百一《韦虚心传》，说他举进士，为户部郎中，善于剖判。时员外郎宋之问工于诗，时人以为户部有"二妙"。中宗时为户部尚书。卷一百二《马怀素传》，说他举进士。武则天时，累转礼部员外郎，与源乾曜、卢怀慎、李杰等充十道黜陟使。以典举平允，擢中书舍人。玄宗开元时，三迁秘书监，兼昭文馆学士。同卷《刘子玄传》，说他"弱冠举进士"。此人即《史通》的作者刘知幾，尝著《思慎赋》，凤阁侍郎苏味道、李峤以为陆机《豪士》所不及。在武则天时，即"掌知国史，首尾二十余年"。预修《三教珠英》《文馆词林》《姓族系录》《唐书实录》。《史通》于玄宗时写成，进之于玄宗。同卷《元行冲传》，说他举进士，累转通事舍人，为纳言狄仁杰所重。做过陕州刺史，兼陇右、关内两道按察使。玄宗开元时，九迁国子祭酒。卷一百八十五上《良吏传》，记高智周举进士，三迁兰台大夫。咸亨二年（671年）为黄门侍郎、同中书门下三品，转御史大夫。卷一百八十六上《酷吏传》，记吉顼以进士举，累转明堂尉、擢右肃政台中丞，"日见恩遇"。圣历二年（699年），迁天官侍郎、同凤阁鸾台平章事。卷一百八十七《忠义传》，记颜杲卿之父颜元孙，于"垂拱初，登进士第"，做到亳州刺史。卷一百八十八《孝友传》，记李日知举进士，天授中累迁司刑丞。睿宗时为侍中，知政事。玄宗即位，为刑部尚书。卷一百九十上《文苑传上》，记杜甫的祖父杜审言以进士举。乾封中，苏味道为天官侍郎，杜审言预选。试判毕，杜审言对人说："苏味道必死。"人问其故，又说："见吾判，即自当羞死。"其自许如此。卷一百九十中《文苑传中》，记富嘉谟举进士。与新安吴少微友善。吴少微亦举进士。吴少微于中宗时官至右台监察御史。张九龄、吴少微都是南人。南人之为进士，已见于武则天时。同卷同传记刘宪"弱冠举进士"。传中提到"初则天时，敕吏部糊名考选人判，以求才彦。宪与王适、司马锽、梁载言相次判人第二等"。刘宪于武则天时为凤阁舍人。至睿宗时，三迁太子詹事。同卷同传记沈佺期以进士举，长安中，累迁通事舍人，预修《三教珠英》。与宋之问齐名，时人称之为"沈宋", 文学史谓之为"沈宋体"。同卷同传记陈子昂举进士时, 逢高宗晏驾。武则天曾召见他,"奇其对, 拜麟台正字"。文学史以为唐古文运动始于陈子昂。同卷同传记贺知章于证圣元年举进士, 初授国子四门博士, 又迁太常博士, 秘书监, 自号"四明狂客""秘书外监"。他是李白的知友。卷一百九十一《方技传》, 记孟诜举进士, 垂拱初, 累迁凤阁舍人、春官侍郎。好方术, 以药饵为事。

即此二十余例, 已可证明在武则天时期举进士, 后为名臣的人很多。其中有宰相, 如韦承庆、苏颋、苏味道、李峤、宋璟、源乾曜、张九龄。有名将, 如郭元振。有地方刺史、诸道按察使与黜陟使, 如王志愔、马怀素、元行冲、颜元孙。有良吏, 如高智周。有酷吏, 如吉顼。有著名史学家, 如刘知幾。有著名文学家, 如杜审言、陈子昂、沈佺期、贺知章。且有方技, 如孟诜。内中不少人自武则天时期举进士, 入仕途, 历中宗、睿宗、玄宗数朝, 官越做越大。如宋璟等, 终成名宰相。现在来读陆贽的论奏, 就可明白他何以说:"往者则天太后践祚临朝, 欲收人心, 尤务拔擢, 弘委任之意, 开汲引之门, 进用不疑, 求访无倦。……是以当代谓知人之明, 累朝赖多士之用。"[1]

武则天求才, 有两个显著的特点。一是贵广。载初元年 (690 年), 曾诏"内外文武九品已上及百姓, 咸令自举"[2], 又"制官人者, 咸令自举"。即在荐举之外, 开辟了自举一途。此陆贽所说"求才贵广","非但人得荐士, 亦许自举其才"[3]是也。所荐必行, 所举辄试。二是求实。《文苑传中·刘宪传》提及武则天时,"敕吏部糊名考选人判"[4],"糊名考选"始于武则天。《通典》卷十五《选举三》又记"武太后载初元年二月, 策问贡人于洛城殿, 数日方了。殿前试人自此始"[5]。糊名考选与殿前试人,

① [后晋] 刘昫等:《旧唐书》卷一百三十九《陆贽传》, 中华书局, 1975 年, 第 3803 页。
② [后晋] 刘昫等:《旧唐书》卷六《则天皇后纪》, 中华书局, 1975 年, 第 117 页。
③ [后晋] 刘昫等:《旧唐书》卷一百三十九《陆贽传》, 中华书局, 1975 年, 第 3803 页。
④ [后晋] 刘昫等:《旧唐书》卷一百九十中《文苑传中·刘宪传》, 中华书局, 1975 年, 第 5016 页。
⑤ [唐] 杜佑:《通典》卷十五《选举三》, 中华书局, 1988 年, 第 354 页。

都是为了求实。对于官吏，考课贵精。此陆贽所谓"课责既严，进退皆速，不肖者旋黜，才能者骤升"①是也。长安二年（702年），武则天还开创了一种"武举"制度。《唐六典》谓"武举以七等阅其人"：射长垛、骑射、马枪、步射、才貌、言语与举重。由此，武官也在更新中。

综上所云，我们可以说进士作为一个新阶层出现于武则天之时。然则，这位女主君临天下数十年，不仅是唐朝官吏结构变化的转折点，而且对后代以进士科取士的发展起了首创的作用。

（原载《中国史研究》1994年第3期，有改动）

---

① ［后晋］刘昫等：《旧唐书》卷一百三十九《陆贽传》，中华书局，1975年，第3803页。

关于南宋初年的抗金斗争

近来看过一些新中国成立以后出版的通史书籍，在谈到南宋与金人的和、战问题时，有的书仍然认为南宋打不了胜仗，和议好像是应该的。[①]显然，这种说法是错误的。有的书似认为南宋可以胜利，但在为什么可以胜利、为什么最后又失败方面，分析得仍嫌不够。[②]本文想从南宋抗金战争的性质与宋代传统政策方面谈一谈抗金必胜与最后失败的问题。

首先我们应该了解，我国人民是有着极为优秀的反侵略传统、极高的爱国主义精神的。南宋初年的抗金斗争，就它的范围、性质来说，是一个全国性、全民性的斗争，这就决定了最后的胜利必属于南宋。事实上，在军事方面，南宋也已经不断取得胜利。打下去，赶走金人，恢复中国北方领土，是绝无疑问的。但不幸这个斗争被当权的卖国贼出卖了，以致完全失败。下面从中国北方与中国南方两个方面谈一下南宋抗金必胜的问题。

在北方，汉族人民在金人南侵时，便普遍起来进行并坚持了反侵略的斗争。

《宋史》卷三百五十八《李纲传上》说："（河东、河北）两路士民兵将所以戴宋者，其心甚坚，皆推豪杰以为首领，多者数万，少者亦不下万人。"同书卷三百六十《宗泽传》也说："今河东西不从敌国而保山砦者，不知其几。"（《三朝北盟会编》卷一百十五引宗泽疏谓：不知其几千万

① 邓之诚：《中华二千年史》卷四，中华书局，1954年，第248页。
② 周谷城：《中国通史》下册，新知识出版社，1956年，第96—98页。

处）据李纲《建炎进退志》记载，张所招募的义军，仅河北一地应募者就有十七万人之多。由此可见那时中国北方人民为了抵抗外族侵略，已经一致奋起了。

北方有些地主阶级当时也参加了抗金斗争（《建炎以来系年要录》卷八十七有"山东大姓，结为山寨以自保"之言）。中国北方人民的抗金斗争乃是整个北方汉族人民与外族侵略者、掠夺者之间的斗争。他们多"自结巡社"[1]，与金军周旋。

北方义军和人民是南宋之初抗金的主要力量。他们表现了高度的爱国精神和对敌人的无比仇恨，他们沉重地打击金寇，牵制住金人的南侵。

大家知道，那时北方人民起来抗金的有两支最大的武装力量，一为八字军，一为红巾军。八字军面刺"赤心报国，誓杀金贼"八字[2]，红巾军声言："只俟天兵过河，亦不须多，当借声势，尽执敌人戮之。"[3]这种决心充分反映了我国人民爱国的优秀传统，充分反映了我国人民的不可侮性和反侵略的精神。八字军以太行山为根据地，势力达到"并、汾、相、卫、怀、泽"[4]地区，有众"十余万"[5]。他们与金军"大小无虑数十百战，斩获银牌首领、金环女真及夺还河南被虏生口不可胜计"[6]。他们严重地威胁着金人的后方，有效地牵制住了金人的南侵[7]。红巾军势力亦达到河东、河北、山东各地[8]，同样成为金人后方的严重威胁。

北方义军与人民群众是有密切联系的，《大金国志》卷八记载："（金太宗）天会十二年……河东南路（平阳府）都总管蒲路虎捕太行义士，以绛州翼城村民多有输其粮者，于是屠近山四十村。"可以证明义军与人民

---

① [南宋]刘时举：《续宋中兴编年资治通鉴》卷一，商务印书馆，1939年，第9页。

② [南宋]徐梦莘：《三朝北盟会编》卷一百十三，上海古籍出版社，1987年，第829页。

③ [南宋]熊克：《中兴小纪》卷二，商务印书馆，1936年，第28页。

④ [南宋]徐梦莘：《三朝北盟会编》卷一百十三，上海古籍出版社，1987年，第830页。

⑤ [南宋]徐梦莘：《三朝北盟会编》卷一百十三，上海古籍出版社，1987年，第829页。

⑥ [南宋]徐梦莘：《三朝北盟会编》卷一百十三，上海古籍出版社，1987年，第830页。

⑦ [南宋]徐梦莘：《三朝北盟会编》卷一百十四，上海古籍出版社，1987年，第832页。

⑧《中兴小纪》卷二云："时河东之民（心）怀本朝，所在结为红巾。"《宋史》卷四百四十九《魏行可传》又云："时河北红巾（贼）甚众。"《中兴御侮录》卷下又云："红巾蟠结山东。"

群众的血肉联系。

宋高宗建炎二年（1128年），马扩在河北真定五马山起义，"时两河忠义闻风响应，受旗榜者约数十万人"①，一时声势大振。素来重视义军力量并与义军保有密切关系的宋名将汴京留守宗泽"自请渡河克服"，他说"渡河则山寨忠义之民相应者不啻百万"，"中兴之业，必可立致"②。但没有得到南宋政府的允许，以致忧愤而死。五马山义军也因为孤立无援而失败。假使当时南宋政府听从了宗泽的话，使其渡河会合北方义军，大举反攻，即在其时，黄河以北必可不久复为南宋所有。

北方人民如此，在南宋统治下的南方，人民的抗金情绪又怎样呢？据宗泽疏谓："自敌围京城（汴京），忠义之士，愤懑争奋，广之东西、湖之南北、福建、江、淮，越数千里，争先勤王。"③可见在北宋尚未灭亡、汴京被围之时，中国南方人民也如中国北方人民一样，一致奋起。

南宋时，中国南方人民继续坚持抗金斗争，下举两例可见：

《中兴小纪》卷十七说："时承、楚、泰三州各有水寨民兵，合力击敌。庚戌，上谓宰执曰：'淮民不能安业，今又遭敌骑，乃力奋忠义，不忘国家……'"这说明当时处在前线的淮民与金寇的斗争是非常激烈的。

《建炎以来系年要录》卷三十一说："郴州永兴县所虏乡民，皆面刺'聚集兴宋'四字。"这说明处在当时后方遥远地区的桂民也卷入了激烈的抗金斗争中。

据此二例可以了解抗金斗争在中国南方广大地区都是蓬勃开展的。中国南方人民抗金与中国北方人民是一致的，当时驱逐金寇已成了举国一致的要求，成了整个汉民族的要求。

南宋内部阶级矛盾虽然也很尖锐，但在抗金方面，农民起义军如洞庭钟相、杨幺义军是愿意与南宋政府合作的。这一点已有不少历史学家指

①［南宋］徐梦莘：《三朝北盟会编》卷一百十五，上海古籍出版社，1987年，第844页。

②［元］脱脱等：《宋史》卷三百六十《宗泽传》，中华书局，1977年，第11283页。

③［元］脱脱等：《宋史》卷三百六十《宗泽传》，中华书局，1977年，第11182—11283页。

出①。有很多农民起义军，原来起兵的目的就是"聚集兴宋"的。南宋政府曾因北方义民自结巡社抵抗金寇而一度在全国定忠义巡社法，以暂时利用。可是，不久又感到"巡社不利于东南"而取消了东南巡社②，反而和东南义军完全对立起来。后来某些农民起义军首领，如江淮起义军首领张用等降于岳飞，实际也是因为岳飞能以忠义报国，驱逐金寇为号召③。

总而言之，南宋初年的抗金斗争乃是整个汉民族与金人女真族侵略者的斗争，当时北到陕西、山西、河北，南到广西、广东、福建，人民都已起来抵抗女真族的侵略，以全民族力量来打败金寇，打败女真族侵略，是丝毫不成问题的。

首先，已经出现的全民的力量，是南宋抗金必胜的基础与保证。其次，像大家都知道的南宋政府的部队和北宋部队不一样，在抵抗外族侵略中，也是能打的。如岳飞领导下的部队所谓"岳家军"，便是在长期反侵略斗争中锻炼出来的一支纪律严明、与人民有密切关系、战无不胜的爱国队伍。

既然南宋抗金有必胜的基础，但为什么最后又失败了呢？这是由于宋朝政府传统的"安内攘外"的卖国政策造成的，把持南宋政府的反映腐朽的大地主利益的投降派（以秦桧为代表）是这个卖国政策的执行者。

南宋政府认为心腹大患并不是金国侵略者而是人民武装力量。以高宗、秦桧为首的投降派对人民义军是非常害怕的，他们把人民义军看作盗贼④，曾先后下令解散诸路应募义军以及东南巡社，并且调动军队对在它所控制的地区的农民义军实行镇压。建炎四年（1130年），命孔彦舟进攻洞庭钟相所部，杀钟相父子。绍兴五年（1135年），又调动岳飞抗金部军消灭了继钟相而起的为杨幺所领导的义军。钟相、杨幺如此，其他各地义

---

① 范文澜主编：《中国通史简编》，上海人民出版社，1949年，第578页；尚钺：《中国历史纲要》，人民出版社，1954年，第229—230页。

② ［宋］李心传：《建炎以来系年要录》卷十五，中华书局，1956年，第306页。

③ ［元］脱脱等：《宋史》卷三百六十五《岳飞传》，中华书局，1977年，第11380页。

④ ［南宋］徐梦莘：《三朝北盟会编》卷一百十五，上海古籍出版社，1987年，第841页。

军亦莫不为南宋政府攻灭①。对北方义军则采取假手敌人予以消灭的政策。如五马山义军起事，南宋政府曾令诸军"一人一骑，不得渡河"②，以断绝五马山寨的应援，结果五马山为金寇以大军攻陷。南宋政府甚至仇视北方义军、义民到了"不得誊播赦文于河之东西，陕之蒲解"③的程度。他们日夕所想的便是怎样来破坏、消灭分散在中国南、北广大地区的数百万义军。

南宋朝廷对于在长期反侵略斗争中锻炼出来的不少优秀将领与广大士兵群众也是害怕的，这从《宋史》卷四百四十五《汪藻传》之言"尝论诸大将拥重兵，浸成外重之势"可以知之。近版周谷城《中国通史》下册第四章第二节根据《文献通考·兵考六》及《金史·郦琼传》之言，谓当时武人只顾私利、不肯牺牲并且彼此内讧是有疑问的，大家知道岳飞便不是这样。他们统率大军在外与金人作战，在南宋朝廷看来，会造成尾大不掉之患。《文献通考·兵考六》引叶适《论四屯驻大兵》之言："刘光世、张俊、吴玠兄弟、韩世忠、岳飞各以成军雄视海内……廪稍惟其所赋，功勋惟其所奏……"这也就是南宋朝廷的看法与害怕之处。这些将领在高宗、秦桧等看来是跋扈不臣，是不利于朝廷即高宗、秦桧等他们的。

当时以高宗、秦桧为首的投降派也并不是不知道抗金一定会胜利，正因为他们知道抗金必胜，而胜利后人民就可能把矛头转向他们，所以他们宁愿屈辱求和，而不愿放松对人民义军的镇压。他们也并不是不知道像岳飞等将领足以担当驱逐金寇的大任，但他们并不希望岳飞等真正把金人驱逐走。岳飞等只是在一定的短时期中，即当不抵抗而南宋王朝就要被人民或者敌人灭亡的时候，才能被利用于抗金方面。我们应该清楚：南宋的军队主要不是被用在抗金上，而是用在对农民起义军的镇压上。

对于南宋朝廷来说，农民义军是他们最大的祸害，所以就像岳飞等这样的爱国将领，也都被他们利用而作为镇压农民义军的工具。等到农民义

① [明]陈邦瞻：《宋史纪事本末》卷六十六《平群盗》，中华书局，1977年，第685页。
② [南宋]徐梦莘：《三朝北盟会编》卷一百十六，上海古籍出版社，1987年，第850页。
③ [元]脱脱等：《宋史》卷三百六十《宗泽传》，中华书局，1977年，第11279页。

军被镇压下去了，南宋朝廷便想办法来消灭他们所认为的"平时飞扬跋扈，不循朝廷法度"①的将领了。投降派对待岳飞等抗金将领有一个规律，即越有胜利把握，打击得就越厉害，到完全有把握驱逐敌人，恢复中国时，便不惜采取最卑鄙的手段撤退他们的抗金部队，夺取他们的兵权，杀害他们中间最优秀的人物。因为投降派认为，越胜利越会"将横兵骄"，越不利于他们的统治。突出的一个例子就是高宗绍兴十年（1140年）金人南侵，主力在河南郾城为岳飞击溃，黄河流域义军群起响应，造成北伐空前有利形势，灭金指日可待的时候，投降派竟下令撤退其他各路部队，使岳飞军孤立，继即以十二道金牌召回岳飞，并以"莫须有"的罪名杀之。

"安内攘外"自宋太祖赵匡胤以来，就成为宋的传统政策。但到北宋末、南宋初，在抵抗金人侵略的过程中，农民组成的义军更有了发展，一些将领也掌握了重兵。这就不能不引起南宋朝廷的顾虑，高宗、秦桧等丧心病狂，首先镇压农民起义军，继之，又对岳飞等将领实行杀戮或打击，而对外则屈辱求和，主要原因即在于此。

自然，在高宗与钦宗私人之间也存在着矛盾，如果打了胜仗，钦宗回来，高宗便做不了皇帝，这点古今已有不少人指出过。但这个矛盾不是主要的，钦宗回不来，南宋朝廷也是要乞和的。

中国人民与抗金英雄岳飞等的抗金事业虽然被投降派卖国贼出卖了，但他们的业绩是不朽的，他们打破了女真族侵略者灭亡全中国的幻想，使南方高度发展的汉人的封建经济与文化没有受到落后的女真族侵略者的破坏。

南宋抗金的历史告诉我们：中国人民有着极其优秀的反抗外族侵略的爱国传统，中国人民从来就是不可侮的，谁敢侵略中国，谁就要碰得头破血流。南宋抗金的历史也告诉我们：反动的统治者，为了本身的利益，从来就是不惜卖国害民的。反对外族侵略者，就必须反对国内反动的统治阶级。

（原载《新史学通讯》1956年第9期，有改动）

---

① ［元］马端临：《文献通考》卷一百五十四《兵六》，中华书局，1986年，第1343页。

诗史奇观——文天祥《集杜诗》

　　文天祥在燕京监狱中写了大量气壮山河的诗歌。除了《指南后录》所收的诗歌以外，还有一个引人注目的成就，那就是《集杜诗》①。

　　文天祥在狱中集杜甫诗句演述南宋末年的历史，倾注自己的感情，提出自己的看法。《集杜诗》是我国诗歌发展史上一个独特的创造，一次空前而且绝后的尝试，也可说是我国诗史上的一个壮丽的奇观。

　　《集杜诗》虽为集杜句而成，然已不再是杜诗，而是文天祥诗了。集杜诗而成自己的作品，数量达二百首之多，如果对杜诗不烂熟，又如果杜诗面不广，价值不高，杜甫忧国忧民的心不和文天祥相似，再有天大的本事，也集不成，变不了自己的诗。文天祥在《集杜诗·自序》中说得好：

　　　　余坐幽燕狱中，无所为，诵杜诗，稍习诸所感兴，因其五言，集为绝句，久之，得二百首。凡吾意所欲言者，子美先为代言之，日玩之不置，但觉为吾诗，忘其为子美诗也。乃知子美非能自为诗，诗句自是人情性中语，烦子美道耳。子美于吾隔数百年，而其言语为吾用，非情性同哉？昔人评杜诗为诗史，盖其以咏歌之辞，寓纪载之实，而抑扬褒贬之意，灿然于其中，虽谓之史可也。予所集杜诗，自余颠沛以来，世变人事概见于此矣。是非有意于为诗者也。

---

① [宋]文天祥：《文天祥全集》卷十六《集杜诗》，中国书店，1985年，第397—440页。

此序说诗是"人情性中语"，"非有意于为诗"，与《指南后录·东海集序》所说"动乎情性，自不能不诗"①，而不能"有意"为诗，是相同的。此序说杜甫言语能为他所用，是因为杜甫与他"情性同"。"情性同"则"鸣同"。因为"鸣同"，所以他能集成杜诗；又因为鸣不同，所以他集杜成句，此句便成己句，不再是杜句。

文天祥深深懂得诗义，他对诗歌的论点，同样是文学优秀遗产之一。正因为他论诗从情性出发，而于情性中又揭出了同和异、共鸣和自鸣的区分，从而产生出《集杜诗》这部名著。而《集杜诗》的产生，又可反证文天祥诗歌论点的正确。

文天祥精谙杜诗，是杜甫的知己。那些喜欢压低杜诗成就的人，恐怕没有读过文天祥的《集杜诗》。如果读过，那就应该知道杜甫的诗句居然能被一代爱国者文天祥所借用，形成《文山诗史》二百首，必杜诗有其不朽的价值。而这种价值，超乎唐代任何诗人之上。不然，何从借用？又何从变化为爱国的名篇。

"杜陵宝唾手亲拾，沧海月明老珠泣。"②汪元量对《集杜诗》做了最好的评价。

《集杜诗》何以是诗史呢？这可从三个方面反映出来：一为目录，二为序言，三为诗歌本身。

前四十四首写宋亡经过，包括《社稷》《理宗度宗》《误国权臣》《泸州大将》《襄阳》《荆湖诸戍》《渡江》《鲁港之遁》《镇江之战》《将相弃国》《淮西帅》《京湖两淮》《景炎拥立》《景炎宾天》《祥兴登极》《张世杰》《苏刘义》等。这四十四首起自贾似道丧邦，终于崖山之败，是宋末信史。目录连缀，大事毕见。

自第四十五首到五十二首，杂写死于国事的人物，包括《江丞相万

① ［宋］文天祥：《文天祥全集》卷十四《指南后录·东海集序》，中国书店，1985年，第358页。

② ［宋］汪元量：《增订湖山类稿》卷三《浮丘道人招魂歌其八》，中华书局，1984年，第79页。

里》《赵倅昂发》《将军王安节》《李安抚芾》《李制置庭芝》《姜都统才》《张制置钰》《陆枢密秀夫》等。

从第五十三首开始，至第一百零四首为止，写他自己的抗元斗争经历。起于赣州勤王，终于被囚于燕京监狱，包括《勤王》《拜相》《出使》《发京师》《自淮归浙东》《福安宰相》《南剑州督》《赣州》《复入广》《同府之败》《南海》《至广州》《至南安军》《至吉州》《过临江》《北行》《至燕城》《入狱》等共五十二首。这五十二首是极珍贵的文天祥的抗元斗争史。

从第一百零五首起，写与他共同斗争的战友。这也是极珍贵的史料，包括《怀旧》《金应》《张云》《刘钦贡元》《吕武》《巩宣使信》《张秘撰汴》《缪朝宗》《闽三士》《诸幕客》《赵太监时赏》《刘沐》等共三十三首。

自第一百三十八首起，写家庭，包括《坟墓》《宗族》《母》《舅》《妻》《次子》《长妹》《长子》《二女》《弟》等共十八首，是家史或家传。

自第一百五十六首起，至第一百六十二首，凡七首，"皆思故乡，怀故山之情"。自第一百六十三首起，至第一百九十一首止，凡二十九首，"杂然写其本心"。自第一百九十二首起，至第二百首止，凡九首"泛然为世道感叹"。这些，可视为文山诗史的侧面。

《集杜诗》二百首，有序的达一百零五首。这一百零五篇诗序，是最直接、最原始、最信实、最有价值的有关南宋末年历史的史料。如：

《黄州第七》序说："始谓虏以襄阳船自汉入江，后乃知虏之未渡，蕲、黄已先降，故其渡也，襄、汉、蕲、黄之船皆在焉。"而《续资治通鉴》和《元史》所记元军渡江史实，却与此相违，应据文天祥序文订正。

《京湖两淮第二十七》序："东南兵力尽在江北，金城汤池，国之根本。高（达）以荆州降，夏（贵）以淮西降，李（庭芝）死，淮东尽失，无复中原之望矣，哀哉！"此序为我们画出了一张宋末东南兵力部署图。大军云集于江北荆州、淮西与淮东之地。如果朱祀孙、高达、夏贵、李庭芝这些大将能协同作战，而不是怕死投降，不是"惟闭门自守"，是能有所作为的。文天祥在真州计议纠合两淮谋复兴，原因也在这里。惜乎宋朝的守内虚外政策，京湖、两淮帷幄之不得其人，使江北大军一点作用未起。

《幸海道第三十》序："自三山登极，世杰遣兵战邵武，大捷，人心翕然。世杰不为守国计，即治海船，识者于是知其陋矣。至冬闻警，即浮海南去，天下事是以不可复为，哀哉！"《张世杰第四十一》序："然其人无远志，拥重兵厚资，惟务远遁，卒以丧败。"《至福安第六十二》序："至行都，即再相。然国方草创，陈宜中尸其事，专制于张世杰。余名宰相，徒取充位，遂不敢拜，议出督。"这为我们指出了临安陷落后，南宋朝廷不能再谋复兴的政治原因。

即此数序，已可见其价值的珍贵。

再看所集杜句，全是精华所在。试看他是怎样用杜句来写宋朝末代历史的。

《社稷第一》："南极连铜柱，煌煌太宗业。始谋谁其间？风雨秋一叶。""始谋谁其间"是提出问题。序说"三百年宗庙社稷为贾似道一人所破坏"，诗却提太宗。太宗是他指责的祖宗之制的制定者，谁指何人，自可联想。

《误国权臣第三》："苍生倚大臣，北风破南极。开边一何多，至死难塞责。"这是写贾似道"丧邦之政，不一而足"。所集之句，天衣无缝，写出权奸的误国。

《襄阳第五》："十年杀气盛，百万攻一城。贼臣表逆节，胡骑忽纵横。"元军的南侵，襄阳的围城，吕文焕的投降，元兴宋亡的转机，尽在这四句杜诗而又非杜诗之中。

《鄂州第十一》："鄂渚分云树，春城带雨长。惜哉形胜地，河岳空金汤。"鄂州是长江中流的枢纽，金城汤池，却被逃将、降将夏贵、朱祀孙、张晏然等，拱手送给敌人，能不痛惜。集句是信手拈来。

《镇江之战第十八》："海潮舶千艘（张世杰多海舟），肉食三十万（兵多而无用）。江平不肯流（张世杰海舟本来就大，又以十舟为一方，抛锚于江心，江水平，动不得，被阿术火焚），到今有遗恨（以兵力而言，本可打胜而打败)。"每一句都切合实际情况。

《京城第二十》:"当宁陷玉座,两宫(谓太皇太后谢氏、太后全氏)弃紫微。北城悲笳发,失涕万人挥。"这首绝句写两宫的卖国,临安的投降,元军的入城,人民的痛心疾首,无一语不逼真。杜诗被运用到如此烂熟、圆润的程度,真正使人叹为观止。

《幸海道第三十》:"天王守太白,立国自有疆。舍此复何之?已具浮海航。"端宗浮海,浮海安能立国,抗敌?文天祥深知浮海远遁,后果不堪设想,可他不在其位,难谋其政,奈何?

《祥兴第三十四》:"弧矢暗江海,百万化为鱼。帝子留遗恨,故园莽丘墟。"第一句,喻崖山海战时,"炮火雷飞箭星落";第二句,感伤"尸浮海上者十余万人";第三句,写陆秀夫背负帝昺投海;第四句,归结到亡国之恨。一场前史所无的大海战,竟如此贴切地被文天祥概括到四句杜诗中。

这难道不是诗史吗?集杜句,写南宋末年的历史,句句切合,首首相连,一代事变,清晰如画,非大手笔不可能做到。

再看他是怎样集杜句写他自己的抗元斗争和他所念的战友、亲人的。

《勤王第五十三》:"出师亘长云,尽驱诣阙下。首唱恢大义,垂之俟来者。"这把他起兵赣州、奔赴临安的壮烈气氛以及他的想法,都写出来了。文天祥"首唱恢大义",正如当时士友所说:"先将十万来迎敌,最好诸军自裹粮。"这就是"垂之俟来者"。

《出使第五十六》:"隔河见胡骑,朝进东门营。皇皇使臣体,词气浩纵横。"这把他昂然出使敌营、开陈大义、词气慷慨的大无畏精神,完全展现在我们面前。河者,江南运河也。东门营,皋亭山元营在临安城东面。此诗连地理方位也是切合的。

《至福安第六十二》:"握节汉臣回,麻鞋见天子。感激动四极,壮士泪如雨。"写从敌营经历患难归来,多么动人!

《南剑州督第六十四》:"剑外春天远,江阁邻石面。幕府盛才贤,意气今谁见?"南剑的风貌,同督府的盛况,爱国者的意气,都在此诗中。

《行府之败第七十四》："翠盖蒙尘飞，仗钺奋忠烈。千秋沧海南，事与云水白。"第一句喻"自国难后"；第二句喻"行府白手起兵，辗转患难，东南跋涉万余里，尽心为国"；第三句喻"事不幸不济"，五坡岭被执；第四句喻一心为国的高贵品质。这四句概括了自临安失陷后，文天祥救国的思想与行动。

《吉州第八十一》："泊舟沧江岸，身轻一鸟过。请为父老歌，歌长击樽破。"文天祥被掳北上，经过故乡庐陵。这首诗把他过庐陵时的感愤反映无余。

《北行第九十》："浮云暮南征，我马向北嘶。荆棘暗长原，子规昼夜啼。"写亡国、北行感情，如此自然。如果不说是杜句，谁能想到是杜句呢？

《入狱第一百二》："劳生共乾坤，何时有终极。灯影照无睡，今夕复何夕？"只有长年关在监狱中的爱国者，才有此情怀。

《怀旧第一百六》："天寒昏无日，故乡不可思。访旧半为鬼，惨惨中肠悲。"《怀旧第一百八》："故人入我梦，相视涕阑干。四海一涂炭，焉用身独完。"这是最好的缅怀战友诗。

从《勤王》起，构成了文天祥自己的一部抗元斗争诗史。以上各首，只是一个片段而已。最难得的是首首都如实录，而这却是杜甫之句。

即使写家庭，《集杜诗》也无一首不恰到好处，不符合事实。例如：

《妻第一百四十三》："结发为妻子，仓皇避乱兵（喻空坑之败）。生离与死别，回首泪纵横。"

《二女第一百四十四》："床前两小女（柳娘、环娘），各在天一涯。所愧为人父，风物长年悲。"

这两首诗中，有哪一句哪一字不适合、不妥帖、不见深情呢？

由上可知：《集杜诗》纯粹是文天祥的诗，是文天祥用诗的形式撰写的南宋末年的信史，是我国文学宝库中的无上珍品。

诗歌，在南宋初年，首推陆游；在南宋晚年，首推文天祥。这二人的诗，同是用爱国心和泪水写成。文天祥虽以民族英雄见称，但写中国文学史，不应当忘记他的激励人心的众多诗篇——包括他的《集杜诗》；不应当忘记他在南宋文坛上，振起过一代文风；不应当忘记他是我国古典作家中，现实主义文学巨匠之一。

（原载《中华魂》1996年第5期，有改动）

白门新考

　　白门（宣阳门）已成为南京的代名词。前人有以白门为名的，如明末名妓寇白门；有以白门名书的，如《白门新柳记》。白门在哪里？今人所作史志、地志，或从唐许嵩《建康实录》之说，以为是东晋建康都城的正南门；或从宋张敦颐《六朝事迹编类》之说，以为是东晋建康宫城（台城）的正南门。均误。

　　先看《资治通鉴》元人胡三省注三则。

　　一、卷九十三"晋明帝太宁二年"注："晋都建康，外城（都城）环之以篱，诸门皆用洛城门名，宣阳门在城南面。"

　　二、卷七十五"魏邵陵厉公嘉平元年春正月"注："《水经注》：洛城南出西头第二门曰宣阳门。"

　　三、卷一百一十"晋安帝隆安二年九月"注："宣阳门，建康城南面西头第一门。"

　　按《宋书·明帝纪》泰豫元年曾说："宣阳门，民间谓之白门。"宋明帝以为"白门之名不祥，甚讳之"。江谧误犯，宋明帝曰："白汝家门！"白门即宣阳门出之于此。至于宣阳门的方位，胡三省注是确切的。东晋建康都城门名都用西晋洛阳都城门名，方位亦同。宣阳门（白门）实为"建康城南面西头第一门"，并非都城的正南门，更非宫城的正南门。

　　或云单凭胡注，不足取信。以下进一步论证。

　　建康都城的正南门为朱雀门，自吴已然。《建康实录》卷四《吴后主》引《宫城记》即说道："吴时自宫门南出夹苑路至朱雀门七八里，府寺相属。"吴太初宫南面五门，正中为公车门，与都城正南门朱雀门相对。自公车门至朱雀门苑路两侧，是府寺所在地。

由吴到晋、宋，建康都城一直都是"环之以篱"，齐初才开始筑城。《南齐书·王俭传》曾说道："宋世外六门设竹篱，是年（建元二年）初，有发白虎樽者，言'白门三重门，竹篱穿不完'。"这说得很清楚，都城白门至宋仍然是篱门。

都城正南为朱雀门，那么，白门方位是不是真如胡三省所说，在朱雀门西，即西南门呢？

请看《淮南子·地形训》的话："西南方，曰编驹之山，曰白门（注：西南，月建在申，金气之始也。金气白，故曰白门）。"这是白门（宣阳门）为建康都城西南门，具体说为南面西头第一门的铁证。正南为火为朱，故称朱雀门，西南为金为白，因为是金气之始，故称白门。

南朝无名氏作《杨叛儿》八首，第二首说："暂出白门前，杨柳可藏鸟。欢作沉水香，侬作博山炉。"这是"白门柳"三字最初的来源。白门（宣阳门）外为秦淮河最热闹的地方，名妓画舫多集于此，故明清以"白门柳"名金陵妓女。

本是建康都城南面西头第一门的白门（宣阳门），为什么会被后人误作都城以至宫城的正南门呢？按隋文帝灭陈，平荡建康城[1]，许嵩作《建康实录》，已无城墙城门可考。此书卷七说建康都城为晋成帝新筑，便有错误。晋时仍旧环之以篱。又说城南"正中宣阳门……南对朱雀门"，就更加错误。朱雀门被他从都城开除出去，成了孤立于都城正南宣阳门外的一座城门。宋人张敦颐似被许嵩搞糊涂了，在他所作的《六朝事迹编类》卷三中，一面肯定朱雀门为"晋都城南门"，一面又说晋"新宫立三门于南面，正中曰宣阳，与朱雀门相对"，从而把宣阳门（白门）摆到了宫城正南门的地位。而晋宫城正南门叫大司马门，或曰章门。

读书最怕思之不深，览之不博，不然，是会出错误的。

（原载《南京史志》1996 年第 2 期，有改动）

---

① ［唐］魏征、令狐德棻：《隋书》卷三十一《地理志下》，中华书局，1973 年，第 876 页。

什么是农民起义？
什么人才可称为农民起义军的领袖？

评《简明中国通史》关于农民起义问题的论述

一

目前历史学界讨论农民起义问题，涉及的面较广。但对什么是农民起义？什么人才可称为农民起义军的领袖？提及的人却很少。读过吕振羽先生新版《简明中国通史》后，觉得在这方面有不少问题，应提出来商讨。

在论述晋末、魏末、隋末农民起义的时候，《简明中国通史》把非农民起义性质的刘伯根、破六韩拔陵、朱粲等的起兵，划入了农民起义之列。但在论述秦末农民起义时，却否定了项羽、刘邦起兵的革命意义，认为项羽的起兵是"六国领主死灰复燃"，刘邦的起兵是看到农民暴动发生后，秦朝天下已土崩瓦解；为着保卫地主阶级的利益，自己乘机攫取权利，便聚集无赖和利用一部分群众起事①。因此，什么是农民起义？历史上有哪一些才是农民起义？哪一些又不是？很值得商榷。

我认为农民起义或农民战争应具备以下几个基本条件。

第一，农民起义的参加者，必须全部或大部分是农民。这即是说：它应具有明显的农民阶级的特性。无论什么战争，都具有阶级性。毛主席说："战争——从有私有财产和有阶级以来就开始了的、用以解决阶级和阶级、民族和民族、国家和国家、政治集团和政治集团之间、在一定发展

---

① 吕振羽：《简明中国通史》，人民出版社，1959年，第236页。

阶段上的矛盾的一种最高的斗争形式。"①农民起义就是农民阶级斗争的最高表现形式。因此，我们可以说：凡基本群众非农民，不具备农民阶级的特性的战争，绝不是农民战争。

第二，农民起义必有明确的反对对象。因为"封建社会的主要矛盾，是农民阶级和地主阶级的矛盾"②，农民起义所反对的对象，亦必为地主阶级和此一阶级的封建国家。这一点毛主席在《湖南农民运动考察报告》一文中说得很明白，他说："革命是暴动，是一个阶级推翻一个阶级的暴烈的行动。农村革命是农民阶级推翻封建地主阶级的权力的革命。"③他并且具体指出："农民的主要攻击目标是土豪劣绅，不法地主，旁及各种宗法的思想和制度，城里的贪官污吏，乡村的恶劣习惯。"④农民革命的这个性质绝不是仅在近代、现代史中如此，毛主席在《中国革命和中国共产党》一文里还说过："在汉族的数千年的历史上，有过大小几百次的农民起义，反抗地主和贵族的黑暗统治。"⑤因此，我们又可以说：凡是不把地主阶级和封建国家作为斗争对象的，绝非农民起义，它所进行的战争，绝非农民战争。

第三，农民起义必然有一定的目的。毛主席说："以汉族的历史为例，可以证明中国人民是不能忍受黑暗势力的统治的，他们每次都用革命的手段达到推翻和改造这种统治的目的。"⑥列宁说："要求彻底铲除官办的教会，打倒地主和地主政府，消灭一切旧的土地占有形式和占有制度，扫清土地，建立一种自由平等的小农的社会生活来代替警察式的阶级国家，这种要求象一条红线贯串着农民在我国革命中的每一个步骤。"⑦这些话告诉

①《毛泽东选集》第一卷《中国革命战争的战略问题》，人民出版社，1991年，第171页。

②《毛泽东选集》第二卷《中国革命和中国共产党》，人民出版社，1991年，第625页。

③《毛泽东选集》第一卷《湖南农民运动考察报告》，人民出版社，1991年，第17页。

④《毛泽东选集》第一卷《湖南农民运动考察报告》，人民出版社，1991年，第14页。

⑤《毛泽东选集》第二卷《中国革命和中国共产党》，人民出版社，1991年，第623页。

⑥《毛泽东选集》第二卷《中国革命和中国共产党》，人民出版社，1991年，第623页。

⑦《列宁全集》第十五卷《列夫·托尔斯泰是俄国革命的镜子》，人民出版社，1959年，第180页。

我们：只要是农民的起义，必然具有推翻与改造封建黑暗统治，谋求农民自身解放的目的。这一起义的目的性，也像一根红线，贯穿在我国历史上各次农民起义中。汉末黄巾起义就提出了"大平均"的理想，东晋末年农民的"仙堂"思想，唐末农民的"天平""平均"或"均平"思想，宋朝农民的"均贫富"和"平等"主张，明末农民的"均田"和"免赋"要求，以及太平天国的"天朝田亩制度"，都是这种理想的延伸与发展。"平均主义的根源是个体农民的思想方式，是平分一切财富的心理，是原始的农民'共产主义'的心理。"①这是农民起义的一大特色。因此，我们又可得出结论：凡目的不在推翻和改造封建黑暗统治、谋求农民自身解放的战争，即使其基本群众为农民，也不能称作农民战争或农民起义。

第四，由于农民革命是推翻地主阶级、谋求自身解放的暴力的革命，所以农民起义军对地主阶级必然采取暴力手段，没有什么情面可言。对本阶级群众则必然爱护备至，决不会像对待地主那样。毛主席说得好："农民的眼睛，全然没有错的。谁个劣，谁个不劣，谁个最甚，谁个稍次，谁个惩办要严，谁个处罚从轻，农民都有极明白的计算，罚不当罪的极少。"②由此亦可知：凡是农民起义军，阶级界限必然划分得很清楚，对劳动人民来说，纪律必然很好。在我国历史上，只要是真正的农民起义军，都有严明的纪律。远在封建社会早期，由赤贫农民组成的赤眉起义军，就曾发布过"杀人者死，伤人者偿创"③的命令。张角及其所领导的太平道信徒曾用草药与"符水"到处为农民治疗疾病，宣传"黄天太平"的理想，对地主阶级的田庄、坞壁则给予了猛烈的扫荡。唐末黄巢攻下洛阳，"坊市晏然"④；攻下长安，宣布"黄王起兵，本为百姓，非如李氏不爱汝

---

① 《斯大林全集》第十三卷《和德国作家艾米尔·路德维希的谈话》，人民出版社，1956年，第105页。

② 《毛泽东选集》第一卷《湖南农民运动考察报告》，人民出版社，1991年，第17页。

③ ［宋］范晔撰，［唐］李贤等注：《后汉书》卷十一《刘盆子传》，中华书局，1965年，第478页。

④ ［后晋］刘昫等：《旧唐书》卷十九下《僖宗纪》，中华书局，1975年，第708页。

曹，汝曹但安居无恐"①。而官僚地主豪绅的生命财产则"全部受到了损害"②。明末李自成有"马腾入田苗者斩之"，"敢有擅掠人民者凌迟处死"的命令③。现存的"大西驱骑营都督府刘禁约"碑，说明张献忠的队伍纪律亦极严明。他们也都是地主阶级不可调和的敌人。与此相反，地主阶级和封建国家的军队对农民则残暴不堪，毫无纪律可言。这是我国历史上农民战争与非农民战争的一个鲜明的对照，一个显著不同的阶级特点。

自然，正如列宁说的，由于"劳动阶级多少世纪一直受压迫，受折磨，处于贫穷、愚昧、粗野的境地，他们进行革命是不会不犯错误的"④，但这并不影响整个农民军的素质。即有一些不知爱护人民利益，对人民犯错误的，也绝不是多数。用毛主席的话说，"这只能叫做'少数不良分子'"⑤。至于流氓无产阶级、变兵加入起义军，败坏纪律，那也不能算在整个起义军身上，这种人毕竟也是少数。

以上四点是一个统一的整体，不可分割。最重要的"决定战争的性质"的东西，如同列宁所说："是看哪一个阶级进行战争，这个战争是哪一种政策的继续。"⑥农民战争必然是农民阶级进行的战争，必然是农民谋求自身解放政策的继续。

我们还需了解：非农民起义可以转化为农民起义，农民起义也可以转化为非农民起义。前者往往由于参加者成分的变化和战争目标的转移而决定；后者则往往是在战争中期以后，受到地主阶级的影响造成。历史上这种现象很多，我们不能不加分析与区别，不能仅仅抓住前一阶段或后一阶段，遽尔肯定或否定它是农民起义、农民战争。

---

① ［宋］司马光编著，［元］胡三省音注：《资治通鉴》卷二百五十四《唐纪七十》"僖宗广明元年"条，中华书局，1956年，第8240页。

② 穆根来、汶江、黄倬汉：《中国印度见闻录》，中华书局，1983年，第97页。

③ ［清］张廷玉等：《明史》卷三百九《李自成传》，中华书局，1974年，第7964页。

④ 《列宁全集》第二十八卷《给美国工人的信》，人民出版社，1956年，第53页。

⑤ 《毛泽东选集》第一卷《湖南农民运动考察报告》，人民出版社，1991年，第22页。

⑥ 《列宁全集》第二十八卷《无产阶级革命和叛徒考茨基》，人民出版社，1956年，第268页。

二

在《简明中国通史》中存在的较大问题，是把一些非农民起义甚至是农民敌人的军队，称为农民起义军。该书认为，西晋末年刘伯根、王弥的起兵是农民起义[①]。但是，据《晋书》卷一百《王弥传》："王弥，东莱人也，家世二千石……惠帝末，妖贼刘伯根起于东莱之惚县，弥率家僮从之。"妖贼刘伯根是什么人呢？《资治通鉴》卷八十六《晋纪八》"惠帝光熙元年三月"条记载："惚令刘伯根反，众以万数，自称惚公。"由此可知刘伯根是晋的一个县令，乘晋末之乱，据惚县起兵。而王弥是山东的世家大族，乘刘伯根反，率家僮参加。这绝非农民群众为了谋求自身解放而进行的推翻地主阶级权力的革命，而是地主阶级人物另有目的的造反，我们不能说他们的起兵是农民起义。以后是否转化了呢？没有。据《资治通鉴》，刘伯根不到一个月便失败了，"王弥亡入长广山为群盗"。怀帝永嘉二年（308年）三月"收集散亡"，兵复大振，但五月即投降刘渊，成了一支为匈奴贵族利用来屠杀汉族人民的野蛮的军队。从头到尾，刘伯根、王弥的起兵，都不是农民起义，是无可怀疑的。

《简明中国通史》把北魏末年破六韩拔陵和葛荣的起兵列入农民起义范围[②]，也是大有问题的。为了说明什么是农民起义，有对破六韩拔陵及后来葛荣的起兵作较详细的论述的必要。

据《北齐书》卷二十三《魏兰根传》：

> 缘边诸镇，控摄长远。昔时初置，地广人稀，或征发中原强宗子弟，或国之肺腑，寄以爪牙。中年以来，有司乖实，号曰府户，役同厮养。官婚班齿，致失清流。而本宗旧类，各各荣显，顾瞻彼此，理当愤怨。

[①] 吕振羽：《简明中国通史》，人民出版社，1959年，第359页。
[②] 吕振羽：《简明中国通史》，人民出版社，1959年，第366—368页。

又据《魏书》卷十八《广阳王深传》：

> 昔皇始以移防为重，盛简亲贤，拥麾作镇，配以高门子弟，以死防遏……而高阙戍主，率下失和，拔陵杀之……

这两段记载说明由破六韩拔陵杀高阙戍主所引发的六镇之叛，实际上是鲜卑高门贵族子弟，因不堪"役同厮养"，"致失清流"的一种兵变。以贵族子弟为兵，是鲜卑部落兵制的传统，是不足为奇的。自孝文帝迁都洛阳，以洛阳为政治重心之后，边任转轻，贵族子弟兵被号为"府户"，地位降低，自然对北魏政府不满。他们发动兵变，目的在恢复过去的贵族地位。这当然不是什么农民起义，而是对孝文帝以来以洛阳为重心实行"汉化"政策的一大反动。

破六韩拔陵也不是普通的镇民。据《北齐书》卷二十七《破六韩常传》：

> 常字保年，附化人，匈奴单于之裔也。右谷蠡王潘六奚没于魏，其子孙以潘六奚为氏，后人讹误，以为破六韩。

可见他是匈奴右谷蠡王的后代，其聚众反，是否有个人野心，不得而知。但据《魏书·广阳王深传》"高阙戍主，率下失和，拔陵杀之"之言，他起兵绝不代表农民要求，是可肯定的。

或说《资治通鉴》有破六韩拔陵起兵之后，"诸镇华夷之民，往往响应"之言[1]。这样看来，岂不是农民起义了吗？要知北魏所谓镇民，实际即镇兵。《资治通鉴》在记述破六韩拔陵起兵之前还有一段话值得注意，这段话说：

---

[1] [宋]司马光编著，[元]胡三省音注：《资治通鉴》卷一百四十九《梁纪五》"武帝普通四年"条，中华书局，1956年，第4675页。

武卫将军于景，忠之弟也，谋废（元）乂，乂黜为怀荒镇将。及柔然入寇，镇民请粮，景不肯给，镇民不胜忿，遂反，执景，杀之。[1]

这里所说的镇民，即要求发给粮饷的镇兵。破六韩拔陵亦被称为镇民，实际亦是镇兵。所谓诸镇镇民响应，实即诸镇镇兵响应。六镇镇兵基本成分为鲜卑贵族子弟，镇兵响应也就是那些已经失势的贵族子弟响应。

镇兵中亦有非贵族子弟出身的（后来的情况），但其受发动兵变的贵族子弟左右则无可置疑。

破六韩拔陵失败之后，降附者竟达二十万人。这二十万人仍被北魏用作"营户"（即府户，亦即军户）。但没有送回六镇，而是被移置于冀、定、瀛三州，目的在便于控制。这也可说明破六韩拔陵领导的军队，自始至终都是原来的镇兵。降附者所以这样多，北魏所以不加镇压而是将其移防于冀、定、瀛三州，也是因为他们的本质与农民有区别。后来葛荣（降人之一）领导的军队，就是这些被移防的降户。正因为他们不是农民起义军，所以葛荣在起兵之后，纪律很差，攻陷信都，"逐出居民，冻死者什六七"[2]。攻陷沧州，"居民死者什八九"[3]。破六韩拔陵起兵不代表农民要求，葛荣起兵则不仅不代表农民要求，而且对象也转移了，打起人民来了。葛荣的军队后来有扩大，围邺时，众号百万（实际只有几十万人），但"所至残掠"[4]，战争性质并未转化。对北魏政府则打得很不坚决，尔

① [宋]司马光编著,[元]胡三省音注:《资治通鉴》卷一百四十九《梁纪五》"武帝普通四年"条,中华书局,1956年,第4674页。

② [宋]司马光编著,[元]胡三省音注:《资治通鉴》卷一百五十一《梁纪七》"武帝大通元年"条,中华书局,1956年,第4731页。

③ [宋]司马光编著,[元]胡三省音注:《资治通鉴》卷一百五十二《梁纪八》"武帝大通二年"条,中华书局,1956年,第4740页。

④ [宋]司马光编著,[元]胡三省音注:《资治通鉴》卷一百五十二《梁纪八》"武帝大通二年"条,中华书局,1956年,第4751页。

尔荣兵倒没有怎么打，就失败了。"数十万众，一朝散尽。"①目标与反对对象都与农民起义军有别，硬说这是一支农民起义军，岂不降低了农民起义军的地位？歪曲了农民起义军的性质？葛荣的起兵，实际只是继破六韩拔陵之后，对孝文帝以洛阳为重心，实行"汉化"政策的又一次反动而已。宇文泰、高欢、侯景均为六镇镇人，葛荣部下，后成为尔朱荣底下军阀。尔朱氏失败，宇文泰割据关中，曾改汉姓为鲜卑姓，高欢割据山东，提倡鲜卑化，侯景后来为乱于江南，亦可以说明破六韩拔陵和葛荣原来起兵的性质。

斯大林说：

> 某些落后的国家里有时也发生一些部落反对其他部落的儿戏似的"起义"，这样的所谓"革命"当然是不会有丝毫创造性的。可是马克思主义者从来没有把这种儿戏似的"起义"看做革命。这里指的显然不是这种"起义"，而是发动被压迫阶级去反对压迫阶级的群众性的革命。这样的革命不能不是创造性的革命。②

破六韩拔陵与葛荣的起兵，就其本质来说，正是鲜卑部落军事组织儿戏似的起义，是无丝毫创造性的贵族子弟企图恢复过去地位、反对"汉化"的兵变。

北魏末年是否有农民起义呢？有。像北方被压迫的铁勒部落起义，关中以莫折大提为首的氐、羌起义，都是人民起义。它们也可能受到破六韩拔陵起兵的影响，但我们不应笼而统之，不加区别，把北魏末年所有的起兵都说成是农民起义。

《简明中国通史》认为隋末朱粲的起兵也是农民起义③。但是据《旧唐

---

① [宋]司马光编著，[元]胡三省音注：《资治通鉴》卷一百五十二《梁纪八》"武帝大通二年"条，中华书局，1956年，第4752页。

②《斯大林全集》第十卷《和第一个美国工人代表团的讲话》，人民出版社，1954年，第92页。

③ 吕振羽：《简明中国通史》，人民出版社，1959年，第430页。

书》卷五十六《朱粲传》：朱粲是亳州城父人，做过"县佐史"。隋炀帝大业末年，曾"从军讨长白山'贼'（按即王薄等起义军），遂聚结为群盗"。可见他是打农民军起家的。起兵之后，"所至杀戮，噍类无遗"。特别令人发指的是"军中罄竭，无所虏掠，乃取婴儿蒸而啖之"。并命令所部："有略得妇人小儿皆烹之，分给军士。"[1]后来更进一步把"取小弱男女"作为一种赋税。请问：像这样一个烹食妇人、小儿的禽兽，有丝毫农民阶级斗争的气息吗？如果说这也是一个农民军集团，那简直是侮辱农民、侮辱农民阶级斗争这两个名词。朱粲后来逃奔反革命刽子手王世充，李世民攻破王世充，斩朱粲于洛水之上，"士庶嫉其残忍，竞投瓦砾以击其尸"，表示人民对他无比仇恨。吕先生把朱粲也划入农民起义军之列，应该说是个极大的讹误。

但是，有的属于农民起义范围的，吕先生却把它否定了。最显著的例子是项羽、刘邦的起义。毛主席曾说："从秦朝的陈胜、吴广、项羽、刘邦起……总计大小数百次的农民起义，都是农民的反抗运动，都是农民的革命战争。"[2]这里说得很明白，项羽、刘邦的起兵是农民起义，其进行的战争是农民的革命战争。吕先生所以否定他们起兵的正义性质，主要的理由似是他们的出身。项羽出身于旧贵族，刘邦的出身用吕先生的话说是"小有产者家庭，是为秦朝地主阶级服务的泗上亭长"[3]。前面说过，决定战争性质的是这种战争所代表的阶级要求，而不是某个领袖的出身。项羽是怎样起兵的呢？据《史记》卷七《项羽本纪》，项梁、项羽原来"避仇于吴中"，已失去贵族身份。闻陈胜起兵，遂杀会稽守殷通，"举吴中兵"以应陈胜。项梁接受过陈胜"上柱国"的封号。司马迁说项羽"起陇亩之中"，项梁又接受陈胜的封号，正可说明他们的军队是秦末农民起义军的一支，目的与陈胜军相同，代表的是吴中地区农民的要求，而绝不是"六国领主死灰复燃"。巨鹿之战，项羽打败了秦军主力，军队扩充到四十万，

---

① ［后晋］刘昫等：《旧唐书》卷五十六《朱粲传》，中华书局，1975年，第2275页。
② 《毛泽东选集》第二卷《中国革命和中国共产党》，人民出版社，1991年，第625页。
③ 吕振羽：《简明中国通史》，人民出版社，1959年，第236页。

其起义性质就更加明显。吕先生在书中不提巨鹿之战，是令人不解的。刘邦又是怎样起兵的呢？据《史记》卷八《高祖本纪》：他为秦政府"送徒骊山，徒多道亡"，及至西丰泽中，刘邦将剩余的人一起放走，一些不愿走的和他共同亡匿于芒砀山泽岩石之间。后又召"诸亡在外者"起事攻沛。沛县人在他的"天下苦秦久矣"的号召下，杀死沛令，迎他入城。显然，他的起事也是一种农民的反秦的阶级斗争。囚徒本是农民，吕先生却说他"聚集无赖"，这就不对了。刘邦的军队后来也发展到五万多人，入关后，"悉除去秦法"，这也是当时农民的一种要求。否定项羽、刘邦的起义，实际等于否定秦朝是农民军推翻的。

秦朝灭亡之后，项羽、刘邦之间的战争，当然不能再说是农民战争，因为目标变了，战争性质变了。这时他们军队的基本构成虽然仍是农民，但因为战争性质的转变，不能再称为农民起义军了。前面提到战争是可转化的，但我们不能因这种转化而否定秦亡前项羽、刘邦的起义。

以上是仅就吕书中不妥之处提出个人的意见。什么是农民起义这一问题，不仅在吕书中存在，在其他的通史著作中也存在。例如在范文澜先生写的《中国通史简编》修订本第二篇中，就曾否定东晋末年卢循的起义。他说："孙恩在败逃入海以前，多少还算是率领农民起义，卢循则完全是五斗米道作乱。"[1]范先生否定孙恩的"烧仓库、焚邑屋，刊木堙井，'掳掠'财货"[2]，其实这是给东汉以来形成的南方世族田庄的打击。范先生认为"卢循则完全是五斗米道作乱"，其实卢循起义是孙恩起义的继续与发展。卢循军从广州分两路北伐，东晋镇守江州的大将何元忌的部下殷阐曾说过这样的话："循所将之众，皆三吴旧'贼'（即孙恩余众），百战余勇。始兴溪子，拳捷善斗，未易轻也。"[3]这表明卢循的起兵完全不是五斗米道作乱，其军队是一支勇敢善战，不仅有孙恩余众，而且包括溪族人民

---

① 范文澜:《中国通史简编》,人民出版社,1965年,第370页。

② 范文澜:《中国通史简编》,人民出版社,1965年,第369页。

③ [宋]司马光编著,[元]胡三省音注:《资治通鉴》卷一百一十五《晋纪三十七》"安帝义熙六年"条,中华书局,1956年,第3629页。

在内的联合起义军。孙、卢的出身与个别作为，大族的乘机造反，并未改变这支军队的性质。

从上述情况来看，我们史学界讨论农民战争问题，迫切地需要搞清楚什么是农民起义这个问题。

三

除了什么是农民起义之外，什么人才可称为农民起义军的领袖，也是需要解决的一个重要问题。《简明中国通史》在提及瓦岗军领袖的时候，列举了翟让、单雄信、王伯当、王当仁、徐世勣、秦琼、程咬金、周文举、李公逸、孟让等十人，唯独不列李密。书中认为李密是"出身大地主的投机分子"，他的领袖地位为阴谋取得，瓦岗军被他"坑害"了[1]。这就不禁使人要问：到底什么人才可以被称为农民起义军的领袖呢？出身大地主的人如李密能不能做农民起义军的领袖呢？

依照我的看法，为一般通史著作所提到的农民起义军领袖或者有关人物，可以划分为以下几大类。

第一类：军队并不是农民起义军，这种军队的领导人当然不是农民起义军领袖。属于这一类的有刘伯根、王弥、刘渊、石勒、破六韩拔陵、杜洛周、鲜于修礼、葛荣、朱粲等人。

第二类：没有和农民起义军相始终，有背叛、破坏农民起义军事业行为的，这些人都不能称为农民起义军领袖。吕书提到的瓦岗军领袖之一单雄信，在洛阳战斗的时候，背叛瓦岗军，率外马军投降反革命刽子手王世充，破坏瓦岗军事业，不仅不应称之为农民起义军领袖，反而应斥为叛徒。属于这一类的还有北魏的胡琛、唐朝的朱温等。

第三类：目的与农民起义军不同，在内部主要起破坏作用的地主阶级出身的人物，不能算作农民起义军的领袖。西汉末年绿林军中的地主分子

---

① 吕振羽：《简明中国通史》，人民出版社，1959年，第430—431页。

刘玄、刘秀属于这一类。刘玄窃据了绿林军的领导地位，对绿林事业毫无贡献，进入长安之后，即杀死原绿林领袖陈牧、成丹，并击走王匡、张卬。显然他才是一个真正钻入起义军内部，利用农民弱点，窃取领导权，破坏农民起义军事业的人。刘秀起先参加绿林军，昆阳之战，绿林军打败王莽四十万大军，他有一点贡献。但刘秀主要事迹不在昆阳之战，而在后来奉刘玄之命，镇压河北铜马等起义军。接着又与河北地主武装合流，镇压赤眉军。这样的人，当然不能因为他有一点贡献而说他是农民起义军的领袖。

第四类：目的可能与农民起义军不同，但与农民起义军相终始，功绩大于过失的地主阶级或非地主阶级出身的人物，应称作农民起义军的领袖。如吕书所否定的李密即属于此一类。

为什么李密应该算作农民起义军的领袖呢？李密对瓦岗军有特殊的贡献。在李密未到瓦岗之前，瓦岗军原是一支小队伍，目标不明确，用翟让的话说，只是"且夕偷生草间"[1]。表现在行动上是劫掠商旅而不是反隋。显然，这时候它还不是一支农民起义军。作为瓦岗军最早领导者的翟让，这时候也不是一个农民起义军的领袖。李密到瓦岗之后，以"指罪诛暴"为名[2]，游说了许多地方起义豪杰参加瓦岗军，由此，瓦岗军才得以转化成为一支强大的反隋起义军。有名的荥阳大海寺战役，全歼隋河南讨捕大使张须陀的军队，"直取兴洛仓，发粟以赈穷乏"，均出自李密的谋划[3]。李密后来代替翟让为瓦岗之主，是得到了瓦岗将士的拥护，并非靠"阴谋"取得。翟让"残忍"[4]，不得军心，王伯当即曾"共（徐世）勣说翟让奉密为主"[5]。吕先生没有看到瓦岗军前后性质的不同，没有细察李密

①［宋］司马光编著，［元］胡三省音注：《资治通鉴》卷一百八十三《隋纪七》"炀帝大业十二年"条，中华书局，1956年，第5709页。

②［宋］欧阳修、宋祁：《新唐书》卷八十四《李密传》，中华书局，1975年，第3679页。

③［宋］欧阳修、宋祁：《新唐书》卷八十四《李密传》，中华书局，1975年，第3680页。

④［宋］司马光编著，［元］胡三省音注：《资治通鉴》卷一百八十四《隋纪八》"恭帝义宁元年"条，中华书局，1956年，第5765页。

⑤［后晋］刘昫等：《旧唐书》卷六十七《李勣传》，中华书局，1975年，第2483页。

代替翟让为瓦岗之主的群众基础，对李密与翟让的看法也就不能不发生错误。

李密后来杀死翟让，这是一个严重的错误。但是不应该单责备他"阴谋杀死最先起义的领袖"①。李密称"魏公"为瓦岗之主以后，原来跟随翟让起事的人颇为不满。王儒信曾劝翟让"自为大冢宰"，以夺李密之权。让兄宽并曾对翟让说："天子止可自作，安得与人！汝若不能作，我当为之。"②翟让的态度又怎样呢？他曾向左长史房彦藻索取"宝货"，并说："君前破汝南，大得宝货，独与魏公，全不与我。魏公我之所立，事未可知。"③这表明瓦岗军内部已结成了一个以翟让为首的反对李密领导的集团。把翟让之死完全说成是李密的罪过，是不公平的。瓦岗军原是一支由各地起义军组成的队伍，本身就含有分裂的因素。翟让、李密之间的斗争，是瓦岗军内部分裂的反映。

翟让死后，李密并没有背叛瓦岗事业。他仍然领导瓦岗军与隋军作战。隋的两支反革命主力，一支为东都洛阳王世充的军队，一支为宇文化及篡夺的被炀帝带往扬州的"骁果"（禁卫军），都是由李密领导的瓦岗军打伤、打垮的。瓦岗军后来失败，根源在内部的分裂，叛徒单雄信、邴元真（原翟让集团人物）也要负极大责任。吕先生把瓦岗军的失败说成是李密的"坑害"是没有理由的。

李密一生最主要的事业，是参加并领导了瓦岗军。在他领导的时候，瓦岗军发展壮大，成为反隋中坚。虽然他出身于大贵族，也有过失；虽然他有建立一个封建政权的想法，但我们无理由否定他是一个农民起义军的领袖。

属于李密这一类的农民起义军领袖的是较多的。孙恩、卢循、翟让等均可划归这一类。他们有的是地主阶级出身，有的不是。他们都有过错，

---

① 吕振羽：《简明中国通史》，人民出版社，1959年，第431页。

② ［后晋］刘昫等：《旧唐书》卷五十三《李密传》，中华书局，1975年，第2219页。

③ ［宋］司马光编著，［元］胡三省音注：《资治通鉴》卷一百八十四《隋纪八》"恭帝义宁元年"条，中华书局，1956年，第5763页。

有的人错误还比较严重，但从主要事迹来看，一般都功大于过，都应被认为是农民起义军领袖，但不是杰出的领袖。

李密没有组成封建政权。有些原来参加起义，后来组成了封建政权的人物，如项羽、刘邦、朱元璋亦应称作农民起义军领袖。他们与李密是一个类型，只是一个未成功，一个成功了而已。农民起义军可能建立性质与封建政权完全不同的政权，也可能建立封建政权。这一方面是受到地主阶级出身人物与思想的影响，另一方面也如同斯大林所说：农民有"反对地主，可是拥护'好皇帝'"[1]的思想。只要自始至终领导起义军，起过重要作用，功大于过，即使他本人是个"皇权主义者"，建立起（或未建立起）封建政权，我们都应承认他是农民起义军领袖。

第五类：杰出的伟大的领袖。这是思想目标与农民一致，自始至终走在农民前列，对农民起义军的发展与对反动统治的打击有突出贡献的人物。这一类的领袖较少，张角、黄巢、王小波、李自成等方可称作这样的人物。他们也有缺点，但极为次要。我们对李密等一类人物不能用他们的标准来要求。

最后，要注意军队、战争的性质可以转变，领导者的性质也可以转变。大凡军队的性质变了，领导者的性质也跟着变了。如翟让前一阶段不是农民起义军领袖，后来则变成了农民起义军领袖。如项羽、刘邦前一阶段是农民起义军领袖，后来战争与军队的性质变了，他们也不再是农民起义军的领袖。

据上所述，我认为判断某人是不是农民起义军领袖，应根据以下几条标准：

（一）他所领导的军队，是不是真正的农民起义军？如果不是，便非农民起义军领袖。

（二）他是不是和农民起义军相终始？如果后来脱离或背叛了农民起义军，便非农民起义军领袖。

---

[1]《斯大林全集》第十三卷《和德作家艾米尔·路德维希的谈话》，人民出版社，1956年，第100页。

（三）他在农民起义军中是不是功大于过？如果过大于功，便非农民起义军领袖。

（四）他所领导的军队与所进行的战争，中间有没有发生质的转变？如果前一阶段是农民起义军，后一阶段不是，那只能称他前一阶段是农民起义军领袖，后一阶段则非农民起义军领袖。

以上几条是统一的，作为一个农民起义军领袖，缺一不可。

［原载《安徽大学学报（哲学社会科学版）》1961年第1期，有改动］

编后记

　　历时四载，经过大家的辛勤努力，《万绳楠全集》今天与大家见面了！

　　万绳楠（1923—1996），江西南昌人，安徽师范大学教授，著名历史学家。1942年万绳楠先生考入西南联合大学历史系，受教于翦伯赞、陈寅恪、吴晗等。1946年大学毕业后他考取清华大学历史研究所，师从陈寅恪教授。新中国成立后，先生先后任教于安徽大学、合肥师范学院、安徽师范大学，是安徽师范大学历史系创办者之一。

　　万绳楠先生在其近50年的治学生涯中，始终潜心育人，笔耕不辍，在魏晋南北朝史、宋史、区域经济社会史等诸多领域都作出了重要学术贡献，而于魏晋南北朝史研究用力最勤。先生著述宏富，发表专业论文近百篇，著有《魏晋南北朝史论稿》《魏晋南北朝文化史》《陈寅恪魏晋南北朝史讲演录》《文天祥传》《中国长江流域开发史》等著作。先生治学不因陈说，锐意创新，持之以恒，晚年生病住院期间，仍坚持写作，带病完成《中国长江流域开发史》等著作。除了在史学研究上的成就外，先生在人才培养方面也做出了杰出贡献，他于20世纪80年代即招收研究生，为史学界培养了许多杰出人才。

　　安徽师范大学历史学院历来注重学术传承，近年来先后整理了诸如胡澱咸、陈正飞、光仁洪、张海鹏、陈怀荃、王廷元、杨国宜等老一辈的文集十余种。2019年学院又组织专门力量，启动汇编《万绳楠全集》工作，通过整理先生著作，继承先生事业，光大师大史学，并为2023年纪念先生百年诞辰做准备。本次整理先生全集，除了汇编先生已经出版的论著外，我们还通过多方努力征集先生手稿，收集先生文稿，将先生发表在各种报刊、文集中的文章和尚未发表的40余万字成果编入全集中。先生治学功力深厚，著述宏富，因整理者学力不逮而导致的错漏在所难免，请读者批评指正，以俟来日修正。

借此机会，向指导和帮助全集整理和出版工作的汪福宝、卜宪群、陈力、马志冰、庄华峰、于志斌等表示诚挚的感谢！万先生文稿收集和全集编纂的具体工作由安徽师范大学历史学院庄华峰、刘萃峰、张庆路、林生海、康健等老师负责，尤其是刘萃峰老师，在协调和统校方面做了大量工作。参与收集、录入、校对工作的有蒋振泽、谭书龙、马晓琼、丁雨晴、白晓纬、姜文浩、李英睿、庞格格、罗世淇、王吉永、刘春晓、蔡家锋、谷汝梦、黄京京、吴倩、武婷婷、姚芳芳、刘曈玥、张丽雯、高松、张昕妍、宋雨薇、陶雅洁、王宇、郑玖如、冯子曼、程雯裕、包准玮、李静、李金柱、欧阳嘉豪、郭宇琴等师生。在此，对参与全集整理工作的师生们表示衷心感谢！

还要感谢安徽师范大学出版社的张奇才、戴兆国、孙新文、何章艳、蒋璐、李慧芳、翟自成、王贤等同志，他们对文稿的编校至勤至谨，付出很多。安徽师范大学档案馆提供了万先生手迹、照片等珍贵资料，庄华峰为全集书写了题签，在此也一并致以谢忱！

还要特别感谢万先生哲嗣万小青、女儿万小莉的无私授权和大力支持，使我们能够顺利完成全集的整理和出版工作。

2023年是万绳楠先生一百周年华诞，这部《万绳楠全集》的出版，是我们对先生最好的纪念！

安徽师范大学历史学院

2023年10月